HISTOIRE DE LA PENSÉE
Temps modernes

HISTOIRE DE LA PENSÉE

Tome 1, Lucien JERPHAGNON, *Antiquité et Moyen Age*
Tome 2, Jean-Louis DUMAS, *Renaissance et siècle des Lumières*
Tome 3, Jean-Louis DUMAS, *Temps modernes*

JEAN-LOUIS DUMAS

HISTOIRE DE LA PENSÉE

Temps modernes

TALLANDIER

Tableau chronologique
Index onomastique
Index général des thèmes et des concepts
pour les 3 volumes

CHAPITRE I

La philosophie française au XIXe siècle

Un extraordinaire aventurier

Le XIXe siècle social commence avec Saint-Simon. Ci-devant noble, ancien combattant de la guerre américaine, ami de La Fayette, membre de l'Ordre de Cincinnatus, il se dit « entièrement intact de tous les crimes révolutionnaires, ne craignant pas plus le procureur que la pauvreté ». Le « père Simon » est la révolution vivante. « Dans les ébauches informes qu'il a crayonnées sous l'Empire, écrit H. Gouhier, certains propos reviennent qui sont comme les certitudes hallucinantes d'une pensée en dérive. Sa pensée est celle d'un original, mais n'est pas originale. » Le milieu où il faudrait le chercher « est celui des profiteurs de la Révolution, fournisseurs aux armées, spéculateurs, agioteurs, trafiquants de biens nationaux, députés d'affaires, agents de la finance internationale ». Sa philosophie est d'abord la transposition d'un haut rêve seigneurial, il est « un seigneur à la poursuite de spectacles grandioses ». Désormais la tâche est de prévoir la *relève des prêtres* en même temps que la relève des chefs. Pour le futur « pape physiciste », la philosophie de l'histoire remplace la théologie : il a de bonne heure senti qu'il traversait une époque exceptionnelle, et il en est ravi. Bientôt, il se voudra « le lieutenant scientifique » de l'empereur. Lors de Waterloo, sa carrière n'est pas finie. Mais il a déjà accumulé un informe tas de brochures, de prospectus et de brouillons dont l'unité est d'ordre affectif. « Où en sommes-nous ? », demande-t-il. Henri Gouhier répond pour lui : au temps de Saint-Simon, nouveau Descartes, Socrate réincarné, conscience d'une humanité adulte ; le descendant de Charlemagne a mérité cette place éminente en découvrant le principe qui remplace l'idée de Dieu : la loi de Newton généralisée. Le succès de ce grand dessein est lié à une entreprise commerciale : à l'Encyclopédie critique et polémique du siècle précédent, on substituera une Encyclopédie « positive » qui établira le bilan des vérités acquises en manifestant leur profonde unité (H. Gouhier).

Maine de Biran

Cet ancien garde du corps de Louis XVI sera un des grands philosophes français du siècle. Partageant sa vie entre son Périgord natal et la capitale, il poursuivra parallèlement, sous l'Empire et sous la Restauration, réflexion philosophique et carrière administrative. Son *Journal* nous renseigne sur sa vie familiale, la vie locale et la politique nationale. « Sa philosophie est une création continue parce qu'elle est une succession discontinue de découvertes » (H. Gouhier). On peut cependant limiter ses « conversions » à trois étapes : l'école de Condillac ; la psychologie de l'effort volontaire ; la période mystique. Il est desservi par sa terminologie : G. Granel voit en lui « le plus parfait représentant de ces penseurs dont le langage est de bout en bout psychologique ». Selon M. Merleau-Ponty, le mérite de Biran tient plus à quelques-unes de ses descriptions qu'à une maîtrise intellectuelle des propres principes de sa philosophie ; il a essayé de dépasser le psychologisme sans y parvenir totalement. On peut toutefois déceler chez lui une philosophie du corps, qui le rend très actuel (M. Henry), voire une philosophie de l'existence. S'il a eu l'expérience, durant ses dernières années, d'une passivité supérieure qui lui semble être celle de la grâce, il ne va point jusqu'au bout de la voie chrétienne. « Le drame de Maine de Biran se confond ainsi avec la signification historique de son œuvre : c'est justement d'être resté un homme du XVIIIe siècle au moment même où il devait penser contre l'image de l'homme dans laquelle se complaisait le XVIIIe siècle, c'est d'avoir voulu *s'enfoncer dans les souterrains de l'âme* sans renoncer aux *lumières* » (H. Gouhier).

« Maine de Biran, c'est notre Kant. » Absurde lieu commun ! Malgré de rares emprunts de vocabulaire, la philosophie de Biran n'a rien à voir avec celle de Kant.

Mais il se garda bien de l'attitude désinvolte, voire cavalière, des Idéologues à l'égard de la critique kantienne.

La restauration comme problème philosophique

Il faut prendre à la lettre ce titre, dû à Henri Gouhier. La tâche urgente est la réconciliation des deux France, celle de l'Ancien Régime et celle de la Révolution. Mais les théories devront composer avec la réalité sociale d'un pays qui, en 1821, compte 25 000 communes sans école, et où les tisserands lyonnais, en 1831, gagnent 18 sous pour une journée de 16 heures de travail.

Pour les ultras, le roi *règne* et *gouverne,* mais il est le ministre du Très-Haut et le père de ses sujets ; selon Bonald, les nobles n'exercent pas un droit, ils s'acquittent d'un service, comme tout ce qui participe au pouvoir, car « le pouvoir le plus éminent de la société chrétienne ne prend d'autre titre que *serviteur des serviteurs* ». Joseph de Maistre critique cette Charte, « où Dieu n'est pour rien ». Plus nuancé, Chateaubriand déclare qu'elle est inséparable de la religion et de ses principes éternels.

Les libéraux acceptent la consolidation et l'organisation de l'œuvre révolutionnaire, mais en refusant au peuple la souveraineté absolue : « Aucune autorité sur la terre n'est illimitée, ni celle du peuple, ni celle des hommes qui se disent représentants, ni celle des rois, ni celle de la loi, écrit Benjamin Constant. Il y a dans l'homme un principe de révolte contre toute contrainte intellectuelle. »

Libéraux aussi, en un sens, sont ces *Doctrinaires* qui voient dans la Charte une formule idéale de gouvernement ; ils croient à la souveraineté de la raison et du droit. Ils ont pour philosophie officielle celle des Royer-Collard et Victor Cousin. En 1809, le premier avait été nommé professeur de philosophie à la Sorbonne, sans avoir eu de formation. Un volume dépareillé des *Essais de philosophie* de Reid trouvé sur les quais fut pour lui ce qu'avait été un opuscule de Descartes pour Malebranche. La France avait grand besoin qu'on lui ouvrît une chaire de philosophie : elle appartenait d'avance au premier maître qu'on lui donnerait. Pour le Doctrinaire, la raison combat les tendances tyranniques de droite et de gauche au nom d'un *juste milieu* dont la teneur est étroitement déterminée. Le « tuteur » de cette rationalité n'est autre que la Charte : Royer donne « une interprétation de plus en plus systématique de ce qui n'était qu'une œuvre de circonstance ». Ce libéral imposait à ses filles le frein d'une main de fer, tout en chérissant ses enfants et sa femme, très instruite et brillante. Ce paradoxe s'expliquerait par ses origines familiales, l'horizon limité du propriétaire terrien, une atmosphère familiale janséniste, un régime patriarcal où le chef de famille exerce une autorité sans partage sur ses proches comme sur ses domestiques et ses fermiers.

Si Royer-Collard a très peu écrit en philosophie, on lit avec intérêt sa correspondance avec Tocqueville, dont le thème est effectivement la liberté. Mais de son côté, le jeune Cousin est en 1817 sous l'influence de sa « promenade philosophique en Allemagne », et il appelle Schelling et Hegel ses amis et ses maîtres, les chefs de la philosophie du siècle.

Comme l'écrit encore Henri Gouhier, « ce qui se joue, c'est la tragédie d'un peuple qui n'arrive pas à terminer sa révolution et ne cesse de manquer ses restaurations ». D'abord personne, pas même le roi, ne concevait un autre régime que celui des Anglais. Et jusqu'à la fin du règne de Charles X, les grands rassemblements libéraux n'auront d'autre mot d'ordre que l'acceptation loyale de la Charte. Pourtant certains veulent creuser davantage la question ; et ce qui donne à la discussion la plus circonscrite une dimension philosophique, c'est l'idée qu'elle ne peut être dénouée par une simple réforme politique. Il faut s'interroger sur l'essence de la société. Comme Kant, on pense dans le cadre international, on songe à la restauration de l'ordre européen ; l'opinion publique veut un traité qui ne soit plus seulement un armistice. Le Congrès de Vienne — « le Congrès dansant » — se préoccupe du retour à *l'ordre*. « Les rois et les diplomates connaissent la portée de ce mot, qui joint la politique et la philosophie. » Mais dans le public éclairé l'idée se fait jour que l'Europe unie est impossible sans une unité morale et spirituelle. « La Sainte-Alliance appartient à l'histoire des idées comme une expérience dont l'insuffisance spirituelle éclaire la logique de la notion d'unité sociale », affirme H. Gouhier. Enfin, quelques philosophes tirent les leçons du progrès industriel. La vision du monde n'est plus la même lorsque interviennent le machinisme et la forme du capitalisme qui lui correspond. L'industrie définit un progrès et un ordre, c'est-à-dire la civilisation. Industrie, paix, liberté, deviennent des notions complémentaires. L'*industrialisme* (terme inventé par Saint-Simon) représente « ce que le XVIIIe siècle demandait à la philosophie : une science de la civilisation ». Définie par J.-B. Say, l'*économie politique* « tient à tout dans la société ». Cette science suppose une vision du monde. Mais, plus qu'aux économistes, la précellence reste aux juristes, à l'avoué, au notaire, cela parce que leur activité et leur langage sont ceux du monde bourgeois, ceux du siècle : « Le capitalisme, écrit Pierre Barbéris, libéré de ses servitudes d'Ancien Régime, parle enfin le langage qui est le sien : celui du droit et de l'avoir, celui qui mesure les hommes à ce qu'ils produisent. »

Idéologies et utopies

Dans toute l'Europe se développent les sociétés secrètes, par exemple les carbonari en Italie ; on parle beaucoup de complots, réels ou inventés par les polices. En France, la maçonnerie, pourtant ménagée par Napoléon, accueille la Restauration avec soulagement. Le roi et son ministre de prédilection Élie Decazes sont fort bien disposés envers l'Ordre, le second parce qu'il est un maçon éminent et ne s'en cache pas, le premier parce qu'il a peut-être appartenu, comme son frère le duc d'Artois, à « l'Art royal ». En tout cas, devenu roi, Louis XVIII a tenu compte de la qualité des signataires des requêtes qui lui étaient adressées.

J. Poisson dénomme *utopistes* « les altruistes qui ont préféré attendre le règne de l'amour plutôt que celui de la justice : cette croyance a fait naître de l'illusion et de l'idéalisme ces cités imaginaires où des hommes tous pareils rivalisent d'enthousiasme et de générosité ». Selon Pierre-Simon Ballanche, l'entier développement de la loi évangélique doit devenir « l'unique loi morale du genre humain ». D'ailleurs, « nous ne sommes pas sur terre pour être gouvernés, mais pour nous perfectionner ». Ce représentant de l'*école mystique de Lyon* ne se cantonne pas dans la politique. C'est un des écrivains les mieux documentés sur le romantisme et l'idéalisme allemands. Orphée, saint patron des mystères helléniques, est une figure maîtresse de la symbolique romantique : Ballanche lui a consacré une vaste épopée où se trouve évoquée l'histoire du genre humain ; sous l'influence des théosophes et de Saint-Martin, il a choisi de la représenter « sous la forme d'une série d'épreuves, d'expiations, d'initiations ». La jeunesse de l'écrivain avait été marquée par une tragédie publique : l'insurrection, le siège et l'écrasement de Lyon, sa ville natale, par la Convention — péripétie vécue « comme un épisode funèbre, qui le confirma dans son penchant pour les thèmes de deuil et de douleur ». Avec lui, on se croirait revenu au temps d'un Maximos d'Éphèse. C'est qu'il vit parmi les Titans et les Cyclopes. Ballanche propose son propre mythe, celui de *« la Ville des Expiations,* de toutes les immunités et de tous les asiles, nouvelle cité mystique et éternelle », dont il espère un jour « raconter les prophétiques merveilles. Elle sera, sous la loi chrétienne, témoin de la palingénésie future ».

C'est à Lyon aussi, « ville de vices hideux et de rares vertus apostoliques », que Fourier fut « sergent de boutique ». Méticuleux, ponctuel, avant l'âge il fut le type du vieux garçon grognon et entêté. Il se promenait avec une canne-mètre, mesurant portes, fenêtres, places, enregistrant des dimensions, sans doute pour dresser les plans du phalanstère. A l'en croire, on donne au peuple ce qu'il ne demande pas ; il ne désire ni la souveraineté, ni la pleine liberté, mais la « liberté corporelle active dont le premier droit est de manger quand on a faim et qu'on voit des comestibles étalés ». Après des études classiques, il dut renoncer, n'étant pas noble, à une carrière d'ingénieur militaire qui l'attirait et se trouva par force rejeté dans l'état de commerçant, que sa famille avait prévu pour lui. Il sera philosophe commerçant, puisqu'il accepte enfin d'être commis-voyageur d'une maison lyonnaise, ce qui lui permet de parcourir la France et plusieurs pays européens, et qu'en 1793 il peut entreprendre une spéculation sur les denrées coloniales. Mais, raconte-t-il, « j'ai été en prison sous la Terreur, et on y était fort gai ». Puis 1799 est l'année où il fait la découverte dont devait sortir toute sa doctrine : il voit la différence de prix d'une pomme de Rouen et d'une pomme de Paris, il doit faire jeter à la mer une cargaison de riz parce que ses patrons l'avaient laissée pourrir en spéculant sur la hausse. Et dès 1803-1804, il publie ses premiers articles de critique sociale.

En 1816, Il se retire dans le Bugey pour composer le *Traité de l'association domestique et agricole.* Puis il s'installe à Paris et trouve un emploi dans une maison de commerce. Dans tous les emplois et travaux alimentaires que Fourier occupa, sa négligence et son incapacité furent sans égales. Consacrant son temps à la propagande pour sa doctrine, cherchant des mécènes qui patronneraient un essai de « phalange », il frappe à toutes les portes. Sa rupture définitive, en 1831, avec les autres écoles socialistes est marquée par les *Pièges et Charlataneries des sectes de Saint-Simon et Owen.* Or plusieurs saint-simoniens rejoignent les fouriéristes : c'est le début de la véritable école sociétaire dont l'organe paraît en 1832 sous le titre *Le Phalanstère.* Cette même année a lieu la première fondation d'un phalanstère à Condé-sur-Vesgre, sous la direction du député Baudet : expérience avortée, que Fourier dénonça comme une caricature, les seuls lieux habitables étant les auges des cochons ! Fourier n'en est pas moins un personnage connu, fêté. Il cherche encore une fois à provoquer une application de sa théorie en s'adressant à Louis-Philippe, aux financiers, aux chefs d'État étrangers. Il fonde un nouveau journal, *La Phalange,* en 1836, mais se fâche avec les disciples qui veulent retrancher de ses idées les aspects les plus scandaleux en matière de transformation des mœurs. Il mourra l'année suivante.

P. Bruckner rappelle astucieusement que toute l'Harmonie fut écrite à partir de ce lieu extrême que constituait au XIXe siècle la maison close. Aussi toute sa vie Fourier fut-il constamment censuré : par ses disciples, par les gazettes, par les éditeurs. Pour lui, le bonheur « consiste à avoir le plus de passions possible, et les plus ardentes et les plus excessives, et à pouvoir les satisfaire toutes ». Le Phalanstère est l'espace splendide où l'opulence du matériel amoureux se conjugue avec la diversité inouïe des perversions.

Nos contemporains s'efforcent de rendre au fouriérisme son potentiel subversif. Le *Sade, Fourier, Loyola* de

Barthes est le plus fouriériste, le plus euphorique des écrits récents sur Fourier. Fourier ne serait le précurseur de personne et surtout pas de Marx ou de Freud. Il ne s'agit point de « critiquer impitoyablement », comme Marx, mais de susciter à l'intérieur même du mécanisme social un immense mouvement de désaffection contre lequel ce dernier ne puisse rien. Il n'y a désormais plus de norme, tout le monde a raison, la nouvelle mesure est le plaisir. Fourier est plein de sollicitude pour « les philosophes qui sont fortement adonnés à la séduction et à la galanterie ». Toujours selon Roland Barthes, il s'agit de devenir angélique à force de luxure ; d'atteindre le pur sentiment, mais à force d'émotions voluptueuses. Et ce pauvre homme qui devait mourir anorexique avait écrit qu'« en régime sociétaire, la gourmandise est source de sagesse, de lumière et d'accords sociaux », soulignant l'homologie entre la gourmandise et l'orgie, le repas et la copulation. Le terme *attraction* est emprunté à Newton ; c'est le ressort du mouvement universel, dont le mouvement social est le centre, le pivot, et dont l'attirance passionnelle est l'illustration.

Un vrai paradis terrestre

La Chesnaie est un des lieux de prédilection de Félicité de Lamennais. « C'est une maison blanche, à la limite de la forêt de Coëtquen, un étang profond et sombre, entouré d'arbres séculaires, des landes couvertes d'ajoncs qui répandent jusqu'à l'horizon la profusion de leurs fleurs (...). La Chesnaie, c'est une bibliothèque où l'on vagabonde aussi librement que par les champs et les bois (...) ; c'est un vrai paradis terrestre. » C'est là que Lamennais prépare son livre, *La Tradition de l'Église sur l'institution des évêques,* où il attaque le gallicanisme. Très hostile à Napoléon, il se croit, lors des Cent-Jours, obligé d'émigrer en Angleterre. Mais un attrait puissant le rappelle vers La Chesnaie et l'engage à s'y fixer. De retour, il publie en 1817 l'*Essai sur l'indifférence en matière de religion.* C'est une charge à fond contre la philosophie ; œuvre non point d'un théologien, ni d'un métaphysicien, mais d'un moraliste. En outre, par ce livre il forme avec de Maistre et Bonald « le trio ultramontain » qui révère le pape. L'*Essai* est accueilli avec enthousiasme. C'est à La Chesnaie qu'il rédige la *Défense de l'Essai sur l'indifférence* (1821). Il y utilise le témoignage de l'autorité. Il simplifie, au moins en apparence, la tâche de l'apologétique : il suffit de dire que le christianisme a toujours été la religion du sens commun.

Le titre de « solitaire de La Chesnaie », Lamennais ne l'a jamais mieux mérité que pendant les années 1821-23, où il mène dans la réclusion une vie de travail forcé, rédigeant *De la religion dans ses rapports avec l'ordre politique et civil,* dont la thèse est celle-ci : l'Église et l'État, bien que formant deux sociétés distinctes, ne doivent pas être séparés. C'est le commencement de l'école mennaisienne, dont le journal, *Le Mémorial catholique,* tente un rapprochement entre l'Église et la société moderne. Félicité se surmène tant qu'en juillet 1827, une violente crise manque de l'emporter. Mais c'est à un grand dessein qu'il va se consacrer, celui d'une communauté mi-ecclésiastique mi-laïque pour régénérer le catholicisme contemporain. Il réussit à fondre son projet avec celui de son frère Jean : former des professeurs de séminaire. Le groupe reçut le nom de Congrégation de saint Pierre. Mais à La Chesnaie, autour de lui, se réunirent plusieurs jeunes gens, épris comme Lacordaire de hautes études et de vie spirituelle. La plus grande liberté régnait dans l'organisation du travail et la vie des participants. Les promenades, les récréations étaient d'une gaieté toute juvénile. Lamennais était un merveilleux éducateur, « un chef d'ordre, qui est en même temps maître de novices ».

Ce qui frappe, ce sont les intentions européennes de la communauté qui se voulait supranationale. Mais le but principal, c'était de rétablir dans les esprits l'autorité du Saint-Siège. « La fin de cet atelier culturel, de ce Port-Royal breton (mais combien hostile au jansénisme et au gallicanisme !), c'est d'opposer au vaste système d'erreur fondé sur le jugement privé un corps de doctrine fondé sur le principe contraire » ; c'est de recréer une science catholique en harmonie avec cette doctrine. Il faudra donc « suivre et contrôler le mouvement scientifique ». Besoin est d'une « philosophie catholique rappelant dans ses proportions les vastes systèmes du Moyen Age ». Le catholicisme requiert une philosophie sous-jacente « sous la double sauvegarde du sens commun et de l'autorité de l'Église ». La congrégation connut un succès initial de recrutement, mais elle rencontra les réticences de Rome, l'hostilité du haut clergé et des difficultés matérielles croissantes.

Tous les participants évoquent avec nostalgie l'atmosphère intellectuelle de La Chesnaie. Gerbet parle de « cette hospitalité où le maître donnait aux disciples l'exemple du travail, où les disciples groupés autour du maître rivalisaient d'enthousiasme, d'illusions généreuses, de ferveur studieuse et de talent ». Les exercices religieux forment l'accompagnement obligatoire, encore que discret, de la recherche. D'ailleurs, « étudier, c'est prier ». Par ses prédications dominicales, Lamennais imposait une profonde unité à des matières si diverses. Théologie, philosophie et matières profanes étaient inséparables. On lisait les journaux pour « sanctifier la politique par des vues surnaturelles ». Une grande part des études était consacrée à la linguistique, afin de lire dans l'original les textes sacrés. Lamennais était convaincu de la valeur instrumentale des connaissances philologiques. Le programme des études manifestait la même ambition : « Toute l'histoire des croyances universelles et catholiques » devait être reprise ; ces multiples disciplines se regroupaient en une *unité* dont les vérités de la foi constituaient le centre. Le dogme apparaissait alors, tel un résumé et un couronnement, au terme du savoir. Il semble maintenant à Lamennais moins important de prêcher la théocratie que de mettre les clercs de plain-pied avec le siècle. Il s'agit de mobiliser la science pour une croisade destinée à imposer à tous comme une évidence la théorie catholique de l'esprit humain. Le fruit de ce travail encyclopédique est l'*Essai d'un système de philosophie catholique,* composé entre 1828 et 1831, pour « embrasser par une méthode toute rationnelle l'ordre entier des connaissances à partir de la plus simple notion de l'être ». Défiante d'elle-même, la raison mennaisienne attend de l'histoire et des traditions le secours que la raison pure réclamait d'une réflexion essentiellement logique.

« Le premier des mennaisiens après Lamennais, a-t-on dit, c'est Gerbet », en qui l'on pouvait reconnaître « l'ombre pâle, mais féconde et rayonnante de son maître et de son ami ». Pendant dix ans d'une intimité philosophique absolue, ils ont vécu ensemble. Avec le *Mémorial,* puis *L'Avenir,* ils sont parmi les fondateurs de la presse catholique. Bien plus, « ils ont fait de la jeunesse catholique une réalité, une puissance. On peut dire qu'ils l'ont fondée : avant Lamennais il y avait des jeunes gens catholiques, il n'y avait pas encore la jeunesse catholique ». L'espérance anime l'*Introduction à la philosophie de l'histoire* de Gerbet, dont Pierre Barbéris a salué le dynamisme positif. Avec ces deux prêtres, nous entrons dans le *néo-catholicisme.* Mais « le cas de Lamennais, au sein du néo-catholicisme, est plus dramatique qu'aucun autre : il l'est, par l'ampleur d'une courbe qui conduit des régions extrêmes de la contre-révolution catholique, jusqu'aux frontières, finalement franchies, de l'humanitarisme laïque ». En effet, après une première condamnation par Rome (1832), Lamennais exprima sa rupture avec l'Église dans *Paroles d'un croyant (* 1834) et dans les *Affaires de Rome* (1837). Il s'orienta dès lors vers cet humanitarisme démocratique qui éclate dans *Le Livre du peuple* et l'*Esquisse d'une philosophie.* Ce timide, ce méditatif, ne se priva pas de soulever des vagues. Il se voulait l'éducateur de la liberté populaire. Après avoir dénoncé sous une forme prophétique le crime des tyrannies et prédit leur fin prochaine, il s'adressait au peuple pour l'éduquer. « Il oublie le prêtre illustre qu'il a été et que la moitié de la France admirait, pour devenir suivant sa propre expression *un petit homme qui écrit des petits livres pour les petites gens* » (G. Hourdin). En 1848, il est élu représentant du peuple à l'Assemblée constituante, et il dirige le journal *Le Peuple constituant.* Il ne se réconciliera jamais avec l'Église, avec ses dogmes ni avec ses mystères. « Cette âme brûlante de tendresse humaine et de foi chrétienne était un esprit rationaliste. » Sa dépouille connaîtra « l'enfouissement parmi les pauvres ».

Les ténors du libéralisme

Benjamin Constant n'est pas seulement l'auteur d'*Adolphe,* ou l'amant de Mme de Staël. Comme celle-ci, il s'est passionné pour la politique et pour la liberté politique, même s'il a davantage ménagé Napoléon.

Dans son ouvrage *De la doctrine politique qui peut réunir les partis en France,* il se montre « le maître d'école de la liberté ». C'est de 1816 à 1818 qu'il publie ce cours de politique constitutionnelle. On admirait son assiduité comme député à la Chambre. On y remarquait son front pâle et sa longue figure puritaine, mais aussi, dans ses discours, l'ironie, l'esprit, les citations heureuses. Ce qu'il ne cessa de réclamer, pendant onze années, c'est le respect de la Charte. Il dénonçait, avec une verve indignée, toutes les mesures de réaction et d'oppression ; et il était ardemment sincère. Sa philosophie est inséparable d'un engagement. Dès ses débuts, il s'en prit au parti d'extrême droite, celui des anciens émigrés. Toute occasion lui est bonne pour dénoncer la gabegie, les prévarications, les honteuses complicités, l'abus des pensions royales qui font des membres de la Chambre des pairs les créatures du pouvoir. C'est contre l'augmentation des budgets de la justice criminelle et de la police secrète que Constant s'élève avec le plus de vigueur. Ses ennemis sont nombreux : pour les ultras, c'était un cosmopolite, un mauvais Français ; pour d'autres, un bonapartiste camouflé ; pour les troisièmes un hérétique. Ils ne le ménageaient ni dans sa vie privée, ni dans celle de sa femme à laquelle on reprochait son divorce et sa nationalité étrangère. Il fut alors un habitué des duels : devenu infirme, il se battit, assis dans un fauteuil, au pistolet et à bout portant, contre le comte de Corbin. A Saumur, il faillit être tué, dans un guet-apens, par des officiers de l'École de cavalerie. Il subit deux procès de presse. En 1823, pour faire plaisir à Mme Récamier, Chateaubriand s'entremit et lui évita la prison. Absent de la Chambre, il ne put s'opposer à la guerre d'Espagne, cette « croisade coupable et inepte contre un peuple généreux ». Lors de la rentrée des jésuites, et de l'inénarrable loi *sur le sacrilège,* le péril évident de l'absolutisme et de la théocratie conjugués donna soudain aux libéraux un crédit immense. En 1827 il est élu triomphalement député de Strasbourg ; mais des fiches de toutes provenances, mensongères et odieuses, s'accumulaient dans les cartons verts de cette police secrète à laquelle il refusait des crédits.

« Puisque nous vivons dans les temps modernes, proclame-t-il, je veux la liberté convenable aux temps modernes. » Il distingue en effet la liberté politique, telle que l'entendaient les Grecs, de la liberté individuelle qui est celle des modernes. L'existence des peuples libres de l'Antiquité ne convient plus à l'homme moderne, tout occupé de ses travaux et des entreprises qui le font vivre ; Montesquieu et Rousseau ont eu tort de proposer au monde moderne l'exemple de l'Antiquité. Ainsi Constant définit le droit de n'être soumis qu'aux lois, et le droit de dire son opinion. L'indépendance individuelle est le premier des besoins modernes. Dans la préface des *Mélanges de littérature et de politique,* son testament politique, il écrit : « J'ai défendu quarante ans le même principe : la liberté en tout. » Pour lui, l'ordre n'est qu'un moyen, celui d'atteindre et de conserver la liberté ; l'obéissance à la loi est un devoir, mais relatif. Son premier mouvement le jetait du côté des faibles et des vaincus : c'est volontairement qu'il s'est retranché de cette aristocratie à laquelle il appartenait et qui, sous la Restauration, était redevenue puissante. Il représentait donc pour elle un gâte-paix, un fauteur de scandale. Mais alors que, dès 1818, Sismondi dénonçait en matière économique les dangers d'un libéralisme absolu, Constant était partisan d'une liberté totale en ce domaine.

La première des libertés individuelles est à ses yeux la liberté religieuse. Telle est la thèse développée dans son grand ouvrage inachevé, *De la religion considérée dans ses sources, ses formes et ses développements :* si la religion avait toujours été libre, elle n'eût jamais constitué qu'un objet de respect et d'amour. En religion comme en politique, la vertu essentielle, c'est la tolérance. Dans le désordre des passions déchaînées pour et contre la religion, il a peut-être espéré apporter une solution nouvelle et salvatrice : la solution protestante. Le message ne fut pas compris et lui valut bien des sarcasmes. Pourtant, tout au long du livre, Constant prend soin de ménager l'Église catholique et ses prêtres « auxquels nous devons du respect comme citoyens ou des égards comme protestants ». En faisant de la religion une affaire de sentiment et non de raison, il s'appuyait sur Vinet, le théologien de Lausanne. Bien entendu, il n'a pu passer en revue toutes les religions ; il a fait un choix des plus significatifs. Ses principes, ce sont ceux de la « nouvelle philosophie allemande ».

En 1830, pour le récompenser de la part qu'il avait prise à l'avènement du duc d'Orléans, le nouveau régime l'appela à la présidence du Conseil d'État. Mais il échoua à l'Académie française : Royer-Collard, ce libéral autoritaire, ne pouvait pardonner à un ancien collègue de parti son indépendance. Les déceptions que lui infligea la monarchie de Juillet hâtèrent la fin de celui qu'on appelait alors « le grand Constant ».

François Guizot, lui, a réellement participé au pouvoir, cela dès 1814.Il est né en 1787 à Nîmes dans une famille d'ancienne bourgeoisie protestante. Son père, qui avait joué un rôle actif dans le mouvement révolutionnaire, fut guillotiné en 1794 comme fédéraliste. Mme Guizot gagne ensuite Genève, alors française, pour se consacrer à l'éducation de ses enfants, dont cette cité fut le berceau intellectuel. En 1805, François se rend à Paris pour faire son droit. Il est en même temps précepteur chez Stapfer, qui lui fait lire Kant. Il fréquente les milieux libéraux, où il rencontre Pauline de Meulan qu'il épouse en 1811. Il obtient — sans titres — grâce à l'appui de Fontanes, une chaire d'histoire moderne à la Sorbonne. Dans le même temps que Guizot enseignait l'histoire, Royer-Collard enseignait la philosophie. Tous deux furent de ces orateurs décorés du titre éminent de *Doctrinaires,* comme professant la Doctrine par excellence : doctrine en effet transcendante et inaccessible au reste des intelligences.

Les premiers textes politiques de Guizot sont liés à ses fonctions dans les cabinets ministériels. Après l'assassinat du duc de Berry, le tournant politique de 1820 le jette dans l'opposition, avec des ouvrages comme *Du gouvernement de la France depuis la Restauration et du ministère actuel ; Des conspirations et de la justice politique ; De la peine de mort en matière politique.* En 1821-1823, il commence à écrire un traité de philosophie politique, mais s'interrompt après en avoir achevé la première partie.

Les Doctrinaires ont en commun d'opposer « un libéralisme conservateur au libéralisme démolisseur ». Selon Pierre Rosanvallon, Guizot est si représentatif de sa génération qu'on peut parler d'un « moment Guizot » pour qualifier dans son originalité la culture politique libérale des années 1814-1848 : Guizot a mené jusqu'à son point limite la singularité de la culture politique libérale. Dans l'opposition, il continue de raisonner en homme de gouvernement. La tâche qu'il se fixe est de définir un art de gouverner adéquat à la société moderne. Il constate que le politique, qui n'est plus réellement distinct de la société, est encastré dans le système général des besoins sociaux. Pour les libéraux, il s'agit en somme de penser le politique contre Rousseau. Mais il ne s'agit pas de rabaisser l'État. Guizot critique la notion, fort répandue dans certains milieux libéraux, de *gouvernement à bon marché*. Le gouvernement n'a pas à être humble, explique-t-il, en qualifiant d'« axiome vague » la maxime *laissez faire, laissez passer*. Les dirigeants doivent être capables « de seconder et de conduire le développement universel ». En outre, il comprend le gouvernement représentatif comme le moyen d'empêcher à la fois la tyrannie et la confusion. Contrairement à Tocqueville, il refuse d'assimiler la centralisation au despotisme : un travail d'unification morale est à poursuivre dans le pays. La liberté de la presse fait l'office d'un « catalyseur » de l'unification intellectuelle de la société. Comme Comte et les saint-simoniens, Guizot recourt à l'histoire pour donner un sens à la modernité. Gouverner implique de s'appuyer sur une conscience claire du mouvement de l'histoire.

Car Guizot est un historien. Il crée l'histoire de « la civilisation en Europe et en France ». Il s'agit d'une histoire philosophique, à la recherche sinon de lois, du moins d'énoncés sentencieux, d'inspiration rationaliste. La raison doctrinaire est une Raison transcendante, à laquelle les individus ne sauraient jamais pleinement accéder. Elle est tout à la fois extérieure à la sphère humaine et reflétée dans celle-ci. Pierre Rosanvallon parle à ce propos de « sous-hégélianisme facile ». De fait, l'influence de l'histoire et de la philosophie allemandes sur les Doctrinaires est considérable.

Pendant la monarchie de Juillet, ses fonctions ministérielles ne laisseront guère à Guizot le loisir d'écrire. Il sera souvent jugé avec sévérité par ses contemporains : on critique sa sûreté de soi, sa raideur et son tempérament hautain, son austérité réelle ou affectée.

C'est dans la redéfinition des élites que tous les libéraux cherchent le principe régulateur et stabilisateur de la France nouvelle. Toujours selon P. Rosanvallon, toute l'*Histoire de la civilisation* de Guizot peut être lue comme une ample fresque décrivant les mouvements croisés d'ascension et de déclin des différentes catégories d'élites. La tâche infinie des libéraux est de définir correctement *les capacités*. Les « notables » de Juillet se méfiaient de ceux que *le Journal des débats* appelait « les capacités turbulentes et médiocres ». Résister à la séduction de ce qui est *brillant* est chez eux une préoccupation constante. Pour Guizot, l'activité politique signifie avant tout puissance effective et efficacité pratique ; elle est du domaine du faire et non du paraître.

C'est sous la monarchie de Juillet que le libéralisme politique donne sa dernière grande œuvre, celle d'Alexis de Tocqueville. D'antique souche normande, descendant par sa mère de Malesherbes, Tocqueville est un noble. Ses parents furent menacés ou emprisonnés sous la Révolution ; son père devint préfet de la Restauration. De perpétuels changements de résidence risquaient de troubler le cours de son éducation. A Metz, il passe de longues heures dans la bibliothèque de la préfecture à lire les philosophes, Descartes en particulier. Celui-ci, certes, démontrait l'existence de Dieu, mais il était d'abord l'homme du doute méthodique. Aussi le doute s'engouffre-t-il en Alexis « avec une violence inouïe, non pas seulement le doute de ceci ou de cela, mais le doute universel ». Pourtant, au cours d'un voyage, lors d'une tempête, face à face avec la mort, l'idée de Dieu s'imposait de nouveau à lui dans toute sa force. Le souci des « fins dernières de l'homme » a beaucoup plus occupé Tocqueville qu'il n'y paraît à une lecture superficielle. Ses études juridiques ne l'ont pas satisfait : il redoutait par-dessus tout de devenir une « machine à droit ». En 1827, il entre dans la magistrature à Versailles et s'y ennuie. La révolution de 1830 le place dans une situation fausse : il s'est résolu à prêter serment au nouveau roi, ce qui l'isole de son milieu, sans qu'il éprouve de la sympathie pour le nouveau régime. Il obtient avec Beaumont une mission pour les États-Unis : il s'agit d'étudier le régime pénitentiaire de ce pays. Les deux amis débarquent au Nouveau Monde en mai 1831 ; leur séjour durera moins d'un an. Il aboutira au célèbre : *De la démocratie en Amérique.*

Le premier tome de l'ouvrage obtient en 1835 un succès considérable ; le second paraîtra cinq ans plus tard. Ayant la gloire littéraire, il ambitionne une carrière politique et il est élu député de Valognes en 1839 (il le restera jusqu'en 1851). « Mais la force oratoire lui fait défaut et il ne sait pas pratiquer la camaraderie parlementaire. Son indépendance confine à l'isolement » (Xavier de La Fournière). Il sera ministre des Affaires étrangères du président Louis Bonaparte en 1849. Abandonnant la vie politique après le 2 décembre, il commence *L'Ancien Régime et la Révolution* dont le premier tome paraît en 1856 et qu'il laissera inachevé, car il meurt de tuberculose à cinquante-quatre ans, en 1859.

Avec son élégance morale, son instinct d'indépendance, Tocqueville est foncièrement aristocrate. « J'ai, dit-il, pour les institutions démocratiques, un goût de tête, mais je suis aristocrate par instinct, c'est-à-dire que je méprise et crains la foule. J'aime avec passion la liberté, la légalité, le respect des droits, non la démocratie. Voilà le fond de l'âme. » Ce moraliste en politique stigmatise l'individualisme qui lui paraît, comme à Hegel, le fléau des temps modernes. A ses yeux, les sociétés humaines comme les individus ne sont quelque chose que par l'usage de la liberté : celle-ci est un principe politique de valeur absolue, mais aussi une haute exigence éthique. C'est ici qu'apparaîtra le « problème de Tocqueville » : à quelles conditions une société où le sort des individus tend à devenir uniforme peut-elle ne pas sombrer dans le despotisme ?

Il avoue n'avoir prévu que confusément les événements de 1848 : « Tocqueville ne fait pas de prédictions, il se contente d'analyser des tendances. » Après février 1848, attristé, mais non découragé, il a accepté sans arrière-pensées l'état de choses nouveau : ses vœux allaient à la république modérée. Le coup d'État du 2 décembre a contraint le ministre à retourner à ses études. *L'Ancien Régime et la Révolution* ne devait être que les prolégomènes à une œuvre beaucoup plus vaste dont le thème eût été la situation nouvelle depuis 1789, la Révolution et ses prolongements.

Tocqueville, à qui fut imparti « le don splendide et amer de la lucidité », s'il ne fut pas un homme d'action, a été un modèle de compréhension efficace. Ce qui le frappe intensément, c'est l'égalité des conditions, dont il parle comme d'un fait accompli, quasi providentiel. On peut penser que le problème de la démocratie, c'est la disjonction entre le vœu de grandeur, d'excellence humaine, et les exigences d'égalité et de justice : si les conséquences de l'individualisme démocratique sont *« materialism, mediocrity, compassion, domesticity, isolation »,* on ne voit pas qu'elles puissent favoriser l'expansion des grandes individualités. Mais la liberté politique est le remède aux défauts du monde démocratique.

C'est une erreur grave que de confondre libéralisme politique et libéralisme économique. Pourtant, les partisans de ce dernier affirment que « toutes les libertés se tiennent » et que supprimer la liberté économique, c'est déraciner les autres. Ils se recommandent volontiers de Montesquieu et de Tocqueville. On assiste parfois à une « critique libérale de la représentation contemporaine de la démocratie » (Ph. Bénéton). L'influence tocquevillienne se poursuit aujourd'hui, non seulement en France chez un Louis Rougier, auteur des *Mystiques démocratiques* et des *Mystiques économiques,* mais à l'étranger. Témoin Walter Lippmann, Leopold von Mises ou Friedrich August Hayek. Ce dernier, auteur de *La Route de la servitude* comme de *Droit, législation et liberté,* est né à Vienne en 1899. Directeur de l'Institut autrichien de recherche économique (1929) il sera professeur à Londres (1931), puis à Chicago (1950), enfin à Fribourg (1962) et obtiendra en 1974 le prix Nobel d'économie. « Ce théoricien de l'esprit de finesse est lui-même un champion de l'esprit de géométrie » (Ph. Némo). Il est pourtant un contempteur du cartésianisme : les cartésiens sont les fauteurs du « constructivisme rationaliste », programme consistant à bâtir les institutions comme des artefacts, en les mettant entièrement à plat sous le regard de l'entendement pour en faire les moyens adéquats à n'importe quelle fin désirable. Selon Hayek, les socialistes ont commis cette *erreur intellectuelle.* Ils ont méconnu l'importance du savoir singulier et concret. Toute la vie pratique, y compris la vie de relations sociales, révèle que nous sommes en général plus savants par nos savoir-faire que par nos théories. Il existe une coordination spontanée de nos actions : tel est le modèle de la « main invisible ». Tout cela justifie « le marché », ordre qui s'organise de lui-même. Une société sans liberté ne peut que rester une société non développée. « La liberté est plus importante que la sécurité et la vie, au sens où elle en est — ou du moins en est devenue dans la modernité — la condition. »

Assurément, un Hayek, un John Rawls sont les représentants du libéralisme anglo-saxon. Mais on évoque aujourd'hui des *retrouvailles transatlantiques :* la modernisation de la démocratie française serait « aussi un retour à ses sources libérales, ensevelies sous deux siècles de domination jacobine », bref un rapprochement de « sa consœur » américaine (L. Cohen-Tanugi). Des deux côtés de l'Océan s'instaure une réflexion convergente sur la justice et le droit comme modes de régulation sociale. Moins optimiste que les Américains, R. Aron pensait que la liberté, menacée par les « divagations des intellectuels de gauche », est en péril de mort.

La jeunesse des écoles

Dans les périodes d'inquiétude, chaque portion de la société cherche hors d'elle un bouc émissaire. Pour la grande bourgeoisie et pour l'Église, ce sera l'Université. Mais c'est la philosophie qui devient l'enseignement le plus inquiétant. Plus encore que l'histoire, elle est alors « un enseignement organisé, surveillé et sans cesse rogné, qui risque de tourner en une sorte de gérance administrative des vérités établies ». A partir du moment où les théories des *philosophes* du XVIIIe siècle ont été considérées comme causes du bouleversement révolutionnaire, la philosophie est l'objet, de la part des autorités, d'une inquiétude particulière. Avec la disparition d'une haute classe oisive qui s'adonnait au mécénat, les philosophes deviennent peu à peu des professeurs. La spéculation est « une spécialité d'hommes obscurs et de vie retirée, très attachés au didactisme ». Mais le professeur risque d'être considéré par les pères de famille comme un penseur aux innovations dangereuses.

P. Barbéris raconte comment Balzac, de 1816 à 1819, fait connaissance avec « la jeunesse des Écoles, houleuse, enthousiaste, qu'un rien soulève ». Or c'est là un fait nouveau. Ce sont la Révolution et l'Empire qui, en créant l'Université, en libérant la jeunesse bourgeoise des impératifs scolastiques, en lui faisant donner un enseignement scientifique, en lui communiquant le goût de la recherche, ont aidé cette jeunesse à se constituer en force autonome. Par ailleurs, dans la société nouvelle, les jeunes voient leur entrée dans la vie retardée par des études plus longues, parfois jusqu'à vingt-cinq ans. L'*étudiant* qui apparaît au XIXe siècle comme type social nouveau, est « frondeur et frémissant, prompt, ambitieux, mais aussi facile à décourager ». Il ne pense pas seulement lorettes ni tavernes, mais problèmes sociaux. La notion de *jeunesse* comme catégorie sociale apparaît ainsi à cette époque. « Paris est une ruche immense où se cherche et s'élabore la pensée moderne », écrit Pierre Barbéris. Les dieux de cette jeunesse sont Cousin, Villemain, Guizot, Cuvier, Barthelémy Saint-Hilaire : « On s'exalte à leurs exposés comme hier aux bulletins de l'Empereur. »

Le méritent-ils toujours ? Selon l'historien de *La Condition du professeur de philosophie,* A. Canivez, l'enseignement supérieur est à son début d'une faiblesse insigne. Les méditatifs, les convaincus réussissent moins bien que les « politiques de la philosophie ». En France, la philosophie universitaire, lestement instituée par Victor Cousin et développée par ses élèves, en particulier par Jouffroy, est apparentée au romantisme, dans la situation globale de réaction contre l'intellectualisme du XVIIIe siècle. Cousin est une « personnalité complexe, très éminente, mais qui ne put jamais atteindre la grandeur véritable, qui dut en souffrir, et se masqua autant qu'il le put ». Il attire la jeunesse, lui donne des raisons de s'enthousiasmer. Il est jeune, il semble sorti du néant de par la seule énergique impulsion de son génie. Il a visité l'Allemagne, rencontré ses grands penseurs qu'on connaît mal et qu'on devine immenses. « Son sérieux, sa langueur maladive contrastent avec son verbe ardent ; il semble penser tout haut devant son auditoire aussi étonné que lui par ses trouvailles de style. »

Le 13 décembre 1815, Cousin ouvre à la Sorbonne son cours d'histoire de la philosophie. Il annonce qu'il ne suivra pas l'ordre chronologique, mais qu'il groupera les systèmes par affinités. Enfin, ce qui fait le succès de Cousin dès 1816, c'est, comme le dit P. Barbéris, son « dessein de dépassement, d'intégration des pensées antérieures en une pensée plus large, qui tienne compte de tout : cette philosophie se veut philosophie de l'aboutissement ».

L'Allemagne l'attirait. Il apprit l'allemand, qu'il ne sut jamais bien, et se mit à déchiffrer Kant... dans le texte latin de Born. Dès la fin de 1817, il crut avoir dépassé la philosophie kantienne, et voulut aller étudier sur les lieux la *Naturphilosophie* de Schelling. Il ne vit pas Schelling cette fois, mais rencontra, sans le chercher, Hegel à Heidelberg. L'année suivante, il passa un mois entre Jacobi et Schelling. Mais son cœur est pour Hegel. Le cours de 1818 est rempli de cette philosophie dont Cousin dit : « Elle est vraie, elle est la vraie. » Schelling et Hegel le mènent à Plotin, à l'Unité absolue saisie par la pensée pure. On lui saura gré d'avoir réintroduit en France la connaissance de Platon et Plotin. Mais s'appuyant sur une analyse psychologique, il fait dans chaque école la part de la vérité et de l'erreur, et donne à sa démarche le nom d'*éclectisme,* repris de Leibniz. Ce nom est devenu, depuis lors, le nom de son école. La nouvelle philosophie prend une forme oratoire : l'époque est à l'éloquence, elle est riche en tribunes parlementaires et universitaires. Cousin assure le passage de la philosophie argumentative à la philosophie discoureuse ; il est favorisé ici par le statut de professeur de faculté, qui est alors celui d'un virtuose de cours publics. Cousin y déploie tout son talent d'acteur.

L'année 1820 est marquée par l'assassinat du duc de Berry, suivi d'une réaction violente. Les cours de Guizot, Cousin et Villemain sont suspendus, l'École normale supprimée. La carrière de Cousin est stoppée : la Sorbonne, l'École, tout lui manquait à la fois. Il accepte alors d'être le précepteur du fils du duc de Montebello.

Pendant ces années de silence, Cousin édita Descartes, Proclos et Platon. Il fut chargé en 1824 de montrer l'Allemagne à son élève, ce qui servait admirablement ses plans. Malheureusement, il fut arrêté par la police prussienne, qui l'accusait d'aider le *carbonarisme* et le soupçonnait d'être venu en Allemagne pour fomenter un complot. On lui fit un procès, mais la procédure était secrète. Hegel, le fonctionnaire exemplaire, n'hésita pas à se mouiller pour tirer son ami d'affaire. L'emprisonnement de Cousin dura six mois ; il ne faisait pas bon, en ce temps-là, séjourner dans les cachots de Prusse. A son retour, il eut le triomphe modeste et se remit à sa traduction de Platon. M. de Martignac lui rendit sa chaire en 1828.

Son cours de 1828 fut-il scandaleux ? Il aurait démarqué les thèmes les plus contestables de la philosophie hégélienne de l'histoire : *ruse de la raison,* justification du fait accompli. Selon A. Canivez, ce cours était, à son retour en France, l'expression matérielle de son triomphe. « Il s'agit, derrière cette pensée qui fait la roue, d'un règlement de compte perpétré par allusions »... Il rapproche la triade hégélienne de la Trinité chrétienne, afin de balayer l'accusation de panthéisme. Il énonce des conceptions immoralistes dans le vocabulaire de l'idéalisme le plus convaincu. Pourtant, suivant J.-P. Cotten, Cousin, en un sens, n'est qu'un bon élève de Royer-Collard, célébrant la Charte comme point d'orgue, conclusion nécessaire de tout un processus historique. P. Barbéris estime que « le Cousin opportuniste, bassement opportuniste, est pour plus tard. En 1828 encore, il n'y a aucune raison qu'il n'ait pas pour lui la jeunesse ». Il se déclarait dévoué à la liberté, au milieu d'un auditoire tout enflammé de passions libérales. Cousin injecte à la philosophie ce qui lui avait peut-être manqué chez les Idéologues et surtout chez leurs disciples attardés : la générosité, le mouvement. Peu à peu cependant, Cousin semble bien avoir conçu le projet de reconstruire de pièces et de morceaux une machine de guerre à laquelle le catholicisme n'eût rien à répondre.

Admis en 1814 à l'École normale, Théodore Jouffroy fut rapidement le disciple remarqué de Cousin. Il enseigna dans cette École, dont la suppression en 1822 le mit en situation difficile, le contraignant à donner des leçons particulières. Son article du *Globe,* du 24 mai 1825 : « Comment les dogmes finissent », est un chef-d'œuvre, mais déconsidéra l'école éclectique aux yeux des conservateurs catholiques et rendit vains les efforts de son maître pour se les concilier.

Le romantisme français est plus tardif que celui des pays voisins. Contemporain de la Restauration, il naît dans un climat de démobilisation ou dans la conscience de l'échec. P. Barbéris a fait l'étude du *mal du siècle* et de ses grands thèmes : l'insatisfaction, l'absence à soi-même, le vide au milieu du corps social. « Le mal du siècle, en grande partie, relève d'une certaine ignorance des réalités et d'une importance exagérée donnée aux réactions émotives. » Les romantiques établissent toujours quelque lien entre les faillites de la vie intime et les faillites historiques. Ainsi « le mal du siècle n'est plus simple état de l'âme : il fait partie du paysage social ». Il naît de la désagrégation des certitudes et du vieillissement du monde.

La nouvelle inspiration culminera lors de la révolution de 1848 : pendant quelques mois, un vent de romantisme soufflera sur la France, avec la bénédiction du clergé. On pourra vraiment parler d'un « romantisme social ». Déjà chez Saint-Simon le thème de la science se teinte fortement de romantisme.

Saint-Simon et ses secrétaires

La seconde époque de la vie et de la pensée de Saint-Simon commence en même temps que la Restauration. Mais on peut y distinguer trois moments.

De 1814 à 1816, Saint-Simon ne semble qu'un publiciste de gauche, au service des idées de liberté ; son collaborateur est Augustin Thierry. Au début de 1817, il milite pour la politique industrielle ; cette forme plus savante de la politique libérale ranime son espoir de trouver dans la science les principes d'une cité rationnelle ; mais l'*industrialisme* succède aux sciences naturelles ; le collaborateur est Auguste Comte. A partir de 1821, tournant le dos au libéralisme, Saint-Simon essaie de constituer un parti dont il sera le directeur de conscience, il prêche un Évangile des producteurs, son *Nouveau Christianisme ;* c'est le temps des premiers saint-simoniens.

Toujours il a voulu diriger un « atelier scientifique » : écrire et faire écrire, penser et faire penser, trouver les hommes et l'argent à mettre au service de l'esprit militant, telle est sa vocation. Le voilà directeur de publication et agent de publicité. Mais son idée d'encyclopédie serait-elle fumeuse ? On a relevé une curieuse coïncidence entre le réveil du philosophe aux larges ambitions et le départ de Thierry : « Les intelligences ne s'entendent plus : le secrétaire est parti parce qu'il ne comprenait plus rien aux idées de son maître » (H. Gouhier).

Éjecté avec sa promotion de l'École polytechnique, Auguste Comte entre au service de Saint-Simon en août 1817. La rencontre eut pour cause une réelle convergence de leurs préoccupations, de leurs goûts et de leurs refus. Comte était sous le charme. Il fut le secrétaire appointé de Saint-Simon pendant un trimestre. Il recevait 300 francs par mois. « Sans doute, écrit H. Gouhier, en écoutant son patron, Comte perçoit dans ses propos une philosophie qu'ils ne contiennent pas ; en lisant les pages de son secrétaire, Saint-Simon ne voit certainement pas la philosophie qu'elles annoncent. » De la pensée du maître on a dit qu'« obscure, elle met en fuite les secrétaires ; claire, elle met en fuite les souscripteurs ». Comte ne s'enfuit pas, mais il reconnaît que « le pot au feu a diablement souffert ». Cette pensée « marque l'avènement de la raison industrielle dans toute sa nudité » (Simone Debout). En 1822, Saint-Simon est le directeur d'une collection de travaux « scientifiques » ; c'est en cette qualité qu'il reçoit le manuscrit de Comte, dont la publication « apocryphe » sera l'occasion de leur rupture : il n'a pas de chance avec ses secrétaires. Survient le suicide manqué du 9 mars 1822 : il a pris son pistolet, non parce qu'il avait faim, mais parce qu'il avait perdu sa raison de vivre en voyant fuir les temps annoncés. Le rétablissement de ses finances suit celui de sa santé : il fait la connaissance d'Olinde Rodrigues, le disciple capable d'être son banquier. Car plus que jamais, il fait figure de messie. La nécessité de créer une religion représente en effet une préoccupation constante du XIXe siècle. Ainsi les héritiers de Saint-Simon se constitueront en confrérie religieuse.

L'histoire du saint-simonisme commence le jour de la

mort de Saint-Simon. Les amis qui avaient accompagné son convoi au Père-Lachaise, le 8 mai 1825, étaient décidés à ne pas laisser son œuvre dans l'oubli. Le petit groupe fut rejoint par le polytechnicien Enfantin, puis par l'ancien *carbonaro* Bazard. Le saint-simonisme n'est encore ni une théologie ni une Église, bien que Benjamin Constant l'accuse de rêver d'un « papisme industriel ». Le recrutement se fait plutôt chez les polytechniciens et les jeunes gens encore étrangers à la politique. Hippolyte Carnot est une recrue précieuse qui allait rédiger l'œuvre qui devait marquer une étape nouvelle : l'*Exposition de la doctrine saint-simonienne*. Ce n'est point un simple résumé de l'œuvre du maître, mais une œuvre originale, critique de l'état actuel, et exposé de l'organisation future. La religion, lien qui unit les hommes aux « époques organiques », est impérissable ; l'irréligion n'est qu'une « crise ».

Auguste Comte a beaucoup appris au contact de Saint-Simon. Le jeune homme a deux ambitions : se faire un nom dans l'enseignement scientifique et dans l'économie politique. Ce qui frappe dans ses textes de jeunesse, c'est leur orientation pédagogique. Dans le premier *Système de politique positive,* écrit en quelques nuits de travail intense, des éléments déjà anciens sont groupés en une synthèse commandée par la loi des trois états — théologique, métaphysique et positif. Comte n'a découvert sa classification des sciences qu'après « les trois états ». Mais le professeur besogneux qui court après la pièce de cent sous à la fin du mois est un penseur aux rêves ordonnés qui poursuit sa voie. Le 2 avril 1826, Comte ouvre un « cours de philosophie positive ». Les leçons particulières se font désirer : le *Cours* est d'abord une espérance aux reflets argentés, dans le pauvre logis d'un intellectuel en chômage. Au début, il est un moyen ; bientôt ce moyen est une fin. Il s'agit de fonder la physique sociale. Mais le surmenage est tel que « l'orage cérébral » commence à gronder. Comte passe par une « crise nerveuse bien caractérisée ». Le cours sera interrompu dix-huit mois. Comment s'explique cette crise de 1826 ? Il semble que, lors de la « monstrueuse méditation », le jeune homme ait été obsédé par l'idée de *système* et par l'unité de son œuvre. Cette œuvre sera philosophique et aussi religieuse. « En 1826, écrit H. Gouhier, le prêtre perce sous le philosophe, mais le philosophe n'en sait rien. » Comte sait du moins que le nouveau pouvoir spirituel ne sera pas composé d'économistes : l'économie politique est à ses yeux une discipline « métaphysique », loin de la société concrète.

La bataille du monopole

La monarchie de Juillet comble d'honneurs et de faveurs ceux qui, dans l'Université, ont su favoriser sa victoire. Mais les élus sont en petit nombre : parmi eux, Victor Cousin. Sa fièvre métaphysique est tombée. « Le professeur Cousin se transforme en administrateur puissant qui tient solidement ses professeurs sous sa férule » (A. Canivez). Pendant dix ans, la paix règne dans l'Université, et dans l'enseignement de la philosophie — qui fait l'objet d'une étroite surveillance. Mais le calme ne dure pas. En 1844, Cousin se bat à la Chambre des pairs pour parer à une très sévère attaque des catholiques. Il y déploie toute son éloquence : c'est son œuvre d'administrateur et d'inspirateur de la philosophie qu'il défend. Son propos est une « tartuferie de style moral », grâce à laquelle il est de plain-pied avec ses adversaires : comme eux, il a peur de la pensée. Pour Cousin, l'enseignement de la philosophie a comme rôle essentiel la défense de la société présente et de son idéologie. Pour tranquiliser ses adversaires, il affirme qu'un bon cours de philosophie doit être « solide et borné, avare de toute curiosité », et se restreindre à des banalités rhétoriques. De ses jeunes agrégés, il évoque la modestie et la médiocrité ; il avoue sereinement la surveillance policière dont il les entoure. Au bout de quinze jours, la bataille prend fin sur un avertissement bien dans sa manière : il apaisait ses ennemis en menaçant ses protégés, au cas où ils prononceraient le moindre mot susceptible d'irriter le clergé de leur ville.

Aux professeurs indépendants d'esprit, la défense de Cousin laissait une impression facheuse : on les avait sauvés et déshonorés. En fait, il était très risqué pour un enseignant de n'être pas *éclectique ;* l'enseignement de la philosophie était sans réserve entre les mains de Cousin. D'ailleurs il n'aimait pas beaucoup les hommes de son

« régiment ». Ce surveillant général de la philosophie se plaisait à faire la police de l'esprit. Il forma un corps de professeurs distingués et inoffensifs. Du moins il mit de l'ordre dans l'enseignement philosophique en lui donnant un programme précis et une langue définitive, le français au lieu du latin. Il fallait commencer par la psychologie ; il était entendu que partout on enseignerait l'existence de Dieu et l'immortalité de l'âme. Cet enseignement était sanctionné par une interrogation orale au baccalauréat ès-lettres.

La bataille du monopole universitaire a fait rage de 1843 à 1847, et l'État n'a pas volé au secours de ses alliés de 1830. On laisse le comte de Montalembert ourdir une vaste conspiration dont les universitaires sont les premières victimes. Pourtant, les spiritualistes sont majoritaires parmi eux : ils s'efforcent de concilier la foi et la raison. Dans les discours de distributions des prix, les philosophes s'évertuent à blanchir l'éclectisme des accusations qui pèsent sur lui.

Félix Ravaisson est écarté de l'Université par l'influence hostile de Cousin, et relégué vers les bibliothèques et les musées. Selon le mot de Bergson, « toute la philosophie de M. Ravaisson dérive de cette idée que l'art est une métaphysique figurée, que la métaphysique est une réflexion sur l'art, et que c'est la même intuition diversement utilisée, qui fait le philosophe profond et le grand artiste ». La thèse de doctorat que Ravaisson soutint en 1838, *De l'habitude,* est une première application de cette méthode. Mais on y trouve toute une philosophie de la nature.

C'est dans l'anxiété que Victor Cousin accueillit la révolution de Février. Il suivit Odilon Barrot jusqu'aux Tuileries, pour assurer le roi de sa fidélité. Il tomba, en revenant, sur une bande d'insurgés qui le ridiculisèrent. C'était le commencement du repli. Il avait perdu son régiment. Il prendra sa retraite après le coup d'État de 1851 et écrira des livres sur les dames du Grand Siècle. En revanche, dans les collèges la révolution de 1848 suscita des enthousiasmes nombreux. « La philosophie respire », lit-on dans *La Liberté de penser*. Mais la crise de Juin a, dans le corps enseignant, un retentissement profond : la république sociale lui fait peur. La bourgeoisie conservatrice redresse la tête, exige des sanctions contre les imprudents. Les temps difficiles commencent, c'est la *montée des périls*.

L'Église saint-simonienne

L'équipe saint-simonienne formulait un dogme et parlait de « révélations » : l'École disparut, l'Église allait naître. Enfantin, par la chaleur de sa conviction, animait les disciples et manifestait son irrésistible vocation pour l'apostolat religieux. Il disait que sa mission était due à un décret nominatif de la Providence. Et pourtant, au lieu de faire un pape, on en fit deux : le « Collège » élut Enfantin et Bazard chefs de l'Église saint-simonienne et Pères de la famille nouvelle. Seuls les Pères étaient les dépositaires du Verbe. Les saint-simoniens devaient montrer au monde l'idéal de la vie sociale : une existence conventuelle, premier modèle de l'association d'amour et de fraternité. Leur militantisme était considérable : leur religion eut à Paris six prédicateurs de 1830 à 1832.

A deux exceptions près, les saint-simoniens étaient des célibataires. Or, la crise éclata à propos de la question de « la femme ». Saint-Simon n'en avait pas parlé. Forcément, les disciples durent s'occuper d'elle quand ils reconstituèrent avec méthode la doctrine éparse et fragmentaire du maître. Ils prirent chez Fourier l'idée que l'individu social doit être un couple, mâle et femelle. « C'est par l'affranchissement complet des femmes que sera signalée l'ère saint-simonienne », écrit Enfantin. Sous la direction du *couple prêtre,* il faudra introduire dans l'union sexuelle ce principe de mobilité qui règne dans le cosmos. Mais Bazard, attaché à l'indissolubilité du mariage, persuadé que la femme « n'acceptera jamais la promiscuité », quitte le groupe en novembre 1831. Enfantin sera désormais le centre autour duquel rayonnera la Famille. L'opinion publique, mal informée, et le pouvoir accusaient les saint-simoniens des pires choses. Il y eut arrestation, procès pour « outrage à la morale publique », emprisonnement d'un an pour Enfantin et Michel Chevalier. Dans sa cellule, le Père méditait le grand œuvre qui devait avoir pour théâtre l'Orient, terre des prophètes. Enfantin et son compagnon furent graciés le 1er août 1833. Le chef s'occupa aussitôt de rallier son armée pacifique : il était question d'aller construire le canal de Suez. Méhémet-Ali fit échouer ce projet leibnizien.

Arlès-Dufour est de ceux qui assurèrent le passage au *saint-simonisme pratique :* fondation de banques et d'entreprises, construction de chemins de fer. M. Chevalier rompt avec le chimérique Enfantin. Sous le Second Empire il sera un conseiller économique de Napoléon III. Celui-ci n'accomplit-il pas les projets « industrialistes » de la secte ? Des transformations qui ne faisaient auparavant que s'ébaucher s'affirment, puis se poursuivent en s'accélérant. En Europe une ère nouvelle semble commencer. Ces transformations, liées entre elles par des causalités réciproques, sont le progrès scientifique, les nouvelles inventions techniques et l'accroissement de la population. Une nouvelle civilisation, celle du machinisme, prend rapidement forme. M. Chevalier est l'artisan du traité de libre-échange entre la France et l'Angleterre (1860).

Auguste Comte, lui, se livre à ce qu'on appelle si curieusement la pratique théorique. De 1830 à 1842 il travaille aux six volumes de son *Cours de philosophie positive.* Sa volonté pédagogique rappelle le Platon du VIIe livre de la *République.* Le *Cours* n'est pas une table des matières de la science, mais une philosophie de l'esprit. Comte écrit dans des conditions difficiles. Il a encore deux crises mentales, en 1838 et en 1845. La seconde avait deux causes prochaines : « L'élaboration initiale de la politique positive » et sa grande passion pour Clotilde de Vaux. On ne peut faire preuve de plus de conscience et de raison que lui dans la lutte contre la folie. Le Dr Dumas admire « tout ce qu'il y eut de courage simple et de vraie grandeur dans l'existence intellectuelle de cet homme qui se sentait menacé ». Aussi réfute-t-il les allégations de Littré qui imputait à la crise de 1845 un changement subit de méthode chez Comte : « Littré ne paraît pas bien comprendre la *synthèse subjective* qu'il dépêche si rapidement en la chargeant de tous les péchés de son maître » : il s'agissait de l'organisation du savoir dans un sens humanitaire et de la subordination de toute science à la sociologie *(Deux Messies positivistes,* Alcan, 1905).

Comte « était encore un homme, mais c'était surtout un système, et vers 1845 ce système fut amoureux ». La particularité de cet amour, c'est la forme violente et bientôt religieuse qu'il prendra rapidement. Du vivant de son amie, plus encore après sa mort, Comte lui voua proprement un culte. Le problème philosophique est de savoir si l'on peut accepter sa prétention de faire converger ce mysticisme avec le positivisme et avec cette religion de l'humanité qui était une survivance de l'époque révolutionnaire. Il ne faut pas confondre le *positivisme* avec le *scientisme.* Certes, ce dernier est aussi une théorie de la vérité. Mais, comme l'explique Sartre dans *L'Idiot de la famille,* Flaubert y voit « un cynisme désespérant, le refus de toute valeur, de toute consolation... La théorie de la Vérité devient la théorie du Désespoir ». Comte, lui, n'est pas un homme de peu de foi.

Sa correspondance nous permet de saisir ses réactions pendant les événements. Dès le printemps 1848, sa méfiance s'accroît à l'égard des « rouges ». Il prépare « l'érection des positivistes en un parti distinct qu'on appellera peut-être *les verts* » (à cause de leur drapeau). Il est persuadé que, dans dix ans, il prêchera le positivisme à Notre-Dame. Il ne dramatise nullement le coup d'État du 2 décembre : cette « vraie dictature temporelle » constitue « un pas important hors de l'ornière métaphysique ». Il organise des mariages et des baptêmes positivistes; sa correspondance est étendue, il est directeur de conscience pour ses disciples. Il rédige de 1851 à 1854 les quatre volumes du *Système de politique positive.* Sa philosophie de l'histoire sans noms propres est originale et rend justice à cette « prétendue nuit du Moyen Age ». Encyclopédique, sociale, historique, politique, son œuvre s'accomplit, si elle ne se trouve achevée, dans la *Synthèse subjective,* qui devait comporter quatre tomes, nouvelle et dernière série s'annonçant comme l'aboutissement du positivisme. Il mourra en 1857.

Comme le souligne L.L. Grateloup, le positivisme est, tout ensemble, une philosophie, une politique, une religion et une morale, chacun de ces termes devant être pris dans toute la richesse de son acception. Comte affirme la capacité de l'*esprit positif*, contrairement aux « doctrines absolues », de reconnaître la juste valeur des théories qui lui sont le plus opposées : ainsi, théologie et métaphysique doivent être prises au sérieux, comme tout ce qui jalonne le développement de l'humanité. L'esprit positif rend justice au passé, sans lequel rien ne pourrait être construit ou reconstruit : nous sommes des héritiers. La distinction des deux pouvoirs, pouvoir temporel des monarques et pouvoir spirituel du pape, opérée par le monothéisme médiéval, fut « le plus grand perfectionnement qu'ait éprouvé la saine théorie générale de l'organisme social, envisagé comme destiné à l'ensemble de notre race ». Mais le moment est venu d'instituer la « religion du relatif », entendons la religion de l'humanité. « En un mot, conclut le *Catéchisme positiviste,* l'humanité se substitue définitivement à Dieu, sans oublier jamais ses services provisoires. »

Ce n'est pas l'individu qu'il faut considérer : partir du *cogito* est une démarche insensée, puisqu'aussi bien la folie n'est qu'un « excès de subjectivité ». Le système des sciences trouve son couronnement dans la physique sociale ou sociologie, dont la constitution provoque un effet rétroactif de la fin sur le commencement, bref du point de vue humain sur le point de vue cosmologique. Or la connaissance objective n'a point à être désintéressée : elle procède du souci d'agir efficacement sur le monde et, plus précisément, sur le milieu social. La seule tâche vraiment « positive » est de réorganiser la cité et d'assurer l'avènement d'une société où « tout le raisonnable sera satisfait ». Enfin, « le positivisme est une théorie du consensus, comme le marxisme est une théorie de la lutte des classes » (L.L. Grateloup).

Qu'en est-il d'Auguste Comte aujourd'hui ? Il n'est pas un thuriféraire de la science, mais, écrit J. Muglioni, « un philosophe véritable qui, comme tel, a une certaine idée de la science ». Il nous met en garde contre la propension moderne à faire une superstition de la science. « La lecture du *Cours* est saine absolument : elle préserve des engouements et surtout de ce scientisme latent qui sert à justifier le refus de toute libre réflexion. » Bien plus, « Comte voyait dans l'extension sans fin de la recherche spécialisée et dispersive le fléau des temps modernes ». Il nous gêne, dans nos modes et manies : il nie l'arbitraire du signe, exclut l'existence de plusieurs types d'humanité, récuse le féminisme abstrait qui déprécie la femme au lieu de lui rendre sa place éminente. D'avance, il démystifie le structuralisme ; il condamne notre ignorance de l'histoire : rien de plus funeste que l'oubli du passé. Surtout, « l'enfance et l'éducation sont au centre de son œuvre... Son idée maîtresse est que l'enfance demeure dans l'homme, mais que l'homme est déjà présent dans l'enfance ». Il n'y a pas de *techniques de l'éducation :* « Celle-ci consiste à faire pleinement accéder l'enfant à l'humanité par l'assimilation du passé, ce qui s'appelle instruction et culture », affirme J. Muglioni, qui ajoute : « Les analyses de Comte vont donc au cœur de notre actualité. Elles dénoncent les compromissions, les trahisons qui menacent l'enseignement et l'avènement de l'éducation universelle. »

L'originalité de Comte réside dans une démarche qui veut « allier l'esprit scientifique à l'esprit historique (dans) la combinaison de deux influences opposées, l'une révolutionnaire, l'autre rétrograde ». C'est cela qui le rend « inclassable », et qui explique que ses disciples procédèrent à un travail de révision et d'amputation. Dans la seconde moitié du siècle, les positivistes sont en majorité des médecins. Émile Littré (1801-1881), médecin, historien, philologue, journaliste, va en quelque sorte « purger » la pensée du maître, dont le *Cours* l'avait subjugué, de l'élément moral et religieux. « Disciple indiscipliné », selon son expression, il se fixe pour tâche de transmettre la « vigoureuse impulsion » du fondateur du positivisme, en y apportant les « développements » et les corrections que lui suggèrent la rigueur philologique, l'« opportunité sociologique » et bientôt les besoins pédagogiques de la IIIe République (Alice Gérard). Signalons le succès de la pensée comtienne au Brésil : ce sont des organisations culturelles brésiliennes qui ont offert la Statue de l'Humanité que l'on peut voir au Père-Lachaise. De 1890 à 1940, les positivistes brésiliens ont construit chez eux de nombreuses chapelles de l'Humanité.

Phalanstères, familistères, et autres monastères

Après le schisme qui éloigna Bazard, un fort contingent de disciples quitta l'Église saint-simonienne. C'est le cas de Pierre Leroux — le *philosophus hirsutus* (à cause de ses cheveux, et de ses idées mal démêlées). Il avait naguère adhéré à la Charbonnerie, mais il préféra être « un révolutionnaire pacifique ». Fondateur du *Globe* en 1824, il en fit un journal saint-simonien en 1830. Ayant rompu avec la secte, il fonda à Boussac une imprimerie communautaire de 80 personnes. C'est entre 1831 et 1848 qu'il élabora sa doctrine (il aurait même inventé le mot « socialisme »). Pour lui, le XVIIIe siècle avait été moins *critique* qu'il n'était *organique* en germe. Leroux, pour rattacher un siècle à l'autre, met en avant la notion de *tradition,* heureusement « souple et malléable » (P. Bénichou). L'*humanitarisme* se proclame chez lui religion *et* philosophie : « L'humanité sans la religion, c'est la dissolution, c'est le néant, c'est la mort » *(Réfutation de l'éclectisme,* 1839).

A ses yeux, l'éclectisme est une philosophie de l'égoïsme, liée par surcroît au pouvoir politique en place. Le même reproche est formulé par Buchez. Ancien carbonaro, ancien saint-simonien, ce philosophe de l'histoire « du point de vue du catholicisme et du progrès », est encore plus religieux que les amis d'Enfantin. Homme d'un dévouement sincère, bienfaisant mais un peu bourru et coupable de « petites médisances contre ses confrères en socialisme », il s'occupe d'un journal ouvrier, *l'Atelier.*

Phalanstères, familistères et autres monastères socialisants se fondent dans la mouvance de Fourier. Ses disciples professaient un optimisme messianique qui baignait leurs spéculations d'une lumière d'euphorie. Victor Considérant s'en prend à la notion même de *chute :* il la fait dériver d'un parti pris d'abaissement et de mortification de l'humanité, erreur antérieure à Jésus et qui s'est introduite malencontreusement dans son message. Considérant fonde à Paris un « journal proposant la fondation d'une *phalange,* réunion de 1 100 personnes associées en travaux de culture, fabrique et ménage ». Il adhère à la République dès le 24 février 1848, mais, plus modéré que Blanqui, il réprouve toute violence. Sous le Second Empire, il dut s'exiler et partit fonder la Société de colonisation du Texas au capital de 4 500 000 francs. Est-il besoin de dire qu'il échoua ?

Proudhon

Il est impossible de présenter les détails de la vie de Proudhon et toutes ses œuvres. Il a erré entre Besancon,

Lyon, Paris et l'exil ; il a énormément écrit. Bien que fils d'un tonnelier et d'une cuisinière réellement pauvres, il fit d'excellentes études au collège royal de Besancon : sa culture, sa connaissance du latin, de la philologie, voire de la théologie sont étonnantes. C'est en prison qu'il a épousé Euphrasie Piégard, une ouvrière sans instruction, mais courageuse et laborieuse.

Deux formules l'ont rendu célèbre : « Dieu, c'est le mal » ; et « la propriété, c'est le vol ». La seconde figure dans son mémoire *Sur la propriété,* dédié aux académiciens de Besancon. Or, pour les Français du XIXe siècle, la propriété était sacrée : s'y attaquer était le péché irrémissible. Pierre Haubtmann évoque « l'extraordinaire fortune de ce mot-brûlot que plusieurs générations d'Européens répéteront avec effroi ». Poursuivi, Proudhon fut acquitté, aux applaudissements du public. « Gloire à Jésus-Christ ; honte à Rome et au clergé ! », note-t-il dans ses carnets. L'amour de la justice l'a conduit à se détacher de l'Église catholique. Avant 1848, il fréquente à Paris les membres de la gauche hégélienne. Malgré les pressantes exhortations de Ruge, aucun des Français sollicités n'a envoyé de manuscrit aux *Annales franco-allemandes :* Louis Blanc traite des *dangers de l'athéisme.* Cependant, en 1844-45, les entretiens de Marx et de Proudhon auraient duré « souvent des nuits entières » : avec Marx, et bientôt avec Grün, Proudhon redécouvre Hegel. La rencontre de Marx l'a suffisamment marqué pour qu'on en trouve la trace dans sa correspondance. Après l'expulsion de Marx le 1er février 1845, c'est Grün qui prend le relais et se vante d'être le *Privatdozent* de Proudhon ; et son influence va être beaucoup plus considérable que celle de Marx : d'où le ressentiment de ce dernier.

Proudhon publie en octobre 1846 ses *Contradictions économiques ou Philosophie de la misère.* L'ouvrage est d'allure fortement germanisante ; il doit beaucoup à Feuerbach. Si Marx ne s'était aucunement senti visé par la *Philosophie de la misère,* on s'expliquerait mal qu'il ait jugé nécessaire de riposter, et sur quel ton, par la *Misère de la philosophie ou «* l'Anti-Proudhon ». Il dénonce en Proudhon le type même du petit bourgeois idéaliste, mystique et moraliste : « La Providence est la locomotive qui fait mieux marcher le bagage économique de M. Proudhon que sa raison pure et évaporée. »

En 1848, Proudhon, après quelques semaines de réflexion solitaire, sort de son cabinet, devient homme d'action, journaliste, et même personnage politique, « ce qui ne manque pas de sel de la part d'un anarchiste ». Mais lorsque la République devient réactionnaire, un « déluge de calomnies » s'abat sur lui ; il se dit livré « aux chacals de la presse et aux chats-huants de la tribune ». Le vote écrasant du 10 décembre 1848 en faveur de Louis Bonaparte le jeta dans un accablement profond.

Proudhon est condamné en cour d'assises, en mars 1849, à trois ans de prison. Pendant la période de l'Empire, Marx continue à l'attaquer : la *Critique de l'économie politique* le vise essentiellement.

Proudhon restera toujours dualiste, du moins sur le plan des valeurs, comme en témoigne *La Justice dans la Révolution et dans l'Église* (1858) : l'Église est mère et rivale de la Révolution ; *la question* est *entre* la Révolution et l'Église. « La formule hégélienne n'est une triade que par le bon plaisir ou l'erreur du maître, qui compte trois termes là où il n'en existe véritablement que deux, et qui n'a pas vu que l'antinomie ne se résout point, mais qu'elle indique une oscillation ou antagonisme susceptible seulement d'équilibre. »

Excellent écrivain, redoutable polémiste, Proudhon était un penseur réfléchi, équilibré, extraordinairement curieux et observateur. Bon ouvrier, il aimait le travail bien fait. De lui-même il disait qu'il était « révolutionnaire », non « bousculeur ». L'agitation pour l'agitation lui était intolérable, et il a violemment attaqué Eugène Sue, ce « touriste de la misère ». La misère est atroce, alors que « la pauvreté est décente... elle change de linge une fois au moins par semaine ; elle n'est ni pâle ni affamée... nous devons la considérer comme le principe de notre allégresse ». En fait, Proudhon est un « communard virtuel » : sa pensée en acte, c'est la Commune. L'anarchisme, chez lui, c'est l'autogestion des masses. L'idée mère est sa conception du travail : le travail est « l'émission de l'esprit ». La révolution, c'est la promotion du travail, c'est-à-dire la reconnaissance que l'idée sort de l'action et retourne à l'action (G. Gurvitch, *Proudhon,* P.U.F., 1965).

« A la vérité, cet artisan, cet écrivain populaire que Courbet a immortalisé vêtu d'une blouse, ce blousier pamphlétaire si bien informé en matière économique, fut le manieur de mots entraînants le plus proche de l'esprit des gens, ouvriers et artisans » (M. Leroy). Mais il est excessivement conservateur sur le plan de la morale familiale et du mariage, ce qui suscita l'indignation de femmes philosophes comme Juliette Lamber *(Idées antiproudhoniennes,* 1858). Or Édouard Dolléans a montré que *La Pornocratie ou les Femmes dans les temps modernes,* ouvrage posthume, est au cœur de la philosophie sociale de Proudhon : pour celui-ci, « les libertés publiques ont pour base et sauvegarde les mœurs domestiques » ; et il se méfie immensément de « l'esprit de croisade que font par moments quelques estimables dames ».

Université française et université allemande

Le Second Empire fut une sombre période pour la philosophie française. Après le 2 décembre, M. de Fortoul soumet son personnel à une surveillance étroite : l'Université, résignée ou terrorisée, se tait. Le ministre épure le corps enseignant. Il supprime l'enseignement de la philosophie, et ne laisse qu'un minuscule programme de logique. Le 28 avril 1852, les fonctionnaires de l'Instruction publique sont mis en demeure de prêter serment à la nouvelle constitution. On compte trente refus (Jules Simon, Barni, Vacherot parmi les philosophes). Il s'agira souvent d'une résistance larvée : Sarcey entame au sujet de la barbe professorale une spirituelle polémique avec son recteur. Taine, exilé à Nevers, reconnaît que l'Université est « la meilleure position pour s'occuper de littérature et de science », mais se dit fatigué de « la platitude des seize petits nigauds » qu'il instruit (il a du moins le temps de lire la *Logique* de Hegel). Comme il le souligne, « le gouvernement a la main rude et jette à bas ceux qui se permettent le moindre mot ». Mais toute une opposition politique, anticléricale et pédagogique prend d'année en année plus de consistance, et les persécutions ne font en définitive que la renforcer : selon P. Gerbod, elle subsiste, « intraitable et implacable ». *La Démocratie* de Vacherot vaut à l'auteur une saisie et un procès (1859). Ernest Renan monte dans la chaire d'exégèse biblique et d'histoire des religions du Collège de France ; il parle de Jésus comme d'un « homme incomparable » : son cours est suspendu par le ministre Rouland, « pour avoir professé des doctrines qui blessent les croyances chrétiennes et peuvent entraîner des agitations redoutables » (1862). Quand paraît, en 1863, la *Vie de Jésus,* l'ouvrage est bien accueilli par des universitaires rationalistes comme Havet. Le cœur du livre, c'est le problème psychologique, appuyé de tout l'appareil de la critique : comment expliquer l'admirable pureté morale de Jésus, dans la bassesse et l'étroitesse de son temps ? Définitivement révoqué, Renan publie, d'année en année, les volumes des *Origines du christianisme :* il est historien et philosophe de l'histoire ; mais les critiques ont exagéré son hégélianisme. En 1857, Taine a publié *Les Philosophes classiques en France,* où il pourfend les maîtres de l'éclectisme. Dans l'*Histoire de la littérature anglaise,* il expose sa théorie de la race, du milieu et du moment comme facteurs déterminants de l'histoire de la culture : son déterminisme rigoureux assimile la naissance d'une œuvre d'art à un processus de la nature.

« Dix ans captive en Bonapartie, la milice universitaire aspire surtout à obtenir dans la nation la place qu'elle juge légitime : elle se met en marche vers la Terre promise... En 1863, un des vieux soldats de l'Université militante, Victor Duruy, prend le commandement » (P. Gerbod). Si on lui doit la création de l'enseignement secondaire féminin, il échoue à rallier les enseignants à l'Empire. Le désastre de Sedan et l'avènement de la République délient les professeurs de leur fidélité à l'ordre établi. Le 8 septembre 1870, la *Revue de l'Instruction publique* n'a aucune parole de regret pour l'Empire déchu : c'est « la vraie révolution du mépris ». De plus, l'Université a enfin trouvé *son* ministre : le philosophe Jules Simon – « le premier vraiment qualifié pour la fonction », écrit cette même revue. Sous le régime défunt, au milieu de tant d'abus de pouvoir, le seul recteur « indépendant » avait été Cournot, protégé des persécutions par ses titres et son étonnant prestige. Non seulement son sens du réel le conduit à faire collaborer science et philosophie, mais il l'amène à exposer un probabilisme rénové *(Traité de l'enchaînement des idées fondamentales,* 1861).

La guerre de 1870 fut, pour tous les Français, un choc immense, un mauvais réveil après les mensonges de l'Empire. De jeunes philosophes, tel Lagneau, s'engagent dans les francs-tireurs ; les autres en sont réduits à méditer sur les causes et les suites de la honteuse défaite. Claude Digeon appelle *la question allemande* « le complexe psychologique créé dans l'opinion française par la formation de l'unité allemande, et entretenu par le voisinage d'un nouvel Empire né de notre défaite ». L'humiliation, le sentiment de culpabilité collective donnèrent lieu à des œuvres de philosophie politique. Une idée fort répandue consiste à dire que l'Allemagne doit sa victoire à son élite savante, et que l'intelligence française doit assumer le même rôle national. On répète que l'instituteur et l'enseignement supérieur allemands ont vaincu la France après l'Autriche. L'exigence d'une réorganisation intellectuelle de la France, d'une réflexion scientifique dans le domaine politique, se fait sentir : la fondation par Boutmy de l'École des Sciences politiques en est un témoignage. Mais on observe une âpre jouissance, une volonté de se fustiger, de s'accuser. Gobineau affirme la supériorité raciale de l'Allemagne ; Sarcey vante l'organisation des Prussiens. Mais, pour Louis Blanc, ceux-ci sont « des Mohicans passés par l'École polytechnique » ; pour Caro, « des Attilas lettrés ».

Chez un Renan ou un Taine, la réflexion sur les événements prendra une allure contre-révolutionnaire. La pensée politique du premier est un complexe mélange d'archaïsme social et de rénovation spirituelle. Il exalte l'Allemagne idéaliste, savante et cosmopolite d'autrefois pour rabaisser l'Allemagne prussianisée de 1871. Dès février, il écrivait le premier jet de *La Réforme intellectuelle et morale de la France,* plus « antidémocratique » que le texte définitif ; c'est l'œuvre d'un homme horrifié par la guerre. Les *Dialogues philosophiques,* écrits en mai 1871, nous montrent le retentissement de la guerre et de la Commune sur toute la pensée de Renan. Il développe encore quelque temps le thème d'une Allemagne *bifrons.* Mais, en 1884, il critiquera Schopenhauer ; le renversement est donc complet : l'exemple allemand n'existe plus.

De la guerre, Taine n'avait été qu'un « spectateur désolé ». Il lui parut bientôt qu'il y avait peu à espérer de ses compatriotes. D'où sa décision de se consacrer, en sortant de son silence politique, à des études sur la France. *Les Origines de la France contemporaine* sont centrées sur la critique de l'esprit classique, de sa conception purement rationnelle et abstraite de l'homme et de l'histoire. Dans *le Régime moderne* surtout éclate le contraste entre le formalisme latin et le régime germanique ; il exalte l'indépendance des universités allemandes. Il y a ici une volonté ascétique de sauver la France en refusant la réalité française. La publication de son livre souleva des clameurs. Assurément, Taine, sous le coup de la défaite, s'est anxieusement interrogé sur l'influence sociale et morale qu'avaient pu exercer ses œuvres déterministes d'avant 1870.

La génération suivante se préoccupe davantage de l'avenir. Des perspectives nouvelles apparaissent. Le professeur Boutroux publie en 1874 un livre au titre surprenant, *De la contingence des lois de la nature*, qui ébranle la croyance à un déterminisme unique et absolu. Des influences étrangères, celles de Schopenhauer et de Spencer, commencent à pénétrer. Bientôt « une autre France s'interroge sur une autre Allemagne ». Par leurs cours et leurs ouvrages, Lachelier, Boutroux, Nolen, propagent l'idée que la philosophie moderne a pour première tâche de repenser l'œuvre de Kant.

De Kant, mais non de Hegel. Un lecteur de la *Critique philosophique* lui ayant demandé, « dans une lettre aimable quoique anonyme », pourquoi il ne donnait pas une réfutation en règle de la doctrine hégélienne, Renouvier lui répond, dans le numéro du 30 novembre 1876, que la revue n'a jamais fait autre chose, pourvu qu'on s'entende sur ce qu'est l'hégélianisme. S'il s'agit d'un état d'esprit, d'une certaine façon d'envisager le monde et l'histoire, « nous ne voyons à peu près autour de nous que des hégéliens ». Mais de disciples au sens strict, Hegel n'en a qu'un en France, son traducteur Vera. En fait la lutte contre Hegel est une des constantes de l'œuvre de Charles Renouvier (1815-1903). Celui-ci, assez fortuné pour ne pas prendre d'emploi, n'est pas un universitaire. S'il opère un retour à Kant, c'est de manière très originale. Toute connaissance est connaissance de phénomènes, de faits de conscience ; elle ne saisit ses objets que relativement, dans leurs rapports mutuels et dans leur rapport à moi, sujet connaissant. La « catégorie » fondamentale est celle de *relation*, à laquelle la « substance » elle-même est subordonnée ; un absolu, une « chose en soi », n'est pas pensable. Un infini ne l'est pas davantage : le monde n'est concevable que fini. Comme Kant, plus encore que Kant, Renouvier met l'idée de liberté au centre de sa philosophie. La liberté est un fait de la conscience, et les lois des phénomènes ménagent de leur côté un espace pour un vouloir libre et créateur. On ne peut certes pas prouver la réalité de la liberté : *c'est précisément un acte de liberté que d'affirmer qu'on est libre.* Nous pouvons admettre, comme fondement ultime de toute existence, seulement des forces agissant librement qui, comme nous, sont des centres de conscience. Tel est du moins le « personnalisme » de Renouvier, aboutissement d'un cheminement passionnant que retrace M. Méry dans *La Critique du christianisme chez Renouvier;* aboutissement que des esprits chagrins ont appelé « le roman métaphysique d'un polytechnicien nonagénaire ». Cette longue évolution religieuse, qui le conduit du saint-simonisme au « personnalisme », est marqué notamment par l'affaire de « l'inscription protestante » : Renouvier a demandé un jour aux philosophes néocriticistes de s'inscrire dans une Église protestante. Dans l'ensemble, cependant, c'est l'idéalisme de la liberté qui caractérise au mieux ce penseur aussi soucieux de l'actualité que de l'histoire de la philosophie.

Même s'il n'atteint pas la fécondité de Renouvier, le personnel universitaire garde la manie d'écrire. La philosophie allemande conquiert auprès de lui un réel prestige. Théodule Ribot publie en 1874 *La Philosophie de Schopenhauer.* Jules Lachelier (1832-1918) fut professeur, inspecteur général et président du jury de l'agrégation, mais il était davantage respecté pour sa valeur intellectuelle et morale que pour ses embarrassantes fonctions. On ne saurait lui refuser une profonde intelligence du kantisme. Il a même souvent comme deviné le sens de textes qu'il ne connaissait pas. Il s'inspire davantage de la *Critique de la faculté de juger* que de la *Critique de la raison pure*. Son problème est celui de la relation de la pensée et des choses. Comme Kant, il a pourchassé tout subjectivisme. Aussi disait-il qu'il n'y a rien de plus conforme à la raison que de reconnaître l'existence d'un réel, plein en quelque sorte, et impénétrable à l'entendement (G. Mauchaussat).

Par là se manifeste déjà comment Lachelier comprend profondément Kant en l'inclinant dans un sens qu'il aurait refusé. Mais — petit coup de théâtre dans l'interprétation — l'invention de Louis Millet, au sens littéral de découverte, comme le Code parle de l'inventeur d'un trésor, c'est que Lachelier n'était pas kantien au point de départ, mais néo-platonicien, et que la compréhension tardive de la philosophie critique a provoqué dans sa propre pensée une crise qu'il n'est pas parvenu à surmonter. La philosophie plotinienne de l'Un est une doctrine et une méthode des métamorphoses du moi, une philosophie de la vie spirituelle. Le mouvement de la conscience est fait d'un rythme de concentration et de dispersion. C'est en fonction de lui que toutes choses sont expliquées.

On s'est souvent demandé (E. Le Roy, J. Lacroix) comment pouvaient s'unir chez Lachelier sa pensée de philosophe incorruptiblement autonome et la foi chrétienne de l'homme privé.

Le modèle, sinon le « héros éponyme », des professeurs de philosophie, est Jules Lagneau (1851-1894). Il enseigna successivement aux lycées de Sens, de Nancy et de Vanves — tellement dévoué à ses élèves qu'il est mort à la tâche. La philosophie ne consistait point pour lui à exprimer en idées claires un système afin de le transmettre à ses disciples, mais à se transformer constamment par une réflexion toujours renouvelée, à progresser et à s'élever : il la définissait comme un effort de l'esprit pour comprendre difficilement des choses faciles et s'affranchir de la clarté primitive. Aussi était-il sévère pour qui recule devant l'effort. Vivre réellement, c'est donc toujours « prendre la peine de vivre ». Lagneau vivait une sorte de sainteté laïque qu'on peut définir comme l'égoïsme assujetti et pacifié. En digne disciple de Kant, il fait porter plusieurs de ses *Célèbres leçons* (publiées par d'anciens élèves en 1950) sur la perception. Lagneau a passé sa vie à déclarer que Dieu n'existe pas. C'est qu'exister, c'est être pris dans le texte de l'expérience, ou du moins dans le contexte « d'une expérience possible » (Kant) : existe ce qui a — ou peut avoir — rapport à mon corps. Or Dieu est précisément ce qui ne peut jamais être pris dans le texte d'une expérience. Mais l'*analyse réflexive,* approfondissant la pensée et affirmant sa valeur, rencontre un Dieu qui est Valeur.

Une sainteté laïque, c'est un peu ce que recherchait l'« Union pour la Vérité ». Paul Desjardins n'enseignait pas la philosophie, mais comme tout professeur de lettres digne de ce nom, il ne voulait pas négliger « les problèmes de la vie ». Né en 1859, après avoir enseigné dans l'Ouest, il publiait en 1892 *Le Devoir présent* et fondait « L'Union pour l'action morale » : il faisait appel « à tous les hommes qui, de quelque pays, de quelque condition que ce soit, en s'appuyant sur n'importe quelle religion ou philosophie, consentent à subordonner leurs intérêts particuliers immédiats à l'accomplissement de ce qu'ils croient juste, bon et vrai ». Bref, il s'agit de « sauver l'esprit public ». Lagneau lui envoie ses *Notes,* où il évoque un « ordre laïc, militant, du devoir privé et social ». C'est l'année de l'encyclique *Rerum novarum* (1893), et Desjardins croit bien faire en demandant une audience privée au pape Léon XIII, si ouvert à la question sociale. Mais Lagneau ne badine pas avec la laïcité et se désolidarise, malgré leur amitié commune, de Desjardins. Bientôt l'affaire Dreyfus revêt aux yeux de celui-ci une importance décisive, car il s'agit de la justice. Pour lui, les idées morales sont des forces à mettre en action ; il faut avoir une âme, c'est-à-dire un foyer d'énergies. Une *unanimité* est possible, c'est-à-dire « une seule âme en beaucoup d'hommes ». Desjardins fait figure d'*aventurier de la moralité;* son œuvre est adogmatique et athéologique. Lagneau situe tout le projet du côté de l'homme intérieur, Desjardins songe à l'action publique et ne peut se retenir d'agir (en faveur des grévistes de Carmaux, 1892). En fait l'« Union pour l'action morale », puis l'« Union pour la vérité » ont touché aux problèmes religieux du temps, comme en témoigne la correspondance Loisy-Desjardins. L'amitié dévouée de Desjardins pour l'exégète moderniste choquait certains adhérents. Aussi le philosophe Séailles incitera-t-il le fondateur de l'Union à la marquer de l'empreinte du « rationalisme laïque ».

Plusieurs universitaires catholiques étaient effectivement tentés par le *modernisme.* « En son sens le plus général, le modernisme peut se définir comme la rencontre et la confrontation actuelles d'un passé religieux depuis longtemps fixé, avec un présent qui a trouvé ailleurs qu'en lui les sources vives de son inspiration. L'occasion en a été la rencontre brutale de l'enseignement ecclésiastique traditionnel avec les jeunes sciences religieuses qui s'étaient constituées loin du contrôle des orthodoxies et le plus souvent contre elles, à partir d'un principe révolutionnaire : l'application des méthodes positives à un domaine, à des textes jusqu'ici considérés comme hors de leurs prises » (E. Poulat).

Mais le positivisme continuait sa carrière sous la IIIe République. Dans les années 1870, il est divisé en deux écoles rivales : celle de Littré, et celle, plus « orthodoxe », de Pierre Laffitte. Mais les deux adhèrent au nouveau régime, et recherchent les conditions « positives » d'un vrai gouvernement républicain. « Positivistes, donc, les pères fondateurs le sont » (C. Nicolet, *L'Idée républicaine en France,* Gallimard, 1982) : Gambetta, Littré... Ce dernier fut l'un des plus illustres républicains de son temps ; son propos fondamental était l'achèvement nécessaire du positivisme dans la politique. Avec l'auteur du *Dictionnaire,* « c'est tout le mystère des mots, et des mots écrits », qui se révélait. Médecin, ancien interne des hôpitaux, il fut le grand vulgarisateur du positivisme. On trouve, dans ses *Textes maçonniques* de 1875-76, qui sont comme l'esquisse d'un testament moral, un positivisme singulièrement affiné. A ses yeux, « la république est le régime qui permet le plus au *temps* de garder sa juste prépondérance ». La formule positiviste *Ordre et progrès* inspire sa « république conservatrice ». Que l'*opportunisme* soit, pour une large part, d'origine positiviste, c'est manifeste dans le cas de Ferry, surtout si l'on se souvient que la « philosophie positive » offre une conception globale de l'histoire et du monde. A propos de l'initiation de Ferry à la loge Clémente Amitié, prévue en même temps que celle de Littré, on a pu dire que « si le positivisme a fait son entrée dans la maçonnerie, c'est que la maçonnerie était positiviste sans le savoir ». Certes, du côté des positivistes orthodoxes, les réticences sont nombreuses à l'égard de la politique de Ferry. Mais Laffitte se rallie à Ferry en 1885 et rend aussi justice à son œuvre scolaire. Tout pouvoir, selon le positivisme, est spirituel : c'est pourquoi les *radicaux* refusaient de croire à la théorie marxiste du primat explicatif de l'économie et attachaient une telle importance à la lutte idéologique comme à la bataille laïque. Un des traits de cette philosophie, c'est en effet l'anticléricalisme.

Celui-ci n'est pas seulement, comme le disait Juliette Lamber, une imitation du *Kulturkampf* allemand. Selon René Rémond, cet anticléricalisme s'enracine dans une philosophie de la raison souveraine — même si elle se dit « raison raisonnable » —, affranchie des dogmes, capable d'accéder, pour elle-même et grâce à la science, à la connaissance de la vérité, et donc appelée à supplanter la foi. « Le *credo* anticlérical se présente à l'instar d'un catéchisme et comme le dogme d'une contre-religion » (R. Rémond). Mais la même Juliette Lamber déplore que la politique de Ferry entretienne « l'outrecuidance des universitaires ». Vers 1890, l'anticléricalisme passe par une crise, ou du moins paraît démodé. Et pourtant les anticléricaux de toujours ne croient pas un instant à la sincérité du « ralliement » préconisé par Léon XIII (1893). D'ailleurs l'affaire Dreyfus ne suggère-t-elle pas une collusion « du sabre et du goupillon » ? Ainsi subsiste autour de 1900 un anticléricalisme plus virulent, plus populaire, plus antireligieux. Mais il est souvent contesté. Le marxiste Jules Guesde écrit en décembre 1911 dans *Le Socialiste :* « Assez longtemps, pour tromper la faim prolétarienne, on vous a fait "manger du prêtre"... C'est à l'assaut de l'ordre capitaliste que nous concentrons désormais tous nos efforts. »

Psychologie, pédagogie, sociologie, ces sciences humaines ne comportaient pas de limites bien précises, et l'universitaire Émile Durkheim (1858-1917) se déplaçait aisément d'une chaire à l'autre. Né à Épinal, Durkheim fit ses études au lycée Louis-le-Grand, et en 1879 à l'École normale supérieure. Agrégé de philosophie, il enseigne cette discipline dans différents lycées de province. Dès sa sortie de l'École, il s'était consacré aux études de sociologie. Pour pouvoir s'y donner plus complètement, il prit en

1885-86 une année de congé afin de se mettre à l'école de l'Allemagne. De ce voyage il rapporta des articles sur « La science positive de la morale en Allemagne ». Il enseigna ensuite aux universités de Bordeaux et de Paris. « Nous estimerions que nos recherches ne mériteraient pas une heure de peine, écrit le fondateur de la sociologie, si elles ne devaient avoir qu'un intérêt spéculatif » ; il s'agit d'aboutir à la solution des « problèmes pratiques » *(De la Division du travail social,* préface de la 1re éd.). La méthode doit être positive : il faut « traiter les faits sociaux comme des choses » *(Les Règles de la méthode sociologique).* « La religion est une chose éminemment sociale. Les représentations religieuses sont des représentations collectives qui expriment des réalités collectives ; les rites sont des manières d'agir qui ne prennent naissance qu'au sein de groupes assemblés et qui sont destinés à susciter, entretenir ou faire renaître certains états mentaux de ces groupes » (article de 1909). « Dieu » est le symbole de la société. Durkheim proclame sa dette à l'égard d'Auguste Comte. Sa pédagogie autoritaire fait hurler les psycho-pédagogues laxistes d'aujourd'hui.

Ce que le grand public a retenu de Durkheim, c'est l'idée de la *conscience collective,* irréductible aux consciences individuelles. Celles-ci reçoivent de la conscience collective les idées, les valeurs et la raison, « fille de la cité » (J. Izoulet). Certes, l'époque moderne fait grand cas des droits individuels ; mais c'est la société qui a conféré à la personne « son auréole de sainteté ». Bien qu'il s'en défende, le romancier Jules Romains est redevable à Durkheim de son thème de la *vie unanime :* « L'unanimisme, dira-t-il en 1925, implique deux postulats, deux articles de foi, si l'on préfère. Le premier est la croyance en une certaine réalité de nature spirituelle : l'unanime. Le second consiste à admettre que l'âme humaine, notre âme individuelle, est capable d'entrer en une communication directe, immédiate, intuitive, avec l'unanime... La réalité psychique, ce qu'on appelle l'Esprit, n'est pas fait d'une simple juxtaposition, d'une poussière d'esprits individuels au sens strict... La réalité psychique n'est pas un archipel de solitudes... Le monadisme d'un Leibniz est l'hérésie maîtresse. »

Durkheim se présente volontiers comme fondateur de science. On l'a taxé d'impérialisme sociologique. Selon J.-L. Fabiani, son attitude à l'égard de la philosophie a toujours été double : d'une part il dénonce l'incapacité de la philosophie à rendre compte des phénomènes sociaux ; d'autre part il ne cesse de rechercher la reconnaissance de ses pairs philosophes et de tenter d'influer sur l'organisation de l'enseignement philosophique en étant membre du jury d'agrégation. En 1895, après une analyse très critique de cet enseignement, il souhaite seulement lui voir prendre un tour plus scientifique, et ne demande nullement la suppression de la classe de philosophie.

L'école durkheimienne compte des noms célèbres : Marcel Mauss, théoricien du « fait social total » ; Simiand, créateur de la sociologie économique ; Fauconnet, Bouglé, Cuvillier et Davy ; Lucien Lévy-Bruhl surtout, qui décrit une « mentalité primitive », prélogique, rétive au principe de causalité. Dans *La Morale et la science des mœurs* (1903), il développe les conséquences du « sociologisme » en défendant la thèse que la morale théorique est périmée, comme l'alchimie, parce qu'elle doit faire place à la « physique des mœurs », science destinée à rendre la réflexion morale *positive*. Lévy-Bruhl sera critiqué par un sociologue non durkheimien et influencé par la pensée allemande, Georges Gurvitch, dans *Morale théorique et science des mœurs* (1937). Nicolas Berdiaeff montera lui aussi en ligne. Ce furent là des luttes épiques.

« Les philosophes de la République »

Des études ont été faites sur *La République des professeurs* et les professeurs de la république. Pour sa part, J.-L. Fabiani présente *Les Philosophes de la République*, dans la période qui s'étend des débuts de la IIIe République à la veille de la Première Guerre mondiale. L'image de l'âge d'or de la discipline philosophique sous cette république doit, selon lui, être forcément nuancée. Mais certains changements sautent aux yeux. La philosophie devient pour l'essentiel une activité universitaire : la production philosophique dépend de plus en plus de l'organisation scolaire. Comme le développement de l'enseignement supérieur est tardif, la « classe de philosophie » demeure la norme générale. « La libéralisation idéologique qui caractérise la République favorise l'émergence du thème de la nécessaire liberté du professeur, toujours associé à celui de la mort de la philosophie d'État : Victor Cousin est enterré tous les jours. » Mais une autre image s'oppose à celle-là : celle du pédagogue voué au programme.

La philosophie est la discipline de couronnement des études secondaires. Mais « les effectifs » ont quadruplé entre 1817 et 1911. Les réformes de l'enseignement au début de la IIIe République ont contribué à transformer les conditions d'exercice du métier de professeur. Par ailleurs, la mobilisation laïque autour de l'enseignement primaire offre à certains philosophes de nouveaux débouchés : la morale, la pédagogie et la science de l'éducation sont « des produits dérivés de la philosophie ». Dans une période de bataille idéologique autour de l'enseignement, la philosophie est convoquée pour définir l'ordre pédagogique et les fins de l'instruction. L'*Histoire critique des doctrines de l'éducation en France* de Gabriel Compayré présente le problème pédagogique comme problème philosophique. On voit ainsi se constituer ce que J.-L. Fabiani appelle « une sorte de complexe philosophico-administratif ». La figure du philosophe-administrateur est caractéristique de la IIIe République. « La pédagogie, disait Ribot, n'est pas une science, c'est une carrière. »

Les philosophes universitaires écrivent des livres, ce qui n'est pas surprenant, mais ils ont accès à un nouveau type de marché autrefois dominé par les religieux et les auteurs de littérature édifiante. De 1875 à 1910, la production philosophique est multipliée par trois. « La IIIe République est donc le moment de la véritable naissance de l'auteur philosophique universitaire. » Le psychologue Théodule Ribot publie ses quelque dix ouvrages chez Félix Alcan : les auteurs ont besoin de « l'effet-Alcan » pour acquérir une légimité. Dans les milieux littéraires, on crée le terme d'*alcanite* pour désigner une maladie sans gravité mais tenace, dont l'unique symptôme consiste à vouloir être imprimé dans la collection philosophique de l'éditeur. Plus près du grand public, Flammarion ne se voulait ni un éditeur scolaire ni un éditeur savant. Mais Gustave Le Bon se disait « l'homme qui faisait gagner le plus d'argent à Flammarion » ; de fait, *La Science et l'hypothèse,* d'Henri Poincaré, atteignit 5 000 exemplaires en six mois ; ici, le directeur de collection avait quelque chose du *manager* idéologique et de l'imprésario.

La philosophie devient une affaire de professeurs de faculté. Ici apparaît une nette coupure avec le modèle ancien, celui de la conférence mondaine. A la Sorbonne, on constate l'introduction de nouvelles chaires : psychologie expérimentale, science de l'éducation, économie sociale, histoire de la philosophie ancienne. En principe, à cette création de nouveaux thèmes d'enseignement s'ajoute un renouvellement des hommes. Toutefois « le trio spiritualiste » — Caro, Paul Janet, Waddington — est installé jusqu'à la fin du siècle ; la Sorbonne, qui demeure la source centrale de la production philosophique, est restée longtemps « cousinienne ». Mais J.-L. Fabiani nous propose quelques dates clés : l'année 1887 voit la disparition de Caro et la création de nouveaux types de postes ; en 1903 arrivent le sociologue et le psychologue, Émile Durkheim et Georges Dumas, tandis que Lévy-Bruhl est nommé professeur adjoint ; en 1909 Durkheim et Lévy-Bruhl deviennent titulaires de chaire, Gaston Milhaud enseigne l'« histoire de la philosophie dans ses rapports avec les sciences ».

Une communauté philosophique se constitue autour de revues spécialisées contrôlées par les professeurs eux-mêmes. Germer Baillière lance le 1er janvier 1876 la *Revue philosophique.* Le directeur, Théodule Ribot, a beau être positiviste, il pratiquera l'ouverture. Désormais le directeur de revue est une sorte de *manager* intellectuel. Mais la *Revue de métaphysique et de morale,* créée en 1893, témoigne de l'émergence du néo-spiritualisme et du rationalisme universitaires à la fin du siècle. En apparence, des rapports iréniques s'établissent entre « le pape du spiritualisme mondain », Elme Caro, surnommé « Mgr Psycho », et le père de la psychologie positive, Théodule Ribot. Pounant, il s'agit d'une lutte à mort, et ce dernier a des mots véhéments contre le spiritualisme régnant.

Mais tous ne sauraient enseigner en faculté. Dans les lycées et collèges, lorsque Duruy a rétabli l'enseignement de la philosophie (1863), il a largement eu recours au modèle de Cousin. Les premiers programmes de l'enseignement philosophique de la IIIe République furent élaborés par Paul Janet, « le vieux philosophe spiritualiste, qui s'attache à conserver l'essentiel de l'héritage ». En gros, « le programme », au sens que nous donnons encore à ce terme, remonte à Cousin. Il constitue une forme d'organisation intellectuelle commune à tous les professeurs de philosophie. Paradoxalement, il est encyclopédique et il forme un tout. Au cours de ces quarante années, il manifeste « le changement dans la continuité ». L'augmentation de la part relative de la morale s'explique par l'apparition de nouveaux problèmes de morale civique et de morale sociale. La psychologie se fait sa place, mais non la sociologie. La stabilité l'emporte, avec l'idée d'une philosophie comme discipline intemporelle. Mais, par-delà les textes administratifs, ce qui compte, c'est le maître dans sa classe. Il assimile le cours à une œuvre, et la formation des élèves est pour lui une entreprise philosophique à part entière. Au départ « aumônier et prédicateur laïque » (J. Simon), le professeur apparaît comme un enseignant charismatique. Chez un Jules Lagneau, « l'embarras de parole devient profondeur, l'inaptitude à l'écriture est la manifestation du sacerdoce professoral » (J.-L. Fabiani).

Si le spiritualisme cousinien a laissé de côté l'activité scientifique, « la question de *la science* reste pour la philosophie républicaine un problème essentiel ». Frédéric Rauh, auteur de *L'Expérience morale* (1903), désireux d'aligner la démarche éthique sur celle de la science, fait remarquer en 1895 « l'insuffisance actuelle de l'éducation scientifique des professeurs de philosophie ». Certes, la métaphore du couronnement des études secondaires est présente dans tous les discours auto-justificatifs des philosophes ; mais, on a pu le dire, il y a désormais des trous dans la discipline du couronnement. Au surplus, la philosophie est souvent en butte à des attaques : le thème d'une « pathologie philosophique » sous-tend le roman de Barrès, *Les Déracinés*. C'est pourquoi, au tournant du siècle, la revendication par les philosophes d'une place éminente dans la structure de l'enseignement se double du thème de la *crise* ou du malaise. Le spectre de la mort de la philosophie hante déjà les esprits. Un historien ne craint pas d'écrire, à propos de Boutroux : « Il est remarquable de voir cet universitaire, homme-orchestre et commis-voyageur de la philosophie française, porter, au-delà de l'optimisme de façade, un jugement assez sombre sur l'avenir de la discipline. » La menace semblait venir des *sciences humaines,* qui se sont constituées comme des sécessions à partir de la philosophie. Mais, cent ans après, la situation reste la même. Il convient donc de nuancer l'usage du mot « crise » à propos de la philosophie universitaire de la IIIe République. Elle conserve, au moins en apparence, son caractère de discipline à haut statut ; on continue à dire que la philosophie n'est pas une discipline comme les autres. Il y a « une hypersensibilité des philosophes chaque fois qu'on évoque la situation de leur discipline ». Ils se mobilisèrent au moment des réformes scolaires de 1890 et de 1902, et aussi lors de la publication de l'article provocateur de Fernand Vendérem dans *La Revue bleue :* « La philosophie : une classe à supprimer ? » Lors de l'enquête parlementaire préalable à la réforme de 1902, on put percevoir la crainte diffuse que la couronne ne fût plus qu'une couronne de papier.

CHAPITRE II

Penseurs de culture allemande

Aux sources de l'existentialisme : Kierkegaard

Appauvri par les guerres napoléoniennes, le Danemark traverse une pénible période de reconstruction. Cependant à partir de 1830, la reprise économique s'accompagne d'un regain d'intérêt pour la politique, bien que Frédéric VI et Christian VIII gouvernent en despotes éclairés. Les milieux universitaires sont influencés par la pensée allemande, parfois jusqu'au complexe d'infériorité : c'est le cas de Sören Kierkegaard.

D'ascendance jutlandaise, Kierkegaard naquit à Copenhague en 1813. Sa mère était gaie et affectueuse ; cependant, benjamin de sept frères et sœurs, Sören se sentait « enfant de vieux parents » ; ses contemporains le dépeignent bossu ou à demi bossu. Au foyer, le père — commerçant — régnait, patriarcal, autoritaire : il éleva ses enfants dans un christianisme sévère. C'est de lui que Sören a hérité sa mélancolie oppressante : il déclare en effet que le christianisme l'a rendu « humainement parlant » très malheureux. Pourtant, après le baccalauréat il commence à étudier la théologie ; il s'intéresse à l'idéalisme allemand et au romantisme. Vers 1834, il traverse une crise spirituelle, car il cherche « une idée pour laquelle vivre et mourir ». A l'automne 1835 eut lieu « le grand tremblement de terre » qui lui imposa « une nouvelle loi infaillible d'interprétation de tous les événements » : il crut comprendre que son père avait maudit Dieu, s'imagina que toute sa famille devait disparaître (seuls survivaient alors le père et ses deux fils) et se sentit « la mort dans le corps ».

Pourtant, il mena les deux années suivantes une vie dissipée ; il commit une faute morale (laquelle ?), qui l'empêcha plus tard de solliciter un poste de pasteur. Puis un revirement eut lieu, qui le rapprocha du christianisme. En 1840, il passe son examen de théologie, achevant ainsi dix années d'études riches en événements. Il connaît ensuite avec une jeune fille de dix-huit ans, la charmante Régine Olsen, une année de fiançailles agitées et déchirantes. Il semble incontestable que les sens aient joué un rôle très réduit dans leur amour, qui fut « une affection de l'esprit ». Après avoir lutté, il crut devoir rompre en août 1841 et s'efforça de détacher Régine de lui. Cette même année, il écrivit sa thèse : *Du concept de l'ironie ; en relation constante avec Socrate.* Kierkegaard est lui-même maître en ironie. Il était encore dépendant de Hegel ; mais cette ironie était aussi l'ironie romantique, protestation contre l'esprit petit-bourgeois. En octobre 1841 il part pour Berlin, alors centre des études philosophiques et théologiques. Mais les cours de Schelling le déçoivent beaucoup. Après cinq mois il rentre chez lui pour terminer *Ou bien – ou bien.* Pendant quatre ans vont se succéder plusieurs ouvrages importants : production intellectuelle d'autant plus étonnante que Kierkegaard était de complexion fragile. Ces ouvrages constituent ce qu'on appelle « l'œuvre pseudonyme », son auteur imaginant des écrivains différents qui présenteraient diverses conceptions de la vie, les « *stades* du chemin de la vie ». Dans l'œuvre pseudonyme s'unissent philosophie, art et théologie. En même temps, il publie des œuvres signées, comme les *Dix-huit discours édifiants* (1846). Ainsi que le dit Nelly Viallaneix, on a confondu trop vite Kierkegaard avec les auteurs fictifs de ses œuvres pseudonymes. Il y fait le départ entre trois conceptions de la vie : esthétique (épicurisme), éthique (stoïcisme), et religieuse (christianisme). *Ou bien – ou bien* est la pierre angulaire de cet édifice. C'est l'œuvre en prose la plus riche de la fin du romantisme dans le domaine des conceptions du monde. Vivre, c'est choisir, et le livre se termine par un *ultimatum.* « L'esthéticien A » est un grand admirateur du *Don Juan* de Mozart ; l' « érotique musicale » tient ici une grande place. La première partie s'achevait par le *Journal du séducteur,* qui fit scandale à Copenhague.

Le titre de *La Répétition* (1843) désigne la « répétition » religieuse. *Crainte et Tremblement,* paru le même jour que

La Répétition, mais sous un autre pseudonyme, est centré sur le sacrifice d'Abraham. Mais l'auteur est personnellement engagé : comme Abraham reçut de Dieu l'ordre de sacrifier Isaac, ainsi Kierkegaard reçut l'ordre de quitter sa fiancée, bien qu'elle eût dit que serait sa mort (il n'en fut heureusement rien). Les *Miettes philosophiques* (1844) paraissent sous le pseudonyme de Johannes Climacus. *Le Concept d'angoisse* (1844) est un livre remarquablement en avance sur son temps. L'interdit a éveillé chez Adam l'angoisse de l'enfreindre, et il l'enfreignit dans le vertige de l'angoisse. L' « érotique » et le « sexuel » jouent un rôle énorme dans la production de Kierkegaard ; l'esprit se sent étranger et angoissé dans la chair. L'angoisse est le sentiment d'un possible intérieur effrayant dont le danger terrible vient de l'attrait qu'il exerce sur nous. Cette angoisse résulte forcément du sentiment de la liberté : celle-ci a quelque chose de vertigineusement effrayant.

Les Stades du chemin de la vie paraissent en avril 1845. On y trouve *In vino veritas,* feu d'artifice d'ingéniosité et d'esprit ; *Coupable ? non coupable ?,* qui fait dire à un biographe que « le mythe et la réalité se confondent ici pour le grand désespoir des kierkegaardiens » : il s'agit en effet des rapports entre le tourment et la faute. Kierkegaard souffrait d'une « souffrance foncière », dont il n'a jamais dévoilé clairement la nature, mais qu'il appelle tour à tour sa mélancolie et son écharde dans la chair ; elle est à la fois psychosomatique et spirituelle. Les 500 pages du *Post-scriptum non scientifique aux Miettes philosophiques* (1846) sont signées à nouveau Johannes Climacus. Du long sous-titre on retiendra la formule « communication existentielle ». Plusieurs possibilités s'offrent quant à la manière d'exister en tant qu'homme, et c'est la tâche du « penseur existentiel » d'examiner ces modalités. L'*engagement* vis-à-vis de l'existence distingue le penseur existentiel du penseur commun : Kierkegaard lance ses sarcasmes contre le type hégélien du professeur, « qui oublie d'exister ». Pour lui, « la subjectivité est la vérité ». Il montre qu'on ne peut prouver la vérité du christianisme, ni par voie historique, ni par voie spéculative. Cette religion est objet de foi et non de science. Elle est pleine de paradoxes, elle est le paradoxe même.

L'œuvre pseudonyme de Kierkegaard eut un retentissement extraordinaire dans les hautes sphères littéraires de Copenhague. On y savait parfaitement quel en était l'auteur. Le critique P.L. Moeller l'évoqua non sans indiscrétions. Ainsi naquit « la fameuse bataille du *Corsaire* ». C'était une feuille boulevardière, petite mais très répandue et de mauvaise réputation, qui brocardait grossièrement les personnes en vue. En 1846, elle commença à ridiculiser Kierkegaard comme auteur et comme personne privée. Celui-ci avait de plus en plus le sentiment d'être un martyr.

La Maladie mortelle (1849) est une œuvre de psychologie descriptive, explicative et thérapeutique sur le désespoir. L'auteur met le moi et le désespoir en relation mutuelle. Le chrétien est l'homme qui connaît quelque chose d'« horrible » : « la maladie à la mort ». Mais les maux du désespoir cessent quand son moi est en communion avec Dieu. Kierkegaard ne se perdit pas dans le *démoniaque :* il « prit le tournant », s'humilia devant Dieu et obtint la foi. Il n'a d'ailleurs jamais douté de la vérité du christianisme, bien qu'il ait vu toutes les difficultés de la foi. Mais il ne s'est jamais considéré comme chrétien « dans le sens strict du mot », tant est sévère chez lui l'autocritique. On le voit dans *L'École du christianisme* (1850), paraphrase géniale du mot de saint Paul sur le christianisme, « scandale pour les Juifs et folie pour les Grecs ».

L'exigence kierkegaardienne était incompatible avec le christianisme officiel et édulcoré de l'évêque Mynster. Sören critiqua l'oraison funèbre de Mynster par le théologien et futur évêque Martensen : un véritable « témoin de la vérité » doit *souffrir* pour la doctrine, alors que le défunt a eu une vie mondaine et douillette. Cet article de Kierkegaard donna le signal de la plus violente lutte ecclésiastique qu'ait connue le Danemark : une campagne de presse se déchaîna contre le philosophe. Ce dernier riposta, dirigeant sa polémique contre l'Église officielle et les mille pasteurs du pays, accusés d'avoir fait du christianisme un gagne-pain. Un Kierkegaard journaliste et pamphlétaire apparaît dans les neuf numéros de *L'Instant* (mai à octobre 1855). Dans cette mêlée générale, le prolétariat croyait voir en Kierkegaard son champion luttant pour améliorer son sort.

Le 10 octobre 1855, Kierkegaard s'affaissa dans la rue, atteint d'une paralysie qui, partie des jambes, s'étendit peu à peu. Mais il gardait l'esprit lucide dans ses conversations avec son ami de jeunesse, le pasteur Emil Boesen : « J'ai été l'exception », lui dit-il. Il mourut le 11 novembre. Les funérailles furent célébrées à la cathédrale, dont la grande nef était comble. Son frère y parla avec émotion et tact. Mais au cimetière, le jeune médecin Henrik Lund explosa, estimant que l'Église officielle avait « volé » le défunt. Bientôt la pensée religieuse de Kierkegaard fut étudiée par les philosophes danois (la publication complète des *Papiers de Sören Kierkegaard* n'aura lieu pourtant qu'en 1909). Mais depuis longtemps il avait exercé une forte influence en Norvège, notamment sur Ibsen (dans quelle mesure « Brand » représente-t-il Kierkegaard ?). En Suède, pour Strindberg l'auteur des *Miettes* est tout simplement « *le* philosophe ». Or le philosophe ne fut traduit que tardivement dans les langues mondiales, à la fin du siècle en allemand. Mais dès le début du XXe siècle, il était devenu un grand nom dans le monde germanique. L'*existentialisme* est tout droit inspiré de lui. K. Jaspers lancera, dans *Élucidation de l'existence,* les thèmes existentialistes sur la base kierkegaardienne.

D'autres auteurs font remonter plus haut la source de l'existentialisme : selon Frithiof Brandt, la lutte de Pascal contre les jésuites préfigure la lutte de Kierkegaard contre l'Église luthérienne. Mais c'est l'écrivain danois qui nous a appris à distinguer le système et l'existence, à écrire des livres tels que *Système et existence dans l'œuvre de Malebranche.*

Notre époque est hantée par le problème du langage, du langage religieux en particulier. Ces questions, nul plus que Kierkegaard ne peut nous aider à les démêler. Aussi l'étudie-t-on à l'aide de la linguistique, de la nouvelle rhétorique, de l'esthétique musicale : l'œuvre du Danois a une structure sonore ; d'où l'importance des modèles acoustiques. Il s'est livré à une étude « prophétique » du mystère de la parole : « Il se trouve en présence d'une confusion qui ne peut être dépassée que par une dialectique nouvelle, anti-hégélienne, la dialectique qualitative » (J. Ellul). Ici intervient, dans les *Papiers* autobiographiques, la notion de *communication indirecte :* elle consiste à « tromper pour entrer dans le vrai », elle renvoie à la vérité dont elle présente le contraire. « Tout aboutit à l'oreille » : nous devrions être à l'écoute de la Création. Mais dans le monde moderne on n'entend que le vacarme et le bavardage politiques. Que dirait Kierkegaard à l'heure des *media* ?

Hégélianisme et matérialisme

Déjà chez les contemporains de Hegel, sa pensée, en raison de son caractère systématique et de l'étendue des domaines abordés, exerçait une puissante force d'attraction, non seulement à l'intérieur de la philosophie proprement dite, mais dans toutes les branches du savoir, théologie, jurisprudence, histoire et esthétique. Plus encore que le kantisme, l'hégélianisme était un fleuve recouvrant et fertilisant la vie scientifique allemande — mais non sans résistances. Dès le temps où Hegel régnait à Berlin, l'*École historique* de F.-K. von Savigny s'élevait contre sa manière constructive de considérer l'histoire et contre la finalité assignée par lui à la marche de l'histoire. Même si cette finalité n'apportait pas du dehors, comme le moralisme de Fichte, un critère pour juger le devenir, mais cherchait à tirer de l'histoire même sa loi intérieure, on lui opposait le respect devant la pure réalité historique et le souci de son établissement exact, tels que les manifestait le maître de l'historiographie, L. von Ranke. En proclamant « le droit du devenir historique » comme tel ; en affirmant que la jurisprudence, la constitution, l'art et la religion d'une époque ou d'un peuple, considérés comme créatures de l'« esprit national » (*Volksgeist),* ne sont pas de simples points de passage sur la route d'un « but final », mais qu'il faut leur conserver une valeur propre, l'École historique était liée par de nombreux fils aux adversaires romantiques du rationalisme hégélien. Dès lors, la recherche spécialisée, redevenue autonome, s'écartait de Hegel et de sa méthode.

Une opposition encore plus tranchée apparaît entre la *Naturphilosophie* de Schelling (pour laquelle plusieurs chercheurs éminents s'étaient passionnés) et une nouvelle floraison de l'étude mathématique et expérimentale de la nature. Ainsi se creuse dans les deux domaines, histoire et nature, un abîme entre sciences spécialisées et philosophie « spéculative ». Dans cet affrontement, celle-ci devait avoir le dessous, résultat qui se laisse voir dans le prompt éclatement de l'école hégélienne.

Ajoutons qu'à l'intérieur de l'école elle-même, il y eut dès le début des oppositions latentes qui conduisirent à la scission d'une « droite » et d'une « gauche » — « Vieux et Jeunes hégéliens » — dans les domaines politique et religieux. « Un processus de désagrégation était intervenu : les épigones se combattaient mutuellement » (K. Löwith). Finalement, la « gauche » se fondra avec le matérialisme propagé par les sciences de la nature et ennemi de la philosophie ; la « droite » avec le théisme dirigé en un sens conservateur par le fils de Fichte, indépendamment de Hegel et dans une orientation polémique contre lui. La scission de l'école hégélienne fut rendue possible par l'ambiguïté fondamentale de l'hégélianisme. Engels caractérisera bien la position des hégéliens de gauche : « Le conservatisme de cette pensée est relatif, son caractère révolutionnaire est absolu. » Pourtant Hegel avait voulu *tout comprendre :* c'est précisément contre cette tolérance d'une curiosité universelle que se dirigea « le vacarme du pugilat critique ».

Le choc décisif pour la séparation des esprits fut donné en 1835 par l'ouvrage de David-F. Strauss (1808-1874), la *Vie de Jésus.* Si la Nature est « l'autre de l'Idée », elle ne saurait avoir été créée par l'acte arbitraire d'un Dieu personnel, et ses lois ne peuvent être violées par des miracles. « Dieu », c'est l'Être universel, qui acquiert en l'homme une conscience personnelle. Le Nouveau Testament n'est pas l'histoire de l'homme Jésus, il est mythe, poésie collective qui, en une symbolique inconsciente, présente à travers la destinée de Jésus celle de l'humanité. Une vie de Jésus sans miracles, Hegel en avait écrit une, mais sans le crier sur les toits. Strauss aboutit à ce panthéisme niais dont Nietzsche se gaussera dans la première *Considération intempestive.*

Karl Löwith distingue, dans le renversement de la philosophie hégélienne, trois phases : Feuerbach et Ruge ont entrepris de *modifier* la philosophie de Hegel dans l'esprit d'une époque devenue autre ; Bauer et Stirner ont *condamné* par une critique radicale la philosophie dans son ensemble ; Marx et Kierkegaard ont tiré de la situation nouvelle des conclusions extrêmes : « Marx *détruisait* le monde du capitalisme bourgeois et Kierkegaard le monde du christianisme bourgeois. »

Plusieurs textes publiés par Ludwig Feuerbach entre 1839 et 1845 ont été édités par Louis Althusser sous le titre *Manifestes philosophiques :* « L'expression n'est pas de Feuerbach. Certains de ces écrits sont de vraies proclamations, l'annonce passionnée de cette révélation théorique qui va délivrer l'homme de ses chaînes. Feuerbach s'adresse à l'humanité. Il déchire les voiles de l'Histoire universelle, détruit les mythes et les mensonges, découvre et rend à l'homme sa vérité. Les temps sont venus. L'Humanité est grosse d'une révolution imminente qui lui donnera la possession de son être. » Le jeune Marx sera de plain-pied avec ces espérances. « La comparaison des *manifestes* et des œuvres de jeunesse de Marx montre très évidemment que Marx a littéralement *épousé* pendant deux ou trois ans la problématique même de Feuerbach » (L. Althusser). Pour l'auteur de *L'Essence du christianisme,* l'Esprit absolu n'est « rien d'autre » que feu l'esprit de la théologie qui rôde comme un fantôme dans la philosophie de Hegel. Feuerbach passe de l'hégélianisme au matérialisme de « savants » tels que Moleschott, Vogt et Büchner. Il remplace l'amour de Dieu pour l'homme, base de la religion, par l'amour de l'homme pour lui-même, pour son semblable. « L'humanité de Dieu est sa personnalité ; Dieu est un être personnel, cela veut dire : Dieu est un être humain, Dieu est homme » *(L'Essence du christianisme,* 1841). Mais dans la perspective hégélienne, le sensualisme grossier de Feuerbach apparaît comme une régression, un retour à l'état barbare de la pensée.

Arnold Ruge (1802-1880) a fondé la philosophie de l'époque nouvelle sur le principe de l'historicité totale : « La philosophie misera uniquement sur l'histoire. » Ainsi, la pensée hégélienne est « contemporaine » de la Révolution française qui fit du citoyen libre le but de l'État ; mais elle est aussi contemporaine du « contrecoup de l'ancien esprit du temps » dirigé contre la liberté de pensée. Ruge veut détourner la gauche hégélienne de ses préoccupations religieuses au profit de la réflexion politique : « Le temps est politique, bien qu'il s'en faille de beaucoup qu'il le soit assez. » Il est le fondateur de journaux éphémères : *Annales de Halle, Annales allemandes, Annales franco-allemandes.* Ces dernières, publiées lors de son exil à Paris, ne dépasseront pas le premier numéro. Il rompt avec Marx en 1844, rencontre Proudhon, mais a peu de contacts avec la gauche française.

Bruno Bauer donne une *Critique des faits contenus dans l'Évangile de saint Jean* (1840), puis une *Critique de l'histoire évangélique des synoptiques* (1841). Il se montre encore plus radical que Strauss. L'un et l'autre, tout en « détruisant » la religion, conservent la morale traditionnelle. Stirner la « renverse » en 1845 dans *L'Unique et sa propriété,* où il affirme la valeur absolue de l'égoïsme : « Tous les intérêts sont légitimes pourvu qu'ils aient la force. »

Karl Marx (1818-1883) opère lui aussi le passage de l'« idéalisme » au « *matérialisme* », mais de manière bien plus profonde que Feuerbach, et cela grâce à la *dialectique.* En 1837, Marx était hégélien et fréquentait le *Doktorklub,* qui rassemblait les membres de la gauche hégélienne. Dans l'espoir d'obtenir une chaire universitaire, il présenta à Iéna une thèse de doctorat, *Différence de la philosophie de la nature chez Démocrite et Épicure* (1841), où l'on voit un Épicure « jeune hégélien », exagérément différencié de Démocrite. Mais, Bauer ayant été chassé de l'Université, Marx n'insista pas pour y entrer. Il se mit au journalisme et fut rédacteur en chef de la *Gazette rhénane.* Voilà que, sur l'intervention du tsar, la *Gazette* est interdite. Marx s'expatrie à Paris pour y rejoindre Ruge et ses *Annales franco-allemandes.* Sa connaissance du milieu ouvrier s'accroît de l'expérience d'Engels, qu'il retrouve à Paris. Mais, dès février 1845, il est expulsé de France à la demande du gouvernement prussien qui s'alarme de l'influence du journal *Vorwärts.* « Si, en 1843, voyant disparaître sa *Gazette rhénane,* Marx avait acquis la conviction qu'il fallait passer à l'action politique, ses nouvelles expériences l'amenaient maintenant à concevoir qu'il fallait encore plus passer à l'action sociale révolutionnaire : il était devenu communiste » (J.-Y. Calvez). L'intuition fondatrice de ses premiers écrits, c'est la subjectivité corporelle de l'individu vivant, qui définit à la fois son existence et sa condition de travailleur (M. Henry). Il avait déjà étudié l'économie politique ; mais il n'acheva ni ne publia les *Manuscrits* de 1844 : la *praxis* allait l'accaparer. Dans *La Sainte Famille* (1845), il ironise sur ceux qui critiquent la religion sans toucher à la base sociale dont elle n'est que « l'arôme ». Comme l'établit J.-P. Cotten, « ce qui se passe entre l'installation à Bruxelles de Marx au début de 1845 et son retour à Paris dans les premiers jours de 1848, c'est avant tout l'expérience d'une organisation politique de la classe ouvrière ». Il faut savoir en effet que le *Manifeste du parti communiste* (1848) fut « commandé » à Marx lors du deuxième congrès de la « Ligue des communistes ». Marx et Engels font ainsi « l'apprentissage d'une nouvelle fonction de l'intellectuel : l'intellectuel militant ».

En 1848-49, ils ont pris une part active aux mouvements révolutionnaires qui se sont développés dans l'Europe entière. Leur rôle en Allemagne n'a pas été négligeable. Mais, pour l'instant, le « marxisme » est davantage un instrument d'analyse, élaboré par quelques individualités, qu'une doctrine produisant des effets historiques dans les masses. Le mode d'intervention, c'est la rédaction d'articles, qui seront souvent rassemblés par la suite ; cela donnera *Les Luttes de classe en France* (1850) et *Le 18 Brumaire de Louis Bonaparte* (1852). On n'en est pas encore aux grandes sommes théoriques.

Marx est donc en exil à Londres. Il écrit pour un journal américain. Mais le père de famille nombreuse connaît une vie matériellement très difficile : il dit n'avoir même pas de quoi enterrer les enfants qu'il a eus de son épouse, Jenny von Westphalen (il en survivra trois), ce qui ne fait pas obstacle à quelques amours ancillaires. Il fréquente assidûment le British Museum où il dévore quantité d'ouvrages d'économie, de philosophie, d'histoire économique ou religieuse. Il souhaiterait faire la critique de la dialectique hégélienne, la critique de l'économie politique surtout. Mais il joint à la réflexion philosophique la *praxis* révolutionnaire. Il est à l'affût de toute crise économique ou internationale, pensant chaque fois rencontrer la catastrophe capable d'amener la révolution. Malgré certaines prévisions aventurées, la crise finale s'avère n'être pas pour demain : mises à part les dépressions de 1857-1858 et de 1866-1867, on assiste à un indéniable essor économique. L'originalité de l'Association internationale des travailleurs, c'est qu'il s'agit d'une organisation aux objectifs explicitement internationalistes : l'application de la formule « Prolétaires de tous les pays, unissez-vous ! » Cette Association est fondée en 1864 lors d'un meeting à Londres ; Marx a réussi à faire passer ses idées dans *l'Adresse inaugurale* et dans le *Préambule des statuts*. C'est dans la première qu'il analyse l'histoire des luttes ouvrières depuis 1848. Il est successivement déçu par l'Allemagne, la France et l'Angleterre. La Commune de Paris est une surprise pour Marx et il fait tout ce qu'il peut pour la soutenir. C'est en réfléchissant sur son échec qu'il met au point la théorie de la « dictature du prolétariat », c'est-à-dire de la prise de possession des pouvoirs de l'État bourgeois par la classe ouvrière.

J.-P. Cotten rapporte ces mots adressés à Marx par l'ouvrier Dietzgen : « Vous avez bien mérité de la science et tout particulièrement de la classe ouvrière. » Il parlait du *Capital,* dont le premier volume paraît en 1867, et qui constitue un « travail théorique de fond ». Assurément, il est hors de propos de résumer un tel livre. Ainsi qu'il l'avait annoncé dans l'*Introduction* de 1857 à la *Critique de l'économie politique,* Marx va de l'abstrait au concret, de l'essence à l'empirique, ainsi de la valeur-travail et de la plus-value aux phénomènes concrets qu'il a sous les yeux dans l'Angleterre du XIXe siècle. Sa méthode est l'inverse de la méthode inductive des « économistes bourgeois ».

A partir de 1873, Marx cesse son activité proprement révolutionnaire. Il travaille à l'achèvement du *Capital,* qu'il n'aura pas le temps, ni peut-être le courage, de continuer. Il meurt le 14 mars 1883, en pressentant le rôle révolutionnaire que pourrait jouer la Russie, en raison du caractère particulièrement réactionnaire du pouvoir tsariste.

On a rendu grâces à Marx de nous avoir « apporté la science ». Mais quelle science ? Est-ce cette économie politique si indigente en statistiques ? Ou plutôt une nouvelle conception de l'histoire, le matérialisme historique ? Le facteur déterminant est l'économie. C'est des rapports économiques que dépendent la structure de la société, sa division en classes, et par suite la répartition réelle de la puissance, les formes de domination politique, enfin la « superstructure idéologique » des conceptions morales et religieuses, scientifiques et philosophiques. La division de la société entre classe exploitante, en possession des moyens de production, et classe exploitée, ne possédant que sa force de travail, conditionne le mouvement historique : l'histoire entière est l'histoire de la lutte des classes. Mais l'ascension révolutionnaire d'une classe jusqu'à présent opprimée et exploitée peut s'effectuer seulement si, grâce au développement économique, en partie nécessaire, en partie dû à des éléments incalculables (les inventions), la classe des maîtres devient une couche non productive et économiquement inutile, si sa domination est désormais purement politique et néfaste à l'essor économique. Ce fut le cas des féodaux jusqu'à l'époque de la Révolution française, par laquelle la bourgeoisie possédante conquit la domination politique. Aujourd'hui, nous approchons du moment où le prolétariat, classe des travailleurs salariés, *peut* et *doit* nécessairement arracher les moyens de production des mains des capitalistes, au nombre infiniment réduit par la concurrence. Avec le socialisme commence « l'épanouissement de la puissance humaine qui est sa propre fin, le véritable règne de la liberté qui, cependant, ne peut fleurir que sur le règne de la nécessité » (Postface du *Capital,* 1872). Communisme primitif, division de la société en classes et socialisme de l'avenir constituent la dialectique de l'histoire.

Un des récents sujets de controverse porte sur la question de l'« humanisme » ou de la « scientificité » de Marx. Les œuvres de jeunesse sont animées d'une puissante revendication de l'humain. Mais les tenants du Marx pur savant ne considèrent que les *Principes d'une critique de l'économie politique* – les *« Grundrisse »,* disent les gens avisés comme on le voit dans tel roman de Jorge Semprun. Nous pensons, avec le R.P. Calvez, que Marx est celui dont la sainte indignation a dénoncé toutes les « aliénations » – politique, religieuse, philosophique, *économique* – dont l'homme a pu souffrir.

Nous pensons, avec Henri Lefebvre, que « c'est faire preuve d'une suprême pédanterie » que de récuser le concept d'*aliénation,* sous prétexte qu'il n'est pas « scientifique », car il a un *statut social :* « Il a joué le rôle d'un ferment prodigieux, d'une fécondité inépuisable, dans la connaissance... des conditions pratiques, celle des ouvriers, celle des femmes, celle de la jeunesse, celle des colonisés (et des colonisateurs). » Marx a révélé à sa manière, dans le « vécu », une « triade » méconnue : exploitation, oppression, humiliation.

Sans doute, la pensée de Marx se précise en une *méthode : «* Prendre chaque chose et toutes les choses par leur côté changeant, périssable ; montrer l'apparence en toute stabilité, tout équilibre, toute immobilité ; accentuer le devenir ; utiliser les germes de destruction et d'autodestruction que porte en soi toute réalité... » Au fondement de cette démarche, il y a un choix, une option. A nous de les découvrir : « Il n'y a précisément de *marxisme* qu'à travers une interprétation. » Ce pourrait être l'acte qui pose et suppose que le monde peut changer — parce qu'il change. Mais surtout la pensée marxiste met fortement l'accent sur le social et la *société :* elle annonce le « dépérissement » de l'État politique et du politique comme tels ; donc « la prédominance du *social* sur l'économique (maîtrisé) et sur le politique (résorbé). Cette prédominance du social et des besoins sociaux (collectifs) définit le socialisme, puis le communisme selon Marx ». Le social, ce sont les conditions de vie, d'habitat, de travail, de loisir. Marx prévoit — après Hegel — l'automatisme des machines, l'automatisation de la production, donc l'accroissement du loisir. « Cette annonce à long terme du non-travail fait partie des "prophéties" de Marx, encore qu'elle n'ait rien d'une eschatologie ou d'un millénarisme traditionnels. » Et H. Lefebvre reste fidèle au maître lorsqu'il étudie *la Vie quotidienne dans le monde moderne,* la *Révolution urbaine ou la Production de l'espace.*

Le même auteur résume ainsi les tribulations marxiennes : « Le guérillero Marx, longtemps seul avec son compagnon Engels, puis entouré d'alliés incertains et mal convaincus destinés à le trahir (Lassalle), prit à l'hégélianisme des armes pour les retourner contre lui… Qu'arrive-t-il ? Sous ses yeux, la classe ouvrière du plus puissant pays d'Europe s'organise politiquement ; elle s'inspire de lui, Marx… Et voici que cette classe ouvrière, puissante déjà qualitativement et quantitativement, tombe dans le piège le plus grossier : le nationalisme, l'étatisme. Quel coup pour Marx ! Son œuvre lui échappe. » Il ne pouvait deviner l'habile coup de Lénine qui, s'emparant de sa théorie, allait allumer *cette grande lueur à l'Est.*

Orthodoxes, révisionnistes, déviationnistes

Frédéric Engels (1820-1895), l'*alter ego* de Karl Marx, ne fut pas seulement l'éditeur des œuvres posthumes de son ami. On lui doit des ouvrages théoriques et critiques : il combat le matérialisme positiviste *(Anti-Dühring,* 1877), applique la dialectique aux sciences de la nature *(La Dialectique de la nature)* et étudie *L'Origine de la famille, de la propriété privée et de l'État* (1884). Son livre *Socialisme utopique et socialisme scientifique* – ce dernier étant bien entendu celui de Marx-Engels — a été traduit en français par Paul Lafargue, gendre du maître. Les uns disent qu'Engels a gâté la sauce marxiste ; les autres jurent que ce fut lui, en quelque sorte qui édifia le marxisme, comme saint Paul aurait édifié le christianisme. En tout cas, il ne put empêcher l'éclatement de la théorie ni de la pratique, puisqu'on parlera d'une « droite révisionniste », d'un « centre orthodoxe », d'un « austro-marxisme », d'une « opposition de gauche » bolchevique au stalinisme, et autres courants.

On peut considérer Ferdinand Lassalle comme le créateur du premier mouvement social-démocrate allemand. Né en 1825 dans une famille de commerçants israélites, il étudie à Breslau et Berlin la philologie et la philosophie. Démocrate et socialiste, il fréquente à Paris Proudhon et Marx. Il est condamné en 1856 à six mois de prison pour incitation à la désobéissance fiscale. Historien de la philosophie, il publie un livre sur *Héraclite* (1857) et un autre sur *Fichte* (1862). Auteur du *Système des droits acquis* (1861), il sera considéré comme le juriste de la Révolution sociale : pour lui, la philosophie du droit n'a aucun lien avec des catégories éternelles ; le droit lui-même subit l'empreinte des diverses mentalités nationales ; influencé par Hegel, il accorde moins d'importance que Marx à l'économie. Toutefois, dans son ouvrage sur *Bastiat et Schultze-Delitsch,* il s'élève contre les théories de la valeur de ces deux économistes, il revient sur la *plus-value* dont Marx a déjà fourni l'analyse, et énonce la fameuse loi d'airain sur l'impitoyable écrasement des salaires. Il mourut à trente-neuf ans lors d'un duel avec Racowitza (1864). Marx ne l'aimait pas.

Ami de Marx et d'Engels, Wilhelm Liebknecht (1826-1900) fut l'un des fondateurs de Ire Internationale et l'un des diffuseurs du marxisme dans le mouvement ouvrier allemand. Il créa avec Bebel le parti ouvrier social-démocrate (à Eisenach en 1869). Mais il y a *deux Liebknecht.* Karl Liebknecht, fils du précédent, né à Leipzig en 1871, avocat, fut un militant infatigable et payant de sa personne. Il déploie une intense activité pacifiste, fonde en 1916 les *Lettres de Spartacus,* et le 9 octobre 1918, proclame au château de Berlin la République socialiste. Mais il sera assassiné, avec Rosa Luxemburg, par des corps francs le 15 janvier 1919. Ses *Études sur les dynamiques du développement social* sont inachevées. Il y prenait ses distances : « L'exploitation, écrivait-il, est un pur problème de distribution, et non de production comme le présente Marx. » Plus que marxiste, l'auteur y serait héritier des philosophes allemands de l'*Aufklärung.*

August Bebel (1840-1913) n'est pas un intellectuel. Tourneur, il adhère d'abord à la Société d'éducation ouvrière, d'orientation libérale, puis devient marxiste sous l'influence de W. Liebknecht. Il joue un rôle important au sein de la IIe Internationale. Chef incontesté du parti social-démocrate allemand, il devient « centriste » en 1908 pour sauver l'unité du parti.

Eduard Bernstein (1850-1932) est Berlinois. Après ses études secondaires, il entre dans la banque. De bonne heure, il adhère au programme socialiste, et sera l'un des principaux délégués du congrès de Gotha, qui scelle l'union entre les socialistes allemands. En 1878, il prend la direction du *Sozialdemokrat,* organe central du parti socialiste, qui paraissait à Zurich. Expulsé de Suisse et condamné plusieurs fois par contumace pour délits de presse, il se réfugie à Londres en 1888 et ne pourra rentrer en Allemagne qu'en 1901. De 1883 à 1900, il dirige avec Kautsky la revue socialiste *Le Temps nouveau.* Il est ensuite à la tête des *Cahiers du socialisme.* D'abord l'un des principaux théoriciens du marxisme orthodoxe, il en fera plus tard une critique incisive dans *Socialisme théorique et socialisme pratique* (1899). Il rejette principalement la théorie de l'effondrement naturel de la société capitaliste, tente de prouver que la concentration des capitaux ne se faisait pas aussi rapidement que l'avait prévu Marx et devient le théoricien des socialistes réformistes et évolutionnistes. Aussi fut-il blâmé par tous les Congrès. Mais, élu député au Reichstag en 1902, il allait y jouer un grand rôle. Sa somme est l'*Histoire et Théorie du socialisme* (1901). Le projet du révisionnisme est, non point de détruire le marxisme, mais de le critiquer, de l'inventorier et de le prolonger. François Bon a décrit récemment le paradoxe de la social-démocratie : « Un parti puissant, dans un pays prospère, continue de professer une idéologie révolutionnaire, alors qu'il tire sa force du jeu démocratique. » D'où la pérennité du révisionnisme.

Il y a bien entendu une osmose entre les socialistes russes et les socialistes allemands. Georges Plekhanov (1857-1918) fut le véritable fondateur du marxisme en Russie. Mais on l'y estime trop porté sur les manifestations de rue. Aussi le retrouve-t-on en exil à Paris, à Genève. Tandis qu'il polémique contre le révisionnisme de Bernstein, il fonde *L'Iskra* avec Lénine et Martov. On le considère comme un des meilleurs interprètes du matérialisme historique, car il unit le savoir et une verve étincelante. Son accord avec Lénine dura des années. Mais, après la révolution d'Octobre, il sera antibolcheviste. Rappelons sa formule célèbre : « Le marxisme est une véritable algèbre, une algèbre purement matérialiste de l'évolution sociale. »

Vladimir Oulianov-Lénine (1870-1924) est un bon connaisseur de la pensée allemande : n'a-t-il pas annoté la *Logique* de Hegel ? Le « charmant livre » de Maria Pianzola, *Lénine en Suisse,* ressuscite avec bonheur l'atmosphère de l'époque et la compréhension de Lénine envers le pays, les milieux ouvriers et intellectuels suisses.

Né à Prague, Karl Kautsky (1854-1938) étudia d'abord

dans cette ville, puis à Vienne, où il adhéra au parti socialiste allemand. Il fut pendant deux ans, à Londres, secrétaire d'Engels. On lui reprochait ses formules trop rigides et trop abstraites, ainsi que son autoritarisme. A la tête de la *Neue Zeit,* il passe pour le « pape du marxisme ». Trop de socialistes se représentent encore la révolution prolétarienne, peu ou prou, sur le modèle des révolutions des XVIIIe et XIXe siècles, écrit en substance Kautsky dans une polémique fameuse contre Rosa Luxemburg. Pour lui, une longue pratique de la démocratie est la condition de création d'une classe ouvrière capable d'assurer la transformation socialiste de la société, ce qu'aucune classe ouvrière n'est à même d'accomplir par nature. Quand ils ne sont pas assassinés, les marxistes allemands vivent longtemps, et Kautsky aura à juger le stalinisme. Sa critique se présente explicitement comme théorie « marxiste orthodoxe » de ce nouvel objet historique qu'est une société postrévolutionnaire se réclamant du marxisme et prétendant le réaliser (H. Weber). Il reprend à son compte l'allégorie de Bernstein comparant Lénine à un chirurgien si pressé de donner la vie qu'il provoque artificiellement, à quatre mois, l'accouchement de sa patiente, avec les suites que l'on devine. Mais Staline sera un avorteur notoire. Kautsky écrit *Le Bolchevisme dans l'impasse.* Il reproche aux bolchevistes leur propension à pallier l'absence des conditions objectives pour l'édification du socialisme par la violence d'État. Ils ont fait du marxisme une religion d'État, avec ses pompes et ses œuvres. Plus fondamentalement, on retrouve, à l'état de survivance chez Marx, de tendance affirmée chez Lénine, hypertrophiée chez Staline, la foi « blanquiste » dans la créativité de la violence et dans la toute-puissance de l'action révolutionnaire du parti d'avant-garde. Pas plus qu'il n'admet la possibilité d'une « voie non capitaliste à l'industrialisation et à l'État national », Kautsky n'admet la nécessité de la violence révolutionnaire pour s'emparer du pouvoir et briser la volonté de revanche des anciennes classes dominantes. Les uns le traiteront de « déviationniste » ; d'autres diront qu'il ne pouvait « comprendre l'âme slave ». Du moins il occupe une place de choix parmi ces *Interprétations du stalinisme* qu'a étudiées Evelyne Pisier-Kouchner, et qui comprennent aussi celles de Léon Trotsky, Victor Serge et Boris Souvarine.

Une métaphysique à base scientifique

La Prusse est le seul pays allemand, les États autrichiens mis à part, où la révolution de 1848 soit sanglante. Elle n'y a ni réussi ni tout à fait échoué : il existe désormais une Chambre élue au suffrage universel — d'ailleurs indirect, inégal, avec vote à haute voix. Deux tentatives se succéderont pour former l'unité allemande, l'une par la nation (le Parlement de Francfort), l'autre par le roi de Prusse (l'Union restreinte). La bourgeoisie commence à se dresser contre un gouvernement de délation. Le capitalisme l'a enrichie : elle a les mêmes aspirations politiques que la bourgeoisie française de 1789. Mais la volonté d'unification interfère avec le conflit qui oppose la Prusse et l'Autriche. Il ne semble pas qu'en 1860 Bismarck, qui compte bien réorganiser l'Allemagne en en chassant l'Autriche, ait déjà arrêté la façon de procéder. Mais bientôt viendront la défaite autrichienne de Sadowa (1866) et celle de la France à Sedan (1870).

On constate en Allemagne un regain du prestige des sciences de la nature. Après les systèmes spéculatifs de Hegel et Schelling, l'idéal de la connaissance exacte des phénomènes refait surface. D'un autre côté, certains penseurs ont une inclination pour une image d'ensemble englobant la Nature et l'Esprit, plus satisfaisante que le matérialisme d'un Vogt ou d'un Büchner. Science et métaphysique : ils veulent tenir les deux bouts de la chaîne. Fechner (1817-1887) et Lotze (1817-1881) sont passés par l'école des sciences de la nature ; le premier est physicien, le second médecin. Tous deux s'efforcent de transposer les méthodes scientifiques en psychologie. Prenant le sol de l'expérience comme point de départ, ils récusent une *Naturphilosophie* construite *a priori*. Mais Fechner écrit des textes remplis d'humour contre le matérialisme médical ; il jette un pont entre la science et la métaphysique (il appelle sa doctrine « un surgeon de l'arbre de Schelling... »), avec la double idée de l'animation universelle et du parallélisme psychophysique. Pourquoi, se demande-t-il, n'y aurait-il pas une âme des astres ? Mais le même penseur, qui a écrit *Nanna ou la Vie sensitive des plantes* (1848) et *Le Zendavesta ou Des choses du ciel et de l'au-delà (* 1851*)*, est celui qui a énoncé la loi psychophysique : « La sensation croît comme le logarithme de l'excitation », et qui a fondé l'esthétique expérimentale après 1871.

Élève de Fechner, Lotze est « professeur extraordinaire » à Leipzig et « professeur ordinaire » à Göttingen. Pour lui, l'action réciproque des choses individuelles dans le monde requiert qu'elles soient sous-tendues par un commun fondement substantiel, qui est un Esprit personnel, origine de toute réalité spirituelle et corporelle. La nature mécanique doit servir des fins plus élevées, la considération mécaniste du monde s'incorporer à une doctrine de la finalité. A la différence du parallélisme psychophysique de Fechner, Lotze considère d'un point de vue existentiel l'action réciproque de l'âme et du corps. Au panthéisme de Fechner, il oppose le théisme de sa *Métaphysique (* 1879). Il serait sans doute oublié aujourd'hui si Heidegger ne lui avait pas reproché de transformer les Idées de Platon en « Valeurs ».

Wundt (1832-1920), fondateur du premier laboratoire de psychologie, se place sur le terrain de l'expérience, mais sans exclure les hypothèses philosophiques. En effet, il propose une métaphysique idéaliste. Mais loin d'admettre des « substances spirituelles » (âmes), il considère le *courant vivant* de la vie spirituelle, saisi par nous dans l'expérience intérieure, et qui porte le caractère créateur de la Volonté schopenhauérienne. Mais Wundt n'est pas le seul à faire le grand écart entre les phénomènes et la réalité « en soi ».

Eduard von Hartmann (1842-1906), fils d'un général d'artillerie, élève lui-même à l'école d'artillerie de Berlin, renonce à la carrière militaire à la suite d'une contusion au genou. Si, comme le veut G. Tarde, démarquer un auteur constitue un plagiat, en combiner deux ou trois un mauvais éclectisme, en synthétiser une demi-douzaine une réelle invention, alors Hartmann est un génial inventeur : sa *Philosophie de l'inconscient* (1869) tente une synthèse de Leibniz, Schelling, Hegel, Schopenhauer, Fechner, etc. Le fondement créateur des choses, « l'Inconscient », est la

Volonté universelle qui tend à la délivrance ; mais d'emblée l'Intelligence (l'esprit), lui est liée, elle est le moyen de la délivrance. Pourtant la spéculation philosophique de Hartmann cherche à se fonder sur des cheminements de pensée orientés vers des sciences spécialisées, psychologie, parapsychologie et autres. Il est ainsi le premier champion décidé du « néovitalisme » en biologie. Philosophe pessimiste, il sera, tout comme Schopenhauer, pris à partie par Nietzsche, et même ridiculisé.

Toutefois, dans la seconde moitié du siècle, les Allemands se croient de moins en moins obligés de construire de grands systèmes. Beaucoup se cantonneront dans l'histoire de la philosophie, tels F.A. Trendelenbourg, J.E. Erdmann, E. Zeller, K. Fischer, W. Windelband. Cette tendance historisante des « tâcherons de la philosophie » sera elle aussi raillée par Frédéric Nietzsche.

Frédéric Nietzche

La victoire de 1871 n'enthousiasma nullement le jeune Nietzsche. A ses yeux, les armes perfectionnées et les éblouissantes machines pouvaient parfaitement aller de pair avec la barbarie. Peu lui importe que Bismarck ait obtenu du roi de Bavière le rétablissement de l'Empire, État à tendance unitaire : Nietzsche sera plus Européen qu'Allemand. Et ce futur pourfendeur du christianisme n'est pas saisi d'admiration devant le *Kulturkampf* mené par Bismarck contre le « centre » catholique. D'ailleurs sa vie errante le conduira sans cesse hors d'Allemagne, d'hôtel en pension de famille, vers la Côte d'Azur, la Suisse, l'Italie. Sa pensée reflète toutes les émotions changeantes de sa douloureuse existence. Mais celle-ci, très dénuée d'événements matériels, fut déchirée de drames intérieurs. On la divise en trois phases : la période wagnérienne (jusqu'en 1876) ; la période française (1878-1882) ; la dernière période (après 1882). Sa philosophie cache une pensée secrète ; il a d'ailleurs cultivé le secret. Certes l'écriture par aphorismes est une tradition allemande. Mais peut-être la technique de l'aphorisme résulte-t-elle ici du désir méchant d'infliger au lecteur une épreuve plutôt qu'une preuve. On ne peut juger sa pensée selon les critères de la philosophie classique. Mais ce serait peu de dire qu'elle a du nerf.

Fils de pasteur, Nietzsche est né en 1844 à Röcken, près de Lutzen. Il fit ses études secondaires à Schulpforta, ses études supérieures à Bonn et à Leipzig, puis fut nommé professeur de philologie classique à Bâle. La culture de la Grèce, voilà ce qui l'intéressait en tant que philologue. En 1872, il présente sa conception nouvelle du fait grec : les Grecs ne sont pas seulement le peuple que voyaient les classiques, le peuple de l'art serein, *apollinien,* des dieux olympiens, de la « juste mesure » et de l'harmonie, de la vertu de « sagesse » et de la pensée rationnelle socratique ; ils sont aussi le peuple qui a créé la tragédie avec les récits effrayants des anciens mythes, celui qui y a représenté la lutte de l'homme contre un destin écrasant, qui a osé mettre l'art au service d'un culte ; culte sombre en même temps qu'enivrant, amalgamant la mort et le plaisir, et qui trouvait place dans la religion *dionysiaque.* Mais l'œuvre de Nietzsche n'est pas l'œuvre d'un simple philologue : elle est plus une construction esthétique qu'une description historique ; ses développements sont déterminés par son admiration pour Schopenhauer et son amitié avec Richard Wagner. Il a décrit le premier dans la IIIe *Considération intempestive* (1873-1876) comme le penseur exemplaire qui assume la souffrance volontaire de la véracité, et qui voit la nature et la vie humaine dans leur implacable cruauté. Mais Nietzsche est loin d'être d'accord avec les conséquences, négatrices de la vie, de la philosophie schopenhauérienne : malgré la vue de l'effroyable réalité, il faut parvenir à une *affirmation* de l'existence. C'est la voie que prend l'artiste tragique qui, dans la ruine de la vie individuelle, célèbre l'éternité de la Vie, comme le faisaient les tragiques grecs et comme, dans l'actualité, le fait à nouveau Wagner : servir l'œuvre de Wagner et, par là, la renaissance de la culture allemande à partir de l'esprit de l'art, telle est l'intention de Nietzsche : la IVe *Intempestive* s'intitule « Richard Wagner à Bayreuth ».

Toute la pensée de Nietzsche demeurera remplie par la passion de fonder la possibilité d'une nouvelle culture, d'un homme nouveau, avec de *nouvelles tables de valeurs* : ce doit être le philosophe qui, créateur de « valeurs », indique les voies de cette culture nouvelle. De même que l'essentiel de la culture, c'est l'homme même (et non des institutions ni des biens objectifs), de même les formes supérieures de l'être-homme, les grandes personnalités que suscite une culture sont la mesure du rang de celle-ci.

La rupture avec Wagner met fin à la première période du développement de Nietzsche : de l'ivresse romantique de l'art il se dégrise par la tentative de considérer en « esprit libre », avec une lucidité glacée, inhumaine, l'inexorable réalité : il dépouille sa « superstition du génie » et se libère des vénérations, valorisations et espérances de jadis. Dans *Humain, trop humain* (1878), « en hommage à Voltaire », il cherche, avec les moyens d'une psychologie naturaliste, à « démasquer », comme autant d'erreurs, les valeurs honorées jusqu'à présent. Dans *Aurore* (1881) et *Le Gai Savoir* (1882), ce sont presque exclusivement les « préjugés moraux » qu'il combat. Sous ce nom, Nietzsche regroupe toutes les forces qui entravent et assombrissent la vie dans ses impulsions et instincts, calomnient toutes les tendances, toute la réalité, et renvoient toute valeur dans un arrière-monde. Contre toutes ces morales ennemies de la vie, Nietzsche combat avec la conviction que les affirmations métaphysiques (Dieu, l'au-delà, l'immortalité) qui sont leur fondement, si on analyse leur origine et leur naissance, ne sont plus dignes de foi. Ce qui nous reste après cet examen, c'est seulement le monde de fait : il doit être affirmé comme porteur de valeur ; car seule cette nouvelle conception de la réalité finie comme porteuse d'une valeur infinie peut sauver de la chute dans le néant l'existence, devenue apparemment absurde après la mort de Dieu.

Cette requête demeure centrale dans la troisième période. Ce qu'il annonce comme la doctrine du Surhomme, de l'Éternel Retour et de la Volonté de puissance, c'est la transposition de ses intuitions dans l'être et dans son affirmation absolue *(Ainsi parlait Zarathoustra,* 1883 ; *Par-delà le bien et le mal,* 1886 ; la *Volonté de puissance,* tirée des Œuvres posthumes). Il ne s'agit pas dans ces doctrines d'établir des faits que l'on puisse prouver : le Surhomme n'est pas un produit par sélection du développement de l'espèce humaine au sens darwinien ; l'Éternel Retour n'est pas une théorie physiquement démontrable ; la Volonté de puissance n'est pas une thèse de sociologie politique. Ce sont là des principes directeurs pour la compréhension de l'être et de la réalité dans son ensemble. Le Surhomme rappelle, comme une tâche, la liberté de l'individu à sa possibilité la plus proche ; l'Éternel Retour fonde cette liberté dans l'être qu'il faut sans cesse réaffirmer inconditionnellement ; la Volonté de puissance interprète sans cesse cet être comme devenir. Avec l'idée de l'Éternel Retour, le néant, devenu menaçant après la mort de Dieu, est surmonté par un *oui*, « dionysiaque », « extatique », au monde tel qu'il est, « sans réserve, restriction ni sélection ». Avec cette idée l'existence devenue nihiliste reçoit de nouveau son poids, l'éternité est « sécularisée ». Commencé dès la deuxième période, et devenu jusqu'à la fin de plus en plus âpre, le combat de Nietzsche contre le christianisme est mené moins contre les dogmes centraux, pour lui sans importance, de la foi chrétienne, que contre le christianisme, considéré comme un « platonisme pour le peuple », et la morale qui lui est inhérente. La *Généalogie de la morale* (1887) distingue deux modes d'évaluation, deux morales : l'une originelle, aristocratique, qui appelle « bon » ce qui est plein de force, de vie et destiné à la domination sur le mal venu, le faible, le dégénéré ; face à elle et jusqu'à présent historiquement victorieuse, née de « l'insurrection servile » des soumis, jaillissant de leur instinct de puissance, donc remplie de ressentiment, la morale clérico-démocratique, qui maquille le faible en « bon » et méprise le fort comme « méchant ». La lutte contre le christianisme est une défense contre la métaphysique platonicienne. Après dix ans d'enseignement, Nietzsche avait renoncé à son poste en 1879, à cause de douleurs croissantes. Il se consacrait à sa pensée, jusqu'à ce qu'en 1880 il s'écroulât et sombrât dans la folie qui le couvrit de son ombre jusqu'à sa mort en 1900.

Les visages de Nietzsche sont multiples et donnent lieu, selon Ernst Bertram, à toute une « mythologie ». Il y a le Nietzsche sceptique, le prophète, le médecin, l'écrivain moraliste européen... On trouve en lui la gratitude de la mémoire : il déteste tout ce qui est révolutionnaire ; son orgueil est d'« avoir une origine ». Dans une gravure de Dürer, « Le Chevalier, la mort et le diable », il voit la perspective dominante de sa vie : derrière son pessimisme chevaleresque se trouve le courage qui ne craint ni le terrible ni l'aléatoire ; « dangereux » est son terme favori, toujours laudatif. « Nous croyons au Devenir, affirme-t-il, mais au devenir intellectuel aussi. » « Nous autres Allemands, dit *Le Gai Savoir,* nous sommes des hégéliens, quand bien même il n'y aurait jamais eu de Hegel, car nous prônons le Devenir. » Fait étrange : devenir plus allemand veut dire aussi se dégermaniser en un sens supérieur, dépasser ce qui est allemand pour parvenir à la perfection allemande. Bien plus, Nietzsche va transposer l'hellénisme pour l'appliquer au germanisme en devenir ; *la Naissance de la tragédie* n'est qu'une géniale interprétation germanisante de la Grèce. Déjà dans le traité *De l'utilité et des inconvénients de l'histoire,* deux tendances se heurtent : la volonté de *justice*, caractéristique de l'historien, aux honnêtes vertus théoriques ; la volonté de vivante injustice de *l'artiste,* qui guide vers ce qui doit être. Il s'en prend à « l'objectivité historique » du XIXe siècle, qui n'est qu'un « faitalisme ». Il y a une tragique proximité de Nietzsche avec la musique : influencée par Wagner, toute sa philosophie devient musique ; elle scelle l'unité entre musique et germanisme. Indéniable est l'atavisme chrétien de Nietzsche : rien ne prouve plus authentiquement combien le christianisme est inné à Nietzsche que son attitude vis-à-vis de la souffrance, surtout de la souffrance qui est comme une sœur jumelle, la souffrance que l'on *est.* Toute l'analyse suraiguë, rancunière, de l'ascèse et de l'idéal ascétique, dans la *Généalogie de la morale,* est une forme de l'ascèse de Nietzsche. Il faut dire que c'est Judas qui, de tous, a le plus de foi : il avait un office à remplir ; on perçoit chez Nietzsche lui-même, la lutte du *moi* contre une mission, contre la tâche écrasante du Rénovateur. « Je suis, écrit-il, de nature anti-théâtrale, tandis que Wagner était essentiellement homme de théâtre et comédien. » Pourtant, dans le comédien, il faut reconnaître l'homme dionysiaque, le poète, le chanteur, qui cherche à atteindre le *type exemplaire.* Plus grand que Schopenhauer et que Wagner, Goethe présente en lui l'union de toutes les forces vitales : « Ce qu'il a voulu, c'est la totalité. » Mais le grand événement « antique » de l'histoire moderne, c'est Napoléon, nature antique, antiquité retrouvée : l'éthique nietzschéenne associe Napoléon aux grandes figures philosophiques de l'esprit grec. Ainsi Nietzsche « mythologise » ses idées en puissantes et proéminentes figures. On trouve chez lui, comme chez le chrétien, un amour de ses ennemis. Il se sent si près de Socrate qu'il le combat presque constamment. Une « énorme indécision » s'empare de lui chaque fois qu'il est en présence de ce « personnage le plus sibyllin de l'Antiquité » ; Socrate, incarnation de la décadence, mais aussi de la *paideia* (éducation) : et Nietzsche se considère lui-même comme maître et éducateur socratique. Toute personne humaine a son paysage d'élection : Nietzsche enveloppe ses impressions de la nature du symbolisme qui règne dans les paysages fantaisistes et nostalgiques de Claude Lorrain ; tout ce qui est « Sud » est pour lui image d'une Patrie originelle. Une ville de symbole plus que toute autre, telle est Venise : symbole de tout ce qui « lui tient le plus à cœur », comme les destinées de la musique. Mais il est d'autres paysages prédestinés où il se reconnaît : la haute vallée de l'Engadine, où il a conçu l'idée de l'Éternel Retour ; le promontoire de Portofino dans le golfe de Rapallo, où il inventa Zarathoustra.

« Dieu est mort... » Selon Jaspers, tout le drame intérieur de Nietzsche, toute son œuvre brûlante, chaotique comme une éruption de volcan, tiennent dans cette phrase célèbre. Mais la prononcer, c'est se donner une tâche positive, c'est affirmer que Dieu doit être recréé. La négation n'est qu'un moyen : l'amour du *oui*, partout présent, triomphe dans chaque instant qui exprime l'éternité (K. Jaspers).

Pour Nietzsche, vivre, c'est interpréter : c'est à lui, plus qu'à quiconque, que l'on doit la notion d'interprétation, c'est-à-dire d'appréciation valorisante. Il a d'ailleurs dit qu'il n'y avait « point d'interprétation hors de laquelle pas de salut ». Toute philosophie est une interprétation personnelle : peu importe si une réponse est véridique, ce qui compte, c'est le philosophe qui nous parle de ses amours et de ses haines et qui veut nous imposer ses valeurs *(Par-delà le bien et le mal)*.

A toutes les périodes de création de Nietzsche se manifeste son hostilité à la démocratie, au socialisme et au christianisme comme doctrines de l'égalité : cet *individualisme aristocratique* s'élève aussi bien contre le « bonheur de ruminants » de la foule que contre tout absolutisme de l'État. Chez l'homme individuel aussi, la recherche du confort et d'un petit bonheur, un refus anxieux et calculateur de la douleur et un sentiment maladif de pitié pour la souffrance d'autrui, sont signes de « décadence », d'une vie en déclin (Simone Goyard-Fabre).

Bien des poètes ont reçu quant à eux une puissante impulsion de cette langue imagée et chantante, d'allure biblique ou extatique, de ce verbe qui invoque, ordonne ou légifère, mais parfois s'envole aussi en chansons ailées (Geneviève Bianquis).

Néokantisme, néo-néokantisme !

Nietzsche pouvait fulminer ; il n'avait pas de disciples. En Allemagne, c'est le néokantisme qui dominait de plus en plus la philosophie universitaire. Ses débuts nous ramènent au temps où le sens philosophique, se réveillant, se mit à combattre l'impudence de la soi-disant « conception scientifique du monde » : celle du matérialisme grossier et superficiel des années 1850-60. Mais le mouvement durera jusqu'après la Seconde Guerre mondiale.

Dans cet univers foisonnant, on distingue : le premier néokantisme (Lange, Cohen, Natorp, Windelband, Rickert, Riehl) ; le second néokantisme (Cassirer, Bauch, Cohn, Hönigswald) ; enfin, après la Seconde Guerre mondiale, un « néo-néokantisme » *(der Neoneokantianismus)*...

Qu'a enseigné Kant ? Quel était le sens authentique de sa philosophie et de sa méthode ? Telles sont les questions que se posa Hermann Cohen (1842-1918), professeur à Marbourg dans : *Le Fondement de l'éthique* (1877), *Théorie de l'expérience chez Kant* (1885), *Le Fondement kantien de l'esthétique* (1889), etc. Cohen fut un penseur qui joignait des qualités formidables à des défauts extraordinaires. D'un côté, la majesté du penseur qui suggérait à ses étudiants que la Raison universelle était en lui ; de l'autre ses œuvres, d'une subtilité talmudique et d'une technicité abstruse. C'était du moins un maître à la parole vivante, de qui émanait une sorte de fascination personnelle.

Cohen naquit à Coswig, petite ville de l'Anhalt. Son père était premier chantre à la synagogue, il enseignait la Thora et le Talmud. C'était là un milieu juif orthodoxe, dont la vie était consacrée au service de la synagogue. A quinze ans, le jeune lévite est envoyé au séminaire rabbinique de Breslau ; à dix-neuf ans il va étudier la philosophie et la psychologie à l'université de cette même ville, puis à celle de Berlin. En 1873, il est nommé professeur extraordinaire à Marbourg, où il succédera plus tard comme professeur ordinaire à F. A. Lange. Dans les années 80, Ernst Cassirer l'y rejoindra, pour une amicale et fructueuse collaboration.

Cohen insiste sur l'étroite liaison qu'on doit établir entre science et philosophie. Le néokantisme est une réaction contre ceux qui substituent au « je pense » la conscience-de-soi et qui aboutissent à une analyse métaphysique et même psychologique de la conscience. On trahit la critique lorsqu'on « cartésianise » le kantisme. La « révolution » kantienne n'est pas un retour au subjectivisme psychologique de la conscience ni à la réflexion socratique. Elle nous invite à comprendre que la réalité dont il faut partir ne réside pas dans un objet à connaître qui s'offrirait à nous du dehors, mais dans les sciences elles-mêmes (géométrie euclidienne, physique newtonienne). Ce n'est pas le monde de l'expérience qui est, comme le veut l'empirisme, le fondement de la connaissance, c'est le monde de la connaissance qui fonde le monde de l'expérience. « Pour fonder l'expérience, il faut la quitter ; philosopher, c'est se détourner de la pensée naïve vers l'étude des conditions de sa possibilité » (J. Vuillemin). *La Religion de la raison* manifeste une chasse au sensible et une iconoclastie impressionnantes. La philosophie religieuse de Cohen fait partie intégrante de sa philosophie. Selon lui, une parenté existe entre le judaïsme et le kantisme. Sa méthode consiste à construire les concepts de la religion, mais en confrontant constamment la construction avec les documents de la religion juive. L'idée mère est celle de la *réciprocité* entre Dieu et l'homme. Une religion de la raison tiendra à remplacer l'idée de Création par celle de « renouvellement du monde ». La révélation est un second type de création, par lequel Dieu donne aux hommes la raison. C'est Kant qu'il faut suivre dans la recherche du fondement de la morale : l'Esprit Saint est l'esprit moral. Mais la religion apporte aussi des solutions à des problèmes insolubles par la « raison pratique » : le surgissement de l'individu, son péché, sa relation à Dieu ; « c'est le mérite d'Ezéchiel de nous avoir engagés dans cette voie ». Et c'est la religion seule qui a engendré l'idée de l'humanité, de l'humanité messianique. La Loi qui constitue le principe du lien avec Dieu est à la fois religieuse, morale et juridique (S. Zac).

Ernst Cassirer (1874-1945) n'est pas seulement le représentant le plus éminent de l'école de Marbourg, c'est le philosophe aux aptitudes encyclopédiques. On admire sa compréhension pénétrante de matières hétérogènes, depuis le domaine logico-mathématique le plus abstrait, en passant par la théorie de la relativité, jusqu'à la mythologie ; sa maîtrise de l'analyse, sans préjudice des vastes fresques historiques sous des points de vue nouveaux ; sa vraie nature de chercheur, dont les adversaires mêmes de l'école de Marbourg reconnaissent qu'il a apporté des lueurs nouvelles dans l'histoire de l'esprit. C'est un penseur « apollinien » ; un homme au regard heureux qui pouvait, au sens de l'harmonie universelle de Leibniz, voir partout l'unité, la vérité et la beauté. Sans doute lui manquait-il le côté dionysiaque et tragique.

Cassirer est né en 1874, dans une famille aisée de commerçants juifs. Il fréquenta le lycée de Breslau, et fit, aux universités de Berlin, Leipzig, Heidelberg, Berlin à nouveau, des études de droit, philosophie, littérature et histoire de l'art. Le néokantisme règne dans beaucoup d'universités, lorsque Cassirer est mis en contact, par le *Privatdozent* G. Simmel, avec la philosophie de Kant. « Les meilleurs livres sur Kant, lui dit un jour Simmel, sont ceux de Hermann Cohen ; mais je dois reconnaître que je ne les comprends pas. » Cassirer rejoindra cependant l'école de Marbourg. Malgré tous ses dons, il sera un tard-venu à la philosophie universitaire ; pour cela il se laissa faire une douce violence. Il connaîtra donc la cohabitation avec Cohen, puis enseignera à Berlin et Hambourg. Dans *Concept de substance et Concept de fonction* (1910), il se propose de renouveler la philosophie kantienne selon la méthode de Kant ; de prendre la forme cognitive de la science mathématique de la nature comme prototype de toute connaissance fondée de manière critique. Mais il prend heureusement conscience des limites de ce type de savoir. La tâche de la philosophie est désormais de comprendre le sens et les fins de la culture humaine dans les domaines essentiels de la science, du droit, de l'art et de la religion. La *Philosophie des formes symboliques* (1923-29) aboutit à une anthropologie philosophique. La réalité humaine s'avère organisée par les mondes symboliques primaires du langage et du mythe ; puis par ceux, plus élevés, de l'art, de l'histoire et de la religion ; enfin par ceux des sciences dans toutes leurs ramifications. Le questionnement de Cassirer sur l'essence des multiples formes symboliques et de leurs relations mutuelles à l'intérieur de la culture constitue le cœur de la philosophie contemporaine de la culture. La fonction de métamorphose symbolique est une activité naturelle qui caractérise l'homme parmi tous les êtres vivants. L'idée d'une « grammaire universelle de la culture » est des plus actuelles et on a parlé de « théorie structuraliste de l'esprit » à propos de Cassirer (K. Neumann).

Cassirer n'attendit pas d'être démis de ses fonctions par les nazis pour s'exiler. Il était spécialement qualifié pour s'élever, dans *Le Mythe de l'État,* contre le pernicieux retour du mythe en politique.

Par sa constante référence à la science, le néokantisme servait d'antidote à cette idée de Nietzsche, selon laquelle une philosophie est toujours l'expression arbitraire d'une personnalité. De même, c'est contre cette réduction de la philosophie à des conceptions du monde, subjectives et arbitraires, que s'élèvera Husserl dans *La Philosophie comme science rigoureuse* (1911), renouant ainsi avec le rationalisme classique.

Les « conceptions du monde »

La fin du XIXe siècle voit apparaître des « philosophies de la Vie », c'est-à-dire des doctrines qui exaltent la vie comme valeur suprême : Bergson en France, le pragmatisme américain, Dilthey en Allemagne. On considère « l'acte de philosopher » comme une expression de la vie. Assurément, cette conception s'apparente à la position de Nietzsche, mais son action sur la philosophie universitaire sera bien postérieure à la parution des œuvres dont il est ici question ; de sorte que la fondation de la philosophie de la Vie développée dans les universités est sans rapport avec le philologue de Bâle.

Wilhelm Dilthey (1833-1911), plus prudent, plus circonspect, plus « scientifique » aussi que Nietzsche, est cependant proche de lui tant par l'inquiétude de sa pensée sur le problème de la Vie que par le caractère fragmentaire de ses œuvres. Lui non plus ne se limita pas à la carrière professorale (il eut une importante activité journalistique). Il fut cependant nommé professeur à l'université de Bâle en 1867. De 1882 à sa mort, il occupera — honneur intimidant — la chaire de Hegel à l'université de Berlin (*cf.* Angèle Kremer-Marietti, *W. Dilthey et l'Anthropologie historique,* Seghers, 1971).

Né à Biebrich-Mosbach (Wiesbaden-Biebrich), Dilthey fit de longues études. Par la formation même qu'il reçut, il était préparé à la méthodologie historique dont il est le promoteur. Il fut, dit-il dans le *Discours* de son 70e anniversaire, témoin, dans ses années de formation, du « spectacle de la genèse du sens historique ». Il nous suggère que la constitution de l'histoire comme *science humaine* est une découverte allemande ; allemande aussi par l'épistémologie qui lui est propre. Dilthey entreprend de donner un fondement aux sciences particulières de l'homme, de la société, de l'histoire. Par là il récuse la théorie universelle mais abstraite dont se contentait encore le XVIIIe siècle : elle méconnaissait la richesse des faits ainsi que le caractère historique de l'homme et de ses institutions. Pour éviter la généralité, réductrice de la vie, il convient de réintroduire la totalité de la vie psychique, l'action de l'homme tout entier, avec sa volonté, sa sensibilité et son imagination. Dans les sciences humaines, l'objet se différencie du *phénomène* des sciences physicochimiques ; et la *subjectivité y* a la plus grande part, sans qu'elle puisse être considérée comme nuisible au caractère scientifique de la recherche.

Aussi l'exégèse scientifique, ou art de comprendre,

a-t-elle pour Dilthey un caractère « génial ». Elle suppose la parenté intime, la sympathie avec l'objet étudié. Une connaissance amoureuse est plus scientifique que la connaissance qui n'aime pas. La méthode repose donc sur un comportement vivant en présence de l'objet. La parenté et la sympathie ont une fonction critique. « La *compréhension* ne peut jamais avoir ici un caractère purement rationnel » *(Le Monde de l'esprit)*. Non seulement il est indispensable de saisir le rapport vivant entre l'individu historique et le monde qui l'entoure, mais un tel rapport à son tour ne pourra être appréhendé que dans le cadre de la subjectivité de l'historien. C'est dans la mesure où les forces vitales historiques agissent en nous que nous pouvons comprendre l'histoire. Puisqu'il s'agit de comprendre des individualités, la compréhension est une opération particulièrement difficile. Il y va du « processus par lequel nous connaissons quelque chose à l'aide de signes sensibles qui en sont la manifestation ». Encore faut-il que les manifestations vitales soient « fixées de manière durable ». Or, « c'est seulement dans le *langage* que l'intimité de l'homme trouve son expression complète, exhaustive et objectivement intelligible ». La littérature prend une immense importance pour notre intelligence de l'histoire. L'exégèse de l'écriture est une des méthodes ou l'un des procédés les plus constants. Mais comme l'interprétation repose sur une affinité entre le philosophe exégète et l'œuvre qu'il examine, on ne peut se référer en exégèse qu'à des « interprètes de génie », à des travaux reconnus (Schleiermacher interprète de Platon). Nous sommes loin ici du positivisme historique des manuels de méthodologie historique ! Chez Dilthey en effet, il est toujours question de la connaissance de l'autre — s'agît-il même de l'Écriture sainte. La possibilité de la connaissance d'autrui repose pour lui sur une analogie comparative. La compréhension peut s'élever à la valeur générale en vertu de l'*analogie* que l'on retrouve entre les cas. On le voit, Dilthey inaugure le recours nécessaire à la philosophie pour assurer les bases de l'interprétation. En dernière analyse, la règle est de « comprendre l'auteur mieux qu'il ne s'est compris lui-même ». C'est par là que la méthode de l'exégète génial est créatrice.

Mais quelle est cette idée fondamentale qui ordonne et qui explique une œuvre en sa totalité ? C'est ici que Dilthey invoque une *Weltanschauung*, conception du monde (il est le créateur du mot). Notre vie personnelle est en effet essentiellement en rapport avec le monde qui nous entoure sous la forme d'un tout concret. La vie psychique est donc, pour n'importe quel individu, et à n'importe quel moment qu'on la saisisse, une *relation vécue* avec *l'ensemble* des choses : « Rien n'est plus fugitif, délicat et mobile » que celle-ci ; notre conception du monde change « comme les ombres de nuages glissant sur le paysage ». Une conception du monde devient pour Dilthey un regroupement, une unification des données vécues et conscientes. Elle prend l'aspect d'une « donation de sens » aux choses. La multiplicité des conceptions du monde couvre la terre « d'une sorte de végétation innombrable de formes ». Cependant telle ou telle d'entre elles peut *faire école :* « De longues séries d'artistes voient l'homme par les yeux de Raphaël... L'idéalisme kantien de la liberté entraîne Schiller et Fichte. » Ainsi apparaît la relation maître-disciple. Enfin, les conceptions du monde des esprits supérieurs se différencient suivant les trois sphères d'activité de l'esprit que sont la poésie, la religion et la philosophie. Dilthey s'est intéressé surtout à la *Weltanschauung* religieuse. Celle-ci suppose un « commerce avec l'Invisible ». Tout cela est d'une importance capitale : Dilthey serait *le père des idéologies modernes* qui installent les hommes dans un univers de conceptions du monde par le biais de pôles d'unité dont la vérité est moins prise en considération que l'efficacité.

Et si on parlait d'argent ?

« L'intérêt de l'œuvre de Georg Simmel est qu'elle est celle d'un philosophe, métaphysicien, qui fut un fondateur de la sociologie moderne » (J.-L. Vieillard-Baron). Né en 1858 d'une famille juive allemande fortement assimilée, il meurt d'un cancer à Strasbourg en 1918. Très connu en Allemagne, mais aussi en France où il avait de nombreux amis, Rodin, Du Bos en particulier, il eut une carrière difficile et ne fut nommé professeur, à Strasbourg, qu'en 1914.

Dans sa *Philosophie de l'argent* (1900), il pose la question des rapports entre philosophie et sciences humaines. S'il y a une philosophie de l'argent, elle ne peut être qu'en deçà ou au-delà de la science économique. Elle élucidera les présupposés psychologiques, sociaux et moraux qui assignent à l'argent sa signification humaine. De même que l'apparition d'un fondateur de religion n'est pas un fait uniquement religieux, mais sera examinée sous l'angle de la psychologie, voire de la pathologie, de l'histoire générale et de la sociologie, de même l'argent ne relève pas de la seule économie politique, il est l'objet de valorisations profondes et d'instances psychologiques, voire métaphysiques. L'auteur étudie spécialement le *style de vie* des agents économiques. Monotonie, nivellement, absence de caractère sont les notes du monde de l'argent. Dans les affaires d'argent, toutes les personnes sont d'égale valeur, non parce que chacune a de la valeur, mais parce qu'aucune n'en a, et que seul l'argent en a. Le singulier nivellement de la vie affective que l'on reproche à notre époque par contraste avec les temps jadis, la facilité du rapprochement intellectuel entre des gens que tout oppose, l'idée même de la paix mondiale répandue dans les cercles libéraux, tout cela résulte positivement de ce trait négatif : « l'absence de caractère ». En revanche on ne saurait taire la violence des luttes économiques modernes, où il n'y a ni pardon, ni arbitre, car tous y sont partie prenante, non par leur personnalité, mais comme porteurs d'une certaine puissance financière.

Juif et francophile, Simmel était disposé à souffrir particulièrement du conflit entre l'Allemagne et la France. Il a été le premier grand théoricien du *conflit,* spécialement du *conflit social* (la sociologie américaine de l'école de Chicago, surtout Wolf et Coser, l'a découvert dans les années 1960), et, en même temps, l'un de ceux qui ont écrit sur la guerre, pendant la guerre même, des essais qui constitueront un petit recueil, *La Guerre et les Décisions spirituelles* (1917). L'intérêt de l'œuvre de Simmel est de resituer la guerre dans une théorie générale du conflit. Celle-ci n'apparaît pas seulement dans sa *Sociologie* (1908), mais dans sa grande œuvre métaphysique, *Conception de la vie* (1918).

Pour lui, quelles que soient les causes socio-historiques d'une guerre, elles ne sauraient l'expliquer entièrement. Il y a conflit dans la vie même, car la vie doit lutter sans cesse contre ses propres produits devenus inertes ; on peut dire que c'est le réel qui est conflictuel. Simmel n'aime pas les pacifistes bêlants ; mais on ne peut montrer l'erreur des pacifistes qu'à partir d'une anthropologie philosophique. Comme le montrera J.-L. Vieillard-Baron dans *L'Illusion historique et l'Espérance céleste* (1981), la Bible a figuré la lutte de Jacob avec l'ange comme l'archétype du conflit métaphysique où l'homme se reconnaît lui-même.

Simmel montre qu'il faut distinguer la guerre des autres conflits sociaux. Mais non par la *violence,* qui intervient également ailleurs. La guerre use de violence, mais de la façon la plus économique possible. Ce qui sépare guerre et conflit en général, c'est d'abord que l'état de guerre doit mobiliser le combattant entièrement. La guerre a besoin de la structure *pyramidale* du groupe qu'elle instaure, et qui s'accorde dangereusement avec le despotisme. Les groupes en état de guerre ne sont pas *tolérants* : les écarts sont interdits, ou tolérés pour être mieux réprimés. Enfin Simmel estime, comme naguère Clausewitz, que l'état de paix et l'état de guerre sont dialectiquement liés.

A l'automne 1914, il est chargé, comme ses collègues de l'université, de la tâche ambiguë de faire un discours en faveur de la guerre. Il le fait sans chercher à appliquer ses théories, mais plutôt en essayant de comprendre le fait sans le juger, en pratiquant ce que Max Weber appelle la « neutralité axiologique ». Son analyse montre que règne, du côté allemand, « un matérialisme triomphant ». Non point celui du marxisme, dont Simmel sous-estime la puissance ; mais celui de la technique devenue une fin en soi, alors qu'elle doit être simple moyen. L'Allemagne sacrifie tout à l'essor de l'industrie moderne et à l'appétit égoïste des intérêts financiers. Simmel nomme « dialectique de l'esprit allemand » la tendance à la haine de soi-même, associée à la volonté de s'assimiler l'autre auquel on désire ressembler. « L'Allemand est jaloux à l'égard du Français et désire lui ressembler. » Cette tension est renforcée par un autre élément, la « crise de la culture » : ici, la guerre est l'explosion au grand jour d'une maladie sociale qui couvait déjà. Simmel dit que le conflit mondial pose une question décisive : veut-on ou non accepter le monde moderne qui naît ? Veut-on créer du neuf par de nouvelles voies ? Ou veut-on, ce qui est le pire, mêler des voies nouvelles et des méthodes anciennes ? Les théoriciens de la guerre moderne à outrance peuvent-ils, en tant qu'individus privés et êtres sociaux, vivre selon les codes de la féodalité médiévale ? Par ailleurs, l'idéal du sacrifice pour la patrie est « un pathos tout à fait divaguant ». « Ce n'est pas le soldat mort, mais le soldat vivant qui sert la patrie. » Le sacrifice n'est qu'un cas limite, non une fin.

Simmel retient de Nietzsche l'idée que la vie est malgré tout capable de susciter des formes nouvelles et meilleures, à travers les crises les plus graves. On n'a jamais parlé autant de phénix que dans ces années-là. Alors que tant d'intellectuels français se bornent à rendre Hegel responsable du « bellicisme prussien », Simmel se place, pour parler de l'Europe, au niveau de l'histoire spirituelle. Et il constate une destruction radicale opérée par la guerre ; en 1917, il mesure l'ampleur du désastre spirituel provoqué par celle-ci et écrit : « l'Europe n'existe plus ». Il est le témoin des doutes qui assaillent la conscience allemande devant l'ampleur de la boucherie. Husserl, au contraire, croira encore, près de vingt ans plus tard, à la réalité d'une « figure spirituelle », l'Europe. Simmel, il est vrai, parle aussi d'une « idée de l'Europe », mais qui ne peut être appréhendée que « par une intuition qui est d'abord le fruit de longs efforts en faveur des valeurs culturelles du passé et du présent ».

Enrôlé malgré lui

Sur le plan sociologique, Tönnies (1855-1936) est considéré comme un précurseur et un maître. Mais il n'en fut pas toujours ainsi.

Lorsqu'en 1872, Ferdinand Tönnies, né à Oldenswort, commença ses études supérieures en philosophie classique à l'université de Strasbourg, il n'y avait pas en Allemagne de sociologie proprement dite. Celle-ci ne fut véritablement créée qu'au début du XXe siècle ; et c'est seulement peu avant la Première Guerre mondiale qu'on l'introduisit dans l'enseignement universitaire allemand. En 1876, Tönnies fit à Berlin la connaissance du philosophe Fr. Paulsen, qui lui communiqua la conviction de l'importance de la psychologie comme fondement de toute étude qui prend l'homme pour objet.

Sa carrière universitaire est marquée par deux étapes. La première va de 1881 à 1912 : elle est semée d'échecs. Tönnies commença à enseigner en 1881 comme *Privatdozent* à l'université de Kiel : en 1883, il n'avait plus qu'un seul étudiant et cessa alors son enseignement. En 1887, son livre *Communauté et Société* n'eut guère plus de succès que ses cours. Jusqu'en 1913, on l'écarta — sauf de brefs épisodes — des chaires vacantes de philosophie, malgré ses droits et ses titres. Les autorités considéraient, dans leur ignorance, Tönnies comme un disciple de Marx — ne parlait-il pas du « social » ? — et sa théorie comme une manifestation socialiste.

L'année 1912 fut celle où il obtint la réédition de *Communauté et Société,* dont on commençait à découvrir le sens fondamental. En 1913, il fut nommé professeur, mais en « économie pratique et théorique », car il n'existait pas de chaire de sociologie. C'est en 1920 seulement qu'il aura le titre officiel de professeur en cette branche. Dans les années 30, il publiera des ouvrages importants : *Introduction à la sociologie; L'Esprit des temps modernes,* etc.

Il s'est engagé aux côtés des réformistes de la social-démocratie. Cette partie du public lui est favorable : il a exposé avec franchise et courage les besoins des classes populaires, et dénoncé sincèrement, sans haine ni hostilité, les abus du capitalisme national et international. Mais c'est sa théorie de la *communauté* qui lui valut le succès et qui pénétrera « jusqu'au cœur de la masse » (J. Leif).

L'œuvre de Tönnies peut être considérée comme la transposition, en sociologie, de l'opposition, classique dans la philosophie du droit, entre deux modes de formation des normes, l'un naturel et spontané, l'autre artificiel et délibéré. La « communauté » évoque les grands thèmes de l'École historique du droit, et le modèle de la « société » rappelle la philosophie politique de Hobbes. La *communauté (Gemeinschaft)* repose sur l'adhésion unanime et irréfléchie à des valeurs dont les fondements sont naturels :

le sang, le lieu, l'âme. La *société (Gesellschaft)* est fondée sur la stricte individualisation des intérêts, qui conduit à la recherche consciente du compromis ou du contrat. De là découle l'opposition entre deux « ères » du développement culturel. « L'ère de la société suit celle de la communauté. Celle-ci est caractérisée par la volonté sociale comme concorde, coutume et religion ; celle-là par la volonté sociale comme convention politique et opinion publique. » A chacune de ces deux ères correspondent à la fois une organisation différente de la vie en commun et la prédominance de tel ou tel type d'activité économique (dans la communauté, ce sont l'économie familiale et l'agriculture ; dans la société, « le commerce et l'industrie »). Ainsi s'opposent l'époque de la « vie réelle et organique » (la famille, le village, l'amitié) et celle de la « représentation virtuelle et mécanique » (la grande ville, l'État, le capitalisme).

Selon Philippe Raynaud, l'opposition entre communauté et société s'insère, chez Tönnies, dans une conception « dialectique », quasi hégélienne, de l'histoire : la communauté se dissout avec l'apparition de la subjectivité et de l'entendement calculateur, mais cette dissolution est elle-même la condition d'une synthèse supérieure qui restituera les droits de la particularité subjective. A vrai dire, le sentimentalisme de Tönnies s'exprime en faveur de la communauté, de la famille, du peuple et de tous les groupements à tendance affective. Mais, en tant que théoricien, il est resté foncièrement rationaliste. Au-delà d'une « nostalgie criante » (Jean-Marc Lachaud), il refuse l'illusion d'un éventuel retour à la communauté agraire traditionnelle.

Certains mouvements « populaires » ont trouvé dans ce thème de la communauté la substance de leur vitalité. Il semblait traduire l'une des tendances les plus profondes et les plus caractéristiques de « l'esprit du peuple » allemand. Tout le « mouvement de la jeunesse », qui, à partir de 1919, prit en Allemagne une extension croissante, a vécu de cette opposition entre société et communauté. Bientôt, en Europe, des courants fascistes portèrent la « communauté » au pavois. Ainsi apparut, en marge de la valeur scientifique de l'œuvre de Tönnies, sa signification idéologique contre laquelle, en sociologue, il n'a d'ailleurs cessé de protester. Il se trouvait en quelque sorte enrôlé malgré lui dans un camp qu'il n'avait pas choisi.

La distinction entre *Gemeinschaft* et *Gesellschaft* devint la tarte à la crème de la sociologie allemande. On la retrouvera chez Max Weber.

Le sorcier, le prêtre, le prophète

Né à Erfurt, Max Weber (1864-1920) grandit dans l'Empire bismarckien. Il soutint sa thèse de doctorat à vingt-cinq ans. Critiquant la « politique de polichinelle » de Guillaume II, il s'opposait à une guerre qu'il voyait venir. Mais dès le début des hostilités, il s'engagea comme officier. Il fut, sur sa demande, libéré en 1915. Durant l'été 1918, il fit une tumultueuse tournée de conférences pour exiger l'abdication de l'empereur. Il qualifia la révolution allemande de 1919 de « carnaval sanglant ». Lors d'un séjour aux États-Unis, il avait en 1904 fondé la célèbre revue *Archiv für Sozialwissenschaft und Sozialpolitik*. En 1919, il accepte la chaire de sociologie de l'université de Munich. Son œuvre s'est élaborée au cours d'un long et pathétique dialogue avec l'ombre de Karl Marx (G. Gurvitch).

Dans ses recherches de sociologie religieuse apparaissent les deux « catégories » fondamentales de *routine sociale* et de *charisme*. Le charisme est, pour Weber, la première force révolutionnaire de l'histoire. Mais il y a une importante distinction à faire entre la *religion de conviction* orientée vers le salut et la *religion* purement *rituelle* qui accepte le monde et essaie de s'y adapter. Les religions de salut agissent sur le plan éthique de façon révolutionnaire en raison du prophétisme et du « charismatisme » qui les soutiennent.

La première figure typique de l'activité religieuse est celle du *sorcier*, que Weber compare à celle du *prêtre*. Le sorcier agit sur des démons par des moyens magiques, alors que le prêtre est le fonctionnaire d'un culte destiné à honorer la divinité. Le prêtre est le fonctionnaire d'un groupe socialisé, alors que le sorcier exerce une profession libre. Le prêtre est un homme qualifié intellectuellement, au service d'un savoir spécifique et d'une doctrine élaborée conceptuellement. Tandis que les connaissances du sorcier sont empiriques et portent sur des moyens irrationnels, l'éducation du prêtre est fondée sur un système rationnel d'idées religieuses et sur une doctrine morale également systématisée. Il est le serviteur à un culte, groupant des personnes déterminées, ayant ses règles et réunissant régulièrement à des dates précises les membres en des endroits déterminés. La troisième figure est celle du *prophète.* Il est le porteur absolument personnel d'un charisme qui annonce, en vertu de sa mission, une doctrine religieuse ou un ordre divin. Il peut être un fondateur de religion, ou un réformateur. « Ce qui est déterminant, c'est la vocation personnelle. » En dehors des cadres sociaux, le prophète agit d'une façon purement charismatique, comme le sorcier, en vertu d'un don personnel. Il se distingue cependant de ce dernier en ce qu'il annonce une révélation dont le contenu ne consiste point en des procédés magiques, mais en une doctrine ou en un devoir.

L'activité religieuse peut aussi donner lieu à des manifestations typiques de « virtuoses » : celle de *l'ascèse* et du *mysticisme.* La première consiste en l'activité éthico-religieuse accompagnée de la conscience que Dieu dirige cette activité, avec l'homme pour instrument. On distinguera l'ascèse qui refuse le monde (*weltablehnende*), à l'exemple du moine catholique, et l'ascèse qui se pratique au sein du monde (*innerweltliche*), comme celle du « puritain » qui glorifie Dieu par son activité professionnelle et voit dans sa réussite un signe de l'élection divine. Le *mystique* se considère moins comme un instrument que comme un « récipient » de Dieu ; il cherche à faire le vide en lui pour se laisser remplir par le divin et trouver le repos en Dieu. Aux yeux de *l'ascète,* la contemplation mystique est une jouissance personnelle, indolente et religieusement stérile. Pour le mystique, l'ascète qui vit au sein du monde se condamne à d'inutiles tensions et peut-être à des compromis qui l'éloignent de Dieu.

Dans une note, Weber critiquait la thèse de Sombart pour qui les Juifs se trouvaient être les fondateurs du capitalisme moderne. Il objectait qu'ils n'avaient pu participer qu'à un « capitalisme de parias », donc à un régime économique dont la bourgeoisie protestante, véritable fondatrice du capitalisme moderne, ne pouvait qu'avoir horreur. Dans *Le Judaïsme antique,* Weber poursuit le débat. Par référence à l'Inde, un peuple paria est un « peuple-hôte », vivant dans un environnement étranger. Constatant le caractère scandaleux de la condition juive dans le monde, l'auteur se demande par quel processus les Juifs sont devenus « un peuple paria dans un monde ignorant les castes ». Selon lui, deux facteurs auraient contribué à la constitution de ce peuple paria : le prophétisme proclamant l'Alliance avec Dieu, et le ritualisme confessionnel. Mais Weber est connu du grand public par *L'Éthique protestante et l'« esprit » du capitalisme,* article paru en 1904. On sait que les deux pivots en sont la notion de *vocation,* et « l'éthique de la besogne dans le protestantisme ascétique » ou ascétisme séculier. Le « puritain », ou le calviniste, se voulait l'homme d'une vocation ; il voyait dans ses succès matériels un signe avant-coureur de l'élection divine ; enfin, sa vie frugale permettait l'« accumulation capitaliste ».

La controverse scientifique suscitée par l'article de Weber est si abondante, si diverse et si confuse qu'il n'est pas question d'en suivre les détours. Pourtant il n'a rien inventé : l'idée d'une relation entre le protestantisme et la réussite économique était, dans les années 1900, un véritable lieu commun ; bien plus, a-t-on dit, c'était dès le XVIIe siècle « quelque chose qui ressemblait à une platitude ». Mais cette relation, Weber a voulu la rendre compréhensible en la formulant en termes nouveaux, déclare Philippe Besnard qui relève la disproportion entre les dimensions très restreintes de l'étude, et l'immense littérature, la passion de controverse qu'elle a suscitées. Assurément, la thèse wébérienne a été simplifiée et travestie, son dessein mal compris : d'où la confusion du débat. Le retentissement qu'a connu cet article s'explique en partie par le fait que le sujet choisi relevait de plusieurs branches du savoir : sociologie, histoire, économie, psychologie, théologie. Les sociologues (H.L. Parsons, M. Halbwachs, J. Freund) lui furent plus favorables que les économistes ; mais les sociologues d'obédience marxiste ont fait montre d'une réticence de principe. L'affiliation religieuse ou philosophique des participants à la controverse paraît beaucoup plus déterminante de leur prise de position que leur spécialité scientifique : la passion partisane l'a emporté sur les arguments rationnels dans un débat où les convictions semblaient formées d'avance. On devine de la mauvaise foi chez certains catholiques comme Louis Rougier ; une certaine gêne chez des intellectuels calvinistes ; « on perçoit souvent du côté protestant le frémissement d'une indignation qui sous-tend l'argumentation ». Plus tard, l'indignation est passée du côté des catholiques, qui refusent de voir dans leur religion un obstacle à la croissance économique et à la rationalité scientifique. Cependant un auteur américain accuse Weber d'avoir voulu, comme Marx, « saper la base de la société capitaliste » en la montrant fondée sur « des conceptions religieuses périmées ». Après la Seconde Guerre mondiale, la controverse a pris des directions inattendues : ne vit-on pas, en 1983, un ecclésiastique intituler son livre *Le Capitalisme, c'est la vie* ? En général la thèse passa pour une réfutation du marxisme. Weber avait d'ailleurs lancé des sarcasmes contre la « doctrine simpliste du matérialisme dialectique ». Il faut pourtant y regarder de plus près. Marx lui-même avait fait plus d'un distinguo : « Tandis que le capitaliste de vieille roche flétrit toute dépense individuelle qui n'est pas de rigueur, le capitaliste moderne est capable de voir dans la capitalisation de la plus-value un obstacle à ses convoitises. » Et surtout, Weber est clair : « Est-il nécessaire de protester que notre dessein n'est nullement de substituer à une interprétation causale exclusivement *matérialiste* une interprétation *spiritualiste* de la civilisation et de l'histoire qui ne serait pas moins unilatérale ? » On peut penser, avec Ph. Besnard, que la raison de tous ces malentendus est l'incompréhension de la conception wébérienne de la causalité d'une part, de la notion de type idéal d'autre part.

Il ne s'agissait nullement pour Weber de faire jouer à la religion le rôle que Marx attribuait à l'économie, mais au contraire d'expliquer certains traits du développement du capitalisme occidental *dans ce que celui-ci a de singulier*. Weber ne prétendait nullement « déduire » le capitalisme de la théologie calviniste. Il le considérait comme un phénomène *unique,* caractéristique de l'originalité absolue de l'histoire occidentale. Il ne dissimulait nullement le paradoxe : pour un théologien protestant, dit-il, « le souci des biens extérieurs ne devait peser sur les épaules de ces saints qu'à la façon d'un *léger manteau qu'à chaque instant on peut rejeter;* mais la fatalité a transformé ce manteau en cage d'acier ». De ce fait, la postérité de Max Weber se situe aujourd'hui chez ceux qui, comme Marcel Gauchet, s'intéressent au rôle du christianisme dans le processus de *désenchantement du monde* qui caractérise l'histoire de l'Occident, plutôt que chez les historiens des milieux d'affaires protestants. En tout cas, Weber cherche à montrer la validité de l'explication *causale* en histoire. « Pour démêler les relations causales réelles, nous en construisons d'irréelles. » Tel est le sens de l'exemple célèbre de la bataille de Marathon : quand l'historien dit que les conséquences en ont été la survie et l'épanouissement de la liberté grecque, c'est qu'il considère que, si l'issue du combat avait été autre, vraisemblablement les Perses auraient agi comme ils l'ont fait dans des circonstances analogues — ils auraient établi un régime théocratique. Le sociologue n'opposera pas aussi brutalement que Dilthey *l'explication* et la *compréhension*. Même si le problème est toujours de « comprendre » le sens de l'activité humaine, cette compréhension doit s'accompagner, pour être objective, d'une « explication » causale des phénomènes sociaux. Qu'on ne nous oppose pas la liberté humaine : l'action libre, dit Weber, c'est l'action rationnelle, commandée par une valeur ou adaptée à un but, agençant des moyens pour une fin.

La définition de la catégorie de *type idéal* constitue l'apport le plus important de Weber à l'épistémologie des sciences sociales. Le type idéal est, dit-il, une « construction intellectuelle », une « utopie » que l'on obtient en accentuant *par la pensée* des éléments déterminés de la réalité, mais dont on ne rencontre jamais d'équivalent dans l'expérience courante. Citons : la guerre totale, le prophétisme, l'ascétisme, le capitalisme (qui est un type idéal de développement).

Par opposition à Durkheim, Max Weber refuse de penser les tâches de la sociologie sur le modèle des sciences de la nature. En effet, l'originalité des « sciences de la culture » provient, selon lui, du rôle qu'y joue le *rapport aux valeurs* dans la constitution de l'objet d'étude. Car le point de départ d'une investigation scientifique se trouve toujours dans *l'intérêt* qu'éprouve le savant pour tel objet, indépendamment même de son importance causale : « Sans les idées de valeur du savant, son travail ne commencerait même pas. » Certes, Nietzsche parlait déjà de valeurs et de perspectives singulières. Mais la conception wébérienne du « rapport aux valeurs » est en fait dirigée contre une interprétation nietzschéenne ou sceptique de l'irréductible « perspectivisme » inhérent aux sciences humaines. Précisément, la confusion entre l'interprétation scientifique et les jugements de valeur constitue, aux yeux de Weber, un obstacle courant à la compréhension de la portée exacte de ces disciplines. On peut dire que *le* problème wébérien est celui de la possibilité de l'histoire comme science positive et axiologiquement neutre, et non pas, comme chez Kant, celui des conditions sous lesquelles un sens peut être donné à l'histoire universelle.

Contre les durkheimiens encore, la sociologie aura affaire, non point à la totalité sociale, mais à l'individu, « unique porteur d'un comportement significatif ». On doit considérer « l'individu isolé et son activité » comme l'unité de base de cette science. Ce qu'on appelle l'« individualisme méthodologique » correspond donc, chez Weber, au statut particulier de la sociologie, entendue comme *science compréhensive*. Ce n'est point là un retour à la psychologie. Pour « expliquer » l'activité — rationnelle — d'un ingénieur qui construit un pont, je n'ai nul besoin de reconstituer ses états psychiques. De même, si je veux « comprendre » l'acte du commandant qui se laisse couler avec son navire, ce qui est pertinent, c'est la logique interne d'un système de valeurs aristocratiques et héroïques bien plus que les motivations de l'individu qui l'a fait sien. Inversement, si je veux « expliquer » une action « irrationnelle » (l'erreur de l'ingénieur, la lâcheté d'un soldat pour qui le courage physique était pourtant la valeur suprême), je le ferai, conformément à la méthode des reconstructions irréelles, en la *comparant* avec ce que le sujet aurait fait s'il avait agi « rationnellement », avant d'évaluer le poids des motivations psychiques. Pourtant, à plusieurs reprises, Weber a tenté d'intégrer à sa théorie l'apport de la psychanalyse freudienne. Mais il refuse par principe tout ce qui est réducteur, comme l'analyse nietzschéenne du christianisme : « Tendre la joue gauche, cela peut être un signe de lâcheté, mais cela peut aussi exprimer la sainteté, qui reste irréductible au ressentiment » (Ph. Raynaud). De même, si l'épistémologie wébérienne est ouverte à la psychanalyse, elle exclut par avance ses interprétations dogmatiques.

La référence au Tönnies de *Communauté et Société* apparaît chez Weber lorsque, dans *Économie et Société,* il distingue les deux processus typiques de « communalisation » (*Vergemeinschaftung*) et de « socialisation » *(Vergeselleschaftung).* Cette distinction reprend l'opposition introduite par Tönnies entre « volonté organique » et « volonté réfléchie ». Les deux philosophes font de la *rationalisation* un phénomène propre à la civilisation occidentale. Aussi cette notion n'a-t-elle rien d'une puissance métaphysique qui entraînerait nécessairement le devenir mondial dans un sens déterminé et prévisible. Pour Weber, la rationalisation de l'activité sociale ne met pas fin à la « guerre des Dieux », c'est-à-dire au conflit entre valeurs opposées. La rationalisation des relations sociales est un processus ambivalent qui, au-delà de l'affaiblissement des traditions, conduit à l'expansion de la bureaucratie. La rationalisation n'a pas que du bon. Comme l'écrit Julien Freund, « sous l'apparence d'un optimisme qui ne connaît plus de bornes, elle n'est peut-être qu'un pessimisme qui organise le désespoir ».

Ph. Raynaud déclare à juste titre que, « de tous les sociologues du début du siècle, Max Weber est sans doute celui dont l'œuvre reste aujourd'hui la plus vivante, mais il est aussi, de ce fait même, celui dont la postérité est la plus divisée ». Par l'ampleur de ses ambitions, par les thèmes qu'elle privilégie, la sociologie wébérienne peut légitimement apparaître comme l'héritière des grandes philosophies de l'histoire du XIXe siècle. Pourtant son créateur s'oppose vigoureusement à Hegel et à Marx. Il a mis « une érudition immense et une méthode rigoureuse au service d'une inspiration profondément tragique ». Parmi les Français, il a été attentivement étudié par Raymond Aron, qui partage avec lui « le don amer de la lucidité », et dont les livres *La Sociologie allemande contemporaine* (1935) et *La Théorie de l'histoire dans l'Allemagne contemporaine* (1938) ont ouvert à nos compatriotes un continent nouveau.

Max Weber n'a vu que les pénibles débuts de la République de Weimar. Il n'a pas connu les années de troubles (1920-1924), le terrorisme des sociétés secrètes, les coups de force de Kapp, de la Reichswehr noire, ni le « putsch de la brasserie ». Il n'a pas vécu le retour au calme ni la prospérité des années 1924-1930. Encore moins la crise de 29, l'avènement du national-socialisme, ni la plus totalitaire des dictatures européennes. Lorsqu'il faisait le portrait du « chef charismatique », il ne pouvait songer à Hitler, personnage instable, déséquilibré, « prophète à tête de camelot » (J. Romains), mais doté de remarquables qualités de meneur et d'orateur qui lui permettaient d'exercer un véritable pouvoir de fascination sur son auditoire (P. Milza). Le nazisme n'est pas une doctrine unifiée et cohérente. Pourtant la *direction des esprits* s'opère, comme dans l'Italie de Mussolini, mais à un degré beaucoup plus fort. Les bibliothèques sont expurgées, des milliers d'ouvrages sont brûlés dans de gigantesques autodafés. De nombreux savants et intellectuels quittent l'Allemagne : Einstein, Thomas Mann, Stefan Zweig et, comme nous le verrons, Freud, Husserl, Jaspers. Max Weber eût sûrement été lui aussi contraint à l'exil.

Il serait absurde de confondre tel et tel régime totalitaire. Les diversités nationales s'y opposent, comme les différences de tempérament chez les protagonistes. Peron n'est pas Nasser, Mussolini n'est pas Franco. « Le dynamisme profond du fascisme italien, qui a connu des assises populaires étendues et durables, est issu de la particulière affectivité de son fondateur », écrit H. Lemaître, qui montre cependant comment l'expression totale du fascisme aboutit au nazisme : les cérémonies de Nuremberg germanisaient le système italien « en rattachant le national-socialisme au tellurisme ancestral — ou du moins se prétendant tel ». Quoi qu'il en soit, le régime hitlérien a prétendu avoir ses philosophes : Kurt Schilling introduisait le *Führerprinzip* dans la philosophie politique et juridique. Les crédits ne manquaient pas, et c'est dans de luxueux volumes qu'O. Spann développait une pensée nationaliste baptisée *universalisme,* comme si le *Reich* était appelé à se dilater aux dimensions de l'univers.

Les Origines du totalitarisme (1951) est le livre d'une Juive allemande émigrée aux U.S.A., Hannah Arendt, qui acquit la nationalité américaine. Attachée non sans naïveté à la cité grecque, elle « appartient à la grande tradition de la philosophie politique ». Pour elle, le totalitarisme est un système qui produit l'« atomisation » d'individus interchangeables, après que la confusion du domaine public et du domaine privé en a procuré les conditions de possibilité (Michelle-I. Brudny). A peu près son contemporain, le sociologue français Raymond Aron gagne Londres en 1940 et écrit dans *La France libre*. Mais, étudiant, il avait déjà, à Berlin, jugé le régime allemand. Dans une discussion à la Société française de philosophie (juin 1939), il avait expliqué que le national-socialisme, qui détruisait « les fondements moraux et sociaux de l'ordre ancien », entraînait avec lui une véritable révolution : le fait fondamental, c'était « la constitution de nouvelles élites dirigeantes, élites violentes, composées de demi-intellectuels ou d'aventuriers, cyniques, efficaces, spontanément machiavéliques ». Après la guerre, l'auteur de *Démocratie et Totalitarisme* (1965) sera le critique, non seulement des régimes fascistes, mais du régime soviétique et de l'indulgence que lui manifestent alors de nombreux intellectuels.

CHAPITRE III

La philosophie anglaise au XIXe siècle

Du fait de la Révolution et de l'Empire, le passage du XVIIIe au XIXe siècle fut dans l'Europe continentale marqué par une césure profonde. Mais l'Angleterre avait clos sa période révolutionnaire depuis plus de cent ans et s'était identifiée avec la liberté politique d'un régime parlementaire. Moins influencée par l'idéologie révolutionnaire, elle fut également moins touchée par la réaction qui s'installait en France et en Allemagne, et qui s'exprimait parfois dans un romantisme opposé aux Lumières et à la Révolution. Georges Gusdorf soutient qu'il n'y a pas en 1820 d'Angleterre romantique : « Les plus notables des romantiques britanniques sont des hors-la-loi, des émigrés au-dehors ou au-dedans ; l'Angleterre du XIXe siècle sera victorienne et non pas romantique. » Dans ce pays, la philosophie prolonge celle du XVIIIe siècle. Malgré la lutte menée contre Napoléon, l'individu n'est pas engagé avec toutes ses forces dans la guerre ; aussi ne trouve-t-on chez les Britanniques rien qui approche la « souveraineté de la nation » en France ou l'exaltation de l'État chez Hegel. En revanche, les oppositions sociales s'y renforcent prodigieusement, car l'Angleterre est le pays du développement capitaliste.

Elle subit la « crise de 1815 ». La guerre est finie : plus de commandes militaires, les États européens se refont une santé, c'est-à-dire une industrie virtuellement concurrente. Le blé perd 56 % de sa valeur. A l'instigation des propriétaires fonciers, le Parlement s'émeut et vote de nouvelles lois sur les grains ; d'où la spéculation, la misère. Communistes agrariens et radicaux se signalent par la vigueur de leurs attaques. Ils multiplient les clubs et font de l'agitation. Mais les sympathies se détournent d'une doctrine qui est censée mener à la révolution. Dans la littérature philosophique se manifeste un effort pour unir les idées de progrès social avec le vieil idéal libéral de la personnalité libre et de la limitation de la sphère étatique : la pensée de Locke n'est pas oubliée. Et l'on aboutira à l'*utilitarisme social.*

Les *tories* d'extrême droite déclenchent une « terreur blanche » en utilisant la *yeomanry,* sorte de milice montée, qui porte un coup fatal aux radicaux. Or, certains de ceux-ci sont des amis de Jeremy Bentham (1748-1832). Ce dernier agit par la parole, la correspondance et la presse. Ce vieillard à l'esprit alerte est entouré de jeunes disciples. Il sera le père spirituel de l'université de Londres, où il aura de prestigieux adeptes. Il donnera à l'institution nouvelle une impulsion dans les sciences morales et politiques.

L'arithmétique des plaisirs

Bentham avait dix-huit ans lorsque les colonies d'Amérique proclamèrent leur indépendance. Grâce à un bachotage intensif, il fut admis à l'Université d'Oxford pour ses treize ans. Il apprit le droit à Londres dans les célèbres chambres de Lincoln Inn mais refusa d'être avocat. Il conjuguait l'intérêt pour la méthode scientifique avec un don particulier pour la psychologie. Il était né psychologue, avant la naissance de la psychologie moderne. C'est par une combinaison de la passion sociologique et de la méthode psychologique qu'il parvint à la « théorie du plus grand bonheur » ou « principe utilitariste », qui domine sa philosophie sociale. L'usage de ce principe dans les recherches juridiques, politiques et sociales était nouveau ; mais il ne prétendra jamais l'avoir inventé. Complétant une formule de Priestley, il réclamait « le plus grand bonheur pour le plus grand nombre ». Mais, pour définir le bonheur, il prit chez Helvétius et Beccaria la réponse psychologiste du XVIIIe siècle : présence du plaisir et absence de douleur. Cet hédonisme s'était manifesté dans son *Introduction à la morale et à la législation.*

Le Bentham de 1789 était *tory* comme son père ; c'est vingt-cinq ans après la publication de son *Introduction* qu'il aperçut les conséquences révolutionnaires de sa méthode. Mais il avait déjà mesuré les absurdités, l'hypocrisie et les cruautés des procédures judiciaires. Avec son zèle patient, son ingéniosité et son humour souriant, il recherchait les voies de la réforme ; on perçoit de temps à autre l'indignation voilée dans ses livres et pamphlets. Proclamé citoyen français, il était lié avec Mirabeau. Il rentrait de Russie lorsque la mort de son père le mit à la tête d'une grande fortune. Il commença à travailler pour l'amirauté britannique. C'est alors que survint « le grand désastre de la vie de Bentham », le projet de « panoptikon » qui lui fut confié pour améliorer les abominables prisons anglaises. Le ministre l'encouragea ; mais il se ruina dans la construction d'une prison modèle à Millbank. Convaincu que le même projet pouvait servir à améliorer la vieille *Poor Law,* Bentham proposait un contrat par lequel tous les prisonniers et les pauvres d'Angleterre lui seraient confiés afin d'être employés, pour leur bien, dans les constructions panoptiques. Mais la psychologie benthamienne, arme idoine pour réformer les procédures judiciaires, était insuffisante pour régir l'existence de dizaines de milliers de femmes et d'enfants, d'invalides, de délinquants et de criminels, d'ouvriers inemployés et inemployables. Pourtant d'année en année Bentham était davantage persuadé de la perfection de son plan, qu'il fignolait sans cesse. Le ministère finit par se méfier et, en 1811, sur l'avis d'une commission d'enquête, mit fin à l'expérience.

Le philosophe avait fait la connaissance de James Mill, penseur écossais, et de Francis Place, ancien secrétaire de syndicat. Ces deux fervents disciples l'attirèrent vers la politique active, en le persuadant que le principe du plus grand bonheur impliquait le suffrage universel. Bentham devint ainsi le guide intellectuel du fameux groupe de politiciens radicaux dit de Westminster. Stimulé par ses jeunes disciples, il poursuivit son œuvre d'inventeur et de conseiller politique avec plus d'ardeur que jamais. Il rédigea un projet complet de démocratie parlementaire et un programme de réforme de l'enseignement. Il dépensait une incroyable activité à préparer une codification de toutes les lois. Entre 1824 et 1832, il élabora son *Code constitutionnel,* cette mine d'où furent extraits, dans les années qui ont suivi le *Reform Bill* de 1832, un nouveau système d'administration et une nouvelle relation entre gouvernement central et gouvernement local. L'ouvrage fut publié intégralement en 1841. Il préfigure bien des structures contemporaines. « Malgré tout ce qu'on a pillé chez lui, il reste aussi riche », disait Talleyrand à son sujet.

Bentham devint dans sa vieillesse une figure internationale. Les traductions de ses œuvres en français étaient lues dans l'Europe entière, et utilisées par les leaders des mouvements nationalistes qui défirent l'œuvre de la Sainte-Alliance. En 1819, son ami James Mill est devenu un cadre de l'East India Company et il a pris avec lui son fils John pour le seconder. Bentham s'intéresse aux réformes en Inde. Son effort contre l'arbitraire despotique et pour la construction d'un système d'institutions fondées sur une science politique et indépendantes du pouvoir exécutif, portera ses fruits. De même, à quatre-vingts ans, il sera conquis par Gibbon Wakefield à l'idée d'une colonisation scientifique et d'un self-gouvernement en Australie. On a défini Bentham comme un « inventeur politique » : il mettait l'imagination au service de l'invention. Il faisait la distinction entre une pensée errante et un procès plus systématique, la « pensée sérieuse ». De celle-ci il a donné la théorie dans la *Logique* à laquelle il travailla toute sa vie : les « arrangements logiques » sont « instruments d'invention et de découverte ». Cette méthode logique, il l'adapte aux sciences politiques. En outre, les idées exactes, appliquées aux plaisirs et aux douleurs, sont susceptibles de comparaison quantitative : « La précision, la clarté et la nécessité du calcul mathématique sont introduites pour la première fois dans le champ de la morale. » Enfin, une méthode quasi mathématique examine la législation sur la propriété, qu'il appelle « la branche distributive de la loi », et qui vise quatre fins : sécurité, subsistance, abondance et égalité. Pourtant Bentham n'était pas satisfait de ses méthodes : il cherchait sans cesse à améliorer cette logique mathématique et anticipa sur ce que nos contemporains ont appelé « logique de la volonté ».

Pendant ses soixante-dix années de production intellectuelle, il écrivit à peu près tous les jours de dix à quinze pages manuscrites. Ses œuvres, éditées par ses disciples, ont conservé leur caractère de protocoles de recherches plutôt que de résultats. Parfois sa démarche semble ne conduire nulle part, et soudain la méthode se justifie. A la fin de sa vie, il travailla à son *Outline of a Constitutional Code ;* deux ans avant sa mort, qui surviendra en 1832, il se dit « codifiant comme un dragon ». On est saisi d'admiration devant la beauté architecturale de la construction benthamienne. Elle n'en comporte pas moins des naïvetés au point de vue psychologique. S'il y a de nos jours une réaction contre les conceptions optimistes du travail et de la démocratie représentative, Bentham doit en porter une part de responsabilité. L'invention politique serait-elle, comme le veut Burke, chose dangereuse ?

« Les victoriens »

Durant le long règne (1837-1901) de la reine Victoria, les idées et les croyances furent variées et contradictoires. L'ère victorienne comporte cependant une unité incontestable. Elle fut riche en réalisations et en hommes de renom. Ce fut l'« âge des chemins de fer », tout aussi caractéristiques de la Grande-Bretagne que le gouvernement parlementaire, le libre échange, les trade-unions, et ces public schools qui ne sont pas publiques. Ce fut une époque de paix et de sécurité, troublée toutefois par les dérèglements économiques et sociaux dus à la révolution industrielle ; des réformes leur apportèrent du moins des palliatifs graduels ; et l'Angleterre fut le seul grand pays européen à ne pas voir de barricades en 1848, le mouvement des travailleurs demeurant légaliste et parlementaire. Puissance navale, elle ne fut jamais envahie et connut une richesse toujours croissante. En avance — jusqu'en 1870, date où l'Amérique ou l'Allemagne devinrent des concurrents sérieux — dans les méthodes industrielles, elle était appelée « l'atelier du monde ». Elle était le plus grand créancier de l'univers, et Londres en représentait le centre financier. A la fin du siècle, la richesse de la Grande-Bretagne était énorme, avec une répartition scandaleusement inégale — moins cependant que soixante-dix ans plus tôt. Lors des deux jubilés de Victoria, en 1887 et 1897, toutes les classes s'unirent pour célébrer ce long règne comme une période de progrès dans le bien-être. Un siècle de sécurité et de richesse était naturellement favorable à la vie de l'esprit : on n'était pas empêché par une « pauvreté nationale » d'acheter des livres, imprimés d'ailleurs à bon marché et rapidement. Ce fut donc un temps d'actives spéculations politiques, religieuses et philosophiques, entretenues par une atmosphère de liberté. La science, la pensée et la littérature furent en avance sur les arts, pendant toute cette période qui ne saurait se louer de son architecture. Les sentiments humanitaires étaient en vogue, comme en témoignent les romans populaires de Dickens.

Pour vanter la tolérance de l'ère victorienne, Bertrand Russell raconte que les discussions entre Huxley et Gladstone dans *Le XIXe siècle* furent des modèles de courtoisie. Marx et Kropotkine, qui aujourd'hui intéresseraient fort Scotland Yard, n'étaient pas inquiétés. La Société de Métaphysique, collection d'hommes éminents, mettait en question, dans le style parlementaire le plus correct, l'existence de Dieu. La romancière George Eliot, qui avait adopté un athéisme rationaliste, ne fut jamais mise au ban de la société. Mais ce qui caractérise l'époque, c'est moins un progrès réel de la tolérance que la vigoureuse éloquence des avocats de la tolérance. « Un élément nuisible de bigoterie survécut jusqu'en 1871 » (B. Russell) : jusqu'à cette date, personne ne pouvait faire partie des cadres d'Oxford sans avoir signé les Trente-Neuf Articles. L'accroissement de la tolérance religieuse fut payé par une intensification de l'intolérance à l'égard de toutes les questions touchant à la sexualité. Il est curieux que Stuart Mill, dans *La Liberté,* ne mentionne pas les restrictions que la loi et l'opinion publique apportaient à la discussion sérieuse sur des sujets que les victoriens préféraient ignorer. En revanche il y avait un réel respect pour les esprits supérieurs, et une tolérance pour leurs excentricités, parce qu'on les créditait du *progrès*.

Pour les « victoriens », l'idée de progrès était la croyance en une expansion constante, nécessaire et cumulative de la conscience et de la puissance, matérielles, intellectuelles et spirituelles, de l'homme. Aucune civilisation n'a regardé l'avenir avec une telle confiance. Mais l'on n'était pas « progressiste » dans la vie privée. La famille victorienne garde sa réputation de noble institution, à la continuité de laquelle la société anglaise doit tout ce qu'elle a de beau et de stable. Cette famille fut longtemps autosuffisante : la maison de tout Anglais était son château fort. E. Glover déplore l'absence de statistiques sur la « sexualité victorienne » ; mais il est sûr que l'Angleterre était alors inflexible dans son refus que le thème de la sexualité vînt au jour, quels que soient les caprices de la mode.

S'agit-il de la mode, lorsqu'en 1862 Sir William Hardman déclare inutile l'organisation d'un meeting pour l'abolition de la crinoline, car « les jeunes filles d'aujourd'hui aiment montrer leurs jambes » ? De fait, il faut compter avec le féminisme. Les femmes qui tentaient d'améliorer leur sort n'étaient pas une classe matériellement exploitée : elles se sentaient privées de projets et sans utilité sociale. Le mouvement féministe n'est pas né chez les travailleuses d'usine, mais dans les salons de la classe moyenne. Le « séjour » était en effet un lieu de stabilité dans un monde en expansion et changements rapides — compte tenu de la gouvernante et de la tante célibataire. Le problème fut rendu plus actuel par la révolution industrielle et par la disparition de la famille en tant qu'unité économique. Tandis que les femmes de la classe laborieuse avaient besoin d'une protection, celles des classes moyennes réclamèrent l'égalité. Il y avait fort à faire : l'innocence, l'inexpérience et la fragilité étaient les attributs de la jeune fille victorienne. Mais, si la science était l'émancipation à l'égard de la superstition, l'émancipation des femmes était, pour un penseur avancé comme Stuart Mill, le concomitant logique des autres progrès *(L'Émancipation des femmes,* 1869). Bien que le vote féminin eût alors ses avocates, il ne devait intervenir qu'un demi-siècle plus tard. Nous devons la caricature du type de la « femme-esprit fort » à Miss Grote, l'égérie des philosophes « radicaux ». Miss Grote donnait — à juste titre — la priorité à l'éducation. L'événement capital fut la fondation du premier collège pour jeunes filles par F.D. Maurice en 1848, le Queen's College, Harley Street, conçu « dans un esprit d'idéalisme moral, de conformisme moral et de non-conformisme intellectuel ». Jusqu'alors on avait fait de l'oisiveté féminine une vertu : « Vous élevez vos filles, s'écrie Ruskin, comme si elles étaient destinées à être des ornements de buffet, et vous vous plaignez de leur frivolité ! » Les suites de cette fondation, ce seront les premières public schools au Cheltenham Ladies College, le début de l'instruction universitaire pour les femmes sur l'intervention de Miss Llewellyn Davies en 1869, et l'ouverture, la même année, de la profession médicale grâce à Sophie Jex-Blake. L'émancipation des femmes était le fruit du climat spirituel de l'époque, et elle en porte toutes les caractéristiques : l'optimisme, la foi dans le progrès, le zèle pour la réforme sociale, l'enthousiasme moral, la ferveur iconoclaste et l'affirmation confiante que la suppression des restrictions suffirait à tout.

Présente en ces combats, la philosophie avait aussi des préoccupations plus théoriques. Elle était loin d'ignorer les résultats des sciences. Mais sa conception de la théorie physique demeurait newtonienne. Elle s'intéressait, en chimie, aux atomes de John Dalton. En biologie, sous l'influence de Darwin et d'Huxley, des points de vue révolutionnaires allaient susciter de nouvelles conceptions de l'univers.

La grande réalisation de l'ère victorienne fut la planification spontanée d'une science professionnellement organisée. Chez les « victoriens », les croyances religieuses entrèrent souvent en conflit avec les découvertes de la science ; et leur esthétique s'en prit aux résultats des applications techniques. La physique suggérait des interprétations mécanistes des phénomènes naturels, et son utilisation étendue dans l'industrie était un témoin constant de sa valeur. On a pu dire que l'époque victorienne était newtonienne, sans se douter qu'à l'aube du XXe siècle la relativité allait tout remettre en question. Aux yeux des vulgarisateurs, l'idée de loi avait moins de prestige que celles de progrès et d'utilité.

Un utilitarisme bien anglais

Né en 1806, John Stuart Mill a traversé de 1826 à 1830 une crise physique, intellectuelle et morale. Le surmenage invraisemblable que son père lui avait infligé, l'instruisant lui-même dès l'âge de trois ans, et aussi le désaccord de plus en plus grave avec lui, expliquent la crise sous ses trois aspects. Influencé par des romantiques tels que Coleridge, il se sent de plus en plus à l'étroit dans la doctrine scientiste et utilitariste de James Mill et de Bentham, et l'hostilité de son père à tout ce qui est sentiment lui paraît de plus en plus inacceptable. Il fait partie de la Compagnie des Indes orientales comme inspecteur-chef. En 1865, il est élu député libéral aux Communes, où il défend des causes peu populaires, comme le droit de vote féminin.

Dès 1831, Harriet Taylor, mariée et mère de deux enfants, lui a ouvert le monde du rêve et de la poésie. Il sent que le principe de l'utilité enferme l'homme dans une nature réduite au besoin. Vingt ans plus tard, lorsqu'elle sera devenue veuve, il épousera cette femme brillante, très préoccupée de la question sociale. Il commence en 1831 une correspondance avec Carlyle, et en 1841 avec Comte. En 1843 paraît le *Système de logique déductive et inductive* qui couvre un champ extrêmement vaste de problèmes, et est « la dernière grande œuvre de l'empirisme anglais » (R. Kühn) –, suivi en 1848 des *Principes d'économie politique,* où des thèmes socialistes s'insèrent à l'intérieur du libéralisme. Devenu veuf, Stuart Mill s'installe en Avignon, où il mourra en 1873.

Déjà dans sa *Logique,* il envisage la constitution d'un « art de la vie », qui comprendrait trois rameaux : la *morality,* qui nous fait connaître le bien et le mal, c'est-à-dire la « correction morale » ; la *policy* ou prudence, qui formulerait, dans le domaine de l'« expédient », les règles d'une gestion avisée des affaires privées et publiques (ce serait la morale de Bentham) ; enfin *l'aesthetics* qui, avec l'aide de l'imagination, nous guiderait vers le beau et le noble. Certes, la « valeur » est proprement l' « utilité » de la chose appréciée comme moyen de procurer du plaisir en général. Mais Stuart Mill distingue avec soin l'utile *(useful)* et l'expédient *(expédient).* Est utile tout ce qui peut contribuer au bonheur général ; est expédient tout ce qui permet de réaliser une fin prochaine, souvent assez basse, ou seulement individuelle.

En 1861, la morale de Mill aura acquis sa forme définitive dans *L'Utilitarisme,* ouvrage qui tente de concilier les doctrines de Bentham, Coleridge et Carlyle. « La seule chose désirable comme fin est *le bonheur,* c'est-à-dire le plaisir et l'absence de douleur. » Cependant, le bonheur n'est plus lié, comme chez Bentham, à la quantité des désirs satisfaits, mais à leur *qualité,* ce qui n'est pas rien. Et Stuart Mill remplace l'appréciation du sujet intéressé par la compétence du sage : « Il vaut mieux être un homme malheureux qu'un porc satisfait, être Socrate mécontent qu'un imbécile heureux. » Socrate sait que « quelques espèces de plaisirs sont plus désirables, ont plus de valeur que d'autres ». La morale utilitariste possède ou peut posséder les mêmes « sanctions » que les autres morales. Elle trouve un solide appui dans le sentiment social qui est naturel à l'homme. Les progrès de la civilisation tendent à renforcer et à élargir ce sentiment. Bien qu'insuffisamment développé, le sens social existe déjà chez tout individu normal (*Utilitarisme,* chap. III). La vertu, après avoir été le moyen du bonheur, est devenue partie de ce bonheur. Or la vertu la plus désirable est celle qui peut le plus contribuer au *bonheur général.* Le sacrifice trouve sa place dans la morale utilitariste, mais celle-ci se refuse à admettre qu'il ait une « valeur intrinsèque ». « Le sacrifice n'a de valeur morale que s'il a pour objet le bonheur d'autrui » (*ibid.,* chap. II). Mill admet comme allant de soi que l'intérêt général soit servi par chacun avant son intérêt individuel : « Par cette conversion, l'utilitarisme perd ce réalisme cru qui faisait le prix de celui de Bentham » (R. Le Senne). Mais il prend quelque chose de la ferveur d'une religion. Mill n'écrit-il pas : « Dans la règle d'or de Jésus de Nazareth, nous trouvons l'esprit complet de la morale de l'utilité » (chap. II) ? On comprend alors qu'il ait confié à Carlyle : « ... Je ne suis même pas du tout utilitariste, si ce n'est dans un sens tout différent de ce que tout le monde, sauf moi peut-être, entend par ce mot » (cité par G. Tanesse, *in* trad. et éd. de *L'Utilitarisme,* Garnier-Flammarion, 1968).

Stuart Mill est donc l'homme des contradictions. Elles sont dues à sa « vie déchirée », mais aussi à la multiplicité des domaines qu'il a embrassés : politique, économie, démographie, morale, théorie de la connaissance. Dans ce dernier domaine, s'il est resté fidèle à l'empirisme anglais, il aura élargi et enrichi la notion même d'*expérience.*

Romantisme contre évolutionnisme

Lorsqu'en novembre 1865, Thomas Carlyle (1795-1881) fut élu, contre Disraeli, recteur de l'université d'Edimbourg, la presse reconnut que l'événement n'avait pas seulement une portée locale. On y voyait le triomphe d'un idéalisme politique sur les machinations matérialistes de ce Disraeli que Carlyle avait traité de tous les noms. L'Écossais venait d'achever un livre sur Frédéric II, il avait soixante-dix ans et souffrait de dyspepsie.

Cinquante-six ans plus tôt, un froid matin de novembre, le jeune Thomas était envoyé par ses parents à cette même université. Ses racines plongeaient dans l'existence villageoise d'Ecclefechan, et sa pensée était marquée par les préceptes de son père, un pauvre maçon (on a parlé à son propos de sadisme). La crainte respectueuse de Carlyle pour son père ne venait pourtant pas d'une particulière dureté de celui-ci. Mais Thomas était conscient des sacrifices faits par ses parents pour l'envoyer à l'université. Ce père croyait à la vérité littérale de la Bible. Le fils, lui, se posait des questions : en raison de son doute croissant sur les vérités du christianisme, on peut s'étonner qu'il ait songé à se faire pasteur. Le manque d'emplois en Écosse n'y était pas pour rien. Les lectures étendues qui conduisaient Carlyle de Platon à Voltaire et à Hume le convainquirent de son inaptitude à la carrière ecclésiastique. Il étudie Goethe et Kant. Mais ce n'est pas au philosophe professionnel qu'il s'accorde chez Kant, ni à l'artiste chez Goethe : il cherche des idées susceptibles de l'aider à conjuguer un « radicalisme » et un mysticisme également fervents, une défiance de l'orthodoxie et une admiration pour le puritanisme chrétien.

Il épouse en 1826 Jane Welsch, femme de lettres. Au début, les différences de tempéraments seront « submergées par une mutuelle bonne volonté ». Mais l'argent manque au foyer. Carlyle postule en vain une chaire de philosophie morale à l'université de Londres nouvellement créée. Il entretient une correspondance « instructive et comique » avec Goethe, de trente-six ans son aîné, qui témoigne de la dévotion de Carlyle envers un Goethe idéal de son invention. L'auteur de *Faust* lui propose une des idées de sa vieillesse : un « comité de relations humaines », qui serait créé grâce à la puissance universelle de l'art. Ce cosmopolitisme n'était plus du goût du XIXe siècle, et l'Écossais le trouva ridicule. De son côté, Goethe n'avait guère de sympathie pour la conviction de Carlyle que le monde serait sauvé par une religion nouvelle incarnant un idéal de justice sociale. C'est en vain que celui-ci essayait d'obtenir de Goethe une condamnation du benthamisme et de l'utilitarisme.

Isolé dans ses landes ingrates, il commençait à produire une œuvre d'une riche originalité. Déçu de n'avoir pas aux côtés de Jane l'influence que Voltaire et Mme du Châtelet exercèrent sur leur siècle, il se venge en vitupérant le sien, « âge du machinisme » ; il prétend que les « machines de l'âme » ont plus de pouvoir sur le système social que le machinisme industriel. Ses articles rencontrent plus d'appréhension que de faveur, sauf chez les saint-simoniens. Mais il va être l'auteur du *Sartor resartus*, « le tailleur retaillé », qui ne laissera pas indifférent Nietzsche. Dans ce livre extraordinaire, il entasse toutes ses pensées mystiques, sociales, politiques. C'est la biographie imaginaire de M. Teufelsdröck (Crotte-du-diable), professeur de Choses-en-général à l'université de Je-ne-sais-où, auteur d'un ouvrage sur la Philosophie du vêtement, publié chez Silence et Cie. Le professeur vole d'un sujet à l'autre, de l'argumentation sérieuse à la comédie outrée, du pédant au grotesque. On a dit que, sous cette forme excentrique, l'auteur développait la philosophie de Fichte. Mais le personnage central est naturellement Carlyle lui-même. Le livre décrit un chaos social, et il est lui-même chaotique ; cela dans une prose remarquable et une « rhétorique transcendantale », bref des qualités révolutionnaires : « Les vêtements ont fait de nous des hommes, mais ils menacent de faire de nous des mannequins. » En août 1831, Carlyle séjourne à Londres pour trouver un éditeur.

Il s'emporte contre James Mill, dupe de sa foi complaisante dans la civilisation mécanicienne. Il sympathise davantage avec le fils, John Stuart Mill. Il n'y avait pas grand-chose de commun entre l'esprit rationnel de Mill et l'esprit intuitif de Carlyle, mais ils ne s'en doutaient pas, et Thomas était subjugué. En 1834 celui-ci se fixe à Londres. Il travaille à son *Histoire de la Révolution française,* véritable épopée en prose, puissant drame humain composé par un artiste. Malgré son goût pour la violence, il rencontre un chœur de louanges : le voilà célèbre. N'avait-il pas pourtant présenté la Révolution comme un événement ordonné par le Créateur ?

Dans de nouveaux écrits, Carlyle prônait les vertus d'une nouvelle aristocratie. Le prophète faisait des conversions parmi les jeunes : Dickens, Tennyson, John Sterling. Le principal ouvrage de cette période est *Le Culte des héros* (1840), qui fait penser aux grands hommes de Hegel. Son livre *Passé et Présent* (1843) s'ouvre sur une visite à la maison des pauvres *(workhouse)* ; mais sa ferveur surprend les radicaux, ses sarcasmes scandalisent les économistes, ses critiques de l'ordre établi effraient la classe dirigeante. Les événements de 1848 ne le surprennent pas : il avait prophétisé ce ferment révolutionnaire. Mais la victoire de la bourgeoisie sur la classe laborieuse l'attrista. L'occasion des *Pamphlets du dernier jour* (1850) est un voyage en Irlande ; mais de l'Irlande, pas question : le moraliste visionnaire a une expérience mystique à communiquer.

Tandis que Jane lui adresse le « Budget of a Femme incomprise », l'intelligentsia le porte aux nues, ses propos tonitruants sont devenus légendaires, il est désormais une sorte de « symbole prophétique ». Dans le vaste mausolée qu'est l'*Histoire de Frédéric II, dit le Grand* (1855-65), il a brûlé son génie. Son insistance sur l'importance du fait et de la vérité est une sorte de compensation pour les libertés d'interprétation qu'il s'accorde : « Les faits sont sacrés, dit-il, les opinions sont libres », surtout lorsqu'on se croit divinement inspiré (*cf.* J. Cahau, *Thomas Carlyle ou le Prométhée enchaîné,* Paris, 1968).

Carlyle venait d'être élu recteur de l'université d'Edimbourg quand il perdit sa femme. C'était l'occasion d'un retour sur le passé. Le cœur n'y était plus. Il acceptait avec résignation les nombreux honneurs qui lui étaient rendus, mais sa pensée prenait une pente inquiétante, vers une identification du droit et de l'efficacité. Cette théorie fut renforcée par la victoire de l'Allemagne en 1870. Mais Carlyle ne publia plus rien d'important. Cela s'appelle se survivre : c'est le « triomphe imparfait ». Alors, il attend la mort, car il n'a nulle envie d'être centenaire. Un de ses visiteurs assidus, Froude, lui consacrera une biographie montrant dans le prophète une figure hargneuse et égoïste. Les admirateurs de Carlyle furent peinés : n'avait-il pas apporté ce qu'on nomme « un message » ? (J. Symons).

La rédemption par l'art

Le « moraliste anglais » John Ruskin (1809-1900), s'oppose à Bentham « comme la force d'âme au calcul ». Celui-ci a fondé sa morale sur la comparaison, Ruskin sur la spontanéité créatrice et l'intuition. Il est tout entier dans ce chapitre des *Pierres de Venise,* où il traite de la dignité humaine dans le travail du Moyen Age.

L'influence exercée par Ruskin pendant sa vie est extraordinaire. Célèbre à vingt-cinq ans, il a publié le premier volume d'un ouvrage, les *Peintres modernes,* qui étonne les penseurs aussi bien que les artistes et les lettrés. Malgré l'ostracisme dont il est l'objet après le bruyant énoncé de ses « hérésies communistes », ses admirateurs reviendront à lui. Il est écrivain, conférencier, professeur, officiel ou bénévole. A Oxford, les auditeurs se pressent à ses *lectures.* Il n'a composé que ses premiers ouvrages ; la plupart de ses écrits ne sont que des conférences juxtaposées, sous une dénomination souvent inadéquate, mais qui est parfois une trouvaille. Il n'a rien d'un philosophe systématique et Henriette Gally nous dit qu'il est « le plus Anglais des Anglais ».

Ruskin reçut une éducation fort peu orthodoxe. Mais l'admiration de l'enfant pour les splendeurs de la nature était sans limites. En 1836, on s'étonna à Oxford de voir arriver ce jeune homme étrange, maladif et qui attendait la mort. Il lui restait soixante-quatre ans de vie, de vie intuitive. Poète, esthéticien et déjà philosophe, pénétré de pitié pour les souffrances humaines, musicien même, il avait de nombreuses aspirations et ne savait à laquelle obéir. Mais en tout, il resterait intuitif, plein d'une sympathie chaude et universelle, et surtout capable d'admiration. « Admirer, proclame-t-il, est le don humain le plus parfait. » La démonstration, chez lui, cède la place à l'intuition : « Je n'ai pas le temps de vous expliquer pourquoi, et au fond je n'en sais rien, mais c'est ainsi. » Cette faculté lui livre des choses « une vue plus profonde que l'aspect superficiel ». Elle intervient en présence de l'objet esthétique. Non seulement le goût est une intuition, mais encore on parvient à l'essence du beau par « une attention sérieuse, aimante, désintéressée aux impressions que nous en avons... c'est la *theôria* ». Dans ce climat platonicien, Ruskin affirme l'identité de l'être et du beau. Puis, à propos de la création du beau, il se montre « philosophe pionnier », pré-bergsonien : la création exige *l'intuition.* Celle-ci est un choix spontané et instantané de moyens pour une fin artistique. Intuition sensible et intuition intellectuelle ont un point commun, le *dépassement.* Toute connaissance, comme toute action, tend à se dépasser elle-même. Ce dépassement est présent dans l'art gothique, manifestation géniale des peuples du Nord et reflet de la nature où leur vie s'est développée. L'art gothique a « un pouvoir infini sur les cœurs ». Dans le goût du grotesque, Ruskin voit un témoignage de l'allégresse créatrice de l'imagination gothique.

Pendant l'hiver 1860, il s'acharne à terminer le Ve volume des *Modern Painters.* Mais depuis trois ans déjà, en pleine effervescence sociale, il scrute les problèmes ouvriers avec une intelligence pleine d'espoir. Devant la misère de l'esclavage industriel, la critique d'art s'infléchit. Tout « principe d'art pictural » doit désormais se rattacher à un « fait de vie ». Son but « n'est pas de faire d'un menuisier un artiste, mais de le rendre plus heureux menuisier ». Outil ou homme, il faut choisir, vous n'aurez pas les deux. L'homme n'est pas construit pour travailler avec la précision d'une mécanique. La lutte des classes, c'est une corruption de l'esprit qui en porte la responsabilité. Pour éviter la mécanisation de l'ouvrier, Ruskin se prononce pour une production individuelle, contraire au travail mécanisé. Il le disait déjà dans des lettres de 1852 adressées au *Times,* mais que M. Ruskin père mit à l'index. On a dit que la Bible était « son manuel d'économie politique » ; du moins, presque à toutes les époques de sa vie, Ruskin fit un large usage du Livre Saint pour illustrer ses pensées et leur communiquer la force des Prophètes. Il se préoccupe aussi de pédagogie, comme on le voit dans les *Notes sur la construction des bergeries.* Les initiatives sociales de Ruskin furent nombreuses — et rarement heureuses : nettoyage des rues de Londres, magasin modèle de thé, entreprise de tissage, librairie, etc. Il faut cependant admirer l'ardeur douloureuse qu'il mit à lutter contre les obstacles et sa générosité. On a cherché quelle était l'intuition germinale de Ruskin : elle serait double : « Religion de la lumière et religion de la beauté » selon Henriette Gally. Ruskin est moraliste en ce qu'il ne sépare jamais l'analyse de l'art de la considération de l'homme tel qu'il se réalise et se reconnaît dans l'art. Ne l'est-il pas un peu trop ? « Condamnerait-il *Macbeth* qui met en scène la déloyauté et l'assassinat ? », se demande alors R. Le Senne.

« *Une doctrine scandaleuse* »

« Malheur à l'homme par qui le scandale arrive ! » Si l'importance d'une œuvre peut se mesurer à la violence des conflits qu'elle suscite, celle de Darwin est l'une des plus grandes de la pensée humaine. Charles Darwin est né en 1809 dans le pays de Galles. Écolier médiocre, il ne brille ni en latin ni en grec, disciplines qui constituent la base de l'éducation du temps. Son père, médecin et fils de médecin, l'envoie à l'université d'Edimbourg commencer ses études de médecine. A l'hôpital, Charles ne supporte pas la vue du sang, les cris des opérés. Il délaisse la médecine au profit de la zoologie et de la géologie. Le docteur Darwin propose à son fils de devenir clergyman et de s'y préparer à Cambridge. Le jeune homme accepte « sans trop de réticences.... Théologie et histoire naturelle font bon ménage en ce premier tiers du XIXe siècle », où l'on discerne « la main de Dieu dans ses merveilles » (D.H. Bouanchaud).

Mais il accepte de se joindre, comme naturaliste, à l'expédition maritime du capitaine Fitz-Roy, explorateur en hydrographie. Le voyage sur le *Beagle* fut, de l'aveu même de Darwin, l'événement le plus important de sa vie. « Cette navigation de cinq années autour du globe, c'est d'abord, pour un garçon de vingt-deux ans, une incroyable aventure. » En Amérique du Sud et dans les îles du Pacifique, il rencontre tempêtes, tremblements de terre, animaux sauvages, populations hostiles. Rapportant une quantité de documents et d'observations, Darwin n'est plus considéré comme un étudiant fantaisiste, mais comme un homme de sciences accompli. Le *Voyage of the Beagle* (1839), fort volume de cinq cents pages, se lit comme un livre d'aventures. Mais le génie de Darwin va être de relier entre elles ses différentes observations. Marié en 1839, père de dix enfants, il voit sa santé s'altérer définitivement : était-il la proie de quelque parasite sanguin, ou plutôt victime de son inconscient, du désir inavoué de ne pas aboutir à une conclusion qui va produire « l'effet d'un meurtre ? »

Il est rentré avec deux théories, l'une déjà très élaborée, sur la formation des atolls et des récifs de corail ; l'autre à peine ébauchée sur l'origine et la transformation des espèces, vivantes ou fossiles. On ne doit pas méconnaître le Darwin géologue, qui sur le bateau a lu les *Principes de géologie* de Lyell. Ce dernier lui a fourni une méthodologie, grâce à laquelle la théorie darwinienne sur la formation des atolls constitue un « modèle » qui se retrouvera plusieurs fois dans son œuvre, appliqué à des objets apparemment très différents. La géologie se développe, au milieu du XIXe siècle, à travers les querelles d'hommes et d'écoles, mais elle bouscule la conception chrétienne du temps, d'un « temps court » mêlé à l'histoire du salut.

Entre l'élaboration de la première théorie de Darwin (l'origine des récifs de corail) et la publication de la théorie de l'évolution par la sélection naturelle, s'écoule un temps assez long, pendant lequel il travaille dans deux domaines distincts : de l'observation de la distribution des espèces à travers le temps (*biogéographie*) et à travers l'espace (*paléontologie*) va émerger le concept d'*évolution*. Il n'est pas rare qu'une découverte scientifique soit faite simultanément par deux chercheurs : c'est le cas de l'année 1858, où Ch. Darwin et A.R. Wallace s'apprêtent à diffuser leurs théories concernant le mécanisme de l'évolution biologique. Dans une lettre à Lyell, Darwin ne peut « dissimuler son émotion, née du conflit entre la déception d'un auteur sur le point d'être devancé dans la publication d'idées qui sont les siennes, et la joie d'un savant confirmé dans ces mêmes idées qu'il a jusqu'alors hésité à publier » (G. Canguilhem). Inversement, on s'est demandé pourquoi il avait fallu attendre cette date pour voir s'édifier la théorie de l'évolution. En réalité, elle « avait besoin, pour apparaître, d'un certain climat philosophique, voire métaphysique et social, qui n'avait auparavant jamais existé » (D.H. Bouanchaud). Il fallait notamment avoir une idée claire de l'idée d'espèce, et de la manière dont on peut classer les êtres vivants. Dorénavant, écrit Darwin, « nos classifications deviendront, autant que possible, des généalogies ; elles pourront alors nous donner ce qui pourrait être appelé le plan de la création » : l'évolution engendre un système *naturel* de classification.

Le point de vue de Darwin n'a presque rien à voir avec celui, alors presque oublié, de Lamarck. Il ne croit pas avoir à donner une théorie générale des causes de la variation ; ce qu'il se propose d'expliquer, c'est la fixation de la variation adaptée. Darwin devait résoudre l'opposition entre l'idée que toute variation est accidentelle, pour exclure le finalisme, et celle qu'il y a des variations dirigées, pour fonder le transformisme. Il a prétendu y réussir, dans l'*Origine des espèces* (1859), par la *théorie de la sélection naturelle* et de la persistance des races les plus favorisées. La sélection sexuelle collaborera avec la sélection naturelle pour assurer l'adaptation des individus. Certaines idées étaient dans l'air du temps, et Darwin reconnaît avoir lu le *Principe de population* de Malthus. Mais si ce dernier n'avait pas soulevé trop de vagues, l'*Origine des espèces* fut le pavé dans la mare. En 1860, l'archevêque Wilberforce affirmait : « Le principe de la sélection naturelle est absolument incompatible avec la parole de Dieu… » Au congrès de la *British Association,* tenu à Oxford, Thomas Huxley revendiquait l'honneur d'être le descendant d'un singe — avant de publier *De la place de l'homme dans la nature* (1863). Or, après sa mort, survenue en 1882, Darwin sera solennellement inhumé en l'abbaye de Westminster, aux côtés de Newton, en présence des dignitaires de l'Église anglicane. Darwin était aussi différent que possible d'un Voltaire, il ne cherchait pas à « écraser l'Infâme ». Toutefois l'idée même de l'évolution heurtait la doctrine religieuse de la Création et de la place centrale de l'homme dans l'univers. Naturellement le monde religieux défendit ses positions ; et la jeune génération de scientifiques soutint Darwin. La lutte fit rage jusqu'aux années 1880, englobant la croyance aux miracles et s'attaquant même au Nouveau Testament. Ce conflit déchira bien des familles, malgré le goût britannique pour le compromis. Du Maurier dépeint fort bien ces hommes d'éducation universitaire, intellectuels distingués et barbus, mais lecteurs de Darwin et Huxley.

Bien entendu, l'*Origine des espèces* n'est pas un point

final. La coupure entre « le premier » et le « second transformisme » a été faite par Weismann quand il a mis en question le principe de l'hérédité des caractères *acquis*. Survinrent des néo-darwiniens et des néo-lamarckiens. Au XXe siècle, il sera même fait état d'un « darwinisme soviétique actif ! » Mais Darwin lui-même a prolongé son intuition initiale dans la direction d'une psychologie évolutive (*L'Expression des émotions chez l'homme et chez les animaux,* 1872). Il tente essentiellement d'éclaircir les mécanismes grâce auxquels les émotions peuvent s'exprimer et de déterminer les effets que ces mécanismes peuvent avoir sur les changements évolutifs. Dans la *Descendance de l'homme* (1871), il se propose de montrer « qu'il n'y a aucune différence fondamentale entre l'homme et les mammifères les plus élevés ». Il risque le concept de *retour* (à l'animalité) : « Nous pouvons... considérer comme un cas de retour le cerveau simple d'un idiot microcéphale, en tant qu'il ressemble à celui d'un singe. » Il prête à l'animal attention, curiosité, mémoire, imagination, langage, et même la capacité de devenir fou. Cet excès d'anthropomorphisme nous empêche de créditer Darwin de la fondation de la psychologie comparée (G. Canguilhem).

L'idée de l'évolution gagnera les sciences sociales. Tantôt c'est Darwin lui-même qui a pris des positions politiques ou sociales plus ou moins explicables par ses théories scientifiques. Tantôt ce sont des philosophes ou sociologues qui s'empareront de ces théories pour justifier leurs *a priori*. Ainsi, l'économiste Walter Bagehot intitulera son livre : *Physique et politique : essai sur l'application des principes de la sélection naturelle et de l'héritage à la société politique* (1872). La phraséologie du « darwinisme social » s'étendra au monde des affaires. James J. Hill, magnat des chemins de fer écrira : « La fortune des compagnies de chemins de fer est déterminée par la loi de la survie du plus apte. » Le darwinisme social, tout « griffes et dents », influence aussi *l'eugénisme,* ou science des conditions les plus favorables à la reproduction et à l'amélioration de l'espèce humaine. Certains invoquent les idées darwiniennes pour affirmer la suprématie de la race aryenne. Aussi Marcel Prenant peut-il dire : Darwin est « un bourgeois anglais de son temps, socialement assez myope ».

Si Darwin a déclenché une crise, certains disciples, comme Spencer, tenteront cependant de trouver à cette crise des solutions « rassurantes ».

Spencer et l'évolutionnisme

Né en 1820, Herbert Spencer se montra inapte aux études et n'eut aucun rapport avec l'Université. Ingénieur des chemins de fer, il vit dans les tranchées et tunnels tellement de fossiles qu'il fit une fixation sur les thèmes transformistes.

On a porté sur lui les jugements les plus contradictoires : l'auteur d'un chromo philosophique, ou le penseur le plus puissant de tous les temps. L'entreprise de Spencer, l'unification de toutes les connaissances en un système articulé, fut plus ambitieuse que toute autre tentée depuis saint Thomas ou Descartes. La plupart des penseurs se bornent aux généralités ou aux détails, mais Spencer affronte les unes *et* les autres. Sa « philosophie synthétique » traite des principes logiques, métaphysiques et éthiques, physiques et chimiques, biologiques, politiques et esthétiques. Il est peu de sujets qu'il n'ait traités dans un de ses nombreux volumes. Son érudition était prodigieuse, sa conscience civique et son courage moral admirables. Il s'était voué à la vérité et à l'utilité générale. L'ampleur de ses perspectives pourrait faire soupçonner chez lui la riche personnalité d'un Goethe.

Or, en ouvrant son *Autobiographie,* nous rencontrons un vieux garçon, régulier et tiède en ses goûts et sentiments, sans curiosité excessive, montrant un intérêt modéré pour les livres et les hommes, n'aimant que le côté mécanique des choses. Mais tout se passe comme s'il s'était trouvé involontairement entraîné par une formule de l'univers, applicable absolument en tous les domaines.

Chez un Ruskin ou un Stuart Mill, on pressentait un monde de virtualités inexprimées, voire inexprimables. Toutes ces choses inexprimables, Spencer les a jetées dans « l'Inconnaissable » et leur a tourné le dos pour toujours. Ses livres semblent avoir exprimé tout ce qu'il avait en lui à exprimer. Sa vie ne présente aucune crise, aucune « période *Sturm und Drang* », aucune étape problématique de pensée. Il suit son idée imperturbablement, avec une rectitude et une inflexibilité pédantesques. Comme critique d'art, il manifeste une absence totale de relation de sympathie avec la totalité de l'objet esthétique. Se raccrochant aux preuves par a + b, il récuse tout appel au « sentiment vague ».

Il arrive qu'une idée agisse comme un centre de cristallisation : des faits s'agglomèrent autour d'elle. C'est bien le cas pour celle de la croissance graduelle de toutes choses, par un processus naturel, à partir d'antécédents naturels. Jusqu'au milieu du XIXe siècle, personne n'avait saisi cela de manière globale. Spencer pouvait donc s'attribuer le mérite d'avoir été le premier à voir dans l'Évolution un principe absolument universel. Pour lui, il s'agissait bien de « la conception rectrice traversant et mettant en connexion toutes les sciences » (*Autobiography,* II, p. 196). Grâce à son application généralisée, d'innombrables vérités tombèrent dans sa gibecière. En un sens, l'étroitesse et la sécheresse personnelles de Spencer, sa manie de soumettre la moindre chose à une loi abstraite furent favorables à sa réussite. Il est ainsi un philosophe de l'ampleur de vue. Méprisé par les spécialistes qui épinglent ses imperfections techniques, il n'en a pas moins élargi l'imagination et libéré la réflexion d'innombrables médecins, physiciens, ingénieurs et juristes, et des têtes pensantes parmi les non-spécialistes. Les *Premiers Principes* (1862) de Spencer sont le livre qui a le plus fait pour sa réputation. La section sur l'Inconnaissable est sans doute la moins prisée. Cette façon de réconcilier science et religion est absurdement naïve. Elles peuvent s'accorder, dit-il, sur cette vérité qu'« il y a du mystère ». Le malheur, c'est justement que de telles « vérités communes » sont le sol où germent les pires polémiques.

La science opère avec différents types de lois. Le type le plus fréquent est celui de « loi élémentaire » : lois de la composition des forces, de la gravitation, de la réfraction, etc. Elles n'affirment pas l'existence de faits concrets. Les « lois statistiques » constituent un autre type de lois, en démographie, sociologie, etc. Elles indiquent, à propos de phénomènes réels, l'existence d'une direction.

La loi d'Évolution est du type statistique. Elle définit

l'*évolution* et la *dissolution*. Bien que celles-ci n'aillent pas l'une sans l'autre, il y a dans la présente phase de l'univers une tendance favorable à l'évolution. Dans la première édition des *Premiers Principes,* le changement évolutif était défini comme « le passage de cette chose d'un état d'homogénéité indéfinie et incohérente à une hétérogénéité définie et cohérente ». Spencer s'appuie ici sur des lois de type élémentaire qu'il appelle respectivement « instabilité de l'homogène », « multiplication des effets », « séparation » et « équilibration ». Ces deux dernières assurent l'hétérogénéité, car la « séparation » apporte précision et cohérence, et l'« équilibration » bloque le processus, déterminant le moment où la dissolution va commencer.

L'ensemble du tableau resplendit de richesse et de variété. Comme naguère Descartes, Spencer vise à une explication purement mécanique de la nature. L'univers connaissable n'est rien d'autre que matière et mouvement, et son histoire n'est que la « redistribution » de ceux-ci. Toute chose doit être expliquée comme une « configuration », tout événement comme un changement de configuration, toute propriété comme de nature géométrique. Malheureusement, mesurée aux exigences de la mécanique, la tentative de Spencer est un « lamentable échec » (William James). Les termes « défini », « cohérence », « intégration » n'ont pas droit de cité en cette science. Dans la seconde édition, l'auteur complète sa formulation par cette addition : « L'évolution est une intégration progressive de matière et une dissipation de mouvement, etc. » C'est encore pire : nous n'avons plus que des métaphores et « une orgie d'ambiguïtés ». L'intégration de matière n'appartient qu'à l'évolution sidérale et à l'évolution géologique : comment l'appliquer aux phénomènes vitaux et mentaux, à un corps administratif ou à une organisation ecclésiastique ? Au-dessus de toutes les lois spéciales d'évolution règne une loi absolument générale, celle de la *persistance de la force.* Ici Spencer amalgame la loi phénoménale de la conservation de l'énergie, le principe métaphysique de l'immutabilité de la quantité d'être, voire le principe de raison suffisante.

Mais nous ne nions pas qu'il y ait des suggestions et des trouvailles dans les *Essais,* les *Principes de biologie,* de *psychologie* et de *sociologie*. Enfin, *l'Éthique* de Spencer est un témoignage original de son attitude dans le monde des valeurs. Son activité politico-morale respire le plus pur esprit anglais de liberté. Ses attaques contre la haute administration et ses critiques de la centralisation sont dignes de constituer le manuel du parfait individualiste. La dureté et l'inflexibilité du ton ne nuisent pas en l'occurrence. Spencer est resté fidèle à lui-même, à cet inimitable mélange d'étroitesse et de largeur d'esprit, de libéralisme et de hargne, qui est sa marque propre.

L'idéalisme anglais

Les Français identifient à tort la pensée anglaise à l'empirisme. En réalité, il existe en Angleterre une tradition rationaliste tenace qui n'a jamais cédé devant les assauts empiristes. Sans doute tient-elle à l'humanisme d'Oxford, à cet amour de la littérature grecque et au courant des « platoniciens de Cambridge ». Après une éclipse au XVIIIe siècle, ce rationalisme réapparut au XIXe dans une forme idéaliste, sous l'influence des grands systèmes allemands de Kant et des postkantiens. Nous devons tenir compte de ces penseurs, poètes, théologiens, dont la succession remplit plus d'un siècle d'idéalisme.

Les *précurseurs,* surtout poètes et essayistes, comme Coleridge et Carlyle, s'inspirent de Kant et de Fichte. Chez le premier s'esquisse déjà l'idée qui restera caractéristique de l'idéalisme anglais : l'Esprit transcende la Nature tout en plongeant dans ses profondeurs obscures. Après ces précurseurs vient une génération de *francs-tireurs* comme Ferrier, Grote et Stirling.

L'œuvre de J. Ferrier est à peu près inconnue en France. C'est pourtant « un authentique métaphysicien, le plus puissant peut-être que la Grande-Bretagne ait connu entre Berkeley et Bradley » (J. Pucelle). Sa philosophie est « écossaise jusqu'aux moelles », se plaît-il à affirmer. Elle a pourtant une réelle universalité. C'est une doctrine aux arêtes vives, d'allure sévère. L'idéalisme anglais a vécu sur trois thèmes essentiels : 1. le moi, la liberté ; 2. la synthèse de l'objet et du sujet ; 3. la totalité organique. Ferrier met l'accent sur les deux premiers (*Philosophie de la conscience,*

1838-1839). Détourner l'esprit des sens n'a d'intérêt que pour nous persuader que *c'est la présence de l'esprit qui éclaire tout.*

John Grote, frère de l'historien George Grote, a été quelque peu éclipsé par celui-ci. Son *Exploratio philosophica* se compose de deux parties : la première, seule parue de son vivant (1865), la seconde éditée en 1900, trente-quatre ans après sa mort. Grote est moins métaphysicien que psychologue et moraliste. Pour lui, l'homme perçoit la présence à travers l'absence, et c'est de ce sentiment d'un manque que jaillit le désir d'un mieux-être et le sentiment de l'obligation. En 1865, l'année qui suivit la mort de Ferrier, parut *The Secret of Hegel* de Hutchison Stirling. C'était la première étude sérieuse sur Hegel. Le livre fut une révélation et une initiation pour toute une génération. « La notion concrète est le secret de Hegel. » C'est la synthèse de toute l'expérience. L'intérêt porté à la totalité organique et l'accent mis sur la synthèse totale sont symptomatiques du besoin d'unité qui se faisait alors sentir. Edward Caird, plus hégélien que Hegel, a été quant à lui désigné comme « le Hegel écossais ».

La situation est désormais mûre pour l'avènement de *vrais philosophes* comme les frères Edward et John Caird et surtout Thomas Hill Green (1836-1882). Pour eux, le matérialisme est contradictoire parce que la nature ne se suffit pas à elle-même. Puisqu'elle offre cependant une unité systématique, c'est qu'elle suppose une pensée. L'opposition du sujet et de l'objet n'est pas première, elle est englobée dans une unité plus haute dont la conscience est la clé.

Il faut se représenter l'atmosphère incomparable d'Oxford. Green y est le premier à se consacrer exclusivement à l'enseignement de la philosophie plutôt que de s'occuper d'histoire de la philosophie et de littératures grecque et latine. En 1877, il est nommé professeur de philosophie morale, détrônant le pasteur qui occupait ce poste. Il appartenait à Green de surpasser Locke et Hume comme patrons de la philosophie anglaise : avant lui, ce ne sont que des escarmouches. Sa doctrine vient à son heure, et elle dépasse son temps. S'insérant entre l'utilitarisme et l'idéalisme absolu, elle marque, dans la pensée anglaise, le moment historique où l'empirisme ne satisfait plus les esprits en quête d'un Absolu. Prise en elle-même, la philosophie de Green, telle qu'elle s'exprime dans ses Essais et dans les *Prolégomènes à l'Éthique,* « représente, par une heureuse alliance de rigueur analytique et de vigueur constructive, un bel ensemble dogmatique » (J. Pucelle, *La Nature et l'Esprit dans la philosophie de T.H. Green,* t. I, Louvain, 1960). La nouveauté apportée par Green consiste à substituer à la relation *horizontale* une relation *verticale* entre la nature et l'esprit, en montrant l'esprit déjà présent et travaillant dans la nature par les fonctions de connaissance et d'action, ce qui implique la participation de la conscience humaine à la conscience divine. D'où une sorte de dialectique *d'opposition* et de *reniement,* par quoi la conscience en un premier temps s'élève au-dessus des phénomènes, et *d'assimilation* et *d'adoption* par quoi en un second temps elle retrouve le monde en le sublimant. Cette supériorité de l'esprit se manifeste dès la perception. Toute expérience se réalise en établissant des relations qui sont les éléments réels de la sensation. Ainsi la réalité est essentiellement spirituelle.

Entre la métaphysique, la morale et la politique de Green, le lien est étroit. Le sens de son idéalisme est de faire pénétrer l'action de l'esprit dans les couches inférieures de la nature. C'est vrai aussi de la société. « Ce n'est rien de moins que la métaphysique de la conscience de soi qui est appelée à fonder la parenté du droit et de la morale. » Green écrit que « la réalité n'est faite que de personnes et pour des personnes ». Sur le plan économique comme sur le plan politique, il reste un libéral. Certes, le libéralisme a produit une foule de maux. Mais, correctement interprété, il porte en lui son remède, à condition que, comme dans la tradition britannique, il reste lié à la vie religieuse : les rapports de l'homme avec ses semblables sont régis en définitive par ses rapports avec Dieu. Tandis que la politique exprime l'insertion de l'esprit dans la trame des faits sociaux et des événements historiques, la religion exprime l'ascension de l'esprit qui retourne à sa source et remonte à son principe.

Ces idéalistes anglais sont, sur le plan éthico-religieux, des « bien-pensants » de façon sympathique et, après tout, légitime. Il ne faut pas minimiser leur originalité. Comme l'écrit Green, « nous ne sommes hégéliens que par une fraction de nos pensées : les dimanches de la spéculation et non les jours de semaine de la pensée ordinaire ». Mais chez Bradley l'idéalisme absolu se manifeste d'une manière autrement provocante.

Une pensée de la totalité

Francis Herbert Bradley (1846-1924) fit ses études à University College, Oxford, avant de devenir *fellow* à Merton College, Oxford, mais sans être soumis aux charges de l'enseignement. Ce fut un polémiste redouté, un penseur d'une exceptionnelle vigueur et d'une indéniable puissance constructive. Jamais satisfait, il remet sans cesse en question les résultats qu'on croyait acquis. Il refuse de trouver dans la conscience-de-soi la clé de tous les problèmes. Bradley décrit l'émergence du moi à partir de la confusion du sujet et de l'objet : c'est là un thème constant de l'idéalisme anglais. De la masse du moi et du non-moi originairement confondus vont sortir par différenciation les fonctions *théorique* et *pratique*. Mais le moi est moins distinct du non-moi qu'il n'aspire à s'en distinguer. Toujours le moi tend à se décentrer et à se dépasser.

Il y a une réelle grandeur dans l'ouvrage de Bradley, *Apparence et Réalité* (1893). Le salut de la pensée n'est possible que si l'on prend d'abord son parti de l'infirmité de la raison, et si l'on cherche au-delà d'un perfectionnement illusoire des procédés logiques. Dans le livre I, Bradley se livre à un travail de démolition impitoyable des méthodes rationnelles de connaissance. Mais sur les ruines s'édifiera la métaphysique de l'Absolu. En effet le livre II sera la partie positive : l'ouvrage est « une boîte à double fond : c'est au moment où tout semble perdu que nous allons tout regagner par un total renversement de point de vue » (J. Pucelle). Un critère nous a servi, le critère de cohérence : « Le doute intégral, une fois compris, se détruit lui-même » (*Appearance and Reality : a Metaphysical Essay*). C'est au nom de ce critère que nous avons rejeté les choses comme pures apparences ; c'est grâce à lui que nous allons *réintégrer les apparences dans la réalité*. « Toute apparence doit appartenir à la réalité, car ce qui apparaît, est, et ce qui est ne peut tomber en dehors du réel » *(ibid.)*. Nous tenons désormais le caractère essentiel de la réalité qui est de « posséder tout le phénoménal sous forme harmonieuse ». Le réel, c'est le cohérent ; l'irréel, c'est le contradictoire. L'hypothèse d'une harmonie parfaite ne laisse aucune place à la souffrance, à la laideur ni au mal ; car une insatisfaction même partielle romprait cette harmonie. Il s'agit donc, pour Bradley — tâche titanesque et peut-être scandaleuse — de « résorber les obstacles » : l'erreur, le mal, le temps. L'Absolu totalisant est donc *un,* et rien n'est en dehors de lui ; successivement les aspects fragmentaires tombent en lui ; mais en tombant, ils ne perdent rien de leur diversité chatoyante et infiniment riche. Dans l'Absolu, toutes les différences sont unies, tous les conflits sont résolus. Ainsi, les raisons du pessimisme initial sont toutes retournées. Il était nécessaire de disloquer le monde des apparences pour dégager le noyau de réalité qui s'y cache. Un redressement complet a bel et bien été opéré. L'altérité doit se résorber dans l'unité, bien que nous ne sachions pas comment. Mais le livre s'achève par un acte de foi philosophique : tout converge, la réalité est esprit. Tel est le « monisme » idéaliste.

Sur le plan de la morale et de la religion, les *Études morales* (1874) tentaient déjà d'ouvrir l'esprit anglais à la pensée de Hegel. La seule manière de définir la moralité est de la proposer comme une *marche à la totalité*. Je dois me dépasser, c'est-à-dire me joindre à la totalité et réaliser l'infini en moi. La moralité implique un moi supérieur qui doit descendre dans le moi empirique : c'est une âme vivante qui pénètre tous nos actes dans le dernier détail. Comme chez Hegel, l'homme trouve sa loi dans son appartenance à une communauté, plus réelle que les individus qui la composent : famille, société civile, État. Ici est le remède au « devoir pour le devoir ». En effet, *les institutions ont une âme* qu'il me faut retrouver en moi ; la volonté du Tout passe en moi, elle se veut dans la mienne. Cependant la moralité n'épuise pas l'essence du bien : la religion est destinée à compléter ce qui manque encore.

La philosophie de Bradley est profonde et ambiguë. Elle a été « plus réfutée que comprise » ; on a pu dire que c'était un mélange de Spinoza et de Hume. Le même monisme idéaliste se rencontre chez Bernard Bosanquet (1848-1923). Il est lui aussi passé par Oxford. Il obtint en 1871 à University College un *fellowship,* c'est-à-dire une bourse universitaire avec obligation de faire des cours. Il y enseigna l'histoire grecque et la philosophie pendant dix ans, jusqu'à ce qu'un riche héritage lui permît de mener à Londres une vie aisée et indépendante. « Il a vécu sa philosophie avec une intensité et une ardeur généreuse qui communiquent à son œuvre quelque chose d'émouvant » (J. Pucelle). Si Bradley restait insatisfait, Bosanquet fut un optimiste, soutenu par une sorte de lyrisme intérieur et livré à l'apostolat social. Il a abordé tous les genres avec une égale maîtrise : logique, esthétique, morale, philosophie politique, philosophie de la religion, sans compter des études platoniciennes. En métaphysique, l'auteur de *Connaissance et Réalité* (1883) pense, lui aussi, que nous pouvons expérimenter l'Absolu parce que l'Absolu est en toutes choses, mais aucune chose n'est l'Absolu. Malgré ses excès, l'« absolutisme » de ces philosophes reste un garde-fou permanent contre l'individualisme, maladie des temps modernes aux yeux de Tocqueville comme à ceux de Hegel.

On se doute bien que, métaphysique profonde ou religion intellectualisée, la philosophie idéaliste ne pouvait galvaniser les foules anglaises ni arrêter la « sécularisation » de la société. Le conflit entre science et religion au sein des classes instruites se transpose crûment dans l'athéisme militant de Charles Bradlaugh, prêché sur les estrades publiques et dans les meetings ouvriers. Et loin des Collèges d'Oxford, le dernier grand *revival* évangélique, l'Armée du Salut, fondée par le « général » Booth, transfère l'enthousiasme de la « conversion » vers la masse des affamés, des sans-abri, des courtisanes, des ivrognes et des malfaiteurs. Mais face à l'idéalisme, le matérialisme marxiste est lui-même trop théorique pour toucher beaucoup les travailleurs anglais.

Lorsque, « de système public et dogmatique de croyances et de pratiques », la religion est changée en un « équipement pour besoins personnels », elle ne peut plus guère influencer la conduite de ceux qui ne ressentent pas eux-mêmes ces besoins spirituels. Or, le courant qui met en avant « l'équipement moral » n'est autre que le pragmatisme, né aux États-Unis.

William James et le pragmatisme américain

Le pragmatisme fut largement acclamé comme étant la seule philosophie éclose en Amérique, la seule assez vigoureuse pour envahir les capitales de la vieille Europe, avec son porte-parole éloquent William James. Mais la réalité est plus complexe et multiforme : alors que cette doctrine n'avait pas dix ans d'âge, un historien distinguait « treize pragmatismes » ; et il existait d'autres courants que le pragmatisme. Les préoccupations religieuses donnèrent à coup sûr une impulsion initiale à ce mouvement. Peirce, Royce, James, membres des universités de la côte est des États-Unis, appartenaient à une communauté d'esprits aventureux et visionnaires.

William James est le plus connu des philosophes américains. Sa carrière couvrit la première phase de ce qu'on a appelé « l'âge d'or de la philosophie américaine ». Avant cet âge d'or, celle-ci faisait partie de ce que Santayana nomma par dérision « la tradition bien-pensante ». Les horizons se renouvelèrent considérablement. Et « James fut plus qu'un pragmatiste — beaucoup plus » (A.J. Reck). L'essentiel de sa philosophie eut son point de départ dans une expérience personnelle. Son originalité est indiscutable : « James est d'autant plus lui-même qu'il est moins américain, moins protestant et moins démocrate » (G. Maire). Il s'apparente indirectement à la tradition mystique, par des intermédiaires tels que Swedenborg. Son père, Henry James, était swedenborgien par sa foi ; en morale c'était « un quiétiste porté à charger Dieu des tâches paternelles ». Par ailleurs, l'idéalisme allemand, partiellement pénétré d'illuminisme, baignera les premières années universitaires de William James. Anglais ou américain, l'hégélianisme compte parmi les principaux éléments de son milieu intellectuel. La pensée d'Emerson avait reçu de ses compatriotes une réputation philosophique plutôt usurpée qui servit l'essor de l'hégélianisme anglo-saxon et surtout le mêla aux *querelles de sectes* qui composent un long chapitre de l'histoire des idées aux États-Unis (mentionnons seulement les *unitariens* et le *club transcendantal).*

La famille James fut ce qu'on appelait « une famille d'intelligences ». Les enfants sont tous doués : Alice, dépressive, mais si sensible et courageuse; William le philosophe et Henry l'écrivain. On disait que, si le philosophe avait le style d'un littérateur, le romancier écrivait comme un philosophe (c'est faire bien de l'honneur aux philosophes). Autour du foyer paternel, dans cette Amérique matérialiste, une élite compose un îlot que ne submerge pas le flot mercantile. Mais déjà le New York de 1850 évolue vers le New York contemporain : l'industrie et la banque se mettent à exproprier les vieilles demeures à l'anglaise.

La jeunesse de William connaît tâtonnements, faux départs, efforts spasmodiques, arrêts douloureux. A partir de 1855, la famille fit un séjour de plusieurs années en Europe. Grâce à ses nombreuses pauses en Angleterre et sur le continent, elle était effectivement cosmopolite. William goûte ainsi des enchantements intellectuels et esthétiques. Il accompagne au Brésil le naturaliste suédois Agassiz : voyage onéreux, mais formateur. En passant par Paris, il rencontre et admire Renouvier ; quand il déclare : « Mon premier acte de libre arbitre consistera à croire au libre arbitre », il a bien compris le maître francais.

La « crise mentale » de 1870 fut, selon ses propres termes, « un accès de mélancolie à thème religieux ». James se ressaisit et tire de cette épreuve une expérience concluante sur la liberté humaine et sur l'utilité d'y croire. Rétabli, il est désigné comme « instructeur de physiologie » à l'université de Harvard. En 1877, il devient professeur de psychologie. La longue recherche d'une carrière a enfin abouti. James a trente-quatre ans : après avoir été peintre, aide-naturaliste, explorateur, médecin, anatomiste, physiologiste et surtout touriste, il peut enfin s'avouer philosophe. L'université d'Harvard était le siège respectable d'une tradition morale et religieuse. En l'entourant de sécurité et de quiétude, elle a sauvé James au sortir de la maladie. L'élaboration de sa pensée philosophique est encore un prolongement de sa crise mentale : elle est pour lui méthode thérapeutique autant que spéculation désintéressée. Le psychologue rencontre, dans l'œuvre de Fechner, capricieuse et touffue, qui va du roman d'aventures à la création de la psychophysique, son propre souci de l'expérience concrète, la même méfiance à l'égard des abstractions faciles. Mais James ne le suivra pas dans sa science aventureuse.

C'est seulement en 1878 qu'il épouse Alice H. Gibbens et connaît un bonheur conjugal qui fortifie sa guérison. L'étude attentive de Stuart Mill favorise sa révolte contre la pensée hégélienne. C'est sans doute par réaction contre Hegel que James s'attache si fortement au concret, au singulier, à la diversité. « Ma grande distraction, écrit-il à Renouvier, a été de résister à l'envahissement de notre Harvard par l'hégélianisme. » Il n'est d'ailleurs pas le seul insurgé. Charles Sanders Peirce, avec ses articles dans le *Popular Science Monthly,* peut être considéré comme le créateur du pragmatisme, qui définit les croyances comme des règles de conduite.

Par sa bonté et son grand caractère, James suscitait la vénération de ses étudiants (« sa parole était pleine d'inflexions chaleureuses, amères ou tendres »). Mais toujours le normal chez lui se souvint d'avoir côtoyé l'abîme. Il savait qu'aux heures de détresse une foi, même sans objet défini, s'impose comme un appui pour l'individu qui flanche. Aussi son propos est-il de sortir de la raison pour recouvrer la raison. Ou plutôt il distingue de la raison logique une raison vitale, sorte d'« attention à la vie » et de rapide intuition. En même temps, l'originalité du point de vue où se situe le James psychologue réside dans la fusion qu'il provoque entre l'expérimentateur et l'observateur de soi-même. Pourquoi fréquente-t-il la Société des Études psychiques, plutôt décriée ? C'est qu'il ne peut y avoir pour lui qu'une démonstration de la vérité métaphysique : l'expérience. Le *Traité de psychologie* (1890) fut salué comme un chef-d'œuvre. On peut classer James parmi les fondateurs de la psychologie de laboratoire. L'examen d'un système nerveux rudimentaire, comme celui de la grenouille, permet de voir schématiquement le mode d'activité de toute fonction nerveuse. L'esprit est une fonction de l'organisme, un instrument qui permet à l'homme de modifier son milieu pour parvenir à ses fins. La conscience est « ... un combattant luttant pour des fins » (*Problèmes de philosophie,* 1911). Mais James répugne à envisager l'*âme* comme une réalité substantielle. Ce qu'il décrit, c'est le « courant de conscience », bien proche de la durée bergsonienne. Ainsi, « c'est en puisant à pleines mains dans un flot d'intuitions disparates que James entretient la fraîcheur de sa pensée ». A la question « la vie vaut-elle d'être vécue ? », le célèbre article de l'*International Journal of Ethics* en 1895 répond : c'est à vous qu'il appartient de la rendre digne d'être vécue. L'auteur de *la Volonté de croire* (1896) montre que « l'hypothèse religieuse » est plus vivante que les froides négations d'une raison outrecuidante.

L'année suivante, il a renoncé au laboratoire ; il enseigne maintenant la philosophie. Humanitaire et pacifiste, il blâme la guerre déclarée par son pays à l'Espagne. Mais le métaphysicien se sent dépaysé dans la jungle politique. A la suite d'une ascension, en 1898, il présente une lésion cardiaque qui ne guérira pas. Cela le conduit à réfléchir sur la mort et l'immortalité. Ce problème reste posé en dépit des partis pris métaphysiques déguisés en théories scientifiques. James examine donc la religion du point de vue de la psychologie (*Les Variétés de l'expérience religieuse,* 1902). En psychologie de la religion, il tente de se placer à un « point de vue purement existentiel ». Pionnier de l'étude scientifique de la religion, il soutiendra pourtant que seule sa conversion religieuse l'avait sauvé de la dépression totale et de la folie. Il conclura que c'est la volonté et non la raison qui est la faculté décisive de la croyance. Il a choisi d'étudier l'état mystique comme celui qui manifeste l'expérience religieuse dans sa plénitude. Il procède à une comparaison, non à une identification, entre l'expérience mystique et les sentiments de présence hallucinatoire. On peut dépouiller la pensée religieuse des états morbides ou supra-normaux qui l'accompagnent. Elle tient toute dans la croyance qu'il existe un ordre de choses invisible auquel notre bien suprême est de nous adapter. Par ailleurs, James avoue son peu de goût pour les démonstrations scolastiques et refuse toute validité aux « preuves de l'existence de Dieu ».

L'influence de Bergson ne produira tous ses effets qu'en 1903 dans *L'Univers pluralistique.* Contre Hegel et Bradley, James affirme que la réalité est diverse, multiple et foisonnante. L'Absolu est « lointain » et « stérile » ; son absurdité surpasse sa niaiserie. Le *pluralisme* offre une philosophie complète, dont la religion n'a rien à redouter, car Dieu n'est pas l'Absolu mais fait lui-même partie de l'univers. Désormais, les alliés de James se multiplient, à Chicago, en Californie et à Oxford, sans apporter à la doctrine pragmatiste autre chose que des confirmations ou des extensions.

Le pragmatisme, déclare-t-il, « sait conserver les relations les plus intimes et les plus étendues avec les faits » (*Le Pragmatisme,* 1907). Il interprète chaque idée d'après ses conséquences pratiques (*pragma,* en grec, signifie action). Il exige la vérification de toute théorie dans l'expérience sensible. Sur le problème de Dieu, l'option entre théisme et athéisme prend une importance pratique pour la situation future de l'homme dans le monde. Les adversaires du pragmatisme dénonceront ici des slogans sommaires : la vérité est ce qui marche bien, ou ce qui est utile, ou ce qui est opportun ; il y a des vérités tonifiantes, d'autres consolantes, d'autres qui vous remettent dans le droit chemin ; choisissez dans le magasin des doctrines la chaussure à votre pied. James lui-même n'a-t-il pas décrit la vérité théorique comme un système de bons qui doivent être changés périodiquement contre la dure monnaie de l'expérience ? N'a-t-il pas dit qu'une idée est vraie, tant que nous avons un intérêt vital à la croire telle ? Sans doute son intention sera-t-elle plutôt d'appliquer l'utilitarisme de Stuart Mill, qui concernait le bien ou le bonheur, à la théorie de la connaissance. Il n'en reste pas moins que la vérité n'est plus immuable : « Elle *arrive* à une idée », celle-ci « *devient* vraie, elle est *rendue* vraie par les événements » (*La Signification de la vérité,* 1909). Ce qui importe, c'est donc le processus de sa validation.

De telles conceptions se répandent en Europe (les paquebots transatlantiques ne mettent que quelques jours pour franchir l'Océan). D'ailleurs, le pragmatisme n'est que l'un des flots de ce vaste courant de pensée qui s'en prend à l'intelligence, et que Nietzsche représente à merveille. Aussi Peirce ressent-il le besoin de distinguer sa pensée originale de ces développements décorés du même nom, et lui donne-t-il le nom de *pragmaticisme,* « terme assez laid pour décourager les voleurs d'enfants ». Le pragmaticisme prétend faire de la métaphysique une science positive. Mais Peirce est un des grands logiciens américains ; la question à laquelle il s'attaque est celle-ci : comment définir le sens des idées ?

De tous les pragmatistes, John Dewey, le maître de « l'école de Chicago », est celui qui a subi le plus fortement la pensée germanique. Il veut se débarrasser définitivement du point de vue de la logique formelle. Seul Hegel, avec sa dialectique, l'a osé. Dewey a une aversion totale pour les conceptions purement formelles et statiques de la pensée. L'influence hégélienne le pousse à accentuer le caractère *organique* et *dynamique* de la pensée. Pour son *« instrumentalisme »,* l'idée est un plan d'action. « La connaissance enveloppe une transformation réelle d'une réalité réelle. » La pédagogie de Dewey — « l'éducation nouvelle » — est fondée sur l'idée que toute pensée féconde se fonde en vue d'une action concrète. En philosophie politique, l'école instrumentaliste se dit pleinement démocrate parce que, dans l'ordre réel comme dans l'ordre social, elle oppose, à la notion d'un Absolu stable, celle d'une évolution incessante qu'il appartient à l'effort intelligent de chaque citoyen d'orienter, à tout instant, dans le sens du progrès (*Démocratie et Éducation,* 1917).

W. James, quant à lui, prétend s'enfoncer de plus en plus dans le pragmatisme, « l'unique philosophie sans balivernes ». En fait, il est très proche de Bergson. Que l'on ne s'étonne pas de cette formule de Gilbert Maire : « Pragmatisme, bergsonisme et modernisme tendent alors à se confondre. » La multiplicité des étiquettes et des noms en *-isme* ne saurait masquer qu'à l'aube du XXe siècle, l'air du temps n'est plus guère favorable à l'intelligence rationnelle : n'est-ce pas là le signe d'une « montée des périls » ?

CHAPITRE IV

En France, de la « Belle Époque » à la « Reconstruction »

Période d'épanouissement du capitalisme libéral, la fin du XIXe siècle connaît une deuxième révolution industrielle : celle du pétrole et de l'électricité. Le taylorisme et le travail à la chaîne, mis en pratique aux États-Unis vers 1900, sont introduits en France. Mais, de 1882 à 1896, la stagnation mondiale se répercute dans notre pays. Une reprise plutôt lente se manifeste de 1904 à 1913 — trop tardive pour que soit compensé le retard pris durant un quart de siècle. La France a malgré tout, en 1913, la réputation d'une nation riche, qui suscite l'envie. Certes, démographiquement, elle est un pays vieux. Mais une société brillante et une vie culturelle créatrice peuvent faire illusion.

Pierre Miquel a remarquablement décrit « la Belle Époque », ces années d'illusion qui, entre 1900 et 1914, laissent croire à l'Europe qu'elle est « parvenue à une superbe maturité la dispensant de tout grave souci d'avenir ». A Paris comme à Vienne, on cultive la joie de vivre, le raffinement et la beauté. Les deux capitales de l'élégance sont « reliées par le mythique Orient-Express ». Les altesses royales en personne règnent sur l'Époque. Audessous, c'est *le demi-monde,* celui du Tout-Paris, qui s'ouvre aux artistes, aux écrivains, aux comédiennes. « La déesse de ce temps de charme, de luxe et de lascivité est la Parisienne. » Elle incarne l'idéal de ces années caractérisées par la frénésie... et l'inconscience. Tout cela devait être bouleversé par la Première Guerre mondiale.

L'Anglais Arnold Toynbee, né en 1899, adepte de ce genre mal défini et peu rigoureux qu'est la « philosophie de l'histoire », sera frappé par le parallélisme entre le conflit qui secoue l'Europe de 1914 à 1918, et la guerre du

Péloponnèse décrite par Thucydide. Mais il se demande comment les démocraties modernes, que leurs admirateurs qualifient de fruits de la religion chrétienne, capables au surplus de venir à bout de l'esclavage, ont pu avoir une influence si aggravante sur le fléau tout aussi épouvantable de la guerre. S'il ne va pas jusqu'à regretter les calculs sordides de la diplomatie matrimoniale d'antan, il s'en prend aux « énormités jumelles du nationalisme politique et du nationalisme économique ». Après tant d'autres, il caractérise la *guerre totale* comme un conflit dans lequel il est reconnu que les combattants ne sont pas seulement des « professionnels », mais toutes les populations des pays concernés. Il en voit l'origine lointaine dans le traitement infligé, à la fin de la guerre d'Indépendance, par les colons anglo-américains à ceux d'entre eux qui s'étaient rangés du côté de la mère-patrie : premier exemple de totalitarisme chez ces colons victorieux qui établirent la première nation démocratique de la société occidentale. Quant au nationalisme économique, il aurait été engendré par une perversion analogue de l'industrialisation. Si l'essence de la démocratie est, comme l'a cru la Révolution française, un esprit de fraternité, la condition essentielle pour que l'industrialisation réalise toutes ses promesses, est la coopération universelle. Mais cette aventure a mal tourné. Un philosophe comme Bergson partagera cette inquiétude. D'autres développeront cependant une « philosophie de l'esprit » étrangement impavide.

« Une philosophie nouvelle : Henri Bergson »

C'est là le titre d'un livre d'Édouard Le Roy (Alcan, 1912). « Bergson, ce professeur paisible et de tempérament plutôt conservateur, fut l'inventeur d'une philosophie explosive » (H. Gouhier). On admire « l'audace de Bergson, bousculant tranquillement les vues traditionnellement admises de son temps », et « l'aventure exemplaire de cet *esprit-aventure* remarquable d'unité, de continuité, comparable au déroulement d'une mélodie ».

Henri Bergson est né à Paris le 18 octobre 1859. Son père était un musicien polonais, sa mère anglaise (l'Angleterre semble avoir été pour le philosophe une seconde patrie).

Israélites l'un et l'autre, ses parents semblent avoir été des âmes religieuses. Mais longtemps absents, ils laissent l'enfant pensionnaire au lycée Condorcet. Son professeur de philosophie, formé à l'école de Cousin, n'exerce guère d'influence sur Henri qui, attiré par les sciences, suit une classe de mathématiques élémentaires après sa philosophie : il aura le premier prix de mathématiques au concours général. Pourtant c'est en section « lettres » qu'il prépare l'École normale supérieure de la rue d'Ulm. Reçu en 1878, il fut le condisciple de Durkheim et de Jaurès. Il avait réussi à se faire nommer élève bibliothécaire et passait de longues heures silencieuses dans un véritable sanctuaire de livres. Il fut l'élève d'Ollé-Laprune et de Boutroux, lequel enseignait ce kantisme que le jeune Bergson exécrait tout spécialement (il était surnommé « l'anti-kantien » par ses camarades). S'intéressant d'abord à la philosophie des sciences, il est l'admirateur convaincu de Spencer, à cause du caractère concret de son esprit. Sa pensée se forme en « ce moment de l'histoire où l'avènement des sciences positives de la vie impose une nouvelle instauration philosophique ».

En 1881, il fut nommé, pour son premier poste, professeur de philosophie au lycée de garçons d'Angers ; il donne aussi des leçons de littérature à l'école supérieure de jeunes filles de la ville. Il est nommé en septembre 1883 au lycée Blaise-Pascal de Clermont-Ferrand et passe en Auvergne cinq années parmi les plus heureuses de sa vie, mettant à profit le « recueillement provincial » pour réviser de fond en comble ses conceptions philosophiques. La brillante réputation de Bergson lui valut d'être invité, en février 1884, à donner au Palais des Facultés des conférences qui deviendront son livre *Le Rire :* il y esquisse l'esthétique de la caricature et témoigne de « cette foi dans la jovialité qui fait de son œuvre un aiguillon très stimulant ». Il est aussi chargé de cours à la faculté des lettres ; il se livre avec un de ses collègues à des expériences d'hypnotisme ; il pratique presque quotidiennement ses sports favoris, l'escrime et l'équitation. Malgré sa grande pudeur de sentiments, qui prenait souvent le masque d'une courtoisie un peu froide ou d'un humour tout britannique, il laisse parfois percer une sensibilité très vive. « Bergson distingue ce qu'il pense comme homme et ce qu'il sait comme philosophe ; ce qu'il sait comme philosophe, il le dit dans ses livres ; ce qu'il pense comme homme, il le garde pour soi : il y a donc une pensée d'Henri Bergson qui déborde sa philosophie... », écrit Henri Gouhier.

A Clermont, il connut une crise spirituelle, ou, mieux, une conversion d'où sa pensée devait sortir entièrement renouvelée. Ayant repris à la base les *Premiers principes* de Spencer, et parvenant à l'idée de *temps,* il éprouva le sentiment très net de l'insuffisance de la philosophie spencérienne qui, pense-t-il, reconstruit l'évolution avec des fragments d'évolué. Ce qui est en jeu, c'est la réalité du *mouvement.* Et c'est pour protester contre les arguments de Zénon et tout ce qu'ils pouvaient représenter à l'époque, que Bergson rédigea alors ses deux thèses de doctorat : 1. la thèse complémentaire, dans le plus pur latin cicéronien, *Quid Aristoteles de loco senserit ;* 2. la principale, *Essai sur les données immédiates de la conscience,* réponse elle aussi aux apories de Zénon et de ses modernes sectateurs, mais aussi, dans la lignée des thèses en Sorbonne des Ravaisson, Lachelier, Boutroux, en faveur de la liberté. Jean Guitton a décrit la manière de travailler de l'auteur : « Lorsqu'il se sentait visité par quelque thème, par exemple l'intuition musicale de la durée pure, il écrivait, sans se soucier du plan ou de la composition, des pages entières à la file... Il ne cherchait pas à les coudre et à les raccorder..., les laissait dormir dans un tiroir. C'est ainsi que l'*Essai* lui fut donné par surcroît, dans un songe lucide, qui était en marge de ses préoccupations habituelles. » L'*Essai* est « un appel énergique à l'authenticité, un livre libérateur ». Le moi profond est qualité pure, durée pure, un jaillissement direct de vie fraîche. On ne pense pas ce qui dure comme on pense ce qui ne dure pas. Ce livre est le témoin de cette conversion intellectuelle de Bergson, de sa découverte de la vie intérieure que sa formation scientifique et mécaniste lui avait fait méconnaître et même ignorer jusqu'alors. Bergson a pris l'intuition de la durée pour expliquer la question de la liberté. Mais l'œuvre était si nouvelle qu'elle ne fut pas comprise, notamment lors de la soutenance de thèse à la fin de l'année 1889. Qui était prêt à dire : « Je pense, donc je change » ?

A l'automne 1888 Bergson avait commencé une carrière

dans les lycées parisiens, notamment en rhétorique supérieure à Henri-IV, où il fut le prédécesseur d'Alain. Un de ses élèves évoque ces « réponses essoufflées » que « l'insistance de Bergson arrachait » à ces garçons, et dans lesquelles il avait toujours « l'art de trouver une vue intéressante ». A trente-deux ans, Bergson épousa Louise Neuburger, alors âgée de dix-neuf ans, dont le père occupait un poste important dans la banque Rothschild. De cette union devait naître Jeanne, sourde de naissance, qui consacrera sa vie à la peinture et à la sculpture. Marcel Proust était le cousin de Mme Bergson ; on connaît les affinités entre les œuvres des deux hommes. En 1894 et 1898, le philosophe posa en vain sa candidature à la Sorbonne ; il fut amené par la suite à se féliciter d'avoir ainsi échappé à un travail absorbant (préparation de l'agrégation chaque année) qui aurait nui à son œuvre. Il publie en 1896 *Matière et Mémoire, essai sur la relation du corps à l'esprit.* Il s'agit, au fond, d'un livre de métaphysique, mais situé sur le terrain de l'expérience : spiritualisme donc, mais qui n'a rien de « désincarné ». La distinction des deux plans de l'action et du rêve, la notion d'attention à la vie sont à l'origine des réflexions de Bergson. La mémoire pure, c'est l'esprit ; la perception pure, c'est la matière. On peut donc dire que sa philosophie a restauré l'idée de contemplation et un certain idéal de vie contemplative. En février 1898, Bergson est nommé maître de conférences à l'École normale supérieure. Les frères Tharaud ont décrit la ferveur qu'avaient pour lui les élèves. Parmi ces auditeurs enthousiastes, Bergson rencontre alors celui qui fut le plus pénétrant de ses disciples : Charles Péguy, l'auteur des *Notes conjointes* : on remarque malicieusement que la note sur Descartes parle davantage de Bergson que de Descartes et inversement. Péguy a compris que le sens de la vocation intérieure ne peut être cultivé que dans une lutte incessante contre les forces d'enlisement que sont les habitudes, « l'inertie ou la mollesse », « une inexplicable répugnance à vouloir ». « Ce qu'on ne pardonne pas à Bergson, dit-il, c'est d'avoir brisé nos fers. »

A la fin du siècle, Bergson fut nommé au Collège de France. Il avait acquis une telle notoriété, écrit M. Barlow, que « ses cours drainaient littéralement des foules ». Ce n'était pas là seulement « une toquade du *Tout-Paris* » : la psychologie moderne, utilisant la méthode chère à Bergson, montrera que l'*intuition* n'est pas une pure fantaisie dépourvue de valeur épistémologique, mais qu'elle possède une sorte de logique propre. Réellement, son enseignement eut une influence profonde sur plus d'une destinée spirituelle. « Péguy et Psichari, Jacques (Maritain) et moi, écrit Raïssa Maritain, nous formions un quatuor exultant, parce que des perspectives de vie spirituelle et de certitudes intellectuelles s'ouvraient à nouveau devant nous... » A cette période de sa vie, les honneurs commencent à pleuvoir sur le philosophe. En 1901, il devient membre de l'Institut, au fauteuil de Félix Ravaisson dont il prononce l'éloge.

C'est en 1902 que l'amitié entre dans la vie de Bergson. William James, professeur à l'université de Harvard, lui écrit une lettre enthousiaste, accompagnée d'un exemplaire de son livre sur *L'Expérience religieuse.* C'est le début d'une amitié fidèle, la seule peut-être qu'ait connue Bergson. Celui-ci rédigera la préface à la traduction française de l'ouvrage de James, *Le Pragmatisme.* On remarquera vite l'affinité entre les pensées des deux philosophes, les analogies entre le *stream of thought* et la *durée pure* de Bergson. Ce dernier s'intéresse aussi au livre d'Henri Delacroix, *Études d'histoire et de psychologie du mysticisme,* où sont étudiés Thérèse d'Avila, Suso et Mme Guyon. Comme tous les penseurs originaux, Bergson est amené à défendre ses vues contre des interprétations erronées. Ce sera le cas au Congrès international de philosophie de Paris en 1900 à propos des thèses de *Matière et Mémoire ;* à une séance de la Société française de philosophie sur le parallélisme psycho-physiologique ; au Congrès de philosophie de Genève en 1904 sur « le cerveau et la pensée ». D'ou le thème de la « *philosophie unique* » : son apparition dans l'œuvre, écrit A. Robinet, « fait suite aux violentes attaques qui, entre 1898 et 1900, mirent Bergson en face de ses responsabilités... Progressive, sa démarche est discontinue et liée à des accidents rares et géniaux. Collective, elle résultera des gains obtenus grâce à des efforts individuels. Parallèle à la science, elle ne concerne que le domaine de la métaphysique... Cette tendance qui porte Bergson à l'affirmation grandissante de cette espérance d'une philosophie unique manifeste ce qu'il y a de plus anti-intellectualiste dans sa doctrine. La violence exclusive de ce mythe se comprend par la puissance des feux croisés qui avaient mis Bergson en demeure de se prononcer pour ou contre l'intellectualisme. L'hostilité ambiante a certainement contribué à le rejeter plus vivement vers l'espérance d'une *philosophie unique ayant les caractères de la sienne* ».

Bergson était hanté par le problème de la vie. Il accumula pendant dix ans une documentation considérable dans le domaine biologique. Il passa des vacances entières à étudier, à la manière de Fabre, les mœurs des fourmis et des abeilles. Mais il n'y aura « pas la moindre trace de pédantisme » dans le livre qui paraîtra en 1907 : *L'Évolution créatrice*. A la fin du siècle il avait certaines préventions à l'égard du transformisme. C'est l'examen des faits qui l'amena à admettre peu à peu l'hypothèse de l'Évolution comme la plus vraisemblable. « L'évolutionnisme bergsonien est une *position originale* par rapport aux théories communément reçues de son temps : le néolamarckisme, la théorie darwinienne des variations brusques. » Le principe de la dégradation de l'énergie est le plus philosophique de tous. « Ainsi vient la fin du monde, sans tragédie, par une sorte d'ankylose de la nature. Cette vision physico-eschatologique agit comme un révulsif » : la dégradation suscite une « évolution créatrice ». Ainsi s'esquisse une cosmologie accordée au principe de Carnot-Clausius. Bergson lance « l'idée de l'*élan vital*, non pas un mythe, mais une manière de serrer l'expérience aussi près que possible et d'extrapoler du côté des origines ». La matière, c'est l'élan qui retombe, « un geste créateur qui se défait ». A la différence de l'ouvrage précédent, le succès de *L'Évolution créatrice* fut presque instantané, dans la grande presse et le grand public. Mais il suscita aussi de farouches adversaires, tel Le Dantec qui poursuivit interminablement Bergson de ses critiques.

Dans les années qui précèdent la guerre de 1914, la renommée de Bergson continue de s'étendre mondialement : congrès de Bologne, tournée de conférences en Angleterre, semestre d'étude dans les universités américaines. Il accepte la présidence de la *Society for psychical*

Research de Londres, et y traite des « fantômes de vivants ». Son évolution religieuse est commencée, comme en témoignent les lettres au Père de Tonquédec. Mais le 1er juin 1914, le Saint-Office inscrit au catalogue de l'Index ses trois livres principaux, ce qui déchaîne la colère de Péguy. Lui-même semble avoir été profondément peiné de cette marque de défiance à son égard. Mais cette même année 1914, il sera élu à l'Académie française.

On a beaucoup glosé sur les missions de guerre de Bergson : en Espagne (1916) ; en Amérique (janvier 1917) en faveur de l'entrée en guerre des États-Unis, encore hésitants, aux côtés des Alliés (lui qui n'était guère mondain, dut se multiplier de réception en réception, d'entretien en entretien) ; nouvelle mission aux USA (juin-septembre 1918) en vue d'une « utopie diplomatique ». Mais, par leur patriotisme exalté, ses discours pendant la guerre gênent les plus fervents de ses admirateurs. En 1922, la SDN crée la Commission internationale de coopération intellectuelle, qui choisit Bergson comme président. Tout cela échappe au cadre de notre étude, ainsi que la manière dont il a trouvé Dieu ou plutôt dont Dieu l'a trouvé. Disons seulement qu'il fréquentait un vieux prêtre lazariste, presque aveugle, dont la pensée avait alors un certain retentissement, le Père Pouget. Le seul fait qu'il expose dans *Les Deux Sources de la morale et de la religion* (1932) ses vues sur le Dieu de la religion dynamique signifie qu'il leur accorde une probabilité comparable à celle des théories biologiques. Dès lors, le bergsonisme élaborera une métaphysique de la joie et rencontrera le Christ du Sermon sur la montagne.

S'il a existé un courant artistique analogue à la pensée de Bergson, c'est l'impressionnisme, et c'est le seul dont on soit sûr qu'il a influencé sa pensée. Comme lui, les impressionnistes ont voulu représenter la réalité individuelle et changeante. Au temps de sa jeunesse, ils ont constitué *le* grand courant de l'art européen. Ceux qui définissent l'art comme technique récusent la conception bergsonienne qui aurait éliminé de l'esthétique toute présence de l'artifice et de la fabrication. Mais Françoise Fabre-Luce de Gruson rétorque que, « si l'art est technique en ce sens qu'il passe nécessairement par elle, puisqu'elle lui permet la domination, la transposition et enfin l'expression de sa matière, alors on ne voit pas que Bergson ait jamais refusé une telle définition de la technique dans l'art ». Mais ce qui fait l'unité de la pensée bergsonienne, c'est l'absence d'*a priori,* la fidélité au réel. L'aventure est toute spirituelle. Et il est parfaitement injuste de dénoncer chez lui une philosophie mondaine et bourgeoise, comme l'a fait Politzer. Comment alors eût-il été le maître de Péguy, de Sorel, d'Édouard Le Roy ?

Cette pensée originale a été qualifiée de philosophie de la durée, du changement, de la qualité, de la tension, de la totalité. Elle est aussi philosophie de la Vie. « En Allemagne, en Angleterre, en France, toutes les philosophies de la Vie sont portées par un mouvement d'ensemble... Des courants analogues, chez Schelling, chez Schopenhauer et chez M. Bergson, nous font apparaître dans la pensée européenne du XIXe siècle une unité d'impulsion mieux éclaircie par l'idée d'élan que par le mot inexact et dangereux d'influence » (A. Thibaudet).

Assurément, après avoir connu, sans l'avoir cherché, le succès auprès d'un certain public, Bergson a été quelque peu oublié. On a cessé de se scandaliser de sa critique de l'intelligence, qui n'était après tout qu'un effort pour que l'intelligence se dépasse elle-même. Comme l'a bien vu Jean Hyppolite, la philosophie bergsonienne est une philosophie de la vie avant d'être une philosophie de l'histoire humaine : « C'est le roman de la vie, un roman qui repose sur la science, mais un roman quand même... Dans *L'Évolution créatrice,* l'homme apparaît comme le sens de toute l'évolution. » Effort pour ouvrir tout ce qui est clos, le bergsonisme a renouvelé tous les problèmes, « il a libéré une génération qui était prisonnière d'une fausse conception de la science ». Et J. Hyppolite affirmait que l'on peut « dévoiler en creux l'existentialisme dans le bergsonisme », en montrant ce qui manque au bergsonisme pour satisfaire certaines exigences contemporaines. La sérénité bergsonienne nous étonne, cette sérénité d'une Nature étrangère à l'homme que l'histoire remplit d'angoisse. Cependant c'est vers la Nature encore que se tourne Mikel Dufrenne lorsque, dans son ouvrage *Pour l'homme* (Seuil, 1968), il s'attaque à tous les courants qui prêchent « la mort de l'homme », qu'il s'agisse de l'« épistémologie archéologique », du structuralisme ou de certaines formes du marxisme.

« Il divaguait entre Jaurès et Bergson, comme un corps flottant... »

Pour comprendre par le dedans le bergsonien Péguy, le mieux est de lui appliquer la méthode bergsonienne et d'assigner à sa destinée une « continuité d'écoulement ». Charles Péguy naquit en 1873 à Orléans. D'origine paysanne, il fut élevé par sa mère et sa grand-mère, femmes énergiques, dures au travail, qui gagnaient leur vie en rempaillant des chaises. Il garda un souvenir ému de ce faubourg où il passa son enfance : « C'était rigoureusement l'ancienne France, et le peuple de l'ancienne France. » A l'école, il se montra un élève d'une exceptionnelle application ; toujours il célébrera « cet admirable monde de l'enseignement primaire ». Boursier, il connaît au lycée les plus brillants succès scolaires. Au catéchisme, il a profondément subi l'influence de ses maîtres religieux. Mais en classe de seconde, il a conscience de n'avoir pas sauvegardé la foi de son enfance. La foi socialiste va bientôt, en lui, remplacer la foi catholique.

Il reçut une bourse pour préparer au lycée Lakanal l'École normale supérieure. Ayant échoué à l'oral, il fait, par devancement d'appel, son service militaire. Il est reçu à l'École en 1894. Son camarade Challaye le voit comme un petit homme robuste et sanguin, aux épaules carrées, aux cheveux ras, à la barbe châtaine, aux yeux brun vif et malicieux derrière un lorgnon ; il manifeste quelque lourdeur paysanne ; c'est « un magnifique exemplaire de juvénile humanité ». Son but est la réalisation de la justice sur la terre.

Péguy a su goûter l'intérêt et l'agrément de ce « cloître » qu'était Normale supérieure. Bergson n'y est pas encore maître de conférences. Mais après avoir quitté l'École, Péguy a l'autorisation d'y venir suivre des cours, et il peut entendre Bergson. A cette date, il se rallie au parti socialiste, car il y voit un moyen de réaliser son idéal personnel. Mais il garde dans son inconscient les influences latentes de son catéchisme et du patriotisme de ses instituteurs. D'où le culte qu'il voue à Jeanne d'Arc, la libératrice de sa patrie : c'est à sa glorification qu'il consacrera sa première œuvre. Dans sa promotion sont socialistes aussi Lévy, Mathiez, Weulersse ; et leur salle de travail se dénomme « la turne Utopie ». Péguy tâchait de conduire ses camarades au socialisme par la voie de la morale kantienne, alors acceptée de beaucoup : l'impératif catégorique devait être vivifié par l'effort pour créer une société meilleure. Anticlérical, il organise une ardente campagne contre le philosophe catholique Ollé-Laprune, censé être incapable d'enseigner l'amour de la pensée libre. Mais Jean Jaurès fit circuler une pétition en faveur du professeur. Péguy était fortifié par l'amitié active du bibliothécaire Lucien Herr. Celui-ci avait compris que la bibliothèque de la rue d'Ulm était le meilleur poste pour gagner l'Université au socialisme. Parmi les aînés de Péguy, Jaurès eut sur lui la plus grande influence. Selon les Tharaud, il avait « tout pour plaire à Péguy, un enracinement profond dans la culture grecque et latine une merveilleuse mémoire, de la santé, de la cordialité, une puissante bonhomie, une admirable inélégance dans la personne et dans la mise… »

Péguy collabore à la *Revue socialiste*. Son principe, c'est, grâce au travail organisé de tous les adultes valides, d'assurer à chacun la « vie corporelle », afin que tous puissent, selon leurs possibilités individuelles, développer leur « vie intérieure » et accomplir un « travail désintéressé ». Le travail désintéressé, c'est l'art ; la philosophie est « l'art de la science ». Mais, dans la société actuelle, « le grand scandale, c'est l'argent devenu maître à la place de Dieu ». S'il y a un *socialisme utopique,* c'est bien celui de Péguy : il décrit la cité telle qu'elle devrait être. De son côté, Jaurès distinguait avec netteté sa propre position métaphysique de celle de Marx : les idées ne peuvent être un simple *reflet ;* il faut compléter Marx par Michelet l'idéaliste. Donc Péguy ne se met pas en marche avec n'importe quel socialisme. Le sien est un socialisme moralisant, comme on le voit lors de l'affaire Dreyfus ; un socialisme d'inspiration kantienne. Péguy pourra bien, plus tard, traiter Kant avec hauteur : il ne lui en doit pas moins d'avoir présidé à la mise en ordre de ses premières pensées. Il faut « faire du mieux qu'on peut » ; « que ton travail soit un bon travail ». Dans ce drame historique qu'est la première *Jeanne d'Arc,* celle-ci est l'héroïne qui incarne le héros socialiste apportant le remède « par l'établissement d'une république universelle ». Par la suite, un vaste et profond mouvement soulèvera l'œuvre de Péguy contre Kant. La moralité ne se définira plus seulement par la « bonne intention », mais fera entrer en ligne de compte la présence charnelle de la souffrance. Au contraire, Jaurès, dans sa thèse latine, *Les Origines du socialisme allemand* (1892), montrait ce que Kant avait pu apporter à ce courant.

Le socialisme de Péguy est, en opposition encore avec celui de Jaurès, un socialisme anarchisant. Jaurès, avant tout, voulait l'unité, l'union. Péguy, selon le principe de Leibniz, mettait l'accent sur l'individu dans sa saveur unique. Chez lui, le principe d'individuation l'emporte. Certes, Jaurès aussi avait, dans sa grosse thèse, *De la réalité du monde sensible,* fort bien posé le problème de l'individuation en métaphysique ; il insistait sur la réalité infiniment diverse des individus, dont la mission du socialisme était d'obtenir le plein épanouissement. Mais il parlait sans cesse unité, unité universelle, unité humaine. Le « monisme » de Jaurès évoque un monde futur harmonieux. Mais, contrairement aux anarchistes, il entend ne pas négliger les structures d'organisation sociale par lesquelles l'individu s'épanouira librement ; il a tendance à soumettre les individus à la régulation d'une vocation collective. Péguy, avec les anarchistes, refuse de céder un pouce de l'autonomie individuelle. Selon A. Robinet, l'individualisme jauressien reste un individualisme du contrat social, fondé sur la volonté générale ; l'individualisme péguyen est un individualisme sans contrat, où les volitions n'abandonnent rien de leur souveraineté personnelle. Péguy rejoint Bergson sur le thème d'une volonté incommensurable, émanation du moi profond.

Enfin, le socialisme de Péguy est « exactement internationaliste », c'est « un assainissement du nationalisme et de la nation même ». L'un de ses buts est bien de *tuer la guerre.* En définitive, la révolution sociale sera morale ou ne sera pas. Sans exclure la violence, Péguy compte moins sur un coup de force que sur la conquête des âmes. Il voit dans la lutte des classes un fait brutal, et non un moyen de préparer la société future.

Il donnait des leçons de latin à la sœur du socialiste Marcel Baudouin. Charlotte avait dix-sept ans, de longues tresses blondes, et suivait les cours de l'école des Arts décoratifs. Il la demanda en mariage, et fut agréé. Les Baudouin étaient des bourgeois ; mais la veuve Baudouin était l'amie de la vieille « communarde » Louise Michel. La dot de Charlotte sera donc consacrée à la cause du socialisme. Péguy décide de fonder une maison d'édition et une librairie qui devait être un centre de pensée et d'action socialistes (1898). C'est l'époque où Jaurès, battu aux élections, tente en vain de se faire nommer à la Sorbonne.

Depuis les derniers mois de 1897, une prodigieuse tempête intellectuelle, morale et politique bouleversait les esprits : l'affaire Dreyfus. Péguy affirma qu'elle était « une cause morale extraordinaire » : il prit parti, « nettement, ardemment, violemment », pour le capitaine injustement condamné. Il fut un des premiers à signer la pétition demandant la révision du procès. Il « organisa » efficacement ses camarades pour lutter au Quartier latin contre les bandes antisémites ; souvent il fallait défendre, à la Sorbonne, les professeurs dreyfusards à qui l'on refusait le droit de parole. Un jour, à Versailles, lors du procès de Zola, il fut passé à tabac par les sergents de ville qui lui cassèrent sa propre canne sur le dos, et le menèrent au poste d'où il fallut que le vieil historien Gabriel Monod vînt le délivrer. Plus inquiétante, cependant, était peut-être l'incapacité commerciale de Péguy. Un expert conclut bientôt à une faillite imminente. Lucien Herr vint au secours de la librairie. Il y eut pourtant bien des péripéties, où Péguy n'eut pas toujours le beau rôle.

Mais c'est alors « la crise de 1900 ». Des fissures apparaissent dans l'amitié avec Jaurès. On décèle de plus en plus « une rhétorique et une dialectique qui semblent relever des lectures bergsoniennes du jeune militant ». Chaque fois que son anarchisme l'écarte de la pensée de Jaurès, Péguy en vient à user de la langue et du système bergsoniens. Il est exclu du parti, ce qui lui cause un choc psychologique profond. Ainsi, « la vérité n'est pas socialiste », « le bien n'est pas socialiste » ! De cette crise, Herr est la première victime. La rupture avec Jaurès sera plus progressive. Par exemple, Péguy défend encore la thèse de Jaurès, *De la réalité du monde sensible,* grossièrement attaquée pour avoir parlé de Dieu en ces termes : « Il est donc aussi impossible à la pensée de séparer le monde et Dieu que de les confondre ; l'acte infini qui est Dieu fonde cette puissance infinie qui est le monde ; c'est-à-dire que dans l'infini l'acte et la puissance ne sont plus distincts que pour la pensée... » Mais le problème séparateur est celui-ci : qu'est-ce que l'unité des volontés individuelles dans une société ? « C'est sur ce point que va s'engager la polémique métaphysique qui rendra béante la lézarde d'amitié entre Péguy et Jaurès » (A. Robinet). Ils se sont séparés sur cette question fondamentale : est-ce que l'*un* et l'*être convergent* ? autrement dit, sur le thème de l'unité. Jaurès réussira en 1905 à unifier toutes les tendances au sein de la SFIO. Mais, pour Péguy, tout subordonner à l'Un aboutit à une résignation métaphysique : la fausse unité de Jaurès est une unité de servitude, d'oppression. Sans aucun doute, la pensée de Bergson aide Péguy à creuser cet écart métaphysique.

On a parlé du « choc bergsonien ». Le cours du vendredi au Collège de France prend une importance sociologique, et Péguy ne le manque pas. Voici comment ce dernier interprète la pensée du maître : il s'agit de savoir, de l'*intelligence* et des masses, ou de l'*intuition* et des individus, ce qui l'emporte dans l'énonciation du jugement, en politique comme en esthétique. D'emblée, Péguy a vu le parti qu'il pouvait tirer des grands thèmes de la pensée bergsonienne. « Il (Bergson) a démoli la sociologie ! », s'écrie-t-il.

La rupture avec Herr éclata quand Charles Péguy eut pris la décision de fonder les *Cahiers de la quinzaine.* Il y attaquera brutalement ses amis d'hier. Le premier numéro paraît le janvier 1900. Le propos est de *dire toute la vérité.* On s'installera au 8 de la rue de la Sorbonne. Chaque numéro est un petit livre fort soigné de 144 pages sur papier bulle, sous couverture jaune, vendu (à perte) 1,50 F. Selon les Tharaud, les abonnés formaient comme un ordre à la manière des Templiers ou des Hospitaliers de Saint-Jean.

« Que de pensée, a-t-on dit, d'indépendance intellectuelle, de courage moral, que de verve et d'esprit dans les *Cahiers* de cette première année ! » Péguy y poursuit sa polémique contre le parti socialiste. Sa critique du socialisme parlementaire le conduira à une critique généralisée du parlementarisme. Il reproche à Jaurès, devenu « chef parlementaire » d'avoir voulu mettre un terme à l'affaire Dreyfus par une amnistie généralisée. Puis, pour des motifs de politique extérieure, il multiplie les attaques contre le fondateur de *L'Humanité,* l'accable de grossiers outrages et en vient à souhaiter l'assassinat de son ancien ami.

Il n'est pas toujours dans la boutique des *Cahiers.* F. Challaye le dépeint, « monacal, martial et rural, avec sa pèlerine de bure, ses souliers ferrés et, à la main, une canne coupée dans une branche d'arbre : il aimait, en marchant, bavarder à bâtons rompus ». Pris par sa tâche d'écrivain, il n'a pas le temps d'étendre sa culture : il relit plus qu'il ne lit ; Sophocle, Corneille, Hugo sont ses auteurs de prédilection. Des textes comme *De la situation faite à l'histoire et à la sociologie dans le monde moderne* sont des fragments de la thèse de doctorat qu'il envisage, car il pense que « la philosophie est le plus beau des métiers ». Péguy marque un antagonisme radical entre la sociologie, à laquelle les modernes cherchent à réduire l'histoire, et sa conception de l'histoire, qui n'est point l'histoire quantitative. L'histoire s'oppose à la sociologie comme la mémoire à l'habitude dans l'œuvre de Bergson. La voie de la sociologie est bouchée ; seule la voie du *génie* est ouverte. Il refuse la théorie moderne du progrès : il lui oppose l'idée, toute positive, du *vieillissement.* On ne peut pas jouer à la fois sur les deux tableaux du *chrétien* et du *moderne.* Par « monde moderne », il entend un monde capitaliste et bourgeois, un monde de pseudo-démocratie parlementaire, soumis à la dictature du haut enseignement officiel. Il s'élève en effet contre l'influence qu'exerce sur l'Université l'autoritaire Durkheim. C'est que, pour Péguy, « l'athéisme est une métaphysique, aussi bien que le théisme et le panthéisme ». Dans *Victor Marie, comte Hugo : à moi, comte, deux mots,* il flétrit les arrivismes du parti intellectuel. « Tout commence en mystique, et finit en politique. » Dans *L'Argent,* il attaque avec une rare violence Lanson et les « sorbonnards pangermanistes ».

Un jour, le bruit se répand que l'Église jette un regard hostile sur les œuvres de Bergson et se prépare à les condamner. Aussitôt, Péguy se précipite au secours de son maître, dans la *Note sur M. Bergson et la philosophie bergsonienne,* puis la *Note conjointe sur M. Descartes et la philosophie cartésienne.* « Une grande philosophie n'est pas celle qui installe une vérité définitive. C'est celle qui introduit une inquiétude, qui ouvre un ébranlement. » Le bergsonisme, explique-t-il, n'est pas un irrationalisme, il est une méthode pour bien conduire sa raison. Pour Péguy comme pour Bergson, *durer,* c'est changer et mûrir. Mais ce devenir n'exclut pas les constantes. Une de ses constantes est l'énergie : il maintient envers et contre tout la parution des *Cahiers,* victimes d'un double boycottage, commercial chez les libraires, et littéraire dans les revues, jeunes ou vieilles. Cependant Bergson et ses amis israélites, Henri de Rothschild, la banque Lazare, aident financièrement les *Cahiers.*

Or les relations entre Bergson et Péguy sont plutôt en dents de scie. Ce dernier a pris ses distances à l'égard de *L'Évolution créatrice* (1907), où la « durée du monde » risque d'engloutir l'individu. Péguy était en mesure de juger de son éloignement des thèses « monistes » et « laïques » de Bergson, d'autant plus que, de ces mois-là date l'annonce de sa *conversion.* En même temps, il reproche à Jaurès d'avoir retourné le mouvement « moral » et maintenant « mystique » du dreyfusisme en mouvement politique, antireligieux, antichrétien, antifrançais. La chose n'est pourtant pas si simple. Dans *L'Arrière-pensée de Jaurès,* Henri Guillemin cite cette phrase de *L'Armée nouvelle :* « Après tout, j'ai sur le monde, si cruellement ambigu, une arrière-pensée sans laquelle la vie de l'esprit me semblerait à peine tolérable à la race humaine. » (C'est à Dieu qu'il pense.)

La théologie de Péguy suppose la primauté du cœur et de la foi. L'*intuition* du fidèle en constituerait la méthode. Pourtant, il ne s'agit pas ici de mysticisme. Comme le dit si bien A. Robinet, « on a beaucoup déliré en milieu péguyste sur la *sainteté* du personnage, sur sa *mysticité,* sur sa *foi,* en confondant la foi avec la simple sentimentalité ». C'était faire fi du caractère didactique de l'œuvre, qui s'avoue elle-même comme une méditation sur le catéchisme, la liturgie, les évangiles. Et ici, « Péguy n'a pas énoncé n'importe quoi ». La femme fut la première assujettie à la loi de la mort, à cause de sa faute. Elle a opéré — reproche très bergsonien — le renversement de la conduite par foi en conduite par intelligence. L'intelligence est égoïste, calculatrice, classificatrice : Ève a la manie du rangement. Doit-on dire que « s'il en avait eu la puissance et le génie, Péguy eût été le théologien du métaphysicien Bergson, comme Augustin fut celui de Platon » ? L'intelligence est entièrement disqualifiée face à la *grâce*. L'homme n'est pas le maître de sa destinée. La grâce le conduit où elle veut, quand elle le veut. Il y a des appelés et des non-élus. La cité de Dieu n'est pas universelle au sens où la cité harmonieuse prétendait l'être. Péguy a toujours affirmé son attachement à Pascal. D'instinct, il se rangeait donc parmi les plus extrémistes des jansénistes, insistant sur les « champs infernaux ». Or, Jaurès, dans sa thèse, avait indirectement diagnostiqué le penchant qui allait emporter Péguy. On a étudié l'épanouissement du thème de l'enfer à travers l'œuvre de celui-ci. Dans sa jeunesse, il avait réagi contre la théologie de la terreur ; mais la foi revenue, l'enfer suivit. Les réprouvés, c'est l'« immense tourbe » des intellectuels, intellectualistes, kantiens ou stoïciens, stériles et disgraciés. L'inquiétude envahit l'œuvre dernière de Péguy. Les certitudes infernales, l'inflation doloriste donnent à sa philosophie de l'histoire une tonalité abrupte inspirée par la saveur infinie du péché.

Et pourtant, même quadragénaire, Péguy refusait le terme de *converti* : toujours il avait été fidèle au christianisme considéré comme une « religion du cœur » ; seulement, il ne s'en rendait pas compte ; il en prit conscience par un « approfondissement ». Il a subi l'influence du « thomiste » Jacques Maritain. Le premier cahier de prose qui soit nettement chrétien, c'est, en juillet 1910, *Notre jeunesse*. Malicieusement, Péguy oppose son socialisme juvénile, d'origine chrétienne, au catholicisme des paroisses riches lors de la messe de 11 heures.

Le Père Duployé considère que l'œuvre de Péguy, prise dans son ensemble, est un « poème de l'unité perdue et retrouvée » ; mais, dit-il, « les origines de cette unité sont déchirantes. A chaque fois, il a fallu que Péguy, littéralement, abatte un homme : Jaurès, Laudet, Maritain. La voie royale sur laquelle il avance est jonchée de cadavres ». Il y aurait là une suite de meurtres dialectiques : Péguy « exécute » les hommes, fussent-ils ses amis les plus chers, qui font obstacle à sa marche vers l'unité. Resterait à dire ce qu'est cette si exigeante unité, puisque ce n'est pas celle de Jaurès.

S'il a été de vingt à vingt-cinq ans un fervent internationaliste, on lui reprochera par la suite l'exaspération de son nationalisme, et « une extraordinaire vanité nationale ». Comme pour Michelet, le peuple de Paris est à ses yeux un peuple unique, sans comparaison possible avec un autre. Il appelait de ses vœux la « génération de la revanche ». Il attendait cette guerre où il devait laisser sa vie dès le 5 septembre 1914. L'Histoire avait déjà broyé Jaurès, assassiné par un nationaliste, R. Villain.

Bergson sera le subrogé tuteur des enfants de Péguy. De celui-ci, A. Robinet a dit sévèrement : « Il divaguait entre Jaurès et Bergson, comme un corps flottant. » Ce qui est sûr, contrairement à la thèse de Johannet, c'est que l'auteur de *Clio* n'a jamais été marxiste, puisque le matérialisme était à ses yeux une métaphysique, « un coup de jésuitisme métaphysique ».

De Bergson à Sorel

Georges Sorel est une des figures les plus déconcertantes de la pensée contemporaine. Moraliste avant tout, il cherche le fondement de *nouvelles valeurs* pour le monde moderne. Mais ce n'est pas l'auteur dogmatique d'un projet ; et l'on ne devra pas s'étonner des fluctuations de ses sentiments envers les institutions et le gouvernement de son pays.

Il naquit à Cherbourg en 1847, dans une vieille famille catholique de la classe moyenne. Les yeux bleus, le teint coloré, il était une sorte de Viking moderne. Il fit ses études dans un collège privé de la ville, puis au collège Rollin à Paris. A dix-sept ans il entre à Polytechnique, où il se fait remarquer par ses aptitudes mathématiques. Il obtient un poste au ministère des Ponts et Chaussées, où il servira vingt-cinq ans. En 1891 il donne sa démission, acceptée à regret. Ne voulant avoir aucune obligation officielle, il refusera la pension à laquelle il avait droit.

Sorel était rarement à Paris : ses fonctions l'appelaient en province et aux colonies. Cependant, par des « lectures omnivores », il acquit un étonnant savoir encyclopédique. Après sa démission il se retira dans une modeste maison de banlieue à Boulogne-sur-Seine. En 1875, il épousa une jeune fille de souche paysanne dont il fut très amoureux jusqu'à la mort de celle-ci en 1897 ; les affectueuses dédicaces donnent à entendre qu'elle lui révéla son génie. La vie intellectuelle de Sorel était intense mais disciplinée. Il passait de longues heures à la Bibliothèque nationale, où il enrichit sa mémoire d'une diversité extraordinaire de faits et de références. On pouvait le voir dans les milieux syndicaux, à la Bourse du travail, aux cours d'Henri Bergson, à l'École des hautes études sociales. Il était très au courant des tendances de la musique et du théâtre à Paris, bien qu'il les trouvât décadentes.

Dans la décennie d'avant la Première Guerre mondiale, on pourra le voir, chaque mardi, dans la petite boutique des *Cahiers de la quinzaine* fondés par son ami Charles Péguy. C'est le « Lycée », le « Portique » où il trouve des auditeurs pour la conversation stimulante et originale dans laquelle il clarifie et « teste » les idées nées de ses lectures. Il est le maître du petit cercle ; il occupe la seule chaise de la pièce. Son autorité n'est pas imposée, elle est acceptée comme naturelle. Il est toujours prêt à reconsidérer ses positions. Sorel goûtait la conversation de qualité comme un homme de l'ancienne France. Son écriture est une sorte de monologue, avec le caractère allusif et l'absence d'ordre de cette forme d'expression. « La communication de pensées, écrit-il à Daniel Halévy, est toujours très difficile pour quiconque a des préoccupations métaphysiques. Le lecteur a de grandes difficultés à saisir la pensée d'un inventeur... » L'avantage de sa méthode, c'est qu'il ne risquait pas de devenir son propre disciple, l'esclave de son système ou même le fondateur d'une école à laquelle il pût se trouver lié : son ambition était d'être un éveilleur. Bien que son œuvre couvre une série encyclopédique de sujets, Sorel n'a jamais donné d'exposé systématique, pas même de la fameuse théorie du syndicalisme ; mais il *essayait* diverses hypothèses explicatives.

La principale de ces hypothèses est celle du *mythe* comme

« image assurant le triomphe de la cause » et donc « moyen d'agir sur le présent » ; ce concept permet d'analyser des phénomènes historiques tels que la foi chrétienne ou l'idéalisme révolutionnaire. Le détachement et le doute scientifiques qui permettent à Sorel de parler du mythe de la grève générale ne le condamnent pas à être spectateur désintéressé et objectif. Il ne faut pas oublier la ferveur passionnée et la sincérité qu'il apporta à l'étude des tactiques prolétariennes ; il s'agit moins des idéaux ou mythes du prolétariat que de ceux de l'homme Sorel. L'unité réelle de son œuvre se trouve dans un principe éthique censé rajeunir la société moderne. Pour lui, la morale n'était pas un système, mais l'extériorisation d'une action, l'expression d'une volonté. Une morale de l'autonomie requiert que nous soyons les fidèles de notre propre foi. Une telle foi n'est point soumission à une autorité extérieure, mais expression de la plus totale liberté intérieure. L'action présuppose la création d'un monde artificiel, situé en avant de nous, mais constitué par des mouvements qui dépendent de nous. Pourtant, imbu d'un profond *pessimisme* qui rappelle Calvin ou Jansénius, Sorel considérait la nature avec méfiance. Elle était pour lui une force aveugle, arbitraire et fatale, menaçant de submerger la petite zone de liberté conquise par l'homme ; elle était source de décadence : la loi la plus vraie était la loi de dégradation de l'énergie. Dans l'histoire, seules quelques exceptions s'opposent à cette déperdition. D'où la nécessaire *lutte pour la délivrance*. Sorel n'a jamais dévié de ce principe de l'obligation de la lutte, qui est un des mythes ou mondes artificiels créés par la volonté humaine. Le postulat incontesté de son action, c'est que l'homme doit gagner sa liberté. La stérilité de la civilisation moderne est donc due au manque de mythes appropriés à l'expression d'une volonté commune. La conviction qu'on peut vaincre cette « décadence » était le principe directeur de la pensée sorélienne. C'était là le mobile de sa constante recherche d'un nouveau mythe social servant à revitaliser la moralité de la civilisation contemporaine. On l'a traité de girouette ; mais l'inconstance et l'instabilité apparentes de sa pensée sont peut-être le résultat de sa probité dans la poursuite de cette fin.

Au début de sa carrière d'écrivain, Sorel publia presque simultanément la *Contribution à l'étude profane de la Bible* et *Le Procès de Socrate* (1889). Le premier ouvrage prône le retour à la « vie héroïque » : le Livre du peuple existe, c'est la Bible. Le second s'élève contre la corruption de la vertu civique en Grèce par les sophistes et les mystères orientaux. Les vertus patriotiques de l'Hellade héroïque et le zèle militant du christianisme primitif sont les exemples mêmes de « mythes » ayant réussi à tirer la civilisation de la médiocrité vers un moment de grandeur.

Sorel projeta ensuite son attention vers le socialisme marxiste, considéré comme champion des valeurs morales. Sans doute il avait davantage d'affinité avec la philosophie de Proudhon. Mais la foi naïve qu'a Proudhon dans les idéaux de la Révolution ne pouvait être admise par Sorel. Le marxisme lui apparut comme un véhicule plus adéquat pour l'expression des aspirations morales de Proudhon que le proudhonisme lui-même. Sorel cristallisa ses diverses croyances sur la cause de Dreyfus. Son nom figura sur la liste des intellectuels qui soutenaient ce dernier. La « liquidation de la révolution dreyfusienne » l'obligea à mettre ses espoirs dans le syndicalisme prolétarien. Cette période de pleine adhésion au syndicalisme dura moins de cinq ans : les *Réflexions sur la violence* furent écrites en 1905-1906 ; mais en 1910 leur auteur a déjà abandonné son espoir dans l'idéologie qu'il a défendue avec tant de zèle : au lieu de produire une pensée spécifiquement prolétarienne, le mouvement syndicaliste est, selon lui, devenu un marchepied commode pour les aspirants politiciens.

Persuadé que le socialisme était mort, il retourna à ses études sur l'Église primitive. Les douze années qui séparent 1910 de sa mort sont des temps d'amertume croissante et d'isolement : il est démuni de « cause ». Sa prétendue alliance avec l'*Action française,* son intérêt pour le fascisme, puis son enthousiasme pour le bolchevisme, ne représentent pas de changement fondamental dans ses croyances : ce sont des tentatives pour trouver des expressions concrètes de son *mythe* personnel. Son nationalisme n'était pas celui de Maurras, il n'était nullement xénophobe. Aussi sera-t-il navré de la guerre franco-allemande : n'avait-il pas souvent vanté la culture et les institutions allemandes ? Dès 1912 il avait prévu le succès de Mussolini, cet Italien du XVe siècle, ce condottiere. Mais Sorel mourut quelques jours avant la Marche sur Rome. A ce moment-là il s'intéressait davantage à Lénine, salué comme un nouveau Messie. (D'ailleurs Sorel pense avoir pu contribuer à la formation de ce « plus grand théoricien du socialisme depuis Marx » et de ce chef d'État digne de Pierre le Grand). Tout en déplorant la répression sanglante et les méthodes terroristes qui marquèrent la révolution bolchevique, il les expliquera comme les conséquences de l'intervention étrangère. Et puis Lénine n'est pas candidat au prix de vertu de l'Académie française ; la justice révolutionnaire n'est pas la justice bourgeoise. En un sens, la naissance de l'Union soviétique donnait raison à certaines prophéties soréliennes.

Richard Humphrey se demande si on ne devrait pas dire de Sorel qu'il est un *libéral.* Sans doute il fut l'un des critiques les plus caustiques de cette variété de libéralisme issue des tenants de l'*Aufklärung* bourgeoise : sa principale objection est qu'il a trahi ses promesses et qu'au lieu de la liberté il a produit l'intolérance et étouffé l'expression individuelle sous une couverture de médiocrité. Sorel voulait que les syndicats fournissent une nouvelle élite, comme naguère les monastères dans l'Église. Or il était sans illusion sur le niveau moral de la classe ouvrière. Mais il y avait aussi chez Sorel une part de pensée mystique qui le portait à *déifier* le prolétariat. L'anti-intellectualisme de Sorel dénie aux intellectuels leur prétention à un privilège pour régenter la société : comme le courtisan, l'intellectuel est un parasite. Par ailleurs, le respect pour la femme est un élément essentiel dans la marche vers le socialisme à la Sorel.

Sorel fut certes impressionné par les cours de Bergson, qui proposaient une vue organique de la réalité. Mais il était rebelle à toute réduction à l'unité. C'est pourquoi il reprochait à Bergson de manquer du sens d'une « nature » artificielle et des objets techniques. Bergson privilégie indûment la philosophie biologique. Mais tout en rejetant l'épistémologie bergsonienne, Sorel n'hésite pas à profiter de ses théories intuitives. L'essentiel dans la philosophie sorélienne est la distinction du mythe et de l'utopie. Si celle-ci est une procédure typiquement intellectualiste, le mythe est une construction anti-intellectualiste. Ce système d'images donne une impulsion dynamique à l'action. Selon la terminologie bergsonienne, il est la projection externe, spatiale, autrement dit sociale, de la conscience créatrice après un de ses rares moments d'intuition. Les qualités par lesquelles Sorel distingue le mythe de l'utopie se fondent sur une conception du mouvement directement issue de l'idée bergsonienne de durée.

Un pieux (et vieux) disciple

Avec sa barbe blanche, un disciple de Bergson semblait plus âgé que son maître, bien qu'il eût dix ans de moins : c'était Édouard Le Roy (1870-1954), un scientifique qui eut parfois cette « naïveté de haut rang » que l'on impute aux savants. Né à Paris, il fut reçu à l'École normale supérieure (section des sciences) en 1892, à l'agrégation de mathématiques en 1895 et au doctorat trois ans plus tard. Il enseigna en classe de mathématiques spéciales dans plusieurs lycées parisiens. En 1914 commença officiellement sa carrière philosophique, lorsqu'il suppléa Bergson au Collège de France ; il devait lui succéder en 1921.

C'est seulement en apparence que la philosophie prenait chez lui le relais de la science. Dès la fin du siècle, il écrivait en effet dans la *Revue de métaphysique et de morale,* et il publiait en 1912 *Une philosophie nouvelle : Henri Bergson.* De 1927 à 1930, il écrivit un grand livre tous les ans. Son dernier ouvrage est une *Introduction à l'étude du problème religieux* (1944). Science, philosophie : il fut « un lien vivant entre deux disciplines » (J. Baruzi). Il recherche l'unification du savoir par un accord harmonieux de la science et de cette philosophie à laquelle il donne le nom de « philosophie nouvelle ». Il pose des questions brûlantes et il étonne parfois, en refusant toutes les compromissions. Cette philosophie est une philosophie du devenir, redevable à l'évolutionnisme contemporain qu'elle dégage de sa gangue matérialiste. A la mathématique, reconnue partout comme science régulatrice, elle substitue la biologie. Elle est « anti-intellectualiste », car elle affirme le primat de l'action et de la Vie.

La philosophie s'appuiera sur le *sens commun* et la *science* pour les dépasser, les englober, leur attribuer un sens et une valeur. A l'origine, « nous voici plongés au sein de la continuité primitive, dans l'infinie variété des nuances et le tourbillon incessant des images ». Puis, le sens commun est une prise de contact avec le réel, ordonnée aux commodités de l'action pratique et à la simplicité du discours. La science sera un enrichissement du sens commun. Il y a cependant en elle une part de relativité et d'arbitraire : « La libre activité du savant crée le fait scientifique. » Pour avoir signalé l'intervention active de notre esprit dans l'élaboration de la science, Le Roy fut sévèrement jugé par tels vieux messieurs de la Société française de philosophie. Pour lui, la science n'a pas pour objet la structure profonde de la réalité concrète, mais sa représentation symbolique. En revanche la philosophie, clé de voûte des autres disciplines, atteint l'Absolu dans la mesure où il est permis à l'homme de le posséder. C'est à Bergson que revient le mérite d'avoir rétabli la métaphysique, après les assauts dont elle avait été l'objet, au rang de démarche distincte et justifiée. Loin de toute préoccupation utilitaire, la démarche *intuitive* est la démarche propre de la philosophie. L'intuition bergsonienne, saisie directe du réel, consiste essentiellement en un approfondissement de conscience. Sous la « pensée de discours », immobile comme la surface d'un étang, le philosophe entend sourdre la « pensée vivante », semblable à un jaillissement d'eau vive que la nappe des habitudes figées dérobe à nos yeux. « Mélodie intérieure, activité sourde, continuité de phases enchevêtrées, jaillissement dynamique de lumière ondoyante, telle apparaît la *pensée vivante.* » Le partisan de la philosophie nouvelle considère la région obscure de l'esprit comme la plus intéressante. En effet, la pensée vivante n'est autre que la pensée créatrice ; elle constitue dans notre conscience le Réel lui-même, que nous saisissons par intuition. Il reste à établir que tout ce qui existe est, de même, pensée créatrice et que nous pouvons le saisir par l'intermédiaire de la région ténébreuse de notre âme. Précisément, à la suite de Bergson, Le Roy considère que la matière n'est qu'une retombée de l'élan vital (et spirituel). Il faut, comme Bergson, retrouver les *données immédiates ;* mais l'Immédiat, c'est le Réel. La démarche intuitive, Le Roy la compare aux démarches de la pensée mystique. L'état de grâce intuitive n'est pas un don des fées, il faut le mériter.

« La pensée intuitive est toujours à quelque degré une pensée qui invente. » Justement, pour bien comprendre la science, il faut se mettre au point de vue de l'invention. Or, la « découverte » de l'intuition par Bergson a renouvelé la question. De plus, poète lui-même par ses images, ses métaphores, Le Roy étudie l'invention en poésie : il croit à l'inspiration, ce qui paraît naïf aux structuralistes d'aujourd'hui, mais surprenait moins les surréalistes d'alors. Dans les sciences, il entend ne pas séparer l'ordre de la preuve de l'ordre de la découverte. Pourtant, dit-il, « l'invention s'accomplit dans le nuageux, dans l'obscur, dans l'inintelligible, presque dans le contradictoire » : l'œuvre de Maxwell fut, un temps, sous-estimée par son manque de logique, son caractère désordonné ; mais combien féconde ne s'est-elle pas révélée par la suite ! Il n'existe pas de méthode pour découvrir : l'invention est un acte de liberté. « Par l'acte d'invention, une véritable révolution se trouve accomplie », et le problème de la vérité se pose. En principe, « toute vraie intuition est une intuition vraie ». Néanmoins la vérité se définit dynamiquement par la continuité d'une évidence et d'un succès. Nous la saisissons comme vie et comme voie. Le réel, qui est essentiellement activité créatrice, est atteint par l'action. La philosophie spéculative rejoint donc la philosophie morale. Or le « comment agir » se formule d'abord par cette prohibition : « Ne pas agir par obéissance. » Dans l'existence morale aussi, il faut être capable d'innover, d'inventer.

Si la philosophie complète la science, elle est à son tour insuffisante : « A l'horizon ultime du savoir, on voit se dessiner les thèses maîtresses de la religion. » Ainsi, penseur, mathématicien et savant, Le Roy a concilié la science et la philosophie avec la foi chrétienne. On voit ainsi la science s'épanouir en philosophie et la philosophie en foi. Le Roy entend nous amener à une prise de conscience de l'existence de Dieu par l'analyse de notre expérience. Reconnaître l'existence de Dieu revient à « nous comporter par rapport à elle, en action et en pensée à la fois, comme nous nous comportons par rapport à une réalité proprement dite, à une existence véritable. » Les thèses de Le Roy sur le dogme, la critique et les preuves classiques de l'existence de Dieu heurtaient la théologie traditionnelle et soulevèrent bien des controverses : le philosophe fut plus d'une fois mis à l'Index. Mais à ses yeux, puisque l'esprit est autonome, la dépendance pour lui ne peut être que soumission consentie, et il y a possibilité de révolte, malgré le devoir de soumission. A l'apologétique « objective », qui part de la Révélation, il entend joindre une apologétique « d'immanence » : elle consiste, lorsqu'on veut amener quelqu'un à la vérité religieuse, à rester en quelque sorte en lui *(manere in)*, c'est-à-dire à *partir de* ce qu'il est, croit, éprouve, en tâchant que cette vérité lui apparaisse comme une réponse à ses questions, à ses besoins. Ainsi Blondel, Laberthonnière et Le Roy, se plaçant au point de vue du sujet, ont cherché à montrer comment la foi vient s'insérer dans la vie spirituelle de l'homme conformément à sa loi immanente de perfection à laquelle il serait inconcevable que l'action divine ne s'adapte pas (J. Houssaye). Toutefois Le Roy ne fait pas à proprement parler partie des modernistes : pour Loisy, la Révélation se réduit à la foi, et donc à l'expérience religieuse, alors que l'auteur du *Problème de Dieu* (1928) admet une Révélation extérieure et historique. Il est malgré tout de ceux qui ont soulevé des vagues dans le monde catholique.

« Une terrible tâche »

C'est une « terrible tâche » que s'était assignée Hamelin, celle d'être plus rigoureux et plus radical que Hegel. Octave Hamelin, né au Lion d'Angers (Maine-et-Loire) en 1856, mourut à Huchet (Landes) le 8 septembre 1907, en voulant sauver deux personnes qui se noyaient. Il avait été professeur de philosophie ancienne à l'École normale et à la Sorbonne. Ses inédits ont été publiés : *Le Système de Descartes* (1910), *Le Système d'Aristote* (1920), *Le Système de Renouvier* (1927), *Les Philosophes présocratiques* (1978).

Mais son ouvrage principal est sa thèse : l'*Essai sur les éléments principaux de la représentation* (1907), livre profond, mais difficile, au style dense, mais d'une beauté classique ; cependant L.-J. Beck a dit de ce style ce que Liszt disait de Chopin : « Il a une expression à la fois tendre et sévère, chaste et passionnée. » Tel quel, c'est « un beau poème métaphysique ». L'idée fondamentale en est que le savoir est systématique. Si l'on coupe les fibres qui relient les uns aux autres les chapitres de l'*Essai,* ils perdent leur signification. Ce qui est en question, c'est la théorie générale de l'existence, et il s'agit de savoir si l'existence est affaire de raison. Ici, l'idéalisme a joué franc jeu : il fait consister toute réalité dans l'intelligibilité proprement dite ; il lui faut une explication totale de l'univers.

« Il n'y a pas de choses en soi hors de la pensée », proclame Hamelin. L'idéalisme, selon lui, a pour principe la « conviction primordiale » qu'il est impossible à la pensée d'atteindre un objet extérieur à elle. La « pensée active » constitue et mesure le réel qui n'a d'autres bornes qu'elle. Ainsi s'édifie « une philosophie toute rationnelle et toute notionnelle ». Pour ce faire, on imaginera par anticipation « les sciences achevées » : l'expérience n'est que le substitut, provisoire et fâcheux, d'un savoir achevé par la pensée. Assurément, les rapports de l'hamelinisme avec les sciences sont délicats. « L'épistémologie nouvelle, écrit F. Turlot, pourrait faire à Hamelin les plus graves reproches et les plus beaux compliments. »

La doctrine d'Octave Hamelin est la construction d'une table de 10 catégories — deux de moins que chez Kant —, dont la première est la *relation.* La relation, ou rapport, est la « catégorie des catégories » ; elle est « ce quelque chose de défini qui ne se laisse pas emprisonner comme une pierre dans les limites d'une surface rigide ». Le monde est donc un ensemble organisé de rapports. Quelle est la méthode de cette construction ? « La forme primordiale de la pensée est le raisonnement synthétique. » C'est une dialectique qui n'est pas hégélienne car l'opposition, qui en est le moteur, n'est pas une opposition *absolue,* mais une opposition *corrélative* (comme : droite et gauche, haut et bas). Le mouvement de cette dialectique va de l'incomplet au complet. La dialectique est malaise de l'absence et appel à la plénitude. Au terme, c'est dans *le vouloir* que consiste le réel au sens fort. Ainsi, la « méthode synthétique », à son point culminant, atteint le concret, c'est-à-dire la conscience *libre*. La phrase clé de la doctrine de la personnalité est la suivante : « Le système agissant, puisqu'il est un être libre..., sera *pour soi* » (formule qui, de Hegel à Sartre, désigne la conscience personnelle). On voit que le terme final est la personne libre, et non point, comme chez Hegel, l'Esprit absolu, encore moins l'État de l'administration et des fonctionnaires. « Le concret, précise un critique, n'est pas l'Esprit hégélien, c'est le monde des consciences, de la conscience divine et des consciences bornées qu'elle a créées par un acte libre. » Bien plus, « science, conscience, action sont concentrées sur demain » ; l'effort de la dialectique « va ainsi travaillant d'un même mouvement vers la vérité, la personne et la justice ». L'essentiel, c'est la pratique, la morale. C'est pourquoi l'idéalisme *personnaliste* « n'est pas une philosophie de vieillards épuisés ; bien au contraire, il répond à un rajeunissement hardi des problèmes et des solutions » (F. Turlot).

Hamelin s'attendait lucidement à « l'ébahissement du public pensant » devant un tel livre. Tout semblait destiné à surprendre : cette ambition constructive, cette condescendance à l'égard de la science, ce refus de chercher comme Bergson ses principes dans les données de l'intériorité, cet aboutissement *personnaliste* à une époque où la sociologie durkheimienne tenait le haut du pavé. Pourtant l'*Essai* forçait l'admiration et le respect ; bientôt les étudiants en philosophie allaient le piller pour faire des « leçons » sur la causalité ou la finalité ; en Italie, un Croce ou un Gentile professaient un idéalisme non moins absolu.

Le surréalisme

Durant les cinq années qui suivent la Première Guerre mondiale, se manifestent la griserie d'exister après tant d'hécatombes, la volonté de rattraper les années perdues et de « vivre sa vie ». La littérature se caractérise par une violente réaction contre les normes acceptées. Dès 1916, à Zurich, le *dadaïsme*, fondé par Tristan Tzara, prétend retrouver chez l'adulte la pureté de l'enfant qui balbutie *« da... da... da »*. Mais plus important est le *surréalisme*, dont la « phase héroïque » s'arrête en 1925. De ce mouvement, André Breton a été, « plus encore que le chef, la conscience intellectuelle et réfléchie » (F. Alquié). Sans doute le surréalisme a-t-il succédé à la négativité dadaïste ; mais Breton ne fut jamais à l'aise au sein du mouvement dada : il ne vit jamais, en ses révoltes, que les moyens pour une réalisation positive de l'homme. Éluard et Aragon, bien que n'ayant pas encore opté, comme ils le feront un jour, pour la soumission de l'individu à l'Histoire, apportent à l'idéal surréaliste des modifications de fond. Breton apparaît, lui, comme le poète de l'émerveillement, de la confiance en l'homme, de l'universalisation du bonheur par la descente sur terre du merveilleux amour.

Les surréalistes s'arrachent à la pure littérature. En effet, ils ont d'abord voulu explorer l'inconscient, la folie, les états hallucinatoires, les « phrases plus ou moins partielles qui, en pleine solitude, à l'approche du sommeil, deviennent perceptibles pour l'esprit ». Ils sont attelés à une *recherche* comme le savant « qui progresse sur un terrain inconnu, soutenu seulement par une hypothèse qu'il croit juste, mais qu'il importe de vérifier ». Toutefois Breton n'est jamais entré dans le sommeil hypnotique, et son goût du contrôle de soi et de la lucidité a détourné de cette pratique les autres membres du groupe. En revanche, il préfère à tout autre message le message verbal : l'*écriture automatique* se substitue, de plus en plus, aux autres moyens d'investigation (comme, chez Freud, l'association libre prend la place de l'hypnose).

En principe, « la nature » n'enseigne rien à une imagination dont toute l'aspiration est de dépasser la nature. C'est pourtant dès ce monde, et en lui seul, que Breton veut trouver le bonheur, et le trouver par l'amour. Le paradis retrouvé doit être celui de la vie quotidienne transfigurée. Nous découvrons l'auteur du *Manifeste* en proie à une attente, appuyée sur la certitude qu'en toute chose on peut découvrir un signe de l'amour.

Breton s'élève contre le dualisme cartésien de l'âme et du corps. A toute séparation intérieure à l'homme, il oppose l'unité de l'esprit et du désir. Dans le surréalisme, l'homme se révèle en son mystère concret. S'il doit devenir le maître de la nature, c'est en un sens nouveau : nous sommes ici, selon M. Carrouges, plus proches de l'espoir magique que de l'espoir scientifique. Certes, Breton a toujours condamné la transparence et la métaphysique ; il a multiplié les injures contre les prêtres, l'Église et Dieu même. Mais, comme le fait observer F. Alquié, « le blasphème surréaliste n'injurie pas Dieu, mais les croyants ».

La révolte surréaliste se présenta souvent comme une sorte de fureur sacrée. Le *Second Manifeste* ne proclamait-il pas : « L'acte surréaliste le plus simple consiste, revolver aux poings, à descendre dans la rue et à tirer au hasard, tant qu'on peut, dans la foule » ? D'ailleurs, le marquis de Sade était présenté comme un modèle de liberté et de lucidité. Dans un autre registre, le côté titanesque de l'œuvre de Hegel devait exercer sur Breton une séduction positive. Mais il ne s'inféode pas à la dialectique. Comme il a refusé la transcendance de Dieu, il refuse celle de la Matière, de l'Histoire, de la Société, de tout *en-soi* posé comme antérieur à la conscience. Opposé à Hegel, Breton « subordonne l'histoire à une conscience capable de juger l'histoire... Le principe de la démarche surréaliste n'est pas la Raison hégélienne ou le travail marxiste : c'est la liberté » (F. Alquié). Aussi comprend-on la « tension oscillante » qui, à la fois, rapprocha et opposa surréalistes et communistes. André Breton n'hésite pas devant une sorte de *déréalisation :* il admire la philosophie de Berkeley, qui nie l'existence de la matière ; il écrit une *Introduction au discours sur le peu de réalité.* Mais cette exténuation du monde quotidien s'effectue au bénéfice d'un espoir positif de possession et de découverte.

C'est de l'amour que les surréalistes attendent la grande révélation. « J'ai opté, en amour, dit Breton, pour la forme passionnelle et exclusive. » Il semble pourtant qu'à travers la femme, ce soit une réalité supérieure que vise l'auteur de *Nadja.* « Nous n'évitons pas le platonisme, constate Alquié. La conception surréaliste refuse la ridicule explication de l'amour par l'instinct sexuel. » L'amour annonce ; mais qu'annonce-t-il ? Et peut-on s'en tenir à l'amour, si l'amour ne sait pas ce dont il est l'amour ?

En tout cas, il convient de faire confiance — collages, jeux du cadavre exquis — à la *rencontre.* Ce qui étonne, c'est que, fortuite en son origine, elle soit productrice de beauté. Breton semble croire à « l'amorce d'un contact, entre tous éblouissant, de l'homme avec le monde des choses. » Le hasard heureux, il faut savoir l'attendre. L'attente se maintient toujours, dans l'expérience surréaliste, elle demeure au sein du ravissement de la découverte. Elle n'est nullement passive, car l'homme est interrogation, mise en question du monde et de lui-même. « L'imagination, écrit Breton, n'a pas l'instinct d'imitation. Elle est la source et le torrent qu'on ne remonte pas. » Il n'hésite pas à dire, dans *Le Revolver à cheveux blancs,* que « l'imaginaire est ce qui tend à devenir réel ». Pourtant l'imagination devient, chez lui, plus encore que force réalisatrice, pouvoir de refus, de déréalisation, de sélection. « Nous ne sommes plus, conclut F. Alquié, dans une philosophie de la Nature, mais dans une philosophie de l'Esprit, du langage, et de la liberté. »

Breton, comme Platon, voit dans la beauté l'annonce de quelque découverte ontologique. Mais il demeure très difficile de définir le surréel. Le surréalisme entend conserver l'essence de la conscience religieuse, en refusant ce qu'il appelle son « aliénation ». Le surréel n'est pas le surnaturel. Jamais la révélation surréaliste ne se prétend, à proprement parler, connaissance. Tout se passe comme si Breton voulait se garder, à la suite de Kant, de l'« illusion transcendantale ». Le poète est à l'écoute d'un langage dont lui-même ignore le sens ; la conscience poétique est celle de l'attente. Mais l'évidence surréaliste n'est pas métaphysique.

La philosophie de l'esprit

Sans doute Brunschvicg n'aurait-il guère apprécié qu'une introduction à sa pensée débutât par une biographie. Dans son livre *De la connaissance de soi* (1931), il a fait le procès des biographies et autobiographies, et dénoncé « l'infantilisme morbide qui s'attache pour lui-même au processus de la vie intérieure » : car la vie intérieure n'est pas la vie spirituelle (fondée sur la valeur de vérité), l'individualité empirique n'est pas le sujet rationnel.

Léon Brunschvicg (1869-1944) est né à Paris ; au lycée Condorcet il manifesta des dons exceptionnels, et il entra en 1888 à l'École normale supérieure. Son camarade Cresson évoque ses « yeux bleus extraordinaires où étincelaient l'intelligence, l'esprit et l'ironie malicieuse », ses « recherches orientées dans tous les sens », sa « mémoire stupéfiante ». Licencié ès lettres et ès sciences, Brunschvicg fut reçu à l'agrégation de philosophie en 1891. Il enseigna à Lorient, Tours et Rouen, avant de soutenir sa thèse, *La Modalité du jugement* (1897) et de publier les *Pensées et Opuscules* de Pascal selon un classement original. Il épousa en 1899 une jeune femme très engagée dans l'action sociale et la lutte féministe. Il obtint une chaire à Condorcet, puis à Henri-IV en « rhétorique supérieure », enfin à la Sorbonne (1909) et à Normale. Tous ses étudiants louent en lui l'admirable professeur, l'incomparable intercesseur, la conscience toute de droiture, bref « un homme très bon ». Sa largeur d'esprit se cabrait devant toute présomption, toute étroitesse, toute intolérance. Pourquoi faut-il que les élèves d'Alain fassent montre à son égard d'un esprit de chapelle ? G. Berger affirme que Brunschvicg « voulait toujours obliger son interlocuteur à *choisir* au lieu de *concilier* ». Il avait, quant à lui, choisi la vie de l'intelligence comme on choisit une destinée. Ce n'était pas tout à fait une boutade quand il parlait d'un « devoir d'être intelligent ». Sur le plan moral, il considérait d'abord la *justice* : ainsi protesta-t-il en faveur des étudiantes lorsqu'une administration stupide prétendit leur interdire de se présenter à l'agrégation de philosophie (1920).

Il est délégué de la France à la Commission internationale de coopération intellectuelle de la Société des nations (1922). Malgré des ennuis de santé, il poursuit son action militante en faveur de la communion spirituelle entre les peuples, lorsque les nuages s'amoncellent à l'horizon international. Au Congrès de philosophie de Lyon en 1939, il déclare : « Nous opposerons aux décadences morales l'élan de générosité qui apparaît comme la caractéristique exacte de la raison. » Son cours public de l'hiver 1939-1940 porte sur *L'Esprit européen :* expression géographique, l'Europe doit se transformer en communauté spirituelle.

Les événements de 1940 contraignent ce « non-aryen » à se replier en zone libre. Il mène, à Aix-en-Provence « la vie d'un sage ». Il regrette seulement de n'avoir pu donner sa bibliothèque à l'Institut avant l'arrivée des déménageurs de la puissance occupante. « Tous ses propos signifiaient qu'il voulait rester objectif, même lorsqu'il n'est plus permis d'être impartial » (H. Gouhier). A l'arrivée des Allemands en zone sud, il se terre dans le Gers, le Gard, puis à Aix-les-Bains, sous le nom de Léon Brun. Gravement malade, il ne désespère jamais de « l'idéal de la raison agissante ». Il meurt le 18 janvier 1944, et est inhumé au cimetière local. C'était « la fin du juste persécuté par les violents » selon le mot d'André Canivez.

La pensée de Brunschivcg est une « philosophie de l'esprit ». « La philosophie contemporaine, dit-il, est une philosophie de la réflexion. » Qu'est-ce que la philosophie, sinon « une réflexion méthodique de l'esprit sur lui-même », « un approfondissement du progrès même de l'esprit », bref « l'activité intellectuelle prenant conscience d'elle-même » ? Mais il faut dire d'emblée que le dynamisme de l'esprit se définit par son *activité de jugement.* « Le sujet est celui qui juge, et juger est un acte. Le sujet est activité. » Penser, c'est juger. La philosophie de l'esprit est philosophie du jugement, et non du concept. Comme l'avait vu Hamelin, le *rapport* est premier et constitue lui-même ses propres termes.

L'esprit ne se saisit que dans la succession temporelle de ses œuvres. Aussi l'histoire des sciences est-elle « le laboratoire du philosophe », comme en témoignent les grands ouvrages de Brunschvicg : *Les Étapes de la philosophie mathématique* (1912) ; *L'Expérience humaine et la causalité physique* (1922) ; *Le Progrès de la conscience dans la philosophie occidentale* (1927). Comprenons que le « progrès de la conscience » est le progrès scientifique. Mais il n'y a pas, ici, de « loi des trois états » : une liberté radicale se manifeste dans ce déploiement du dynamisme spirituel ; l'esprit apparaît dans son œuvre comme une puissance d'invention illimitée qui dépasse sans cesse ses propres constructions. Il n'a pas de catégories fixes, et l'on doit faire passer l'entendement kantien « d'un état cristallin à un état colloïde ». Le progrès scientifique exige une révision perpétuelle des idées, des méthodes et des principes.

L'unité est la norme suprême. Dans cet effort vers l'unité, l'esprit se dépouille de son individualité et devient pur sujet pensant. Alors, il ne fait plus qu'un avec la Raison universelle. C'est cette Raison que Brunschvicg appelle

« Dieu » *(De la vraie et de la fausse conversion)*. Dieu est le principe d'unité qui s'exprime dans la vie spirituelle comme exigence de dépassement de toute unité déjà atteinte vers une unité supérieure. « Il est cette norme intérieure à laquelle le sujet doit se faire docile s'il veut contribuer activement au progrès de l'humanité » (R. Boirel). La même exigence d'unité se manifeste en tous domaines : d'où l'unité des consciences intellectuelle, morale et religieuse. Il y a équivalence du jugement théorique et du jugement « pratique ». La raison contient une exigence d'unité et de création qui l'apparente à l'amour. Aussi Brunschvicg affirme-t-il « l'existence d'un principe commun d'intelligence et d'amour dans la diversité apparente des individus ». C'est pourquoi la religion est de l'ordre du jugement personnel et ne saurait s'enfermer dans les « croyances d'Église ». Elle consiste à éliminer progressivement tout égocentrisme afin d'aimer Dieu « en esprit et en vérité ».

Brunschvicg savait donner aux littéraires l'impression de comprendre les sciences. Son épistémologie conquérante est déjà une *Introduction à la vie de l'esprit* (1900). Elle n'oppose pas abruptement, comme le fait Meyerson, ces deux pôles que sont l'esprit, puissance d'identification, et l'irrationalité des faits. Elle montre un accord mouvant entre un réel inachevé et l'esprit en devenir. Le vrai, c'est le vérifié. Toutes les vertus morales sont incluses dans l'attitude vérifiante. Invention et vérification sont les deux aspects corrélatifs de la même activité spirituelle. On ne devrait plus rencontrer d'irrationnel : la physique contemporaine s'est tellement imprégnée de rationalité que la vérification s'y éloigne de plus en plus d'une vérification de type empirique. Il arrive parfois qu'il n'y ait pas un fait nouveau à l'origine des grands tournants de la pensée scientifique, mais un « intérêt de la raison » : c'est le cas des réflexions d'Einstein sur la gravitation.

Le progrès humain dépend de l'activité du jugement. La « religion du Progrès » l'oublie trop facilement. Brunschvicg s'élève contre le *sociologisme* durkheimien, qui situe le progrès dans le développement d'une « conscience collective » supérieure aux individus. Rejoignant ici l'historien Henri Berr, il affirme, en dépit du caractère transindividuel de la science, le rôle des inventeurs et des grands hommes.

Comme l'écrit R. Boirel, « au fur et à mesure qu'apparaissent de nouvelles inventions, elles éclairent la signification des étapes antérieures qui les ont préparées. C'est en ce sens... que Brunschvicg peut assimiler le progrès des conceptions humaines à celui d'un même Esprit ». Il a pu distinguer ainsi des *Ages de l'intelligence* (1934). Ces âges sont des niveaux de spiritualité, comme les « figures de la conscience » dans la *Phénoménologie de l'esprit* de Hegel. Pourquoi dit-il qu'Aristote correspond à un niveau intellectuel de neuf ans ? Parce qu'il faisait de l'homme une « substance » et qu'il « chosifiait » ainsi l'esprit, qui n'est que libre activité. Est-il besoin de rappeler qu'Aristote n'est pas le seul, et que Descartes définissait l'âme comme une « chose pensante » ? Pourtant, Brunschvicg nous demande de remonter au *cogito :* « Le *cogito* cartésien est le foyer de la *cogitatio* dont sortent mathématique et physique. » La seule vérité métaphysique est la découverte de l'esprit.

Pour les nombreux disciples de Brunschvicg, l'analyse réflexive est une réflexion sur l'ensemble des activités humaines, qui y montre l'esprit à l'œuvre, l'esprit à la fois immanent et constamment débordant par rapport à ses propres productions. Il est impossible de décrire l'esprit. Parler de l'esprit, c'est toujours l'opposer. L'esprit n'est en nous que principe d'action : l'action elle-même peut-être pensée, mais non la source de l'action. L'esprit est ce à partir de quoi on connaît, non ce qui est connu. Il est ce par quoi il y a des objets, il ne peut être objet lui-même. Aussi Ferdinand Alquié parlait-il d'un isolement et d'un désespoir de l'esprit, d'une ambiguïté, d'une obscurité de l'esprit. Le message de Brunschvicg se retrouve chez Paul Mouy, historien de la physique cartésienne ; chez Marcel Deschoux, auteur de *Brunschvicg ou l'Idéalisme à hauteur d'homme* (1969), et chez bien d'autres.

Sans doute Brunschvicg récusait-il d'avance les philosophies contemporaines du langage : l'homme n'est pas un perroquet, ni un support du langage qui fonctionnerait en lui sans lui. Mais, nous le verrons, Paul Ricœur qui, en un sens, se réclame de l'analyse réflexive, fait front aux apports de la linguistique et s'efforce d'instaurer la philosophie dont notre temps a besoin.

Louis Lavelle (1883-1951), qui eut une longue carrière parisienne, est né et mort dans le Lot-et-Garonne. Il est peu convenable de faire le portrait d'un homme si rempli d'humilité, convaincu qu'il y a toujours chez le philosophe une pudeur secrète qui l'oblige à effacer sa vie derrière son œuvre. Il suffit de savoir que son cursus universitaire fut brillant et pourtant régulier, et qu'avant d'occuper la chaire de Bergson au Collège de France, il avait succédé à Alain dans cette « khâgne » du lycée Henri-IV, où s'éveillèrent tant de vocations philosophiques. Ceux qui lurent ses chroniques du *Temps* avant la guerre n'ont point oublié la beauté de son style ; mais ils savent moins l'immense effort d'information et de sympathie que Lavelle exerçait en présence de la pensée d'autrui pour dégager l'intuition centrale des doctrines. Dans la sérénité de sa pensée, il s'agit d'un équilibre conquis, car « la sagesse, qui est la possession de soi, est indivisiblement une vertu de l'intelligence et une vertu de la volonté ». Il a sans cesse répété que la connaissance est un acte d'attention et d'amour ; il a toujours eu le sentiment des sources mystérieuses et secrètes, et vivement ressenti l'émotion que la vie nous donne sous ses aspects multiples. Loin d'être un esprit désincarné, lorsqu'il tente de déduire les qualités sensibles, ce n'est point pour les anémier ou les déprécier, mais bien avec le souci de saisir le rythme de la matière et de rappeler comment notre chair en subit l'émoi. Il montre dans le parfum « une onde temporelle par laquelle notre vie organique réalise une communion intime avec l'essence des choses » ; et cet amateur du vin de Sainte-Odile découvre dans le goût « une sorte d'intuition charnelle de l'être secret des choses ».

Ce qui fit le succès de Lavelle, ce sont ses admirables pages de moraliste. En des « propos » très différents de ceux d'Alain, mais plus émouvants peut-être, il dénonce quel piège se cache dans la complaisance de Narcisse ; il livre le secret de la tranquillité d'âme, ou de cette douceur qui guérit les maux qu'engendre l'amour-propre ; il dit ce que sont fidélité, générosité, discrétion. Il insiste sur la pureté qui donne à toutes choses matérielles un visage spirituel ; il rappelle la difficulté d'être sincère, qui n'est autre que « la difficulté d'être présent à ce qu'on dit, à ce qu'on fait, avec la totalité de soi-même ». Mais surtout il voit dans la véritable humilité « une attitude métaphysique singulièrement rare », que Dieu seul a pu réaliser « par le miracle de l'Incarnation volontaire ».

Sa philosophie, on peut dire que Lavelle l'a vécue pleinement, dans son souci de faire amitié avec l'homme. Narcisse n'avait pas vu que la présence des êtres les uns avec les autres était nécessaire pour soutenir chacun d'eux dans l'existence. Le moi ne peut obtenir aucun bien véritable autrement qu'en sortant de lui-même. « Au sommet de la conscience, toute la lumière spirituelle qui nous est donnée se règle sur notre charité » : la charité, « de toutes les attitudes de l'âme la plus simple et la plus difficile, car elle est pure attention à l'existence d'autrui ».

La richesse compréhensive apparente la métaphysique de Lavelle aux plus grandes philosophies. Sa thèse de 1922 exposait une dialectique, mais qui diffère de celle de Hegel en ce qu'elle est analytique : c'est l'*analyse* qui, dans la totalité de l'Être donnée primitivement, engendre la variété de toutes les formes particulières de l'existence ; la diversité infinie du concret est le fruit de l'analyse pure, considérée comme la fonction fondamentale de la pensée ; car le Tout est le soutien de toutes les opérations de la dialectique. C'est de l'Être total que partira cette « genèse intérieure » du monde qu'est la philosophie.

En effet, comme le montre ce petit chef-d'œuvre qui a pour titre *De l'Être* (1928), la métaphysique se fonde sur une expérience privilégiée : celle de la présence de l'Être, au sein duquel s'inscrivent toutes nos démarches ; la présence de l'Être illumine l'apparence la plus humble, et la possession de l'Etre est le but de toute action particulière. Combattant inlassablement l'indifférence et le divertissement, nous devons affirmer sans cesse notre intimité à l'Être.

Mais l'Être n'est pas l'immobilité achevée des Éléates. L'intériorité de l'Être, c'est un *acte* toujours en exercice et auquel nous ne cessons de participer. *L'Acte* (1933) est l'origine intérieure de moi-même et du monde. L'acte qui nous fait être, celui par lequel nous nous faisons nous-mêmes, est un acte de création et aussi de consentement, acte à la fois reçu et exercé. Et c'est sur notre *participation* à l'Acte créateur que se fonde notre liberté. Longtemps avant Sartre, Lavelle avait énoncé la priorité de l'existence sur l'essence. « L'existence ne nous est donnée que pour la conquête de l'essence. » Notre essence n'est jamais un objet à contempler mais un ouvrage que nous réalisons. Nous créons notre personne spirituelle comme Dieu crée le monde.

Toutefois la valeur préexiste à la liberté, c'est elle qui valorise notre existence et notre choix. Lavelle se refuse à séparer la liberté et la valeur. Il situe la condition humaine en refusant les philosophies du désespoir comme les divinisations de l'homme. Face à la « démesure » toujours meurtrière, il nous rappelle que notre pouvoir n'est jamais qu'emprunt et participation. Son message est, à l'égard de l'Être dont nous participons, celui d'un « optimisme de confiance », à l'égard de nous-mêmes qui en participons, celui d'un « optimisme d'exigence ».

Une collection, intitulée « Philosophie de l'Esprit », a été fondée par Lavelle avec Le Senne. Résumant rapidement la carrière de René Le Senne (1882-1954), J.-F. Sirinelli écrit : « Assurément, sur la voie qui mène à la chaire de morale de la Sorbonne et à l'Institut (Académie des sciences morales et politiques), la khâgne de Marseille n'aura été, pour R. Le Senne, qu'une étape. Mais avant d'entrer, la cinquantaine passée, dans l'enseignement supérieur, il suivit la carrière classique d'un professeur de khâgne. Ce passage d'une khâgne à une chaire de faculté mérite d'être d'emblée signalé car il est extrêmement rare. » Auparavant, il avait eu comme élève au lycée Victor-Duruy Simone Weil, dont il a peut-être éveillé la vocation philosophique. C'était en effet un professeur très vivant, orateur, sculptant de la main la phrase dans l'espace. Les amateurs de caractérologie, qui connaissent son adaptation de Heymans et Wiersma, oublient qu'il fut un philosophe, dans la lignée d'Hamelin. Dans son *Introduction à la philosophie* (1939), il définit l'esprit « comme l'unité opératoire d'une relation en exercice, intérieure à lui-même, entre lui-même comme Esprit infini et la multitude des esprits finis ». L'esprit oppose toujours, en lui, des sujets indéfiniment conditionnés, situés, cantonnés, et une exigence invincible qui ne cesse de prétendre au-delà de tout obstacle. La véritable nature de l'esprit, « c'est de ne pas être une nature, mais une fluctuation ». Enfin, « la solidarité des esprits entre eux par et avec l'Esprit infini exclut leur assimilation complète comme leur imperméabilité absolue ».

Comme Jean Nabert, Le Senne est un moraliste. *Obstacle et Valeur* (1934), *Traité de morale générale* (1942) sont des ouvrages importants. Mais cette philosophie morale est le vestibule d'une axiologie, c'est-à-dire d'une théorie des valeurs. La valeur est ce qui est digne d'être recherché par nous. Solidaire de notre aspiration, elle est irréductible à nos préférences individuelles ; mais elle est capable de nourrir notre indigence et de fortifier notre faiblesse. La Valeur absolue « se diffracte » et vient à nous sous les espèces de quatre valeurs cardinales : la Vérité, le Bien, la Beauté et l'Amour ; celles-ci se diffractent à leur tour en de multiples valeurs déterminées. Le Senne ne cesse de nous mettre en garde contre le danger de privilégier une valeur, quelle qu'elle soit, au détriment des autres, ce qui est le propre du fanatisme. Tout l'art de la vie — mais il y faut un « tact de valeur » —, c'est d'établir une « composition des valeurs », ce qui n'interdit nullement d'en cultiver une principalement, selon notre vocation. Le Senne et Lavelle auraient pu intituler leur collection « Philosophie des Valeurs », car le second publiait, un an avant sa mort, un *Traité des valeurs* (1951) (le tome II sera posthume) très proche de l'axiologie de René Le Senne. Lorsqu'on demandait à celui-ci pourquoi il ne donnait pas à la Valeur absolue le nom de Dieu, il répondait que « Dieu » est un vocatif, mais que l'inconvénient n'était pas grave. Il préférait cependant dire : « Dieu doit être pour que la valeur soit ; elle ne serait sans lui qu'une possibilité existentielle. »

Son dernier ouvrage est *La Destinée spirituelle* (1951), où viennent converger ses diverses recherches. Comme le dit fort bien A.-A. Devaux, « Le Senne donnait à la philosophie la mission d'assurer le salut des hommes d'une manière plus intellectualisée que ne peut le faire une religion. » Mais la pensée de Le Senne n'est pas intellectualiste au même degré que celle de Brunschvicg et on peut parler d'un certain romantisme de Le Senne.

Pradines ou l'épopée de l'esprit

Les voies des éditeurs sont insondables... Plusieurs chefs-d'œuvre de la « Philosophie de l'Esprit » ne sont pas réédités. Tel est aussi le cas du monumental *Traité de psychologie* de Maurice Pradines, peut-être parce qu'il s'agit d'un ouvrage d'authentique philosophie.

La famille de Pradines (1874-1958) était originaire de Moissac. Son enfance se passe dans le Midi. L'entrée à l'École normale supérieure (1893) amorçait une carrière dans les universités : Strasbourg en 1919, la Sorbonne depuis 1938. Son premier ouvrage est la *Critique des conditions de l'action* (1908). Par ce mot, il entend toute action d'un être vivant, c'est-à-dire toute réalisation par ce vivant, dans un intervalle de temps vécu, d'un dessein implicitement ou explicitement formé par lui. Rien n'est donné à l'homme que pour autant qu'il vit de pareilles actions. « L'action, c'est ce qui *se fait.* » Si la raison y prend part, c'est qu'elle ne se réduit pas, mais pas du tout, à un pouvoir de former des idées.

En effet, la pensée ne nous est donnée que comme une des actions d'un homme vivant. La philosophie doit donc opérer un discernement des conditions de toute action humaine. Il n'y a d'action que sous deux conditions : la perception sensible et les tendances. Les *perceptions* nous révèlent les objets comme résistant à notre action propre. La connaissance n'est jamais donnée que comme une action qui met un homme vivant aux prises avec les choses qu'il perçoit. D'autre part, à chaque instant, toute action ne se produit que comme en train de « tendre vers... » : il y a ici une *tendance* ou, plus précisément, « une préférence », c'est-à-dire « la tendance qui, dans les circonstances du moment considéré, domine les autres tendances d'un homme » (M. Navratil). Cette tendance est l'entraînement de l'activité vers un but ou un idéal. « Toutes nos préférences, écrit Pradines, sont inconditionnelles », absolues, et « cela n'est pas propre à la seule préférence morale ». Mais l'acte moral a sa source dans un entraînement réfléchi, c'est-à-dire appuyé sur une généralisation. Il faut rappeler ici que les idées générales sont une œuvre que la pensée ne produit que pour mieux agir sur les choses particulières qui sont les seuls objets qu'elle puisse connaître. L'action d'un homme est morale quand elle a son origine dans une délibération sur les fins, qui sont générales, mais aussi quand elle se réfère *à l'ensemble de ses tendances.* C'est pourquoi la pensée morale d'un homme va se reconnaître à elle-même une direction qui lui soit absolument propre : nos expériences sont personnelles, comme nos besoins et nos intérêts ; toute généralisation véritable est personnelle. Il ne faut pas déraciner les idées de leurs conditions de production : Pradines examine la vie agissante d'un homme telle qu'elle se déroule effectivement. Dès lors la philosophie a une tâche élargie : celle d'examiner aussi cette part plus originelle de la pensée qui est aussi bien présente chez l'homme qui n'est ni savant, ni philosophe. De Bergson, Pradines retient l'idée que c'est *dans la vie* qu'il faut chercher les racines de la connaissance. Aussi veut-il connaître la structure du *corps* pourvu d'organes sans la conscience duquel il ne me serait pas possible d'être conscient de moi-même comme étant en train de percevoir et d'agir.

Mais la réflexion de Pradines pose un nouveau problème auquel il va consacrer plus de vingt ans. La perception présuppose les sensations. La production de celles-ci a elle-même une condition : que des organes des sens aient pu se former. Cette genèse est l'objet de la *Philosophie de la sensation* (1928-1934). La sensation n'a rien d'immédiat — ce qui écarte l'idée d'une pauvreté du sensible et les thèses mécanistes. Elle ne peut réellement appartenir à la pensée que pour autant qu'elle est elle-même « un acte par lequel nous comprenons plus ou moins clairement quelque chose », un acte qui a « un sens ». Si la sensation n'était pas solidaire d'une anticipation impliquant une mémoire, on ne voit pas comment les organes des sens auraient pu se former. Certes, à sa base il y a les réflexes d'évitement : la connaissance est de l'ordre de *la défense;* celle-ci connaît d'avance l'objet nocif pour s'en préserver ; la connaissance est cette parade, et elle est déjà exploration du monde. Il existe aussi des *sens du besoin* (goût, odorat). Dans l'ensemble, la sensation est signalisatrice, représentative, objective. Par conséquent, la sensation est déjà elle-même un acte de raison, d'une « raison *organique* ». Pradines se demande « si ce que nous appelons les connaissances sensibles de l'être vivant ne sont pas seulement les plus miraculeuses de ses actions ». Pour lui, « l'esprit est présent à la fois dans tout ce qu'il *fait* et dans tout ce qu'il *emploie.* La sensation même est donc intelligence, et l'organe des sens doit être le produit de cette intelligence qui l'utilise ». L'espace est le fruit d'une « genèse première », opérée par l'esprit.

Le propos de *L'Esprit de la religion* (1941) est de caractériser la pensée religieuse, en délimitant les rapports qu'elle soutient d'une part avec la pensée rationnelle qui a produit les techniques, d'autre part avec l'activité morale : il est impossible de réduire la religion à la morale, comme l'ont tenté les penseurs du XVIIIe siècle. Dans le *Traité de psychologie générale* (1946), ce sont toutes les fonctions de la pensée qu'étudie l'auteur. Les sentiments aussi sont objectifs, orientés vers des objets sur lesquels ils se règlent : ils peuvent varier si leur objet varie, mon amitié cesse si mon ami se révèle un faux ami. Ils peuvent *s'invertir* en égoïsme, se disloquer en émotions : si le sentiment est régulateur, l'émotion est déréglante. Sous le titre *Le Génie humain,* Pradines intègre à son traité trois essais antérieurs : l'un sur « le langage », l'autre sur « la société incivile », le dernier sur « l'art comme ravissement et comme méprise » : ce sont bientôt tous les domaines de la philosophie qui sont explorés. De là il redescend aux « instruments » de ce génie humain, c'est-à-dire aux fonctions supérieures de la psychologie.

L'Avenir de l'esprit dans les espèces (1955) constitue un développement entièrement nouveau par rapport aux œuvres antérieures. Pradines y examine l'origine de la vie dans le monde physique. La méthode consiste en une analyse « réversive » de la pensée humaine. Il s'agit de découvrir, à partir de la constitution actuelle de l'être humain, ce qu'ont été autrefois les êtres animés dont il descend, enfin les conditions passées sans lesquelles l'homme actuel n'aurait pu se former. Cette analyse décèle, sous sa constitution présente, la présence d'un ordre ancien. Mais elle permet aussi de discerner ce qui, dans cette constitution actuelle, provient de mutations successives de la vie. La notion de *mutation* est devenue l'idée maîtresse de la philosophie de Pradines. Quand une mutation, dans l'évolution de l'espèce, produit une fonction nouvelle, celle-ci suppose sans doute les fonctions anciennes, mais elle en modifie la constitution.

La revue *La Table ronde* publiait en janvier 1958 un texte de Pradines, *Le Beau Voyage*. Comme le dit Gisèle Brelet, « l'esprit dont *Le Beau Voyage* nous conte l'aventure, ce n'est pas l'esprit tout fait et enfermé dans son système de catégories comme dans un étau, c'est l'esprit vivant, en train de se faire et dont l'essence n'est que la quête incessante de lui-même. Ne créant la vie que pour la transcender, rompant perpétuellement avec son passé pour s'élancer vers un avenir qu'il n'ignore qu'afin de le créer par son espérance et son action, l'esprit n'est jamais devenu tout ce qu'il est susceptible d'être. Un élan illimité est en lui : il n'est que cet élan même ».

Sur un thème non philosophique

Lorsque Maurice Blondel proposa aux universitaires, comme sujet de thèse, *l'Action,* il lui fut répondu que ce n'était pas là un thème philosophique. Sans l'avis exprès de Boutroux, un sujet aussi insolite n'aurait pu être inscrit ; et lors de la soutenance, l'embarras trop visible et les résistances significatives des juges montrèrent qu'il ne les avait guère convaincus. L'impétrant eut aussi des difficultés du côté catholique. Cependant Léon XIII, instruit par le cardinal Perraud, fit immédiatement justice des accusations malveillantes qui avaient été portées contre Blondel par des esprits vétilleux.

Maurice Blondel (1861-1949) arriva directement, sans passer par un lycée parisien, de sa ville natale, Dijon, à l'École normale supérieure (1881). Tout comme Jaurès et Péguy, il y suivit l'enseignement de Boutroux et d'Ollé-Laprune. Il fut lui-même professeur en lycée, puis aux facultés des lettres de Lille et d'Aix-Marseille. Les étudiants se pressaient nombreux aux cours du « nouveau Platon ». Devenu aveugle les quinze dernières années de sa vie, il composa pourtant encore de gros ouvrages. En 1939, il dénonce avec vigueur le péril nazi dans *Lutte pour la civilisation et Philosophie de la paix.* Deux ans après, il prodigue son amitié à Brunschvicg, persécuté et réfugié à Aix.

L'Action (1893) se présente comme une *critique de la vie* et une *science de la pratique.* Pour Blondel, le mot *action* a un sens précis : ce n'est ni une force brutale, ni un instinct aveugle, ni même un simple élan vital. Il faut entendre par *action* l'activité spirituelle en sa source et dans l'intégralité de son développement. *La philosophie de l'action est une philosophie de l'esprit.* Dès l'introduction, Blondel déclare vouloir faire une « science totale » qui soit le « nœud commun de la science, de la morale et de la métaphysique » ; une « science totale » capable de fermer le cercle « de la pensée à la pratique et de la pratique à la pensée ». L'action est une « synthèse du vouloir, du connaître et de l'être » ; elle est « le point précis où convergent le monde de la pensée, le monde moral et le monde de la science ». C'est pourquoi les attitudes et les systèmes qui prétendent nier le problème de l'action se dévorent eux-mêmes : c'est le cas du dilettante, de l'esthète ou de celui qui prétend vouloir le néant. D'emblée j'éprouve devant l'action « l'impossibilité de m'abstenir et de me réserver, l'incapacité de me satisfaire, de me suffire et de m'affranchir ».

Pour étudier l'action, il suffit de la laisser déployer son élan, de décrire ses ondes concentriques. Toujours imprévisible puisqu'elle transcende ses conditions et constitue par rapport à elles une accrue originale, elle est semblable au bond de la sauterelle dans l'inconnu (Henry Duméry). L'action est un acte qui descend comme d'en haut : « Tout semble se produire d'en bas ; mais tout réellement procède d'en haut. » L'agent prend son point d'appui, non sur les conditions de l'action, mais sur l'action elle-même « conditionnant tout le reste », c'est-à-dire, en définitive, sur *l'absolu,* « dernier anneau qui ne dépend de tous les autres que pour les faire tous dépendre de lui ». Le primat du sujet s'impose tour à tour dans la sensation, la science, l'acte libre, la conscience de l'effort et finalement le langage : tel est le paradoxe d'un sujet à la fois dépendant et constituant. « C'est une réceptivité universelle, c'est une originalité radicale. » On constatera aussi les limitations salutaires que le sujet reçoit, non plus des objets, mais des autres sujets.

L'esprit manifeste ici une générosité sans limites : sous peine de se figer et de se tarir, la connaissance doit sans cesse renaître du mouvement de l'amour. C'est bien cet échange personnalisant de sujet à sujet que Maurice Nédoncelle appellera la « réciprocité des consciences ». Dans le déploiement de l'action, la présence excitatrice, judicatrice et transformatrice d'un Absolu est requise. On peut donc dire que le moment décisif de la philosophie de l'esprit est celui où la découverte de Dieu à partir de soi-même et du monde se retourne en découverte du monde et de soi à partir de Dieu.

Quand il est ici question de *pratique,* c'est bien d'action effective qu'il s'agit, et même d'une « expérimentation souvent coûteuse ». Les développements moraux, voire les exhortations spirituelles, abondent chez Blondel. Le vrai *témoignage* emploie tête, cœur et membres, parce que « vouloir ce qu'on veut, c'est le faire par tout soi-même ». C'est « une conquête » que l'action. Agir, « c'est proprement brûler ses vaisseaux ». Loin de faire bande à part et de jouer la partie chacune pour son compte, pensée et action s'élancent sur la même piste ; mais comme deux coureurs qui, à chaque instant, perdraient et reprendraient tour à tour leur élan, elles se suivent et se précèdent en un perpétuel chassé-croisé (H. Duméry). Le fait est là : pensée et action ne peuvent ni s'exclure ni coïncider. Il est impossible d'isoler la théorie ou la pratique. Mais pensée et action sont subordonnées à un troisième terme, à un principe commun : l'unité transcendante de l'être. « L'être urge au sein même de la pensée et de l'action. » Blondel ne se borne pas à décrire la conduite humaine : il est inévitablement amené à poser le problème de l'être, le plus antique problème de la philosophie. Dans *L'Action,* « la question de l'être n'est pas préliminaire, elle est finale », et elle n'est finale que parce qu'elle est primordiale. Tout se passe comme si l'esprit, en chacune de ses démarches, intellectuelle ou morale, devait remonter à sa source, l'être, pour pouvoir s'opposer dans la réflexion ou se poser dans l'action. Comme l'a observé H. Duméry, en faisant de l'être une *norme* régulatrice et valorisante, la science de l'action permet de réconcilier les deux aspects antithétiques de l'idée d'être, qui signifie à la fois *essence* ou vérité et *existence* ou fait. L'être est un enveloppement ou une plénitude, telle l'atmosphère où nous baignons. « Nous sommes des êtres dans l'Être » (Blondel publiera en 1935 *L'Être et les Êtres : Essai d'ontologie concrète).* L'être appartient au système *complet* de l'action ou bien il se dérobe à chaque partie, de même que les perles d'un collier ne sont solidement rangées que par le fil qui les maintient serrées. Mais rien ne tient, tant que la subordination finale à l'Être n'a pas été opérée. Il s'agit de l'Être infini.

Pour s'égaler à elle-même, l'action doit donc *passer par l'infini.* « L'action est comme travaillée par l'aspiration d'une infinie croissance ». Le système entier de l'action se suspend à une alternative suprême, à une option : « Être dieu sans Dieu et contre Dieu, être dieu par Dieu et avec Dieu, c'est le dilemme. » Mais « *la pratique porte en elle sa propre certitude...* » Blondel appelle *volonté voulante* le dynamisme spirituel lui-même, et *volonté voulue* tel acte volontaire choisi par nous. Dès lors, l'Option totale se fragmente en options partielles et complémentaires jusqu'à ce que la volonté voulante et la volonté voulue se recouvrent entièrement. Mais Blondel dénonce la cruelle méprise de la « conscience malheureuse » qui se refuse à voir la présence illuminatrice et réalisatrice de la Valeur. Or la pensée est fondée en objectivité sur la présence invisible et irrécusable de la Valeur. Nous comprenons alors le vrai sens de l'être : il n'est ni chose ni objet, mais pensée et valeur.

Cependant, la *conversion* est à faire. L'action doit sans cesse se déprendre des formes qu'elle a d'abord revêtues pour, sans rien y perdre, entrer dans des formes nouvelles toujours plus riches jusqu'à ce que sa croissance soit achevée. « Le sujet se trouve obligé de sortir de lui-même et de se soumettre à une loi de détachement, justement pour ne point s'enchaîner à une forme imparfaite de son développement. » Et Blondel de parler « désappropriation », « mortification », « ascèse morale » et « renoncement intellectuel », « abnégation » et « amour ». On le voit, son œuvre « oriente la philosophie vers le primat de la religion » (R. Le Senne). Il faut d'une part que la raison appelle la foi, sans aliéner sa propre autonomie, et que, d'autre part, le surnaturel soit obligatoire sans cesser d'être gratuit. « La véritable philosophie est la sainteté de la raison », dit Blondel, qui admet aussi une maturation progressive de la raison au contact de l'enseignement révélé. A la philosophie, la notion de surnaturel s'impose comme une « hypothèse nécessaire ». On oppose à tort *l'esprit* et *la lettre :* « De la lettre à l'esprit, du dogme au précepte, il y a un échange perpétuel et une intime solidarité. La lettre, c'est l'esprit en action. » Il est une sainteté du langage, une efficacité spirituelle du signe, que l'on a trop longtemps méconnues.

Blondel a aussi publié les deux volumes de *La Pensée* en 1934 et 1935. Non seulement il y retrace l'histoire de la pensée depuis son éveil dans le monde jusqu'à son épanouissement raisonnable dans l'homme ; mais il distingue la pensée vivante, « pneumatique », et la pensée savante, « noétique ». Ce qu'on appelle la *Trilogie* est constitué de *L'Action* (2e édition en 2 volumes), *La Pensée* et *L'Être*. Le caractère de la philosophie blondélienne est bien de dégager ce qu'il y a d'action dans la pensée et de pensée dans l'action. Son autre caractère est de reconnaître à toute pensée et à toute action une dimension religieuse. Aussi le dernier grand livre de Blondel est-il *La Philosophie et l'Esprit chrétien* (1944), en deux volumes dont les sous-titres sont significatifs : I. « Autonomie essentielle et connexion indéclinable » ; II. « Conditions de la symbiose seule normale et salutaire ».

Dès 1894 un professeur de l'université de Berlin assurait que *L'Action* possède une force dialectique comparable à celle de Fichte ou de Hegel. « Deux ans après, Blondel était célèbre. Mais non pour avoir écrit *L'Action*. Pour avoir heurté de front les *vieilles troupes* de l'apologétique et de la théologie. Ce succès fut celui du suspect glorieux ou du militant fidèle, plus encore que celui du penseur original. » Son propos est philosophique. Mais il est difficile : Henry Duméry consacre 638 pages à corriger une mésinterprétation du Père Henri Bouillard. Ses conclusions sont nettes : « Blondel a inventé le moyen de poser en philosophe le problème du surnaturel. Sa thèse est pleinement rationnelle. Elle se suffit et elle est rigoureuse... Blondel n'adopte, comme philosophe, aucune théorie théologique... Il pose un problème philosophique ; il le résout par voie philosophique. »

Un « cosmo-mysthique »

Étrange destinée que celle du Père jésuite Pierre Teilhard de Chardin. Savant brillant, il est condamné au silence par l'Église ; seuls quelques manuscrits mystérieux circulent sous le manteau. A sa mort, c'est la gloire : éditions, rééditions, « œuvres complètes », thèses inondent le marché ; pour beaucoup, la philosophie sera teilhardienne ou ne sera pas. Puis c'est de nouveau l'oubli ; au mieux l'hommage allusif mais distant. Trop savant pour les philosophes, trop philosophe pour les savants, trop théologien pour les uns et les autres, il a toujours occupé une place inconfortable.

Né en 1881 près de Clermont-Ferrand, il entre dans la Société de Jésus en 1899. Comme ses vœux solennels comportent le vœu d'obéissance, il acceptera l'exil illimité en Chine qui lui est infligé. Son œuvre scientifique comporte trois axes : la géologie, la paléontologie des mammifères, la paléontologie et la préhistoire humaines. En philosophie, il est inclassable : il tient compte de la critique kantienne, il est philosophe de l'action comme Blondel, philosophe de la durée comme Bergson. Il meurt en 1955 ; les 11 volumes de ses *Œuvres* sont publiés de 1955 à 1973.

Teilhard de Chardin adopte pleinement le point de vue évolutionniste. L'évolution biologique enseigne à la philosophie ce que signifie le temps. « L'Évolution », cela veut dire que l'Univers est un phénomène temporel, c'est-à-dire qu'il est en train de naître, tout autour de nous, et d'être créé. C'est un fait, nous nous trouvons pris dans un Univers inachevé et en genèse. Il nous faut découvrir, s'il existe, le sens de l'Évolution.

La clé est ici le « paramètre de la complexité croissante », ou, mieux, la loi de *complexité-conscience :* au cours du temps, la matière s'est orientée vers des états de plus en plus complexes, de plus en plus *improbables ;* et l'*émergence de la conscience* se trouve expérimentalement liée à cette augmentation de la complexité de « l'étoffe du monde ». C'est une loi selon laquelle la conscience réfléchie apparaît quand un certain *seuil* de complexité est atteint. « La complexité est une hétérogénéité organisée. »

Ainsi un atome est plus complexe qu'un électron, une molécule plus complexe qu'un atome, une cellule vivante plus complexe que les noyaux chimiques plus élevés qu'elle renferme. Ainsi s'édifie une sorte de classification naturelle qui est genèse historique des choses. Cosmogenèse, biogenèse et anthropogenèse prennent le relais l'une de l'autre. L'homme se trouve donc au sommet du temps, à la flèche d'une Évolution orientée vers « les plus hauts complexes ». Mais il faut ajouter le « paramètre de céphalisation » : toute la Vie dérive, comme un seul flot montant, dans la direction de cerveaux plus grands. La création, en l'Homme et avec l'Homme, se continue. Nous faisons partie d'une Humanité en pleine crise de croissance. Depuis longtemps, un régime nouveau est apparu, celui de la réflexion. Bien plus, l'Homme manifeste l'extraordinaire propriété de se totaliser collectivement sur lui-même et de constituer ainsi une « noosphère » (une sphère de l'esprit). Mais, à en croire Teilhard, l'Homme n'est pas encore zoologiquement adulte ; psychologiquement, il n'a pas encore dit son dernier mot. Or, déjà se profile une large frange d'*ultra-humain.* Dès lors, la question du *sens* paraît liée à la question du *temps.* L'Univers ne peut avoir un sens que si le temps qui mesure sa genèse est irréversible et orienté vers un terme, un terme qui en vaille la peine. « La conscience peut avancer, mais non rétrograder. » Cette irréversibilité implique que les éléments personnels ne retournent pas dans l'indifférenciation primitive. Elle permet, au contraire, l'accomplissement de la personne humaine. Teilhard écrit, dans *L'Energie humaine :* « L'Évolution cosmique poursuit une œuvre de nature personnelle », et même d'ultra-personnalisation. Nous avons des garanties d'un succès final. On a opposé l'optimisme de Teilhard le scientifique, et le désespoir d'Heidegger le littéraire. Mais le premier est littéraire aussi, poète assurément.

Madeleine Barthélémy-Madaule a fait un parallèle entre Bergson et Teilhard de Chardin tout à l'avantage de l'auteur du *Phénomène humain :* bel exemple de ce qu'Althusser appelle « la prise de parti en philosophie ». L'Évolution bergsonienne diverge, l'Évolution teilhardienne converge, par en haut, vers une unité personnelle et transcendante, « le point oméga ». La première aboutit à l'avènement des héros et des saints ; la seconde à l'unité d'un Corps mystique. Chez Bergson, le jaillissement initial est suivi d'une retombée par finitude interne et lassitude ; chez Teilhard, la figure du monde est une montée continue. Encore dualiste, Bergson est héritier de la pensée cartésienne ; Teilhard est descendant des grandioses synthèses des présocratiques ou de Hegel. L'univers bergsonien est une rhapsodie romantique ; l'univers teilhardien a la cohérence d'une symphonie classique.

Il n'est pas d'ouvrage plus caractéristique de la manière de Teilhard que *Le Milieu divin.* Il pose dans ce livre l'homme actuel, concret, face à l'immensité des choses créées. Cette immensité a un double contrecoup métaphysique : le monde est trop grand, le monde est trop beau. Le livre s'adresse donc à tous ceux qui sont angoissés face à l'immensité de l'Univers. Fruit d'une expérience, il étudie successivement ce que l'homme fait et ce qu'il subit : la « divinisation des activités » et la « divinisation des passivités ». La première partie refuse la fausse alternative « Dieu ou le monde » : il s'agit de réconcilier Dieu et le monde, par un double effort de détachement et de développement. Une solution incomplète consisterait à dire que l'action humaine ne vaut que par l'intention avec laquelle elle est faite. Certes, l'intention est « la clé d'or par laquelle notre monde intérieur s'ouvre à la présence divine ». Mais il y faut ajouter le corps de notre action et ses résultats, qui ont une valeur céleste et éternelle. La solution définitive repose sur le fait que tout effort contribue à achever le monde « dans le Christ Jésus ». D'une part, il est un lien mystique entre nous et le Verbe incarné. D'autre part, notre être spirituel s'alimente continuellement aux énergies cosmiques ; chaque âme résume de manière singulière et incommunicable le monde entier. Teilhard de Chardin insiste sur la communion par l'action : toute action a de la valeur ; le travail a une portée spirituelle ; le feu divin ne peut tomber que sur quelque chose d'effectivement réalisé. Il y a donc une « perfection chrétienne de l'effort humain », l'Acte divin « suranime » le travail. Le chrétien doit vouloir que le monde réussisse : il y va de l'achèvement du triomphe de Dieu ; on est loin ici des condamnations jansénistes du monde. Ou plutôt le chrétien est à la fois le plus attaché et le plus détaché : attaché à l'œuvre, mais sans idolâtrer l'action, il donne pour fin à son effort le Christ lui-même.

La deuxième partie porte sur la divinisation des passivités. En effet, celles-ci représentent la moitié de l'expérience humaine, à savoir tout ce qui est subi. Il est des passivités de croissance et des passivités de diminution. Les premières résident dans le fait que la vie est reçue ; à la source de tout élan se trouve l'action divine ; mais l'élan est plus subi qu'actif ; une influence de toutes les forces de l'univers s'exerce sur l'homme ; il n'y a donc pas lieu de faire le faraud. Mais comment les passivités de diminution peuvent-elles permettre de s'unir à Dieu ? Teilhard ne parle pas ici du péché, mais du mal physique et social, faiblesse et fatigue, absence de résultat heureux, écoulement du temps, déchéance humaine achevée dans la mort. Mais, contemplant toujours le Christ ressuscité, il transforme tout ce négatif en l'inversant. Il ne s'agit pas ici de résignation ; nous pouvons insérer nous-mêmes ces diminutions dans le Milieu divin. Nous devons lutter avec Dieu contre le mal, investir toutes nos forces dans l'action pour que le mal rétrograde. Ce qui est sûr, c'est que se diminuer pour se diminuer serait un crime contre l'être. La première tâche est de se développer et de s'accomplir ; le détachement ne vient qu'après. La réussite de la vie est dans l'équilibre entre l'accomplissement et le détachement.

Teilhard n'hésite pas à parler d'une puissance spirituelle de la matière. Il appelle *matière* « l'ensemble des choses, des énergies, des créatures qui nous environnent, dans la mesure où celles-ci se présentent à nous comme palpables, sensibles, naturelles ». Elle peut être à la fois un fardeau et une source de joie (par suite de l'Incarnation). Teilhard a même écrit un hymne *à la Terre*.

Ainsi, « la vraie physique, écrit-il dans *Le Phénomène humain,* est celle qui parviendra quelque jour à intégrer l'Homme total dans une représentation cohérente du monde ». L'histoire de cet anthropocentrisme génétique est scandée par les « luttes de l'Esprit ». Nous avons ici, en un sens, une philosophie de l'esprit. Mais il s'agit aussi d'une saisie mystique permanente de Dieu en chaque être et de chaque être en Dieu. Dans son livre *La Personne et le Drame humain chez Teilhard de Chardin,* Madeleine Barthélémy-Madaule est sensible surtout au thème de l'amour. Le philosophe conjugue l'amour cosmique et l'amour mystique : « Il invoque aussi Nicolas de Cues, il a senti le pancosmisme de l'amour ; il a parlé de l'amour de l'homme et de la femme avec une émotion directe, en des pages inégalables. »

Teilhard ne s'est point isolé des drames de la cité. Comme la Première Guerre avait été pour lui le temps de l'incubation de l'idée de « Milieu divin », la Seconde fut le temps de l'incubation de l'idée de « convergence humaine » ou de « planétisation », et dans les années qui lui restèrent à vivre, il s'occupa principalement de « clarifier » les « rudiments de cette anthropologie nouvelle ». Mais, comme le souligne H. de Lubac, la mystique du *Milieu divin* demeure. Et plus les années passent, plus le chercheur, se recueillant en lui-même, progresse dans « la Sainte Présence ». Ceux qui lui reprochent une « extrapolation risquée » oublient ce caractère de mysticisme profond.

La raison dans tous ses états

Une modeste expérience d'optique de Michelson Morley (1887) — dont le résultat infirmait les idées reçues — fut le point de départ des travaux d'Albert Einstein (1879-1955). On a dit qu'à peine une demi-douzaine de « cerveaux » comprirent vraiment l'œuvre du physicien suisse (Bergson reconnut s'être trompé). Pourtant, en 1905 la théorie de la *relativité restreinte* des mouvements, puis en 1913 la *relativité généralisée,* extension de celle-ci aux systèmes accélérés et théorie du champ de gravitation dans un univers à quatre dimensions, provoquèrent un ébranlement stupéfiant au plan de la pensée philosophique. Einstein lui-même estimait que « toute physique est métaphysique ».

D'origine polonaise, Émile Meyerson (1859-1933) ne se tourne vers la philosophie qu'à l'âge de trente ans. Ce n'est pas un universitaire et il présente un faisceau de compétences presque unique. Inestimable avantage, il a commencé par travailler dans des laboratoires de chimie : il sait *de visu* comment s'élaborent les sciences physiques. Puis il consacre de longues années à approfondir toutes les branches des sciences mathématiques, naturelles et humaines. Si *Identité et Réalité* ne paraît qu'en 1908, c'est que l'ouvrage est le fruit de vingt ans de recherches et de méditations. Suivent *De l'explication dans les sciences* (1921) et *Du cheminement de la pensée* (1931). Dans *La Déduction relativiste* (1925), Meyerson examinait la question de savoir si la doctrine qu'il avait auparavant édifiée ne se trouvait pas contredite par la théorie de la relativité généralisée. Non seulement les relations de la science et de la philosophie sont le *leitmotiv* de ses travaux, mais il a entrepris une étude complète de la démarche de la pensée scientifique.

Il faut distinguer la « légalité » et la causalité : l'esprit humain ne cherche pas seulement à formuler des lois, mais à connaître les causes des faits, c'est-à-dire à en trouver l'explication. C'est à quoi visent les théories. Mais l'on constate une tendance invincible de notre esprit à *l'identification,* à la réduction du divers à l'identique, car c'est une énigme pour nous que la diversité dans l'espace et le temps. Mais cette marche vers l'identique rencontre des îlots de résistance : la science reconnaît l'*irrationnel,* c'est-à-dire ce qui résiste à la réduction en éléments purement rationnels. L'irrationnel est un fait que nous considérons comme certain, mais qui restera incompréhensible, inaccessible à notre raison. Bien plus : la science ne peut se passer du concept de « chose » ; elle repose donc sur un minimum de *métaphysique.* « Nous abstenir de toute métaphysique, c'est là une prétention tout à fait vaine. » La science a besoin d'une ontologie *tout de suite.* Et néanmoins les progrès de la science ne dépendent pas de la réponse donnée à la question philosophique...

Meyerson s'oppose à la *Naturphilosophie* de Schelling et de Hegel, au positivisme et au pragmatisme — et pour les mêmes raisons : tous ces gens-là n'acceptent de la science que la partie empirique ; c'est là une abusive limitation. Presque à chaque pas, Meyerson lutte contre la conception positiviste. Les interdictions du positivisme sont en contradiction avec la méthode expérimentale, qui aborde des problèmes toujours nouveaux : les défenses de tous les pontifes, fussent-ils des Auguste Comte, restent vaines; l'esprit ne connaît pas de limites.

Meyerson ne méprise pas la technique : il a fait la synthèse industrielle de l'indigo, en Argentine. Mais il en sépare absolument « la soif scientifique » de connaissance désintéressée; la science n'est pas fille de la technique. Inversement, le machinisme moderne subit de plus en plus directement l'influence de la science pure. On le voit, Meyerson s'inscrit en faux contre le pragmatisme. La science n'est pas, comme le dit Durkheim, un « produit social », mais procède avant tout de la pensée individuelle. Face à Lévy-Bruhl, découvreur de la « mentalité primitive », il faut affirmer l'unité et l'immutabilité de la raison. Certes, depuis Einstein, on constate que la raison est « susceptible d'évoluer » ; mais elle reste *elle-même*. L'analyse que Meyerson a faite de la genèse de la découverte scientifique tend à montrer, contre Bergson, que l'intelligence et l'intuition sont à ce point confondues que l'on peut douter qu'il s'agisse de deux fonctions distinctes. La connaissance est toujours invention, acte de choix.

Assurément, Meyerson sera critiqué par les rationalistes à tout crin qui se scandaliseront de ces noyaux durs d'irrationnel. Toutefois, André Lalande (1867-1963) pousse encore plus loin l'idée d'une raison qui identifie ou, comme il dit, « assimile ». Né à Dijon, il est l'un de ceux que l'entrée à l'École de la rue d'Ulm conduit à une carrière universitaire. Il enseigne à la Sorbonne à partir de 1909 : ses anciens étudiants évoquent « ses cours si parfaitement préparés, si lumineux, si précieux » (R. Poirier). Il est cofondateur de la Société française de philosophie (1901), l'initiateur du Ier Congrès international de philosophie (1900), l'auteur du *Vocabulaire technique et critique de la philosophie* (1923), qui nécessite vingt ans de travaux d'approche : ce sont là autant de véritables « institutions ». Ses livres sont peu nombreux, mais ne passent pas inaperçus : *La Dissolution opposée à l'Évolution dans les sciences physiques et morales* (1898) ; *Précis raisonné de morale pratique par demandes et réponses* (1907), sorte de catéchisme laïque; *Les Théories de l'induction et de l'expérimentation* (1929) ; *La Raison et les Normes* (1948). Il est le symbole parfait d'une tradition intellectuelle qui caractérisa la IIIe République : celle d'un rationalisme laïque et fervent. Il est hostile à l'idolâtrie de la Vie chez les nietzschéens ou les bergsoniens. Comme le montre son dernier ouvrage, il cherche une philosophie des normes humaines. La raison est normative : la logique parle obligations et interdictions. Il y a donc une expérience primitive et spécifique des normes. La vérité est elle-même une valeur, que nous affirmons à nos risques et périls. Célèbre est la distinction que fait Lalande entre la *raison constituante* et la *raison constituée.* La seconde est un système de principes définis, mais datés, fonction du progrès scientifique. La raison constituante est effort tenace d'assimilation, cela dans trois dimensions : assimilation des esprits entre eux, assimilation des choses à l'esprit, assimilation des choses entre elles.

Tout en affirmant s'en tenir au plan épistémologique, Lalande fait de la métaphysique, lorsqu'il s'oppose à Spencer, chantre d'une évolution censée produire hétérogénéité et différences croissantes. A « l'Évolution » il oppose en effet « la Dissolution », qu'il appellera bientôt « l'Involution ». Il suffit d'évoquer le principe de la dégradation de l'énergie : celle-ci s'homogénéise sous forme de chaleur. Cette marche à l'homogène est un fait universel, constaté dans tous les ordres d'expérience : physique, biologique, sociologique. L'involution régit en effet le devenir des sociétés : la géographie humaine nous montre une uniformisation progressive des statuts matériels et humains ; tous les hommes de la terre se vêtiront en complets-veston. Les diverses confessions marchent vers une religion universalisée, centrée de plus en plus sur la raison humaine. Dans le domaine de l'art, nous sentons le besoin de communiquer nos émotions esthétiques, de les vivre en commun, de nous sentir en sympathie avec nos semblables.

Mais voilà que Lalande veut présenter l'Involution comme loi morale et norme de nos conduites. Requérant l'assentiment de personnes libres et éclairées, l'éthique est « foncièrement involutive ». La vraie liberté est désindividualisante, elle consiste à se dépouiller des servitudes intérieures comme des passions et préjugés du clan. Je dois faire triompher en moi la personne sur l'individu (Lalande applaudira aux thèses *personnalistes* de Mounier). Mais

R. Poirier écrivait — il y a de cela plus de vingt ans : « Peu de jeunes se sentiront aujourd'hui entraînés par une doctrine d'un rationalisme aussi confiant et aussi intemporel, d'une sérénité aussi purement intellectuelle et qui laisse en retrait tout le tragique de la mort, de la transcendance ou simplement des luttes humaines. » Enfin, aveugle devant le phénomène totalitaire, Lalande continuait à revendiquer pour l'État, face aux parents censés infantiles ou opposés à « l'involution », le monopole de l'éducation morale.

Contrairement à Lalande, Gaston Bachelard (1884-1962) s'en prendra vivement aux îlots d'irrationnel de Meyerson. Si notre *engagement rationaliste* est authentique, nous ne rencontrons pas tout le temps, dit-il, de l'empirique irréductible ni de l'irrationnel.

Né à Bar-sur-Aube, Bachelard est ce modeste commis des PTT qui, à force de travail, est devenu un savant et un philosophe, professeur à la Sorbonne. Ses anciens élèves n'ont pas oublié son accent bourguignon, sa barbe à la Karl Marx, son entrain et sa chaleureuse bonté. Il n'est pas possible de présenter de façon exhaustive son œuvre considérable — qui a aussi un versant littéraire.

Dans *La Formation de l'esprit scientifique* (1938), il tente une « psychanalyse de la connaissance objective », un rajeunissement de l'épistémologie par le freudisme. La pensée vulgaire n'est bonne qu'à opposer des « obstacles épistémologiques » au progrès de la science, à fournir de fausses explications. La bouteille de Leyde n'est pas une bouteille ; la lumière n'est pas une vibration, « c'est un cosinus ». Il ne s'agit jamais de désignation immédiate et intuitive, mais progressive et discursive. Il y a rupture entre la connaissance vulgaire et la connaissance scientifique.

Des ouvrages comme *Le Rationalisme appliqué* (1949) et *Le Matérialisme rationnel* (1953) permettent de caractériser le rationalisme scientifique tel que l'entend Bachelard. C'est un rationalisme *appliqué,* solidaire d'expériences toujours particulières et précises : « C'est par ses applications que le rationalisme conquiert ses valeurs objectives. » Un rationalisme *dynamique :* l'histoire des sciences fourmille d'« événements de la raison », qui ont forcé l'organisation rationnelle de l'expérience à se réorganiser (la Relativité, la théorie des *quanta,* la mécanique ondulatoire) ; il ne faut cependant pas s'inféoder à l'histoire des sciences ; il existe du définitivement acquis, et la chaleur spécifique est une « notion qui est pour toujours une notion scientifique ». Un rationalisme de *pensée collective :* Bachelard évoque « l'union des travailleurs de la preuve » ; d'ailleurs, « poser une question intelligente à des gens intelligents, c'est déterminer l'union des intelligences ». Un rationalisme *feuilleté* – comme la pâte du même nom – : on doit en effet fragmenter le rationalisme pour l'associer à la matière qu'il règle ; et le philosophe montrera ce qu'ont de spécifique les rationalismes électrique, mécanique, ondulatoire, microphysique. Un rationalisme *matérialiste,* mais il ne s'agit pas de n'importe quel matérialisme : Bachelard dénonce l'inefficacité de ce dernier, s'il est massif, immobilisé. Au contraire, un matérialisme actif aura « pour fonction de juguler tout ce qui pourrait être qualifié d'irrationnel dans ses matières ». Par opposition au matérialisme des philosophes, « il correspond essentiellement à une réalité transformée, à une réalité rectifiée, à une réalité qui précisément a reçu la marque humaine par excellence, la marque du rationalisme ». Le savant recourt à une technique toute d'artifices : la chimie est donc la science des transformations et des *créations* matérielles.

Le propos de Bachelard, dans *L'Activité rationaliste de la physique contemporaine* (1951), est d'« étudier les efforts du rationalisme pour se réorganiser au niveau des expériences toutes nouvelles de la physique moderne ». Soulignant l'aspect mathématique de toutes les notions, il montre l'existence paradoxale du corpuscule dans cette physique : le corpuscule n'est pas un petit corps ; il n'a pas de dimension absolue assignable ; pas de forme assignable ; pas de place très précise ; il a perdu son individualité ; et il peut s'annihiler ; bref le corpuscule est « une chose non-chose ». De même, on soulignera la « déréalisation quasi complète de l'onde matérielle en mécanique ondulatoire ». Curieux matérialisme, en effet, et l'on comprend qu'un adepte du matérialisme marxiste ait traité Bachelard d'idéaliste – suprême injure. Il est vrai que, dès *La Philosophie du non* (épistémologie non-cartésienne...), celui-ci avait prévenu que sa dialectique n'était pas celle de

Hegel-Marx : simplement la science dans son actualité, en progrès à travers les obstacles et les crises, constitue la réalité par *rectifications* et *approximations* successives. On trouve ce thème aussi dans *Le Nouvel Esprit scientifique*.

Grand lecteur, poète, Bachelard a développé la psychanalyse littéraire. Chez un écrivain, qu'une image naisse d'un complexe, ce n'est pas une tare, mais un brevet de richesse. *La Psychanalyse du feu, L'Eau et les Rêves, La Terre et les Rêveries de la volonté, La Terre et les Rêves du repos, La Poétique de la rêverie, La Flamme d'une chandelle,* s'alimentent à la « psychologie des profondeurs » de Jung. Mais à la poétique des profondeurs comme à sa philosophie des sciences, Bachelard fait correspondre une pédagogie d'enchantement (Pierre Quillet). C'était un homme capable de s'émerveiller et de nous faire nous émerveiller.

Avec André Régnier, au contraire, il est question des *Infortunes de la raison* (1966). L'auteur traite des langages formels, et des « modèles », si prisés aujourd'hui. Il en profite pour dresser un bilan féroce de nos habitudes scientifiques, et il bouscule le rationalisme triomphant : « La nature fait ce qu'elle veut, mais elle ne fait pas n'importe quoi ; elle ne dit jamais la même chose, mais elle parle toujours la même langue. De cette langue nous avons dressé, en partie, la grammaire, mais il est absurde de croire que la nature connaît cette grammaire et parle en en appliquant les règles. Entre certains aspects, ni trop rares, ni trop éphémères, du réel, nous avons deviné des rapports dont on peut parler, mais la nature exhibe ces rapports, elle ne les subit pas. Et c'est être bien naïf que de les imaginer comme nécessaires et de concevoir l'histoire du réel comme le résultat de la superposition de ces nécessités. Qu'on se rappelle le mot de Hegel à propos des astres dans leur mouvement : *ils s'avancent en dieux libres.* » C'est à bon droit que Jean Ladrière s'interroge sur *Les Enjeux de la rationalité, le Défi de la science et de la technique aux cultures* (1977) : les interactions entre le « complexe scientifico-technologique » et les institutions politiques et économiques produisent d'énormes perturbations dans le domaine des valeurs. Aussi faudrait-il, au-delà de « l'analyse formelle », retrouver la vie sociale concrète, c'est-à-dire les modes de vie, les relations humaines et les modalités réelles de l'insertion des individus dans les « réseaux institutionnels ». De même J.-J. Salomon rapproche *Science et Politique* (1970) : la « technonature » consacre « l'alliance de la scientificité des sciences et de l'idéologie » comme instruments au service du pouvoir. Ainsi, comme en témoigne pour sa part l'École de Francfort, les débats autour de la raison scientifique ne sont rien moins qu'académiques. Au contraire, la bonne conscience n'est pas générale dans la « cité scientifique », ainsi qu'en témoigne l'ouvrage collectif *(Auto)Critique de la science* (1975). Les auteurs affirment que « la science est inévitablement politique » ; ils dénoncent « les mythes du scientisme » régnant ; ils remarquent que, loin d'échapper « à l'oppression qui s'exerce sur toutes les femmes de notre société », les femmes subissent dans la cité scientifique une discrimination sexuelle, quand elles ne sont pas victimes de la tyrannie des « patrons ». Bien entendu, le spectre des armes de mort ne se laisse point exorciser : de nombreux savants comprennent l'impossibilité de rester neutres devant les problèmes de l'humanité : « Il nous faut tous assumer notre responsabilité intellectuelle », conclut l'ouvrage.

Contre les approches désuètes, Michel Serres réclame un *« nouveau » nouvel esprit scientifique* – non bachelardien. Comme l'explique Françoise Armengaud, « l'importance du couple méthodologique modèle/structure est ici soulignée, ainsi que celle de la pensée *informationnelle* issue de la thermodynamique, qui envahit mathématiques, physique, biochimie, linguistique ». Cette pensée nous fait voir « le sujet comme intercepteur de la communication ». Sur les pas de Leibniz, M. Serres est hanté par le thème de l'*encyclopédie.* Il est d'ailleurs le maître d'œuvre de récents et copieux *Éléments d'histoire des sciences* (1989).

Un journaliste, Guy Sorman définissait dernièrement les *vrais penseurs :* « Ceux après qui on ne peut plus penser comme avant dans leur discipline. » Alors montent sur la scène beaucoup de savants. Le physicien belge Ilya Prigogine, auteur avec Isabelle Stengers d'un ouvrage célèbre et controversé sur la philosophie des sciences, *La Nouvelle*

Alliance, affirme que la créativité scientifique existe au même titre que la créativité littéraire ; qu'il n'est pas de découvertes sans un auteur de génie. Surtout, l'univers n'est plus une horloge, mais un chaos ; la situation météorologique, par exemple, est un système dynamique instable. « C'est ce que l'on appelle l'*effet papillon* : un battement d'aile de papillon à Pékin peut provoquer un léger souffle qui, de proche en proche, donnera naissance à un ouragan sur la Californie. » Et malgré tout, l'ordre naît du chaos. Une grande querelle oppose alors les déterministes à Prigogine. Pour le mathématicien français René Thom, la « science du chaos » n'existe pas : Prigogine aurait amalgamé sous ce nom des phénomènes essentiellement différents, dont certains relèvent du déterminisme et d'autres de la description probabiliste. Si les physiciens ne peuvent pas prévoir sur quelle face retombera une pièce lancée en l'air, « ce n'est pas parce que c'est impossible, c'est parce que c'est expérimentalement difficile et coûteux ». Mais si la science est en panne depuis vingt-cinq ans, c'est qu'on n'invente plus de ces concepts *préalables* qui font trouver quelque chose ; les ordinateurs attendent que les hommes aient des idées. Toutes ces péripéties nécessitent des torsions et contorsions de la raison, malaisées à exprimer. Tout se passe comme s'il fallait penser la bouche pleine (Isabelle Stengers).

Il ne faudrait pas croire que nos penseurs se soient, en ces temps d'accélération de l'histoire, tenus à l'écart, à ne faire que de la philosophie des sciences. Un prochain chapitre, « Turbulences françaises », nous montrera ce que peut être, selon l'expression de V. Descombes, *la Philosophie par gros temps.*

CHAPITRE V

Néo-hégéliens italiens

La pensée de Hegel aura une influence considérable dans l'Italie du XXe siècle. Mais il nous faut remonter dans le passé pour voir comment le terrain lui a été préparé.

Retour aux sources

Galilée était mort en 1642. Ludovico Antonio Muratori (1672-1750) et quelques autres professaient les principes de ce cartésianisme qui se heurta à l'opposition tenace de Giambattista Vico (1668-1744), professeur de rhétorique à Naples. Ce dernier reprochait à Descartes de « déduire l'homme » d'axiomes intemporels. Or l'œuvre historique de l'homme, qui est la création de la culture, ne résulte pas de la nature humaine abstraite. C'est l'inverse : la nature humaine s'explique par l'histoire. Dans son ouvrage principal, la *Science nouvelle,* celle de *la nature sociale des peuples* (1725), Vico présentait l'histoire comme la réalisation par étapes — à travers des formes déterminées de vie sociale, économique et spirituelle, mais non sans à-coups — de la culture et de la civilisation de l'homme. Cette réalisation s'opère à travers nos actions, nos tendances et nos sentiments, mais sans but conscient, sans connaissance de la signification de ce développement. Les hommes ne savent pas ce qu'ils font : ils sont les outils grâce auxquels l'Histoire édifie son ouvrage. Vico préfigure ici la philosophie hégélienne de l'histoire. Cependant il est fermement catholique : la route de l'histoire est la route sur laquelle la Providence guide les hommes ; l'individu n'est pas un produit ni un chaînon de l'histoire, son âme individuelle est soumise au Jugement de Dieu. Vico emprunte ses matériaux historiques, dans une large mesure, à la mythologie :

précurseur des romantiques, il voit dans les mythes l'expression imagée et symbolique de la préhistoire. Mais les origines du droit furent toujours religieuses : après la nécessité, la religion est l'instrument principal de la civilisation. La religion primitive ne fut pas un monothéisme abstrait, mais un polythéisme animiste, dont les bases psychologiques étaient la crainte et la vénération. Vico raconte la naissance de la propriété, des castes et des gouvernements. Il établit un parallèle entre le rythme de développement de l'esprit individuel et celui de l'humanité. Il fait plus d'une incursion dans la psychologie des peuples. Surtout, il annonce cet *historicisme* que notre siècle, par la voix d'Althusser, a reproché à des Italiens tels que Gramsci. Pourtant B. Croce croit déceler chez Vico l'influence de ce platonisme augustinien qui, vers la fin du XVIIe et le début du XVIIIe siècle, s'affirma largement dans la pensée philosophique.

Ce serait à la demande du pape — quelque peu réactionnaire — Grégoire XVI, qu'Antonio Rosmini, prêtre et patriote, « conçut le dessein » et « jeta la semence », en 1829, de son *Essai sur l'origine des idées,* afin de réfuter les thèses sensualistes de Condillac, qui se répandaient en Italie. Ce qu'il dit de Dieu comme Être universel, principe suprême, origine de la connaissance et objet de toute pensée, le rapproche quelque peu de Malebranche.

Le XIXe siècle italien verra donc les grandes synthèses philosophiques de Rosmini (1797-1855) et de Vincenzo Gioberti (1801-1852). Le premier ambitionnait de donner au catholicisme une philosophie qui fût « le plus solide appui de la théologie » en entreprenant « au XIXe siècle cette œuvre de restauration qui fit au XIIIe la gloire de saint Thomas »; le second tourna les yeux vers les pressantes questions sociale et nationale qui poussaient les États à se rénover. L'un greffa la pensée moderne sur le vieux tronc de la pensée dogmatique ; l'autre voulut insérer cette pensée dans le mouvement du *risorgimento* italien. Mais aucun des deux ne voulait renier le passé. Assurément Gioberti fut davantage homme d'action. Prêtre et patriote lui aussi, il s'intéressa à la « Jeune Italie » et à d'autres sociétés secrètes. Il fut même ministre et chef de gouvernement après 1848, lorsque « la Péninsule n'était qu'un incendie ».

Il professe sur « l'Être » des idées voisines de celles de son aîné. Il est de ceux qui ont compris le rapport de prédilection qui lie Hegel à Platon. On rencontre un réel engouement pour Hegel chez Svapenta et son disciple Maturi, « penseurs peu scrupuleux et pas très bien informés » (R.M. di Serradileo).

Le panorama philosophique change en Italie après l'unification. C'est aux courants herbartien et positiviste qu'il appartenait de dominer le champ de la pensée italienne depuis 1880 jusqu'aux dix premières années de notre siècle. Il n'était plus possible de s'en tirer avec la facile poésie de 1848 : il fallait prêter main-forte aux forces sociales. Le positivisme venait ainsi au-devant de toute une somme de désirs, d'aspirations, de besoins. Il semblait au surplus réaliser l'exigence scientifique de Galilée. Plus d'un Italien se passionna pour les études sociologiques. Le porte-parole officiel de la *méthode positive* fut Pasquale Vilari (1827-1917), esprit vraiment génial à la culture profonde, soucieux de « nationaliser la philosophie », car il était aussi hostile que Hegel au « cosmopolitisme vide ». Nicola Marselli (1822-1899) croyait pouvoir concilier en une vue supérieure Hegel et Comte. C'est Roberto Ardigo (1828-1920) qui mit en circulation la formule devenue plus tard fameuse : « Le fait est divin » ; cet ancien prêtre professait en effet une *religion du fait* aussi intransigeante que toute autre forme de foi. Mais la figure puissante et passionnée d'Ardigo attira bientôt autour d'elle des admirateurs et des disciples en grand nombre. Antonio Labriola (1843-1904), auteur *d'Essais sur la conception matérialiste de l'histoire* parus à Paris en 1897, considérait la société à travers une conception toute mécaniste. Du moins le marxisme de Labriola exerça une grande influence et contribua beaucoup à la formation de Croce qui suivit ses cours à l'université de Rome. Vilfredo Pareto (1848-1923) fut un économiste et un sociologue célèbre, théoricien de la circulation des élites et critique des idéologies (*Traité de sociologie générale*, 1916).

« Ce qu'il y a de vivant et de mort chez Hegel »

En 1902, Benedetto Croce, qui avait donc été déjà attiré dans l'orbite des recherches marxistes, publiait son *Esthé-*

tique, c'est-à-dire le premier essai de ce qui devait devenir, avec le temps, un système complet de philosophie. Parent de Spaventa, il partageait son enthousiasme pour la pensée hégélienne. En Italie, il croyait trouver, non pas un précurseur, mais un fondateur de l'idéalisme absolu en la personne de Vico. A dire vrai, il infusait sa propre pensée en celle de Vico, qu'il transformait de façon toute gratuite. B. Croce avait eu une enfance heureuse et studieuse ; mais le tremblement de terre de Casamicciola, dans lequel périrent ses parents et sa sœur, le bouleversa profondément. « Miraculeusement épargné, mais durablement marqué par l'événement, il est recueilli à Rome, avec son frère Alfonso, par Silvio Spaventa, le frère du philosophe hégélien », nous raconte Paul Olivier. Ce tuteur compréhensif l'émancipe avant sa majorité et lui permet de s'établir à Naples, où il se sent à l'aise parmi érudits et historiens. Au moment de la montée du fascisme, Croce n'hésite pas à prendre parti contre la dictature, en rédigeant un manifeste des intellectuels antifascistes. Il fera de la *Critica* un centre intellectuel d'opposition, que Mussolini n'osera pas supprimer. De même, dit encore P. Olivier, « lors de la chute du *Duce,* il jouera un rôle politique important en préparant l'effacement du roi, auquel il ne pardonne guère son comportement, en soutenant la solution d'une régence pour maintenir l'unité des Italiens, et en refusant d'ailleurs la présidence de la République, par fidélité à la cause monarchique ».

Croce est un tempérament plus romantique que critique. Un écrivain spirituel et passionné, Papini, a rapproché à cet égard Croce et Bergson, pour les traiter de manière fort irrévérencieuse : à l'en croire, ce ne sont pas les recherches spéculatives qui ont fait le renom de Croce ; ce dernier n'eut de crédit en Italie et à l'étranger que grâce à l'aspect romantique de sa philosophie, exposée de manière « lyrique ». Sa pensée aurait parfois été dépassée par la réalité, notamment sur la question sociale, qu'il a un jour qualifiée de « pseudo-concept » : jugement étrange de la part d'un élève de Labriola.

En effet celui-ci l'avait conduit à Marx. A travers Marx, Croce ressentit « la fascination de la grande philosophie historique de l'époque romantique », la philosophie de

Hegel. Pour lui, la doctrine hégélienne centrale, le développement de l'Idée, n'a même pas besoin de confirmation. Pourtant, il marque, un moment, une subtile différence entre les *opposés,* qui relèvent de la dialectique hégélienne, et les *distincts,* qui se trouvent entre eux dans un rapport « dyadique » et non point triadique. A l'en croire, de Hegel il retiendra *ce qui est vivant* et rejettera *ce qui est mort.* Puis, sous la puissante influence de son « très cher ami Gentile », il abandonnera la dialectique des distincts au profit de la notion plus hégélienne d'un système circulaire, du serpent qui se mord la queue ; et il s'acheminera vers l'assimilation complète de la philosophie à l'histoire.

Nous avons évoqué l'*Estetica* de 1902. L'art occupe, pour Croce, le moment de la pure subjectivité ou intuition : il est compris comme intuition pure, et l'intuition pure est pensée comme expression. Mais, et c'est là une des plus grandes révolutions accomplies par Croce, l'esthétique s'identifie avec la théorie du langage ou *linguistique générale.* Ce qui est sûr, c'est que, devant l'objet de l'art, le critique doit se comporter comme « celui qui adore ».

La *Logica* étudie le concept pur, le concept hégélien, c'est-à-dire l'esprit qui a atteint le stade de l'universalité. En fonction de son idéalisme absolu, Croce croit que l'individu est « concevable », c'est-à-dire transformable en fait logique. La *Philosophie de la pratique* est une morale qui, paradoxalement, minimise le rôle de l'acte volontaire. « Sans la connaissance, proclame résolument Croce, il n'y a pas de volonté possible ; telle est la connaissance, telle est la volonté. » Cependant, cette connaissance est la connaissance historique ; de plus, le savoir « n'est pas une fin, mais un instrument de vie ». En effet, l'homme ne peut jamais arrêter la vie « qui frémit et demande à être continuée ». Dans la philosophie de l'esprit, l'acte volitif est à la fois nécessaire et libre, car il se place dans l'ensemble de la vie spirituelle totale, c'est-à-dire « non pas dans le vide, mais dans une situation déterminée, avec des données historiques qu'on ne peut éliminer ». « L'esprit est tout le Réel » ; mais il est tout le réel dynamiquement ou dialectiquement conçu. L'esprit se meut de façon incessante sur lui-même.

Dans la dernière phase de la pensée crocienne, la *Théorie et Histoire de l'historiographie* (1917) rencontra un vif écho dans les milieux littéraires. Si l'esprit et la réalité coïncident, il ne peut y avoir qu'une seule chose, le *devenir*, qui est art, philosophie, économie, morale, dans la mesure où il est histoire. L'histoire, c'est un esprit qui se pose et s'affirme. L'histoire, comme pensée et comme action, est essentiellement rationnelle. Mais si la philosophie coïncide avec l'histoire, elle coïncide aussi avec l'historiographie : les batailles de Napoléon ne sont batailles que quand et toutes les fois que nous les pensons. Croce s'est littéralement donné à l'histoire, à l'époque où celle-ci connaît une accélération dramatique. Certains critiques ont vu une contradiction entre la définition de la philosophie comme *méthodologie de l'histoire* et sa définition comme *philosophie de l'esprit.* Croce avait proclamé son refus de la métaphysique ; mais dans son idéalisme absolu, il se montre *ultra-métaphysicien.*

La « forme la plus cohérente » de l'idéalisme est représentée par la philosophie de Giovanni Gentile (1875-1944), qui a reçu le nom d'*actualisme.* Né en Sicile, il est admis à l'École normale supérieure de Pise ; il aura une carrière universitaire brillante qui s'achèvera à l'université de Rome. Adepte d'un libéralisme aristocratique, il croit voir en Mussolini un instrument de rénovation de la vie culturelle de l'Italie. Il a des liens personnels avec le *Duce,* et il rédige en 1925 le *Manifeste des intellectuels fascistes italiens,* occasion de la rupture avec Croce. Il a une activité d'homme public et se consacre à la publication de l'*Enciclopedia italiana,* mais maintient dans l'équipe une réelle ouverture intellectuelle (P. Olivier).

Son premier ouvrage est *La Philosophie de Marx* (1889), que Lénine tiendra en estime : il y étudie le marxisme comme philosophie de la *praxis.* On a parlé de « la portée vraiment monstrueuse de sa systématisation ». Gentile a mis en lumière avec une cohérence absolument parfaite la nécessité de regarder la connaissance comme une résorption de l'objet dans le sujet. L'actualisme se rattache à la philosophie allemande. Il peut se définir comme « une théorie générale de l'Esprit comme acte pur ». Aussi a-t-on parfois établi un parallèle entre Gentile et Fichte. Nous lisons, dans *L'Acte de penser comme acte pur* (1912) : l'Idée, « en descendant du ciel sur la terre pour manifester un miracle », a perdu son caractère d'« organisme en soi », pour redevenir simplement l'acte de penser. Et comme Gentile regarde la Nature en fonction de cet acte, il a été accusé — à tort — de solipsisme (c'est-à-dire d'enfermement dans la conscience individuelle). Or, sa philosophie est une « conduite de la vie », reposant sur une profonde conviction théorique et pratique, et elle a suscité les plus grands enthousiasmes (R.M. di Serradileo). Faut-il parler ici de néo-hégélianisme ? On trouve assurément chez Gentile les maximes triomphalistes de l'idéalisme absolu : « La réalité n'est pensable qu'en relation avec l'activité par laquelle elle est pensée. » La conscience « ne se pose que comme une sphère dont le rayon est infini ». Le « dehors » est toujours « dedans » (dans notre esprit). Le sujet et l'objet, la pensée et l'être, l'esprit et la réalité sont des distinctions qui naissent quand s'est déjà posée depuis longtemps *l'unité,* laquelle existe à partir du premier acte de l'Esprit. Enfin, si le processus de la réalité, cette dialectique infinie et éternelle qui est la pensée, est histoire, « la philosophie est histoire et dépasse l'histoire en la pensant ».

Gentile se défend d'identifier son *acte* avec l'Un ineffable du mysticisme : il n'est pas néo-platonicien. Mais, dans les *Discours sur la religion* (1920), il entend ne pas laisser celle-ci en dehors du développement concret de l'esprit. Il mène d'ailleurs une active campagne contre l'école laïque. Son attitude envers le christianisme s'éclaire en fonction de la place qu'il attribue à la religion parmi les formes nécessaires et absolues de l'esprit.

Ministre de l'Instruction publique, il réalise en 1923 une réforme complète de l'école primaire. N'est-il pas l'auteur de plusieurs ouvrages de pédagogie ? Pour lui, tout progrès de la pensée est à la fois Histoire et Éducation. Il n'y a aucun accroissement de l'esprit qui ne soit un accroissement issu de l'intérieur. Le philosophe exclut donc tout dualisme pédagogique entre élève et maître. Au cours du processus éducatif, le maître lui-même se transforme. L'acte pédagogique est essentiellement créateur : il se renouvelle sans arrêt de l'intérieur et ne se répète jamais. Dans la *Philosophie de l'art* (1931), Gentile définit l'art comme « expression du sentiment » — retour à cette définition romantique que Croce avait évitée en parlant d'intuition (N. Badaloni).

Gentile eut encore plus de succès que son ancien disciple et ami Croce. Il pouvait en effet répandre ses idées du haut de la chaire. On voyait en lui un *excubitor ingeniorum*, une « sentinelle des intelligences ». Mais, pour des raisons politiques faciles à deviner, des défections se produisirent dans les rangs des gentiliens les plus enflammés. D'où un retour vers Croce « avec un amour nouveau ». Tel est le cas de Guido de Ruggiero, universitaire romain, esprit d'une agilité incomparable et écrivain brillant. Il professe cet *historicisme* dont Raymond Aron dira qu'il est « moins une philosophie que le substitut d'une philosophie qui manque ». Ugo Spirito, qui se recommande de Gentile, donne à la morale une position tellement prééminente que l'actualisme finit par confiner au pragmatisme. De Bernardino Varisco, « artisan de l'Italie nouvelle » (G. Gentile), on s'accorde à vanter la dignité et la probité peu communes, l'homme qui sut se maintenir au-dessus de toutes les luttes de parti, et aima la philosophie et l'Italie avec une intense sincérité.

Dans la philosophie de l'époque fasciste prédomine une orientation vers le spiritualisme et, pour beaucoup, vers le catholicisme. C'est le cas de Giovanni Papini (1881-1956), auteur du *Crépuscule des philosophes* (1906) et surtout d'*Un homme fini* (1912), dont Janvier Lovreglio a retracé, en une thèse de quatre volumes, l'« Odyssée intellectuelle entre Dieu et Satan », le « donjuanisme cérébral » et les « fluctuantes aspirations ».

Néo-marxiste, et non plus néo-hégélienne, la pédagogie d'Antonio Gramsci (1891-1937) fonde son univers moral sur des valeurs profondes telles que la valeur de l'homme. « Gramsci aborde avec quelque compétence le problème de l'éducation comme facteur essentiel de promotion du peuple, problème qu'avait négligé le *Risorgimento*, ce mouvement typique des élites », écrit Franco Lombardi. Il est vrai que « le problème de l'homme s'avère central dans la recherche de Gramsci. Sa tentative est celle d'un humanisme absolu » ; elle donnera une description de l'homme engagé dans l'action politique en deçà d'un discours complet et exhaustif sur l'homme. La *philosophie de la praxis* prétend « assumer une fonction cathartique, c'est-à-dire de renouvellement et de réforme morale, qui investisse les groupes sociaux restreints comme les grandes masses humaines » (F. Lombardi). On sait qu'arrêté en 1926, Gramsci poursuivit en prison (où il mourut) son œuvre de théoricien (*Lettres de prison*, 1947).

CHAPITRE VI

Figures de l'Espagne

L'Espagne a semblé, dans les temps modernes, éprouver un certain vide intellectuel. Il n'y avait plus de chrétienté à défendre, plus de nouveau monde à découvrir. L'ère du machinisme commençait avec un net retard. « En ce temps nouveau, écrit Eléna de la Souchère, l'Espagnol fait figure d'exilé. » Son pays était resté, en 1750, « par ses mœurs, ses croyances et son état d'esprit, au niveau de la France et de l'Angleterre de 1650 ». On y voyait en outre des phénomènes typiques de la décadence romaine ou byzantine : les jeux du cirque et l'insubordination des prétoriens. « Dès le XVIIIe siècle, la plèbe déracinée et en partie oisive qui s'entassait à Madrid ou à Séville s'était passionnée pour les jeux de l'arène..., dernier forum des peuples asservis. » Il se peut que « la révolte prétorienne procède moins de l'appétit de pouvoir des militaires que de l'altération des structures sociales ». De fait, dans l'Espagne du XIXe siècle, chaque parti ou faction avait à son service une soldatesque. Les historiens comptent plus de cent révoltes militaires au cours des 116 ans qui séparent le *pronunciamento* de Riego (1820) et le coup d'État de Franco (1936).

Une « psychose d'intolérance » s'était lentement formée au cours des âges. Dans toutes les luttes politiques, l'Église se trouve au cœur du conflit. E. de la Souchère évoque « cette guerre sainte, toujours recommencée ». Au début du XIXe siècle, quand naquit le « libéralisme anticlérical », l'Inquisition disposait encore de prisons et avait à son service tout un peuple de juges, de policiers, de gardiens, de bourreaux. Au cours du temps, les moyens de coercition matérielle cédèrent la place à une insidieuse pression morale. La religion était devenue, à la fin du même siècle, le signe de la bonne éducation, l'apanage des « gens bien ».

De tout temps, les intellectuels hispaniques ont été obligés de ruser avec le pouvoir de l'Église. Même lorsqu'ils faisaient partie du clergé. Peut-être fut-ce le cas de José de Jesús Muñoz Capilla (1771-1840), prieur des augustins de Cordoue, prédicateur de renom, « philosophe libéral et écologiste », écrit A. Guy qui discerne chez lui un spiritualisme original, teinté de romantisme, et « une politologie éclairée ».

Le « doctor humanus »

C'est ainsi que fut qualifié Jaime Balmes (1810-1848). Né à Vich, dans la montagne catalane, d'une humble et nombreuse famille, il collectionna les doctorats et déploya une intense activité journalistique, politique et philosophique. Il fut partisan des premières réformes de Pie IX, du temps où ce pape passait pour libéral. Sur le plan de la pensée, il entendait épurer, améliorer et compléter la scolastique. Mais il n'acceptait pas pour autant l'abus condillacien de l'analyse et du calcul. En Espagne, on n'apprécie pas beaucoup Descartes ; et Balmes s'élève contre le doute hyperbolique : on ne peut se dispenser de commencer par une affirmation ; la certitude est un *fait* d'expérience indubitable. Mais il n'adopte pas tout de go l'argument du *consentement universel*. Le jugement que porte l'individu est décisif : « La raison pour laquelle tous sont d'accord, c'est que chacun, par soi-même, se sent obligé d'être d'accord. »

Balmes est aussi un philosophe de l'histoire et un apologiste du catholicisme. Il s'oppose ici à l'histoire de la civilisation du protestant Guizot. Alors que celui-ci insistait sur les exigences de liberté apportées par la Réforme, Balmes énonce les conquêtes dues au catholicisme : revendication de la dignité humaine, suppression de l'esclavage, relèvement de la condition féminine. Aussi lui a-t-on reproché « un papisme candide et agressif ».

Sur la question sociale, A. Guy voit chez lui un « corps de doctrine » récusant le scandale de l'exploitation de l'homme par l'homme et tout l'odieux du catholicisme de son époque. Mais il observe ici « une certaine timidité devant les tenants du pouvoir et de l'argent ». Louis Sala-

Molins note que « pendant des générations Balmes aura été la référence pour le conservatisme hispanique » et que son œuvre sera à la mode sous Franco.

« Le sentiment tragique de la vie »

Au début de notre siècle, l'Espagne progresse. Dans les grands quotidiens, la mode est à la science et à la technique. Pourtant, les philosophes, les romanciers, les artistes de ce soi-disant « nouveau Siècle d'or » adoptent, face à cette brillante société, une attitude d'âpre critique. C'est qu'ils ne constatent ni paix sociale, ni paix civile. « Entre l'Espagne de la Belle Époque et l'Espagne de la colère, les seuls truchements étaient, désormais, la bombe et le pistolet » (E. de la Souchère). On comprend le gémissement de Unamuno : « L'Espagne me fait mal. »

Miguel de Unamuno (1864-1936), que Curtius a qualifié d'*excitator Hispaniae,* est né à Bilbao d'une famille basque. Il entre en contact avec les socialistes, écrit dans le journal *La Lutte des classes,* et devient professeur à l'université de Salamanque. « Universitaire à contre-courant » (A. Guy), il fut recteur de 1900 à 1914, date à laquelle il fut destitué à cause de sa fracassante prise de position en faveur des Alliés contre les Empires centraux. Prisonnier aux Canaries, il fut délivré par des journalistes français. Lors du remplacement de Primo de Rivera par Berenguer en 1930, il rentra triomphalement à Salamanque, fut élu député. Il se consacra dès lors à la lutte contre la monarchie, et fut l'un des leaders de la République en 1931. Jamais régime n'éveilla autant d'espérance que cette « république des professeurs ». Unamuno était redevenu recteur.

Le soulèvement de Franco le replongea bientôt dans le désarroi. Il y avait de quoi. L'Espagne offre l'unique exemple, dans l'histoire de l'Occident, d'un pays soumis en pleine paix, durant près d'un quart de siècle, à une censure totale. Un programme de « désintellectualisation » de la vie nationale y est appliqué. La curiosité intellectuelle est systématiquement découragée. L'opposition entre les faits et la phraséologie officielle engendre un scepticisme total. Franco destitua Unamuno après l'incident du 12 octobre où il s'était élevé contre les cruautés nationalistes. « Le philosophe mourut, écartelé par cette guerre fratricide, deux mois et demi plus tard. » Après un certain flottement, les phalangistes eux-mêmes lui rendirent un hommage posthume : les deux camps tentaient de l'annexer.

Dès 1913, *Le Sentiment tragique de la vie chez les hommes et les peuples* l'avait rendu célèbre. Pour cet existentialiste avant la lettre, « la vérité n'est pas ce qui nous fait penser, mais ce qui nous fait vivre ». Deux désirs contradictoires se heurtent en nous : être nous-mêmes, et être le tout. L'homme concret, l'homme de chair et d'os, veut à la fois sauver son moi, et embrasser la totalité de l'univers. Des philosophes ont parlé de la « présence de l'être », ou de la « nostalgie de l'être » ; Unamuno signale une « terrible faim de l'être ». Tous les hommes sont hantés par le besoin de s'affirmer coûte que coûte : le paroxysme en est l'érostratisme (Érostrate incendia le temple d'Ephèse pour faire parler de lui). Inquiétude existentielle et soif d'éternité se partagent notre cœur. Le « sentiment tragique de la vie » consiste à assumer cette tension profonde de notre être vers une vie éternelle, en la sachant probablement sans issue. « Faut-il croire avec Unamuno, demande un critique, que l'homme espagnol est poussé à l'angoisse de la mort par l'amour effréné de la vie ? Ou plutôt aime-t-il la vie parce qu'il la sent instable, précaire, fuyante, parce qu'elle lui échappe ? » Sa « méthode critique » consiste à assumer cet écartèlement par la méthode des contradictoires maintenus l'un en face de l'autre selon un procédé plus kierkegaardien qu'hégélien.

Il dénonce l'impasse de la théologie traditionnelle : la scolastique est une simple « cathédrale en briques crues ». Il propose, dans *La Agonia del Cristianismo* (1925), une foi généreuse et sans calcul, une « foi tragique et quichottesque », pétrie d'héroïsme à la Pascal (A. Guy). Mais plus importante est la charité ; et il considère le noyau de la personne comme amour communicatif (B. Sesé).

« Un grand Européen libéral »

Benjamin de la « génération de 1898 », José Ortega y Gasset (1833-1955), dominera sans conteste la vie culturelle espagnole. Il est né à Madrid, sous la Restauration (celle d'Alphonse XII), d'une famille de journalistes et politiciens libéraux. Alain Guy le qualifie de « grand Européen libéral ». Européen, il l'est de bonne heure, puisqu'il a fait ses études à Leipzig, Berlin et Marbourg, avant d'obtenir en 1910 une chaire à l'université de Madrid. Libéral, il fonda la *Liga de Educación politica española,* de visée curieusement libérale et socialisante à la fois, où il faisait le procès du régime au pouvoir. Animateur du quotidien *El Sol* et de la *Revue de l'Occident,* il allait rassembler autour de lui, aux derniers jours de la monarchie, toute l'opposition intellectuelle, depuis les étudiants frondeurs jusqu'aux clercs d'âge mûr. Ce souci de l'actualité se manifeste en philosophie dans la « théorie de la circonstance » : je dois analyser ma situation tout entière, qu'il faut relier à l'univers ; l'homme a pour vocation d'assumer sa circonstance et de se réaliser en elle comme personne. Quant à la « théorie des générations », elle rapproche les hommes qui sont *coetaneos,* c'est-à-dire qui appartiennent à la même génération : « Une génération est une variété humaine au sens rigoureux que les naturalistes confèrent à ce terme. » En France, F. Mentré a développé ce même thème.

Ortega y Gasset appelle sa propre philosophie le *ratiovitalisme.* Il affronte en effet « la vie comme réalité radicale » (C. F. Miguel). La raison est organique : autrement dit, elle n'est pas un luxe, mais une fonction essentielle de la vie. Elle doit forger des idées pour émerger du doute et de la détresse. Aussi la philosophie n'est-elle qu'« un effort natatoire, effectué par l'homme, afin de flotter au-dessus de l'océan des doutes ». Cette raison vitale a pour dimension principale l'*historicité :* l'histoire me concerne, le passé irrévocable s'est incorporé à mon être. On parle souvent de la sociabilité espagnole, de la *convivencia.* Mais Ortega analyse la fragilité de cette *convivencia,* comme il étudie le regard, la féminité, la « créolité » (à travers la femme argentine), la pression et l'« aliénation » sociales. En définissant la vie collective comme une tâche offerte et assumée, il formulait un diagnostic de clinicien social, mais il exprimait aussi un désir, un besoin, une volonté d'homme espagnol. Le but à atteindre galvanise alors les énergies : ancré dans sa vision d'avenir, l'homme espagnol court droit au but (E. de la Souchère).

Le philosophe regrette la désaffection des masses envers leurs élites. Aujourd'hui règnent « l'enfant gâté » et « le petit monsieur satisfait de lui-même ». (Ce n'est pas là un « jugement de classe » : pour Ortega, il y a des *hommes-masse* aussi bien chez les nobles et les bourgeois que chez les travailleurs, et il y a des élites chez ceux-ci comme dans les hautes classes.) A la place de l'humanisme s'est instaurée la domination des techniciens incultes, sauvages et prétentieux.

Il a réappris aux Espagnols cet « art du penser exact » qu'ils paraissaient avoir oublié depuis des années (A. Guy). Il avait fort à faire. N'oublions pas que cette époque fut aussi celle du nihilisme, des études méprisées, des longues palabres et des gestes gratuits, des mains sales et des barbes hirsutes, du tapage nocturne et des « soirées de lèpre » (soirées d'orgie). Ortega s'adresse plutôt aux jeunes gens désireux d'abattre les interdits qui s'opposent à leur quête de vérité. Cette faim de liberté fut mise en lumière par les manifestations dont la mort du philosophe donna le signal, à cause de la bouffonne cérémonie de récupération que furent les obsèques officielles. En 1956, les étudiants passaient à la révolte ouverte. La répression qui suivit fut le point de départ d'une « repolitisation » de l'Université.

Plus cosmopolite encore que celle d'Ortega fut la pensée de Manuel Garcia Morente (1886-1942). Il fit en effet ses études secondaires au lycée de Bayonne, fut à la Sorbonne élève de Boutroux et de Bergson, puis à Marbourg, de Cohen, Natorp et Cassirer. Mais il fréquenta aussi les universités de Berlin et de Munich. Reçu docteur en philosophie à Madrid, il devint professeur d'éthique à l'Université centrale : on l'appelait alors « le philosophe des duchesses ». Au début de la guerre civile il se réfugia en France. Rentré au pays en 1939, à la suite de sa conversion au catholicisme, il entra dans les ordres. Alain Guy l'appelle « un grand universitaire, devenu prêtre ».

Il avait trouvé dans le néo-kantisme de Marbourg « le suprême idéal d'une philosophie vraiment classique ». Hostile à toute forme de scientisme, il avait salué en Bergson un libérateur : « Contre cette sécheresse statistique et mathématique, l'âme contemporaine proteste de mille façons. » Il s'enthousiasme pour l'*intuition* bergsonienne, apparentée à son propre sens musical. Cependant sa philosophie serait plutôt l'amalgame d'un existentialisme un peu flou avec le ratiovitalisme d'Ortega y Gasset.

Un véritable sacerdoce professoral

Joaquin Xirau (1895-1946) est né dans le Haut-Ampourdan. De vieille souche catalane, il appartenait à une famille de propriétaires fonciers, d'opinion libérale. Après des études de philosophie et de droit, il devint professeur de philosophie aux universités de Salamanque, Saragosse, enfin Barcelone. Il est ici un maître au rayonnement incontesté. Il pose les fondements de la réforme de l'enseignement en Catalogne. Il fait venir le jeune philosophe personnaliste Paul-Louis Landsberg, qui fuit le nazisme. A la chute de la République, Xirau se rendit successivement et enseigna à Paris, Cambridge et Mexico. Il fut ainsi, comme le dit Reine Guy, « l'un des plus talentueux *transterrados* républicains espagnols », c'est-à-dire l'un de ces intellectuels « transférés dans les terres lointaines » du fait de la guerre civile. Il mourut prématurément à Mexico, écrasé par un tramway.

On vante unanimement « son *tempo* original et plein d'élan de penseur méditerranéen, mais également romantique », son ouverture à l'actualité mondiale, son souffle métaphysique, sa volonté hors pair d'action pédagogique et politique. Ses anciens étudiants évoquent avec émotion le « véritable sacerdoce professoral » qu'exerçait Xirau dans les années passées à Barcelone : ils emploient les mots de « tempérament de feu », « âme d'apôtre laïque », « maïeutique soigneuse et pressante ». Il régnait autour de lui une « activité fébrile » ; il voulait dépoussiérer la mentalité hispanique.

Il écrit en effet dans *L'Éphémère et l'Éternel :* « Nous nous trouvons en pleine barbarie. L'homme actuel possède des moyens très puissants. Il manque de buts clairs, d'idéaux. » Mais « tenter de faire un pas en arrière n'a aucun sens. Les vieux modules laissent l'âme froide. » Les prises de position de Xirau sont précédées par une méditation sur l'histoire de la philosophie dans son ensemble. Ces doctrines du passé, il les rejette au profit d'une doctrine où la promotion des valeurs constituera le moteur de la recherche. Car il s'agit de récuser avant tout ce relativisme qui a envahi les couches les plus larges du public. Xirau entend lui substituer une interprétation de l'homme et du monde dont les deux composantes sont l'axiologie (théorie des valeurs) et le personnalisme. L'appel de la transcendance provoque une continuelle perturbation de notre être, travaillé d'inquiétude et d'aspirations supérieures. « La vie humaine, dit-il, est essentiellement une vie déséquilibrée. » Privé de toute valorisation, l'univers n'est qu'un « moignon de cosmos ». Le cours de l'histoire dépend de la plus ou moins grande plénitude de réalisation des valeurs. Parmi celles-ci, seules méritent ce nom celles qui sont capables d'exalter noblement notre vie et de lui imprimer l'impulsion requise pour qu'elle se voue à l'idéal.

« La philosophie, écrit-il, se trouve au service de la subjectivité : c'est en cette dernière qu'elle donne un sens pour la vie intégrale. » Et sa domination est une « domination par l'amour ». « Toute philosophie, de Platon jusqu'à Nietzsche, possède un contenu *religieux.* » Elle permet à l'homme de sauver sa vie et sa spiritualité. « Or il n'est possible de se sauver qu'au moyen du salut du monde, que nous portons éternellement dans notre âme. » Dans ce règne des valeurs que Xirau discerne au sommet de l'Être, l'une émerge, à ses yeux, d'une manière privilégiée : celle de l'amour. « Si nous supprimons l'amour, dit-il dans *L'Amour et le Monde* (1940), l'histoire de notre vie disparaît aussi. » L'amour nous élève à une « sphère de lumière », où nous atteindrons « la béatitude véritable et authentique ». Il est « créateur de mythes ; il remplit de symboles la réalité et il ouvre des chemins en son sein ». L'amour « voit dans les choses ce que, sans son aide, il n'est pas possible de voir ». L'amour et l'éthique ne font qu'un. La loi n'est que l'appareil orthopédique qui maintient debout les âmes faiblissantes, le souvenir, le *memento* de la personne absente (R. Guy). Les êtres qui s'aiment deviennent pleinement des *personnes* grâce à la « convivence spirituelle ». Enfin, « l'amour est esprit, et l'esprit est, par définition, liberté ».

Xirau a voulu, comme Jacques Maritain, promouvoir un

« humanisme intégral ». De fait, il ne fut pas seulement un philosophe, mais un éducateur. Pour lui, « le problème essentiel de l'éducation est celui de la liberté » ; l'éducation complète requiert l'appel à l'axiologie. La vocation pédagogique de Xirau s'était fortifiée sous l'influence d'un groupe d'éducateurs rencontrés dans sa jeunesse : les Krausistes espagnols, animateurs de cette extraordinaire réalisation scolaire que fut durant trois quarts de siècle l'*Institucion libre de Enseñanza.* Julian Sanz del Rio (mort en 1869) était allé chercher à Heidelberg le message posthume de Karl Christian Krause, l'initiateur du « rationalisme harmonique », qui ne veut rien de moins qu'accéder à la fraternité universelle et à une humanité pleinement réconciliée. L'idée centrale de cette pédagogie, c'est de faire appel au développement intense de la vie intérieure : d'où une éducation libérale, tolérante et sans bachotage. Xirau rejoignait ici le grand passé pédagogique de l'Espagne, celui de Vivès, entré depuis lors en décadence. Et à Mexico il ne se départit point de ses convictions éducatives.

Il avait une conception originale de la mission de sa patrie : « L'Espagne se transforme en un véritable centre du grand creuset qui brûle sur les plages de la mer latine. » Par sa seule façon de poser les problèmes, il a fait passer un air frais dans la philosophie espagnole et même dans la philosophie mondiale, trop souvent abstruse, byzantine ou pédantesque.

Beaucoup de philosophes latino-américains sont encore exilés et apatrides. C'est le mérite de l'équipe de recherches animée à Toulouse par Alain Guy que d'étudier leur pensée. « Toutes les violences de la société et de la conscience, de la religion et de la raison, explosent dans ces pages saignantes » consacrées aux *hétérodoxes du monde hispanique* comme aux *philosophes ibériques et ibéro-américains en exil* (A. Robinet). Ces auteurs sont non seulement victimes de l'exil géographique ou intérieur, mais trop souvent frappés d'ostracisme dans nos trop rationnelles reconstitutions du passé. Mentionnons seulement Oward Ferrari, naguère professeur en Argentine, réfugié à Heidelberg puis à Toulouse : pour lui, le *logos* constitue la naissance de l'*Europe de la raison;* mais aujourd'hui le totalitarisme et le terrorisme institutionnels du capital, comme la perversion du langage en mensonge, constituent l'*Europe de la trahison*.

CHAPITRE VII

Les sciences de l'interprétation

« Une discipline obscène et satanique »

N'en déplaise à certains élèves de Terminale, la psychanalyse n'est pas la philosophie ; Freud lui-même ne se voulait pas « philosophe », mais savant. On peut cependant philosopher à propos de la psychanalyse, comme à propos de la physique, de l'histoire ou de la gastronomie (M. Onfray n'a-t-il pas donné récemment une *Critique de la raison diététique ?)*.

Né en 1856 en Moravie, Sigmund Freud est d'abord « l'heureux enfant de Freiberg », petite ville de la Tchécoslovaquie actuelle. Élevé par un père croyant mais libéral, lui-même radicalement athée, Freud affirmera toujours son appartenance au judaïsme, à un judaïsme désacralisé mais profond. Il souffre bientôt de l'antisémitisme viennois qui, avant d'être relayé par le nazisme, sévit plus ou moins ouvertement, et va l'exposer toute sa vie à des interdits et à des barrages, « à d'humiliantes brimades ou d'hypocrites attaques » (Marthe Robert).

L'enfant trouve pénible la transplantation à Vienne. Freud aura toujours un mélange d'amour et de profonde aversion pour la cité du mauvais accueil, l'usurpatrice ; ville dure, cloisonnée en castes étanches fières de leur mode de vie, intraitables quant à leurs préjugés. La cité était en crise ; pourtant, selon F. Fejtö, tout n'allait pas si mal : ce n'est point la « Belle Époque » qui est un mythe, c'est le « déclin », thème à la mode chez les écrivains et les artistes de l'époque, non seulement en Autriche, mais aussi en France. C'était une ville à deux visages : la Vienne quasi provinciale, petite-bourgeoise, traditionaliste, artisanale, anticapitaliste, avec son Corso sur le Ring fourmillant de

« süsse Mädel » et d'officiers dragueurs ; et la ville des ouvriers, ingénieurs, intellectuels, artistes, où se parlaient une vingtaine de langues.

Le jeune Freud ne cache pas son ambition, sa soif ardente de gloire. Il se voit comme « un homme intrépide, incroyablement audacieux sous son enveloppe de timidité ». Il reconnaît à l'étude la valeur quasi sacrée que lui accorde la tradition juive. Après avoir flâné (n'a-t-il pas suivi des cours sur Aristote ?), il décide brusquement de faire sa médecine et de se consacrer à la recherche biologique. Il suit l'enseignement d'Ernst Brücke — qu'il admire — à l'Institut de physiologie : c'est l'école de Helmholtz et de la psychophysique. La neurologie devint peu à peu sa spécialité ; il commença à s'intéresser à la psychiatrie. Ce n'était guère une recommandation, et « bientôt Vienne s'habituera à le juger scandaleux ». Il devint *Privatdozent* en neuropathologie, mais sa situation ne s'en trouva point améliorée. Il profita de l'attribution providentielle d'une bourse d'études afin d'aller à Paris s'initier à la science française. Il put assister aux démonstrations de Charcot à la Salpêtrière et s'initier aux tumultes et scandales de l'hystérie. Paris ne déçut pas son enthousiasme — pas plus que Charcot, personnalité charismatique ; et ce jeune Rastignac se jura d'« être Charcot ou rien ». Son absence fut l'occasion de centaines de lettres écrites à sa fiancée, Martha Bernays, issue d'une famille de Hambourg très imprégnée de culture juive. C'était, entre les deux jeunes gens, une passion pleine et entière, un *amour fou.* Ils « finirent par fixer un terme à leur interminable attente » et se marièrent en 1886. Ils auront six enfants.

Freud ouvrit un cabinet. Il allait dorénavant concentrer toute sa passion sur ce qui serait bientôt la psychanalyse. On imagine « le misérable piétinement de ce peuple de malades ». Comment soigner les étranges troubles qu'il a sous les yeux, alors que les moyens thérapeutiques de l'époque, électrothérapie et hypnose, sont si pauvres ? Il paraîtra ingrat à l'égard de ses nombreuses patientes, qui ont accepté de se soumettre à l'analyse, et véritablement l'ont accompagné dans sa recherche, ces patientes à qui il doit tant : Emmy, Lucy, Élisabeth et autres « chères hystériques ». Freud connaissait, grâce à Bernheim de Nancy, ce fait capital : les hystériques savaient, mais en quelque sorte à leur insu, des choses qui touchaient de près à la cause de leur maladie. Marthe Robert signale à juste titre ce trait distinctif de Freud en cette période : « Une aptitude à tout accepter, à tout recevoir, sans rien rejeter *a priori* de ce qui pourrait peut-être le guider ». Cette réceptivité est fort révolutionnaire comparée à l'attitude ordinaire des psychiatres. Breuer lui fait lire le récit de la cure d'Anna O., devenue célèbre depuis lors dans les annales psychiatriques. Le maître utilisait la « cure par la parole » ou « ramonage de cheminée » que Breuer et Freud appelèrent par la suite *catharsis ou* purgation. Les deux médecins publièrent en mai 1895 les *Études sur l'hystérie,* où l'hypnotisme est remplacé par une technique de concentration appelée « analyse psychique », fondée sur l'association des idées.

Depuis longtemps, Freud avait accumulé les preuves du rôle des facteurs sexuels dans la genèse des névroses. En 1896, il affirma catégoriquement l'étiologie sexuelle de l'hystérie et de ce qu'il appelait désormais les « psychonévroses ». Cette même année, ce fut, avec Breuer, « la première des brouilles retentissantes qui jalonnèrent le chemin de Freud et constituèrent, au moins pour une part, l'histoire de la psychanalyse ». Au cours de l'été 1897, il décida d'appliquer à son propre cas la technique d'investigation qu'il employait avec ses malades. Tâche douloureuse, périlleuse, si soigneusement étudiée par D. Anzieu, il s'agit de l'extraordinaire aventure de *l'auto-analyse* de Freud, dont les lettres à Fliess nous ont conservé les traces mémorables. Celle du 10 octobre 1897 contient la première allusion à la « trouvaille sensationnelle » du *complexe d'Œdipe :* il en faisait l'expérience par une prodigieuse descente en lui-même. Bientôt, dans la construction œdipienne, des éléments anecdotiques allaient passer à un statut de nécessité et d'universalité. Et la nouvelle orientation de sa recherche l'entraînait vers des régions interdites, celles de la sexualité et de la barbarie des instincts.

Les névroses lui avaient révélé l'immense valeur du rêve comme phénomène humain. D'où l'importance de la *Traumdeutung* (Science des rêves), son énorme « Somme onirique », parue en 1900. Comme en témoigne l'un de ses propres rêves, celui « de l'injection faite à Irma », le songe est pour Freud une source de questions étroitement liées à la vie ; c'est un instrument significatif, ayant la plénitude et la dignité des autres activités psychiques. Ainsi que l'écrit Roger Dadoun, c'est « l'épreuve cruciale et la base stratégique de la pensée freudienne ». Les rêves construisent « le plus formidable échafaudage sexuel qu'on puisse imaginer » ; ils sont témoignages du « Désir », terme qui court comme un fil rouge à travers tout le texte freudien. La *Traumdeutung* révèle le gigantesque drame, la « gigantomachie » qui se joue en l'homme. Elle nous montre la « censure, qui ne laisse passer que ce qui est acceptable et rejette le reste ». Les produits rejetés se trouvent alors « en état de *refoulement* ». Enfin, « le rêve révèle le passé », il manifeste ce qu'il y a d'archaïque en nous.

On a remarqué la prédilection de Freud pour les « histoires juives », qui contiennent « une profonde et amère sagesse ». Il en avait commencé une collection, matériaux futurs pour *Le Mot d'esprit dans ses rapports avec l'inconscient.* Si je ris d'un mot d'esprit de mon interlocuteur, c'est que s'établit une complicité entre nos deux inconscients. Freud s'occupe ici du langage et de l'esthétique. Il apparaît maintenant comme un homme public, un chef d'école. Pourtant, Marthe Robert évoque la triste réputation que lui faisaient « le mépris des savants et l'ignorance émoustillée du public » ; il lui fallait aussi compter avec ce qu'Étiemble appelle « le péché capital de notre temps : l'antisémitisme ». Mais si Vienne lui est hostile, Rome, visitée en 1901, lui semble vraiment maternelle.

En 1902, il est nommé « professeur extraordinaire » (c'est-à-dire non titulaire). Plus importante est la naissance du mouvement psychanalytique. Depuis cette même année, Freud réunit quelques confrères, tous les mercredis, dans son salon d'attente, Bergstrasse 19 : c'est la Société psychanalytique de Vienne. En principe, il s'est toujours élevé contre l'idée d'une orthodoxie. Ce qu'il voulait défendre dans la psychanalyse n'était pas un édifice idéologique complet et figé, mais un noyau de conceptions faute desquelles le travail en commun ne lui paraissait pas praticable. Il les énumère lui-même : « L'existence de processus psychiques inconscients, la théorie de la résistance et du refoulement, le rôle de la sexualité et du complexe d'Œdipe sont les principaux contenus de la psychanalyse et les fondements de sa théorie. » Le champ de celle-ci s'étend, avec la *Psychopathologie de la vie quotidienne,* aux « actes manqués » : la condition nécessaire de tout lapsus est le refoulement d'un énoncé que l'interlocuteur ou le sujet lui-même pourrait juger indécent, blessant ou incongru ; tout « raté » dans le geste, dans la parole, a un sens.

Les *Trois Essais sur la théorie de la sexualité* (1905) constituent un point culminant. Mais Freud, de pseudosavant passa désormais pour un esprit obscène et dangereux, « diabolique, démoniaque, satanique, bestial et lubrique ». C'est que, rompant avec les catalogues de perversions chers à la sexologie, il abolissait toute frontière entre le normal et le pervers, et surtout entre la sexualité de l'adulte et la prétendue innocence de l'enfant, qualifié désormais de « pervers polymorphe ». Ses cures obtenaient pourtant une sorte de célébrité avec le petit Hans, l'Homme aux rats, le président Schreber, l'Homme aux loups, etc. L'année 1906 est d'ailleurs décisive : la psychanalyse cesse d'être l'affaire personnelle dans laquelle il luttait seul pour faire passer ses idées ; elle commence à être connue hors de Vienne. 1906 marque à la fois la rupture dramatique avec Fliess et le début de la correspondance avec Jung, du Burghölzli, l'hôpital psychiatrique du canton de Zurich. « Le Zurichois » donne au mot « complexe » un sens fort large, que Freud juge « magique », alors que ce dernier conserve seulement le complexe d'Œdipe et le complexe de castration. Jung n'en sera pas moins président de la Société internationale de psychanalyse.

Freud fit en 1909, avec Ferenczi, une tournée de conférences aux USA. Comme le remarque Marthe Robert, il avait cinquante ans quand il connut la notoriété, soixante-dix quand il devint l'une des figures les plus célèbres de son temps. Plusieurs congrès internationaux de psychanalyse se tiennent en Europe. Mais Adler, psychiatre viennois, affiche de plus en plus bruyamment le désir de s'émanciper ; il le fait au congrès de Weimar en 1911. L'autorité écrasante de Freud n'est pas la moindre cause des conflits. Puis c'est la défection de Jung en 1914 : Freud estimait d'ailleurs que l'intérêt du Zurichois allait trop à l'ésotérisme, aux problèmes occultes, ou au problème général du symbolisme.

Dans *Un souvenir d'enfance de Léonard de Vinci,* Freud propose d'expliquer le destin du peintre par un conflit, en grande partie inconscient, entre l'art et la science. Or, de cette « psychanalyse de l'art » on fut horrifié comme d'une diabolique calomnie. Freud est pourtant prudent : « Nous devons avouer que l'essence de la production artistique nous reste psychanalytiquement inaccessible... La psychanalyse doit malheureusement mettre bas les armes devant le problème que pose la création littéraire. » Lorsqu'il aborde Dostoïevski et autres grands écrivains, c'est toujours, il l'avoue, par le plus « petit côté ». Au contraire, *Totem et Tabou* (1913) est, à l'en croire, « la meilleure chose » qu'il ait jamais écrite. Se fondant sur l'hypothèse darwinienne de la horde primitive, évoquant le meurtre du « Primipère », Freud met en évidence l'ambivalence affective. Il rapproche la conscience morale, le remords tabou des primitifs et la « culpabilité » pathologique : voisinage compromettant... Selon Lévi-Strauss, *Totem et Tabou* est sans doute un roman, mais un roman plus vrai en un sens qu'un simple fait d'histoire. Dès 1913, s'était créé un « Comité Secret », composé d'un petit nombre d'analystes dignes de confiance. L'année suivante des discussions y eurent lieu autour de la notion de *libido,* à laquelle Freud voulait absolument garder son sens strict d'énergie sexuelle, alors qu'Adler en faisait une force au service de la vie sociale, et que Jung l'étendait au point qu'elle devenait l'énergie en soi.

Mais les membres du Comité furent dispersés par la guerre de 1914 que Freud passa à Vienne ; mais la figure de la mort s'imposait à lui avec une souveraineté nouvelle. Certes l'année 1915 fut l'une des plus productives de sa « seconde période » qui s'achève vers 1919 : la *Métapsychologie,* avec ses multiples thèmes, appartient à cette époque. Mais « les lendemains de la guerre apportèrent à Vienne un tel surcroît de maux et de catastrophes que Freud, qui avait supporté stoïquement quatre ans d'épreuves et d'inquiétude pour ses fils, les jugea presque pires que la guerre elle-même... Maintenant, c'étaient partout la faim, le froid, la misère, à quoi l'inflation vint mettre bientôt le comble », écrit Marthe Robert. F. Fejtö a fait revivre ces tristes jours dans *Requiem pour un empire défunt.* Au spectre de la pauvreté s'ajouta pour Freud la trop réelle maladie, avec les trente-trois opérations nécessitées par son cancer de la mâchoire. En rapport avec les névroses de guerre, il conçoit l'hypothèse de la pulsion de mort. Dans *Au-delà du principe du plaisir* (1920), l'instinct de mort s'affirme comme une force redoutable. Une dualité essentielle apparaît : celle des instincts de vie et des instincts de mort. Ainsi se déploie une vision grandiose où *Éros* et *Thanatos* mènent une lutte confuse (c'est face à la mort que la *libido* change de sens et reçoit le nom mythique d'*Eros).* La sexualité est la grande exception dans la marche de la vie vers la mort. Paul Ricœur décèle ici un passage du scientisme au romantisme.

Paradoxalement, l'idée de l'instinct de mort conduisait Freud à approfondir la psychologie du moi, grâce à la distinction des trois instances psychiques : le Surmoi, le Moi et le ça. Le ça est « un chaos, une marmite pleine d'émotions bouillonnantes », c'est l'enfer des instincts ; ou encore une centrale de production d'énergies. Le Surmoi est issu du rapport de l'enfant avec ses parents, par un processus d'identification, grâce auquel l'autorité extérieure est intériorisée ; il est lui aussi inconscient ; son « code moral » est tatillon et mesquin. Coincé entre les deux autres instances, le Moi est dans une posture bien incommode ; il devrait pourtant assurer harmonieusement, sans servilité ni anxiété, les rapports entre ses deux tyrans. Tout cela constitue une prodigieuse dramaturgie, qui est le psychisme même tel que nous le vivons. Dans la cure, la guérison est la fin de la guerre intestine, le passage du chaos à la structure (L. Millet).

Les difficultés sont nées avec Rank, avec Ferenczi, pour ne rien dire des querelles entre les femmes — Mélanie Klein et Anna Freud. Mais Sigmund lui-même doit modifier l'une de ses conceptions les plus constantes : celle de l'angoisse névrotique, à laquelle l'œuvre de Rank redonnait une actualité renouvelée. « La psychologie individuelle, écrit-il, se présente comme étant, par un certain côté, une psychologie sociale. » C'est ce que montrent deux textes complémentaires qui constituent une sorte de manifeste politique de la psychanalyse. *L'Avenir d'une illusion* (1927) reprend le thème religieux déjà abordé dans *Totem et*

Tabou. L'auteur examine non la psychologie des faits religieux, mais la valeur objective de la foi. La religion est une *illusion* infantile, voire une névrose privée. En regard de cette illusion, Freud place la science, qui s'avoue partielle, en grande partie impuissante et sujette à l'erreur. *Malaise dans la civilisation* (1930) met en question cette culture élevée dont l'homme d'aujourd'hui est si fier, quoiqu'elle impose d'énormes sacrifices à sa recherche du bonheur : elle s'oriente vers une répression de plus en plus dure des instincts, et Freud voit là l'une des causes de son « malaise ». Mais voici que la culture apparaît comme la grande entreprise pour faire valoir la vie contre la mort (P. Ricœur). Dans la VIIe des *Nouvelles Conférences sur la psychanalyse,* dirigée contre les « conceptions du monde », forcément unitaires et totalitaires, il montre la sexualité et la culture liées par un pacte d'alliance, puisque menacées toutes deux par l'agressivité.

La gloire de Freud était contemporaine des moments de l'histoire universelle. Pendant les convulsions qui précédèrent l'avènement du nazisme, tout ce que l'Allemagne comptait d'hommes lucides salua en lui « une figure exemplaire incarnant le courage indomptable de l'esprit ». Lors de son soixante-quinzième anniversaire, certains le voyaient comme l'un des trois grands juifs contemporains. Mais le cancer de la mâchoire, l'insupportable prothèse et les souffrances continuelles l'obligent à s'attacher un médecin particulier : celui-ci, Max Schur, publiera *La Mort dans la vie de Freud.* C'est grâce à des amis, surtout Marie Bonaparte, que Freud échappa aux persécutions antisémites. (En 1938, sa demeure avait été perquisitionnée, sa fille Anna retenue prisonnière de la Gestapo pendant une journée.) L'Angleterre lui réserva un accueil triomphal. C'est là qu'il mourut, le 23 septembre 1939, sans autre consolation que l'immortalité qu'il attendait de son travail. Son œuvre avait en effet des champs d'expansion si nombreux qu'elle touchait à tous les domaines de la culture. Mais Freud n'entendait pas qu'elle figurât parmi les « conceptions-du-monde ». Parmi celles-ci, il fut sévère à l'égard du marxisme, coupable de « négliger le rôle des facteurs psychologiques quand il s'agit d'êtres vivants humains », et surtout du bolchevisme, « vision de l'univers » qu'on peut assimiler à une religion. La psychanalyse était à ses yeux d'abord une méthode, une « investigation ». Mais il n'hésita pas à écrire : « L'interprétation des rêves pourrait nous donner sur la structure de l'esprit des notions que nous avons vainement attendues de la philosophie. » De Fougeyrollas à Marthe Robert, nombreux sont les admirateurs qui parlent d'une « révolution freudienne ». De l'autre côté, Max Scheler interprète la conception freudienne de la sexualité comme une « spéculation à la baisse », alors que Freud déclarait : « Ce qu'il y a de plus élevé et ce qu'il y a de plus bas dans la sexualité montrent partout les plus intimes rapports. » Le freudisme est, semble-t-il, une vue naturaliste des choses, véritablement et profondément désespérée. Son sens de la vérité a beaucoup de points communs avec celui de Nietzsche, qui voulait lui aussi instaurer une « psychologie qui démasque », et qui eût appliqué à Freud le qualificatif décerné à Schopenhauer : « l'homme qui prend volontairement sur lui la souffrance de la véracité ».

Un rendez-vous manqué

Malgré la différence de générations, Freud et Wittgenstein appartiennent au même monde historique. Les *Conversations sur Freud* des années 1942-46 sont, comme le dit P.-L. Assoun, « un défi adressé à la pensée de Freud par un contemporain qui était lui-même engagé dans une critique du langage abordant la philosophie comme symptôme ». C'est en 1920 que se produisit le contact de Wittgenstein avec la pensée freudienne. Cette découverte provoqua chez lui un « sursaut de surprise », et Freud resta à ses yeux un auteur « captivant ». Sans aller jusqu'à dire que Wittgenstein institua une « critique de la raison psychanalytique », il faut avouer qu'il mit le doigt là où le bât blessait. Le malade doit accepter les grilles explicatives du psychanalyste. D'où la critique wittgensteinienne de l'*assentiment* du patient. Elle est une protestation contre la « clause de séduction », et contre l'« argument d'autorité ». Ou l'explication donnée exerce une séduction de nature *esthétique :* « Il y a des choses que l'on est prêt à croire parce qu'elles sont mystérieuses » ; quoi de plus romantique que l'idée d'un monde souterrain, d'un caveau secret ? Ou c'est un rapport de forces qui s'exerce. Car sur la nature de la relation analytique, Freud est franc jusqu'au cynisme : elle n'est pas une structure de « coopération intellectuelle », il faut « faire voir » la vérité au malade, « faire plier le sujet », foncièrement infantile ; « en réalité, l'attitude du patient importe peu ». Aussi Wittgenstein dénonce-t-il l'illégitimité de la « procédure d'extorsion ».

Freud déclare lui-même que la psychanalyse est « avant tout un art d'interprétation ». Une telle interprétation est une construction. L'analyste doit se faire ici « romancier de l'histoire du sujet ». Celui-ci, dit Freud, doit « travailler » pour son compte à ce roman. L'*analysant* (le malade) « agit » comme « associé » au travail de l'analyste. « Une analyse correctement menée le convainc fermement de la vérité de la construction. » Wittgenstein dénonce le *forcing* imposé ici à la logique, le recours aux tricheries, au charme et à la suggestion. Selon ses propres préoccupations, il se demande quel genre de langage est le rêve ; il tente de réinsérer le langage onirique parmi les *jeux du langage*. Freud a dit que « le rêve est la réalisation d'un désir ». Mais de quel désir ? Cette « pensée du rêve » n'a-t-elle pas été « soufflée » au rêveur par l'interprète analyste, si bien qu'on aurait là un « inconscient de complaisance » ? Derrière l'ambition scientiste, ne trouve-t-on pas la « mythologie d'un grand pouvoir » ? Sa volonté de puissance, Freud ne l'a point niée, lui qui se rangeait parmi les « conquistadors ». Mais pour Wittgenstein, c'est le principe explicatif même, avec toute sa charge de « séduction », que l'on doit appeler « mythologique ». A propos de l'Œdipe, Freud « n'a pas donné une explication scientifique du mythe antique : il a proposé un mythe nouveau ». Et ce mythe « comporte l'attrait de donner à la vie de chacun une sorte de canevas tragique ».

Pour Karl Popper la psychanalyse n'est *pas scientifique*, parce que ses thèses ne sont pas « falsifiables » (réfutables). Aussi voit-il une dangereuse naïveté dans le scientisme freudien, dans sa vision d'un radieux « avenir de l'humanité » dû à la science. C'est bien Freud qui s'est écrié : « Puisse un jour l'intellect — l'esprit scientifique, la raison — accéder à la dictature dans la vie psychique des humains !

tel est notre vœu le plus ardent. » Au contraire, Wittgenstein voit dans la psychanalyse un « logos *esthétique* », une interprétation ludique, un mode de penser « mythologique ». Si le freudisme est une école du soupçon dénonçant les illusions de la conscience, la philosophie est pour Wittgenstein un combat contre « l'ensorcellement » de notre entendement par le moyen de notre langue. Si le Père Plé a tenté de tirer de la réorganisation psychanalytique de la psyché une morale, l'éthique a pour Wittgenstein partie liée avec le langage. « Donner du front contre les bornes du langage, écrit-il, c'est là l'éthique. »

On peut comparer les attitudes de Freud et de Wittgenstein face à la catégorie de *progrès*. Chez le premier reste vivante la confiance de l'homme des Lumières, quitte à constater combien nous demeurons loin du but. Chez Wittgenstein, on semble comme par avance délivré de l'illusion du progrès. Il répète enfin que « Freud n'a rien inventé » : il s'est borné à « faire voir autrement » — ce qui n'est pas si mal ! Quoi qu'il en soit, la confrontation entre les deux Viennois a quelque chose du dialogue de sourds. Du moins Wittgenstein fut-il le premier à poser la question de l'écriture psychanalytique (P.-L. Assoun). Une foule d'exégètes s'est engouffrée dans cette direction. Les textes de Freud sont lus, annotés, commentés comme les Saintes Écritures. Des dictionnaires, de savants *Vocabulaires* décortiquent une langue apparemment simple. Les *Œuvres complètes* se multiplient dans les différentes langues. Le bénéfique travail en équipe aboutit à des chapelles...

Dissidences

C'est vers 1910 qu'Alfred Adler (1870-1937) se sépara de Freud. Né à Vienne, ce psychiatre reconnut la haute valeur d'investigation de la psychanalyse. Mais il reprochera à Freud d'accorder à la *libido* purement sexuelle une prééminence qui revient à la « protestation virile » (même chez les femmes) : c'est la tendance à l'affirmation de soi, à la domination. Nous avons tous ce vouloir de supériorité parce que nous avons un sentiment d'infériorité, du fait que nous avons été enfants, donc faibles et dépendants. Le névrosé, au fond, désire être malade. Il souffre réellement, mais préfère inconsciemment cette souffrance à celle que lui infligerait un échec dans cette lutte pour la supériorité. « La névrose est une tentative d'éviter le plus grand mal et de sauvegarder une supériorité fictive. » L'antidote authentique est le sentiment de notre utilité pour la société, bref le sens de la communauté (*Gemeinschaftsgefühl*). Adler est l'auteur de *Pratique et Théorie de la psychologie individuelle* (1924). Il prend ce terme dans son sens étymologique (*individuus,* non divisé) : il entend par là qu'on ne saurait séparer l'esprit et le corps.

Sans doute le désir d'affirmation de soi, inconnu de certaines populations primitives, est-il propre à la société occidentale, celle du *business* et des « jeunes loups ». Mais l'ethnologie nous apprend aussi que le complexe d'Œdipe n'apparaît pas dans les sociétés matriarcales, où le rôle du père s'efface devant celui de l'oncle maternel. La psychanalyse est donc le reflet d'une civilisation historique. Celle de Jung convient surtout aux esprits hypercultivés qui ont « fait leurs humanités » ou sont férus d'ethnologie.

Avec Carl-Gustav Jung (1875-1961), nous rencontrons la grosse artillerie de la mythologie comparée. C'est un psychologue et médecin suisse. Les freudiens ne l'aiment pas, lui imputant des inclinations « fascistes » et lui reprochant de se mettre en avant. N'a-t-il pas fondé « l'Institut Jung » de Zurich et mainte autre Société ? Lui aussi, il débaptise la psychanalyse : sa *psychologie analytique* « s'élabore en rupture avec la métapsychologie freudienne ». Celle-ci se centrait sur les pulsions et la sexualité. Or la *libido* selon Jung, infiniment plus générale, est proche, en tant qu'énergie, de l'élan vital bergsonien et du vouloir-vivre schopenhauerien. Bouleversant les conclusions de *Totem et Tabou,* il affirme l'existence de l'*inconscient collectif,* hanté par les « archétypes » immémoriaux. Encore plus fort que Freud en mythologie, il évoque les mythes, légendes et fables de toutes époques et toutes cultures. Que ce soit chez les Anciens ou chez les Scandinaves, il retrouve toujours les mêmes histoires. Aussi admet-il la continuité psychique, et celle du matériel archaïque. L'inconscient collectif est un « riche dépôt d'expériences ancestrales, accumulé pendant des milliers d'années », ou la figure d'une sorte d'être immortel transcendant les deux sexes. A l'instar du dialogue claudélien d'*Animus et Anima,* il décèle dans l'inconscient masculin les éléments complémentaires de la masculinité (*anima*), et dans l'inconscient féminin les éléments complémentaires de la féminité (*animus*). L'âme individuelle est triple : conscience, inconscient individuel, inconscient collectif. La tâche de chaque être humain est la découverte du Soi, « l'accomplissement de son Soi propre », la réalisation personnelle.

Après sa lecture d'un traité d'alchimie taoïste, *Le Secret de la fleur d'or,* Jung se passionna pour les énigmes de l'alchimie occidentale. A ceux des chrétiens qui refusaient le dualisme, celle-ci a fourni un cadre, plus vaste que l'orthodoxie, où ils ont pu mener leur recherche. L'auteur de *Métamorphose de l'âme et Symboles de la libido* refuse l'athéisme de Freud. Il avait gravé au-dessus de sa porte la phrase d'Érasme : « Invoqué ou non, Dieu sera présent. »

Mais pour tous les psychanalystes, les manifestations névrotiques possèdent à leur manière un « sens ». De même, un mot, une mimique ou un geste, un acte ou un mouvement d'expression. La signification de ces phénomènes ne se dévoile que si nous allons au-delà de la conscience, jusqu'aux pulsions inconscientes. Gestes et paroles demandent donc à être interprétés. Depuis Nietzsche et Freud nous vivons à l'ère de l'interprétation. Il s'agit en définitive de comprendre un homme vivant : « Cet homme est corps et âme, ou plus exactement, c'est un corps vivant pénétré d'âme et rempli de pulsions » (E. von Aster). Sur ce thème commun, les disciples de Freud sont plus ou moins « orthodoxes ». Ils reconnaissent tous que la véritable cause des affections névrotiques réside dans un *conflit* psychique. La vie humaine, déclare D. Lagache, est conflictuelle ; le conflit en est constitutif ; « ce qui est anormal, c'est de ne pas en sortir ».

La psychanalyse est proprement internationale. Pour la Prusse, on serait tenté d'intituler, avec J.-A. Malarewicz, un article : « Les faictz et prouesses espouvantables de G. Groddeck. » Nous avons affaire ici à un Rabelais, mais à un Rabelais qui éprouve le besoin de « payer » son entrée dans la très respectable association des freudiens. Cependant il se désigne comme un psychanalyste sauvage, étudie « la constipation comme résistance type », et conclut :

« L'homme est vécu par le Ça. » La Hongrie a fourni Sandor Ferenczi (1873-1933), qui ne tarde pas à gagner Vienne. En 1908 il y rencontre Freud ; bientôt celui-ci le considère comme son fils et souhaite le voir épouser une de ses filles. Ferenczi se dit l'enfant terrible de la psychanalyse. Dans l'article « Thalassa, psychanalyse des origines de la vie sexuelle » (1923), il nous fait plonger dans le milieu initial, Thalassa, la mère/mer : la langue française fait un jeu de mots de ce qui est pour lui une évidence. Mais il rattache puissamment son idée à la génitalité. Plusieurs de ses écrits sont d'ordre *psychosomatique :* c'est la théorie du « symptôme-symbole ». Ainsi la « névrose d'organe » est une maladie dont l'origine est psychique et qui se manifeste par un « dysfonctionnement réel d'un ou plusieurs organes ».

Wilhelm Reich (1897-1957) reste une des figures les plus importantes du mouvement analytique. Issu d'une famille juive de culture germanique, il devint neuropsychiatre à la polyclinique psychanalytique de Vienne. Ses livres sont célèbres, qu'il s'agisse de *La Fonction de l'orgasme* (1927) ou de *La Psychologie de masse du fascisme* (1930). Inscrit au parti communiste, il s'adonne aux pratiques politiques et sociales ; il fonde à Vienne six « Centres d'hygiène sexuelle ». Il part en 1939 pour New York ; mais les Américains lui font des misères : il est même incarcéré en 1957. La cohérence de sa pensée, la persécution dont il fut l'objet, sont pour certains le gage de l'estampille révolutionnaire, mais pour d'autres les conséquences d'un trouble profond de la personnalité. La nature humaine, selon Reich, procède d'une bonté naturelle : J.-J. Rousseau se réincarne à Vienne. Tandis que Freud mettait au point sa théorie de la pulsion de mort, suivant laquelle la misère vient de l'intérieur, il allait, lui, « à la rencontre des masses ». Ainsi naît le *freudomarxisme.* « Le point sensible, dit Reich, c'est la frustration, la frustration génitale de la population... Les adolescents sont frustrés. Les gens sont malheureux en ménage. » D'où le recours au politique.

Reich développe une réflexion psychosomatique : « Le plus grand événement en psychiatrie fut la découverte que le fondement de la névrose est d'ordre somatique, que la stase libidinale est somatique. » (Laplanche et Pontalis définissent ainsi la *stase :* « La *libido* qui ne trouve plus de voie vers la décharge s'accumule sur des formations intrapsychiques ; l'énergie ainsi accumulée trouvera son utilisation dans la constitution des symptômes. ») L'unité biologique est le *bion :* « bion et vésicule d'énergie, écrit Reich, sont des termes qui désignent la même structure fonctionnelle visible au microscope. » L'*orgonomie* est l'étude des diverses manifestations de ces bions. Le vrai peut quelquefois n'être point vraisemblable : se fondant sur le rayonnement orgonomique, Reich agit sur le climat et la pluviosité. Il proposera en 1942 tout un plan visant à fournir à chaque particulier un accumulateur d'orgone à domicile. Il accorde beaucoup d'importance à tout ce qui est « résistance », « cuirasse caractérielle », forgée par des éléments exogènes. En 1968, nos étudiants ânonnaient laborieusement leurs leçons de Reich ou de Marcuse ; d'autres les mettaient en pratique.

Confrontant « la sexualité et l'ordre vital dans le conflit psychique », J. Laplanche, auteur de *Vie et Mort en psychanalyse,* montre ici deux références présentes dans la théorie psychanalytique, mais trop occultées dans la clinique et la pratique. La réflexion que poursuit J. Laplanche, dans sa recherche et son enseignement, se veut à la fois interprétative et spéculative. Avec J.-B. Pontalis, il a rédigé le *Vocabulaire de la psychanalyse,* qui n'est point un lexique, mais une double tentative de généalogie des concepts psychanalytiques et d'articulation entre eux. J.-B. Pontalis, dans son livre *Entre le rêve et la douleur,* situe le champ de l'expérience psychanalytique ; il est aussi philosophe et romancier. Dans un ouvrage fort original, *La Parole et l'Inceste,* Monique Schneider rapproche « le langage, le sacré et le matricide fondateur ». Avec *Le Corps de l'œuvre,* D. Anzieu présente « une clinique et une théorie du travail créateur » en littérature afin d'amorcer une « poiétique » psychanalytique. Il renouvelle ainsi la psychanalyse littéraire, qui a fleuri de Ch. Baudouin à G. Bachelard et selon laquelle, pour une image, naître d'un « complexe » n'est pas une tare, mais un gage de richesse. Sarah Kofman étudie *L'Énigme de la femme, la femme dans les textes de Freud.* Julia Kristeva procède à une lecture sémiologique et psychanalytique de textes littéraires dans diverses traditions (*Pouvoirs de l'horreur,* 1980).

La psychanalyse est — ou a été — l'un des courants les plus caractéristiques de notre siècle. Récemment encore, tous les gens suffisamment aisés entreprenaient — pour de longues années — une analyse. Des romanciers ont fait la satire de cet engouement épidémique. Mais, sans se limiter à ce fait sociologique, Yvon Brès a développé une critique interne de la psychanalyse qui l'a fait apparaître comme un phénomène quasi-religieux. N'entre-t-on pas en psychanalyse comme on entre dans les ordres ?

Shaman, sorcier, rhéteur...

C'est par ces termes, et bien d'autres, qu'on a qualifié Jacques Lacan (1909-1981). Que n'a-t-on pas dit de lui ? « On parlait de tout, de ses cravates, de son nœud-papillon, de ses lunettes, de ses frasques, de ses séances, mais pas de l'essentiel : sa pensée », écrit Catherine Clément, qui reconnaît la séduction qu'exerçait « Lacan sorcier ». Au départ, c'était pourtant un médecin, dont la thèse, *De la psychose paranoïaque dans ses rapports avec la personnalité* (1932), était consacrée à la paranoïa féminine et à ses fulgurances criminelles. Puis il se voua à la pensée freudienne. A la pratique il ajoutait, dans des séminaires où l'on se pressait, un enseignement dans la plus pure tradition de l'Université française. C'était un homme de culture : à celle de Freud — mythologie, arts, histoire —, il ajouta la linguistique, les langues étrangères, les mathématiques, la logique, la philosophie. Par sa conduite et ses pratiques peu orthodoxes, il mettait en cause la morale, dont il traitait à sa façon, par-delà le bien et le mal. En 1964, il se fait exclure de l'Association internationale de psychanalyse. Il fonde alors sa propre école. Il quitte définitivement le terrain de la psychiatrie pour celui des belles-lettres et de la « rhétorique » au sens médiéval. Il a le génie de la parole. Mais bientôt, il ne parle plus qu'en « jeux de mots ». Soudain, à soixante-dix-neuf ans, il décide de dissoudre son école de psychanalyse, qui était une de ses fiertés, pour repartir à zéro : il n'y avait plus d'« École freudienne de Paris ». Catherine Clément voit en Lacan « l'homme aux deux destins : un destin public de clinicien, de lettré, d'enseignant, de prophète, de maître d'école ; un destin secret de passion, de poésie, de folie, d'amour, de shaman ». Elle reconnaît pourtant qu'il entrait « de plain-pied dans le style de travail du *structuralisme,* dont la mode déferlait sur la France, et dont le sérieux, qui se résumait à fort peu de choses, n'avait pas échappé à Lacan ».

Outre ses *Écrits,* celui-ci a laissé des milliers de pages d'inédits, objets d'un procès entre son gendre et les pieux disciples, avides de publication. Pour ces derniers, Lacan a renoué avec Freud par-delà le freudisme. Le créateur de la psychanalyse avait distingué le *sujet* du *moi* narcissique et hypertrophié dans les fraternités faciles de races, sexes, classes ou générations. Le *malaise dans la culture* ne vient pas d'elle, mais de la sexualité. « La fonction sexuelle, par essence, nous refuserait la pleine satisfaction. » Au moins faut-il se déclarer comme manque, et cela par le langage, le *kalos logos,* la pratique du beau discours. Lacan préconise donc une éthique du bien dire : par là, ce qui naguère était réservé au poète est offert à tout un chacun. La psychanalyse devrait être « une érotique jointe à une esthétique » (Ph. Julien).

On peut douter pourtant que le lacanisme puisse aider à la reconquête du sujet. Assurément, il ne favorise pas l'accord rationnel des esprits entre eux. La vérité ne pouvant être « dite toute », le discours scientifique se révélant pire que le discours psychotique, la psychanalyse va prendre pour modèle la sophistique. Puisque la vérité n'est pas adéquation, mais différence, scission, seul le discours brisé peut y être adéquat. Le « style néo-classique » de Lacan, est « l'analogue, dans le champ de la psychanalyse, de l'aphoristique nietzschéenne et ou de la poétique heideggerienne » (L. Ferry et A. Renaut). Nietzsche donne à entendre que, s'il a parlé par aphorismes qui se contredisent, c'est par méchanceté. En ce cas, Lacan serait beaucoup plus méchant, car les lueurs d'intelligibilité se font ici bien plus rares et la communication se borne au « dialogue de sourds ».

Compréhension, interprétation, application

Les sciences de l'interprétation ne se limitent pas à la psychanalyse. En relève aussi l'*herméneutique* de Hans-

Georg Gadamer. Celui-ci, né à Breslau en 1900, avait débuté comme germaniste et historien de l'art. Mais il reste aujourd'hui une des figures qui dominent le paysage de la philosophie allemande. C'est à Marbourg qu'il fit « ses premiers pas en philosophie ». Il soutint en 1929 sa thèse d'habilitation devant Heidegger. Professeur à Leipzig, puis à Francfort, il prit en 1949 la succession de Jaspers à l'université de Heidelberg. Il reste peu connu en France, où son œuvre maîtresse, *Vérité et Méthode* (1960), n'est que partiellement traduite.

« L'herméneutique, dit-il, est la discipline classique qui s'occupe de l'art de la compréhension des textes. » Or cette vénérable auxiliaire de la théologie et de la philologie a connu au XIXe siècle une élaboration systématique qui en a fait la base de tous les travaux dans les sciences humaines. De plus, « la compréhension et l'interprétation des textes ne sont pas seulement affaire de science, mais relèvent bien évidemment de *l'expérience totale que l'homme fait du monde* ».

Vérité et Méthode étudie d'abord notre lien esthétique aux œuvres d'art. Mais l'ouvrage ne se borne pas à justifier la vérité de l'œuvre d'art ; il tente, partant de cette discussion initiale, de développer un concept de la connaissance qui corresponde à la totalité de notre expérience herméneutique. S'il s'agit maintenant de la compréhension dans les sciences de l'homme, « ce qui est requis, c'est d'être ouvert à l'opinion de l'autre ou du texte ». Mais une telle ouverture implique toujours que nous mettions cette opinion étrangère en rapport avec le tout de nos opinions personnelles. Ici, Gadamer va s'en prendre aux Lumières, et à leur *préjugé contre les préjugés*. Est-il vrai que se trouver au sein de *traditions* signifie être limité dans sa liberté ? En réalité, « les préjugés de l'individu, bien plus que ses jugements, constituent la réalité historique de son être » et le tuf de sa pensée. Cessons donc d'aduler le XVIIIe siècle, pour réhabiliter l'autorité et la tradition. « L'autorité n'a rien à voir avec l'obéissance aveugle à un ordre donné... Elle repose sur la *reconnaissance* », dans tous les sens du mot. Il existe des traditions vivantes. Dès lors la notion de « classique » obtient « un nouveau droit de cité dans la science ». En effet, la distance temporelle

« n'est pas un abîme béant, elle est franchie grâce à la continuité de provenance et de transmission, à la lumière de laquelle toute tradition s'offre à nos regards ». Sans aucun doute, comprendre une tradition requiert un *horizon historique* préalable. « Une conscience véritablement historique est toujours accompagnée de la vue de son propre présent, cela de façon à se voir elle-même, et ce qui est historiquement autre, sous des rapports exacts. » Il faut un effort personnel pour acquérir un horizon historique digne de ce nom. Nous ressentons des espoirs, des craintes, des aversions. Nous avons donc pour tâche de refréner l'assimilation hâtive du passé à nos propres attentes. C'est alors seulement que nous entendrons la voix de la tradition dans son authenticité.

Ainsi, l'interprétation n'est pas un acte qui peut s'ajouter ou non à la compréhension : comprendre, c'est toujours interpréter. Mais à l'interprétation s'ajoute l'application. Il s'agissait naguère de l'application édifiante de l'Écriture Sainte à la vie du croyant. Il en était de même sur le plan juridique : Aristote parlait déjà de l'application de la loi grâce à l'intelligence (*sunèsis*) qui se replace pleinement dans le concret de la situation. Gadamer entend donc redéfinir l'herméneutique des sciences humaines en partant de l'herméneutique théologique et de l'herméneutique juridique. L'histoire est inséparable de l'historien : « Vouloir éviter ses propres concepts dans l'interprétation n'est pas seulement impossible, mais manifestement absurde. Interpréter, c'est précisément mettre en jeu ses propres concepts préalables, afin que la visée du texte soit réellement portée par nous au langage. » Déclaration importante : l'interprétation « doit porter le texte au langage ». Or, aucun texte, aucun livre ne *parle,* s'il ne parle pas le langage qui atteint autrui. L'interprétation doit « trouver le langage adéquat ». Il y faut beaucoup d'art : Nietzsche l'a bien dit : il ne peut y avoir d'interprétation « bonne en soi ». On le voit, Gadamer malmène quelque peu l'idéal de la méthode qui se dégage des sciences exactes. En effet, ce qui caractérise les sciences humaines, c'est qu'elles ne mettent pas seulement en jeu des méthodes apprises, mais aussi une capacité de compréhension qui se développe chez le lecteur, le chercheur, le penseur, au-delà des facultés rationnelles.

En fait, disait Gadamer, « il s'agit là d'une perspective éminemment *pratique* et qui marque moins une limitation de la science qu'une condition nécessaire à son activité ». D'ailleurs, l'*engagement* est à l'œuvre dans tout acte de compréhension. Simplement, il ne s'agit pas d'un engagement au nom d'une cause politique donnée. La philosophie n'est pas liée à une position préétablie, elle est libre de s'engager partout. Et la compréhension est toujours projet, elle « actualise toujours en elle-même la dimension du futur, de l'à-venir ». Gadamer ajoute que « le rôle du philosophe dans la cité d'aujourd'hui doit d'abord être de remettre en cause l'importance grandissante de l'*expert* qui, en effet, commet toutes sortes d'erreurs », parce qu'il ne veut pas avoir conscience des jugements de valeur qui le guident. Au contraire, l'herméneutique vise à amener « les projets constitutifs de la compréhension » dans le champ de la conscience, afin qu'ils agissent dans la décision requise par la situation concrète.

Cette attitude de Gadamer l'a opposé à Habermas, plus attaché à l'*Aufklärung*. En réalité, précise le premier, « il est vrai que notre culture repose sur la conception unilatérale de la raison, héritée des Lumières, mais aussi sur ce qui corrige cette unilatéralité... J'ai indiqué, dans *Vérité et Méthode,* que notre héritage romantique ne devait pas s'opposer à la pensée inspirée par la tradition des Lumières ». Il n'est pas besoin de dire que Gadamer penche vers ce romantisme. A ses yeux, il est de plus en plus évident que la civilisation technologique s'est engagée dans une impasse. Plus personne aujourd'hui, hormis quelques experts, ne croit que la société industrielle permette véritablement l'épanouissement des possibilités humaines. Mais l'actualité véritable de l'herméneutique est d'imposer à notre conscience la nécessité de la *tolérance* et d'ouvrir le passage à des réponses nouvelles. « Je vois bien, ajoute le philosophe, que le monde d'aujourd'hui n'a pas fait de progrès dans la voie du *dialogue;* mais la dure réalité du futur nous oblige au dialogue. » Gadamer insiste donc sur la « dimension langagière » de l'homme, ce qui le rapproche de maints courants de la pensée contemporaine, en particulier de la psychanalyse lacanienne. Si l'on en croit Jean Greisch, nous sommes parvenus à l'*âge herméneutique de la raison.* L'attitude herméneutique est autre chose qu'un traditionalisme d'ordre supérieur. Il s'agit de comprendre le fonctionnement du langage comme « sol de croyance ».

CHAPITRE VIII

Batailles religieuses

La « robe sans couture » sera-t-elle déchirée ?

Au milieu du XIXe siècle, l'Église était menacée de différents côtés. Certains catholiques auraient voulu composer, mais Pie IX, élu pape en 1846, à 54 ans, adopte une attitude intransigeante qui le conduira à des conflits avec la plupart des gouvernements. Les menaces qui pèsent sur l'Église sont dues avant tout aux progrès scientifiques, donc au mouvement rationaliste. Depuis Auguste Comte, les penseurs enseignent « l'immutabilité des lois naturelles, la renonciation à toute connaissance infinie et absolue ». Cette attitude amène un conflit de la science et de la croyance. Les rationalistes nient le surnaturel, se refusent à croire les faits inexplicables rapportés dans les Livres saints. Quelques catholiques voudraient s'adapter à cette situation nouvelle : dans les facultés allemandes de théologie, « principal foyer intellectuel de l'Église catholique », des professeurs essaient de concilier les progrès de l'histoire et de la philosophie avec la doctrine de l'Eglise ; Döllinger réunit à Munich, en 1863, un Congrès de savants ecclésiastiques qui se prononcent en ce sens. Dans le domaine politique, les catholiques libéraux, dirigés par Mgr Dupanloup et Montalembert, déclarent au Congrès de Malines (août 1863) qu'on ne peut songer à restaurer l'Ancien Régime et qu'il faut accepter franchement les principes de liberté et de démocratie : l'Église est assez forte pour ne rien avoir à en redouter, même en matière religieuse (L. Genet). Mais l'attitude de Pie IX, encouragée par le secrétaire d'État, le cardinal Antonelli, sera de refuser tout compromis.

Le pape déclare en 1862, dans l'encyclique *Gravissimas* : « Nous ne pouvons tolérer que la raison envahisse, pour y semer le trouble, le terrain réservé aux choses de la foi. » Il condamne la liberté de critique et d'investigation. Sur un plan plus politique, le 18 mars 1861, il refuse toute entente avec le gouvernement italien et prend à partie cette civilisation moderne qui « favorise tous les cultes non catholiques... » Ces considérations l'amènent à faire rédiger un *plan de reconstruction de la société.* Selon L. Genet, c'est la convention de septembre 1864, conclue, en dehors de lui, par Napoléon III avec le gouvernement italien, qui l'incite à le publier. Le 8 décembre, paraît l'encyclique *Quanta cura,* qui condamne avant tout le « naturalisme », c'est-à-dire « l'idée que la meilleure organisation du gouvernement et le progrès civil exigent absolument que la société humaine soit constituée et gouvernée sans plus tenir compte de la religion que si elle n'existait pas... » Elle est suivie d'un catalogue des « principales erreurs de notre temps » : le *Syllabus.* Ces erreurs sont au nombre de 80, chacune accompagnée du renvoi aux actes pontificaux qui l'ont condamnée. Le *Syllabus* dénonce le « naturalisme », le « rationalisme », l'« indifférentisme » en matière de religion. Il termine en condamnant cette proposition : « le Pape peut et doit se réconcilier avec le progrès, le libéralisme et la civilisation moderne. »

La condamnation atteint l'ensemble des sociétés modernes. C'est le pavé dans la mare. La réaction est très vive. Craignant les conséquences qu'une telle intransigeance peut entraîner, Mgr Dupanloup publie une brochure dans laquelle, par d'habiles *distinguos,* il soutient que la « thèse » soutenue par les deux actes pontificaux n'est que l'idéal de l'Église ; son interprétation conciliante rallie 630 évêques. Mais le pape, pour faire prévaloir les doctrines du *Syllabus,* veut faire proclamer solennellement la doctrine de *l'infaillibilité pontificale.* A cette fin, il convoque à Rome un concile œcuménique, le premier depuis le concile de Trente, trois siècles auparavant. Le *concile du Vatican* s'ouvre le 8 décembre 1869 : il réunit 780 membres. Le pape y a la majorité, grâce aux évêques italiens et aux missionnaires espagnols. A la suite de débats passionnés, le rapporteur, Mgr Pie, de Poitiers, conclut à la promulgation du dogme de l'infaillibilité lorsque le pontife romain parle *ex cathedra.* Cela sera confirmé par le vote. La moitié des évêques français étaient plus que réticents. Ainsi Mgr Hugonin, de Bayeux, spécialiste de philosophie politique et juridique, signa le 12 janvier 1870 la pétition qui s'opposait à la définition de l'infaillibilité du pape ; et, par la suite, diverses autres protestations. Enfin, le 13 juillet, en congrégation générale, il vota *non placet* (non) ; et le 17 du même mois, la veille même de la définition, il confirma son suffrage et déclara que par respect il n'assisterait pas à la séance solennelle du lendemain, tout en protestant de son obéissance. En vertu de cette obéissance, il ne s'obstinera pas, comme l'oratorien philosophe A. Gratry, ancien aumônier de l'École normale, dans une lutte inégale.

Le dogme de l'infaillibilité fut présenté à la créance de l'Église dans la constitution *Pastor aeternus.* Bien que le concile n'eût pas achevé ses travaux en raison de l'occupation de Rome, il consacrait le triomphe de Pie IX. Dans cette bataille, le Père Gratry était un des blessés. Les opposants avaient annoncé que la proclamation de l'infaillibilité pontificale amènerait un schisme. En fait, la plupart des catholiques se soumirent ; Hugonin publia même des *Études philosophiques sur le Concile.* Seuls quelques professeurs des facultés allemandes, dont Döllinger, refusent de s'incliner. Ce dernier sort de l'Église et constitue, en Allemagne et en Suisse, un mouvement séparatiste « vieux catholique ». Le concile du Vatican marque donc « la victoire définitive de l'ultramontanisme. Mais l'application de ces doctrines va entraîner la papauté dans une série de conflits » (L. Genet). Le pape entra en conflit avec le gouvernement italien à propos du *pouvoir temporel,* tandis qu'avec les autres États le débat se maintint sur le plan de la *doctrine.*

Après Sedan, le roi d'Italie pria le pape de renoncer au pouvoir temporel. Pie IX répondit qu'il ne céderait qu'à la violence. L'armée se présenta devant la Porte Pia à Rome, ouvrit une brèche dans le mur, entra dans la ville le 20 septembre. Le pape s'enferma sur la colline du Vatican, excommunia les envahisseurs, refusa toute négociation (J. Angel). Par ailleurs, la publication du *Syllabus* et l'intransigeance pontificale amenèrent une riposte des gouvernements. En Allemagne éclate la crise du *Kulturkampf* (« combat pour la civilisation »), déclenché par Bismarck, inquiet à la pensée que le pape est « plus absolu qu'aucun monarque du monde ». En Autriche, l'Empereur dénonce le concordat conclu en 1855. Au Mexique et en Amérique latine se développent des conflits analogues. « Le Kulturkampf n'épargne que la France et la République de l'Équateur pendant la présidence de Garcia Moreno. » Lorsque le vieux pape meurt en 1878, il a vu « échouer l'une après l'autre toutes ses combinaisons, s'évanouir toutes ses espérances » (M. Pernot).

Son successeur est Léon XIII. Gambetta « salue cet avènement plein de promesses ». En effet, très ferme sur les principes, le pape est conciliant sur leur application. C'est lui qui lancera l'encyclique *Rerum novarum* sur la question sociale (1891) : comme l'écrivait P. Leroy-Beaulieu, « il invite l'État à s'occuper des travailleurs ; le pape est interventionniste en même temps qu'il est démocrate ». Ainsi s'esquisse la fameuse « doctrine sociale de l'Église ». Docteur de la foi, Léon XIII, estimant la théologie enseignée dans les séminaires plutôt faible, prêche le retour à la philosophie de saint Thomas d'Aquin. Sans doute, on a pu contester cette imposition par voie d'autorité d'un système de philosophie, ce qui serait « la négation de toute philosophie digne de ce nom, voire de toute pensée authentique » (E. Poulat). Selon un historien canadien, « la réapparition du thomisme en plein XIXe siècle constituait un exemple rare de la restauration, pour ainsi dire à froid, de ce que les sociologues depuis Marx appellent une idéologie ». Cependant la philosophie thomiste valait mieux que pas de philosophie du tout. On a pu observer chez ce pape un optimisme à l'égard de la science. Pourtant c'est à la fin de son pontificat, mais surtout sous celui de Pie X, que l'essor des sciences humaines suscitera la crise connue sous le nom de *modernisme*.

Modernistes, semi-modernistes, modernisants

Comme l'observe J. Rivière, le terme « modernisme », appliqué à une doctrine religieuse comme celle du christianisme qui vit de tradition, était presque nécessairement prédestiné à rendre un son fâcheux. Pourtant, pour une Église qui a la charge d'une doctrine, la tâche la plus urgente n'était-elle pas de se maintenir au niveau du développement intellectuel ? Peu à peu, il fallut bien se rendre à l'évidence que des problèmes nouveaux se posaient, et que les anciennes positions n'étaient pas toutes également tenables.

Un antécédent du modernisme fut sans doute le « protestantisme libéral » de Ritschl et Harnack. Ce système avait pour effet d'annuler l'idée même de toute révélation objective. On ne saurait nier qu'il y ait, entre la philosophie religieuse des modernistes et celle des protestants libéraux, un véritable air de parenté. Quoi qu'il en soit, les initiateurs du modernisme ont tous en commun d'appartenir à l'élite des intelligences cultivées, de celles qui se vouaient au travail scientifique. Quant au lieu de la crise, l'Espagne reste notoirement hors de cause, tout autant le Portugal : elle a affecté principalement l'Angleterre, l'Allemagne, surtout la France. Enfin, personne ne songe à nier la virulence du modernisme en Italie, « confluent des diverses sources qui jaillissaient dans les autres pays catholiques, et dont quelques rhéteurs aux gestes amples et au verbe sonore ont cru pouvoir faire dès le premier jour un torrent irrésistible » (J. Rivière). On peut à coup sûr récuser le mythe du complot ourdi contre l'Église par de ténébreux ennemis. En réalité, écrivait un contemporain, « l'entente se faisait d'elle-même par l'adoption des mêmes méthodes, sous l'action de principes directeurs analogues ».

A l'origine, il faut placer les initiateurs de la critique historique : Louis Duchesne (1843-1922), directeur de l'École française de Rome, au loyalisme catholique incontestable ; Alfred Loisy (1857-1940), surtout professeur d'Écriture sainte, en qui certains verront le diable, mais qui trouvera dans l'Église deux « anges gardiens » : Mgr Mignot et F. von Hügel. Les agents de liaison et de propagande sont le pasteur Paul Sabatier, et Charles Denis, qui a fait des *Annales de philosophie chrétienne* un organe moderne de discussion et de doctrine. Parmi les mécènes du modernisme, on retrouve le baron Frédéric von Hügel, de Londres, fils d'un gentilhomme autrichien et d'une mère écossaise convertie au catholicisme ; il a une situation de grand seigneur et une âme d'apôtre. Parmi les incidents précurseurs, le premier fut la controverse autour de *l'améri-*

canisme dont le promoteur était John Ireland, archevêque de Saint-Paul (Minnesota). Ce mouvement se présentait « comme un système complet, où se rencontraient pêle-mêle des opinions relatives au dogme, à la discipline, à la vie chrétienne, et des doctrines démocratiques et sociales ». L'américanisme fut, par rapport au modernisme, une sorte de préface pratique et d'épisode avant la lettre. Le second « incident » concernait le problème apologétique. Il fut déclenché par une thèse de doctorat intitulée *L'action* (1893), œuvre d'un jeune philosophe catholique, alors professeur à la faculté des lettres de Lille, puis à celle d'Aix : Maurice Blondel. L'auteur prenait pour point de départ le principe d'autonomie, alors prôné de tous côtés, et s'efforçait de le vaincre, non plus au nom des lois de la pensée, mais des exigences de « l'action », en vue de démontrer que, poussée jusqu'au bout d'elle-même, notre nature postule le surnaturel. L'auteur s'estima peu compris, ce qui n'est que trop vrai. Aussi donna-t-il aux *Annales* de Ch. Denis une « Lettre sur les exigences de la pensée contemporaine en matière d'apologétique, et sur la méthode de la philosophie dans l'étude du problème religieux » (1896). Il préconisait de chercher en nous-mêmes les racines du surnaturel, par une *méthode d'immanence* qui permet seule d'établir comment il est rigoureusement demandé par nos propres tendances intimes, sans cesser pour autant de nous être supérieur. Lucien Laberthonnière (1860-1932) proposait de compléter la méthode purement philosophique de Blondel par la considération du dogme de la grâce, cela dans les *Annales de philosophie chrétienne* (1898). Le bouillant oratorien ne mâchera jamais ses mots : pour lui, le Dieu de saint Thomas est mélange d'égoïsme aristotélicien et de dévouement chrétien, il est illogique et contradictoire, « monstrueux ». Tout cela donnait lieu à une agitation quelque peu désordonnée ; mais, dès ce moment-là, les plus graves questions de fond commençaient à être soulevées. Il est donc regrettable que l'on fut assourdi par le fracas de bataille produit par les tirades agressives — à l'encontre des novateurs — du jésuite J. Fontaine. Épris de métaphores nautiques, il voyait la barque de Pierre obligée de se défendre « contre les torpilles invisibles qui menacent ses flancs et contre les sous-marins voguant entre deux eaux ». En fait, c'est le procès de la critique elle-même que J. Fontaine se trouvait ouvrir, et sous la pire forme, qui consistait à l'accuser de tendances hérétiques.

L'explosion de la crise est due au mélange détonnant d'un article et d'un livre. Dans la jeune *Revue de métaphysique et de morale,* l'abbé Marcel Hébert donne en juillet 1901 un article où la personnalité divine était appelée « la dernière idole » ; selon J. Rivière le cas de M. Hébert — affilié à « l'Union » de P. Desjardins — fournit « le type achevé du modernisme ». En novembre 1902, l'abbé Alfred Loisy publie un « petit livre rouge », *L'Évangile et l'Église.* Son propos, officiellement, était une réfutation d'Adolph Harnack. Ce qu'il affirmait avec le plus d'insistance, c'était son intention avérée de s'établir sur le terrain purement *historique.* Croyant retrouver dans la foi au Dieu Père le message essentiel de Jésus, il expurgeait, à ce titre, l'Évangile de tout élément dogmatique, hiérarchique et culturel ; du coup, il écartait dédaigneusement l'Église comme une altération de la pure doctrine évangélique. Comme il fallait s'y attendre, *L'Évangile et l'Église* fut dès le premier jour un signe de contradiction : succès général, mais alarme du magistère, condamnations épiscopales. Loisy récidiva par un volume, rouge lui aussi, intitulé *Autour d'un petit livre* (octobre 1903). Il y proclamait la relativité historique de notre connaissance religieuse (la vérité « n'est pas plus immuable que l'homme lui-même »). Venant après l'éclat du premier « livre rouge », le second fut aussitôt dévoré : c'était une de ces publications à scandale qui ne manquent jamais de réussir (J. Rivière). Au milieu de l'effervescence provoquée en France par la parution des deux petits « livres rouges », un nouveau brandon incendiaire survenait de l'étranger : le jésuite anglais George Tyrrell passait au premier plan. Dans ses articles de la revue *Month,* son dessein était de rétablir la foi chrétienne sur les bases de l'expérience intime et, en vue des besoins modernes, de la réinterpréter en termes de vie. Il est certain, comme l'établit D. Dubarle, que le thème de l'*expérience religieuse* est au cœur du modernisme.

La crise se prolonge à mesure que se développe l'affaire Loisy. Dans divers *manifestes,* celui-ci entend « éliminer la notion absolue de l'autorité, le despotisme de la formule et le despotisme du pape ». La hiérarchie s'irrite du succès mondain que rencontre le cours de Loisy à l'École des Hautes Études. Pour le bien de la paix, celui-ci fait le « grand sacrifice » de supprimer son cours et de se terrer en province, retraite qui lui vaut d'échapper pour le moment à la sentence d'excommunication (mars 1904). En ce temps-là, Laberthonnière donne au modernisme, sinon une architecture véritable, du moins la forme la plus achevée qu'il ait jamais reçue, par la publication de ses deux volumes : *Essais de philosophie religieuse* (1903) et *Le Réalisme chrétien* (1904). Il veut définitivement écarter la notion d'un surnaturel conçu comme « un système de vérités abstraites qui ne s'introduiraient en nous que par voie d'autorité ».

La discussion sur la valeur historique du dogme fut ouverte par une longue étude de Blondel, publiée dans la *Quinzaine* au début de 1904 : « Histoire et dogme : les lacunes philosophiques de l'exégèse moderne ». L'auteur n'est pas d'accord avec Loisy. Comme l'écrit J. Greisch, « dans le rapport de Loisy et de Blondel, le malentendu se manifeste à tous les niveaux de la crise... L'indice majeur que la crise moderniste est fondamentalement une crise herméneutique, est cette plainte qui jalonne la crise du début à la fin : la difficulté de se comprendre ». Blondel expérimente, à travers cette nécessité de s'expliquer avec Loisy, la consistance d'un débat intérieur : comment définir exactement la position d'un « philosophe croyant », car rien ne garantit d'avance l'harmonie entre les deux termes. Mais il s'agit aussi, pour lui, de mettre en évidence les « lacunes philosophiques de l'exégèse moderne ». C'est ici qu'intervient la notion blondélienne de *tradition,* conçue elle-même comme un principe herméneutique. La « tradition » est condition de possibilité d'une compréhension de l'histoire. Son paradoxe constitutif est d'être à la fois « puissance conservatrice et conquérante ». Blondel parle en philosophe croyant *investi* par cette tradition dont il propose la théorie. D'autre part, la « christologie occulte » qu'il soupçonnait chez Loisy était en réalité l'ajournement ou l'absence de christologie ; or X. Tilliette a montré récemment la présence, chez Blondel, de l'accès mystique et spirituel de l'âme à la personne de Jésus de Nazareth. De son côté, Édouard Le Roy publiait dans la *Quinzaine*, le 16 janvier 1905, son étude : « Qu'est-ce qu'un dogme ? » Pour lui, un dogme est « avant tout une prescription d'ordre *pratique* ». Des théologiens vétilleux subodorèrent des traces de pragmatisme américain ; et son livre *Dogme et Critique* (1907) fut presque aussitôt mis à l'Index. La même méfiance accueillit *La Crise morale des temps nouveaux* (1907) de Paul Bureau, professeur de droit à l'Institut catholique, qui cherchait à fonder la religion sur les exigences de la vie sociale. Pourtant, c'est à tort qu'on voulait voir en Blondel, Le Roy et Bureau des modernistes. De même, autant et plus qu'en France, la crise italienne se compliquait des excès de zèle commis contre les novateurs par certains de leurs adversaires. Il y avait, dans l'Allemagne catholique, des néo-kantiens déterminés : le Dr Karl Gebert, prêtre bavarois, fut taxé de modernisme. Tout cela donnait l'impression d'une *mêlée internationale*. Philosophie et psychologie religieuse, exégèse, histoire des dogmes, sur tous ces domaines la pensée catholique semblait avoir perdu son assiette sans pouvoir en trouver une nouvelle. De plus en plus, une *littérature pseudonyme*, souvent à des fins anti-chrétiennes, devenait un genre très rentable.

Mais le Saint-Siège allait intervenir. L'avènement de Pie X, en 1903, avait marqué une rupture avec la politique de Léon XIII, un retour à la politique de Pie IX. Le décret *Lamentabili* (3 juillet 1907) est, comme le *Syllabus*, une censure d'erreurs contemporaines, mais sous forme impersonnelle. Puis est promulguée l'encyclique *Pascendi*, officiellement intitulée *De modernistorum doctrinis* (8 septembre 1907) : parvenu au terme de son exposition, Pie X définit le modernisme comme « le rendez-vous de toutes les hérésies ». Il complète son exposé théorique du modernisme par un plan de campagne destiné à en combattre « les ravages ». Loisy est excommunié le 7 mars 1908. Mais les modernistes ne restent pas sans réactions. Ici, Tyrrell, comme un général en chef, surveille et favorise les mouvements de résistance. Là, Von Hügel est un chef d'état-major qui dirige les opérations. En Italie, où les passions sont surchauffées, les actes de Pie X semblent avoir produit l'effet de l'huile sur le feu ; mais un adversaire déclare aimablement : « Le modernisme italien sombre dans la médiocrité d'une grandiloquence creuse et d'un psittacisme scolaire. » Contre le modernisme s'était instaurée une véritable association secrète, dénommée *Sodalitium Pianum* (Confrérie de Pie) – ou, par abréviation, S.P., cryptographiquement transformé en *la Sapinière* – qui, depuis 1910, œuvrait en marge de la hiérarchie, bien que sous les auspices de la Curie et avec les encouragements du pape, pour assurer un concert actif, sous prétexte de défendre la foi, entre les pamphlétaires et délateurs de tous les pays. On a pu l'assimiler à une sorte de Comité de salut public. Les archives en sont longtemps restées inaccessibles. Récemment, E. Poulat livre ces documents, retrouvés au terme d'une véritable chasse en Europe, dans son livre *Intégrisme et Catholicisme intégral.* Chacune à sa façon et dans son milieu, de telles officines travaillaient à une épuration de l'Église. Depuis 1910, et jusque dans les années 50, les professeurs de séminaires prêteront le serment anti-moderniste. Toutefois, cette mesure suscita une telle agitation en Allemagne que dispense en fut accordée aux professeurs. La crise du modernisme eut tout de même une fin. Ce résultat est dû pour une bonne part aux formidables secousses de la Grande Guerre, qui tournèrent les intelligences vers un autre genre de problèmes. De plus, le blâme infligé par Benoît XV, dès son avènement, aux excès de l'intégrisme, et les mesures prises par Pie XI contre l'*Action française,* contribueront à rétablir un équilibre (J. Rivière).

Le modernisme avait pris au sérieux le problème de la vérité. D'autres affrontements, moins théoriques, avaient eu lieu sur le plan social. Pourtant dans sa thèse sur *Les Débuts du catholicisme social en France,* J.-B. Duroselle écrit : « On peut s'étonner de voir à quel point les théologiens ont méconnu le problème social. » Plus sévère, H. Guillemin déclare qu' « entre les représentants du catholicisme et les classes bénéficiaires de l'enrichissement national s'était trop visiblement établie une sorte d'alliance implicite » ; il dénonce leur *ignorance* de la question sociale et, face à la misère, « l'indifférence également sans mesure, opaque, affreuse, de la plupart des possédants ». Certes, Léon XIII fut un « pape social » ; mais Pie X condamna en

1910 le mouvement le « Sillon », fondé par Marc Sangnier qui militait pour un christianisme social ; ce courant connaîtra une résurgence avec la Jeune République, de 1912 jusqu'à 1946.

Théologie de la crise

Rien n'est plus opposé au modernisme et au protestantisme libéral que la pensée de Karl Barth. Au premier il reproche de tout placer sous les fourches caudines de l'histoire ; au second d'être fondé sur la psychologie et les sentiments humains. A la dimension de l'homme il opposera la dimension de la foi définie par Luther, de la foi justifiante puisque « le juste vivra par la foi seule » : de lui-même l'homme ne peut que pécher ; mais dans l'expérience de la foi, Dieu éclaire et juge la situation du pécheur. L'homme est *simul peccator et justus,* pécheur par lui-même et justifié par Dieu.

Karl Barth (1886-1968) est un célèbre professeur de théologie de Bâle (il ne pouvait plus enseigner en Allemagne, pour cause d'opposition au nazisme). Son livre *La Théologie protestante au* XIXe *siècle* est en partie autobiographique. Grâce à ses maîtres, Barth a fait le tour de l'école historico-critique ; mais il s'en reconnaît déçu. Il sent déjà qu'à côté des événements saisis par l'histoire, d'autres « ne seront pas saisis par l'histoire ». Quant au problème social, il le rencontre à Savenfil en Argovie, où il excerce la charge de pasteur. Il y passe pour « socialiste chrétien » ; mais en 1914 il dira sa déception face à un socialisme qui ne sait pas dénoncer l'idéologie guerrière. C'est alors qu'il rencontre Blumhardt, pasteur à Mötlingen, qui opérait des guérisons. Il est frappé par le caractère expérimental de la spiritualité de ce croyant qui mettait en question la philosophie. Barth va donc penser que « l'objet de la théologie ne saurait être exprimé théoriquement, si ce n'est sur la seule base de son auto-révélation ». Bref, la véritable signification de Jésus échappe à toute détermination historique. Jésus n'appartient à l'histoire que par le *choc* qu'il y provoque, et non pas par lui-même. Le Jésus historique ne m'apprend rien du Christ en tant que Sauveur. La séparation est telle que la théologie barthienne est une théologie du fossé.

En effet, selon Luther et Barth, Dieu est « Tout-autre » que l'homme, il est au-delà de toute pensée, de toute idée humaine, en une *absolue différence.* Dans notre nature il n'est aucune faculté qui puisse, par son dynamisme autonome, s'orienter vers Dieu. C'est le cas de l'activité philosophique : il n'y a pas de preuve de l'existence de Dieu. Il en va de même des sciences humaines, histoire ou psychologie. Aucune considération scientifique et positive des faits historiques ne peut par elle-même conduire à Dieu. Les doutes jetés sur les faits par les écoles historiques ou par Loisy, n'inquiètent donc pas Barth. Ce dernier procède aussi à une critique radicale de tout « psychologisme », de toute prétendue « expérience religieuse » ou mystique.

C'est seulement dans la seconde édition de son *Commentaire de l'Epître aux Romains* (1922) que Barth a clairement établi les thèses de la « théologie dialectique ». Influencé alors par Kierkegaard, il épouse les positions anti-hégéliennes de celui-ci : l'individu a raison contre le « cours du monde », il y a primauté de l'*existant* sur le développement de l'Idée ; l'individualité est une « catégorie » chrétienne. Dans la préface, Barth nous prévient qu'il fait œuvre de théologien, non d'exégète : il ne se résoudra pas à « abandonner la ligne brisée de la foi, à énoncer des choses commodes, bien connues, directes, non paradoxales ». Sa théologie, qui n'élude pas le scandale de la foi, ne pourra naturellement pas s'accommoder du style objectif de la critique historique. C'est le théologien, et non l'historien, qui est *critique.* L'objet de sa « critique », à savoir « le thème de la Bible et la somme de toute philosophie », est la *relation* entre « Dieu au ciel » et « l'homme sur la terre ». Elle donne lieu à une dialectique positive et négative : positive dans l'affirmation de Dieu, négative dans la *crise* de l'homme. Cette crise réside dans la négation de la valeur de l'homme par rapport à Dieu. L'affirmation de Dieu et de la crise devient chez Barth le principe exégétique unique : il remplace l'examen historico-critique de l'Écriture par son examen à la lumière de la relation de Dieu à l'homme.

Si la foi est « crise de la connaissance naturelle », elle est une lumière cachée à la nature : c'est là ce qui constitue son scandale, sa contradiction, son paradoxe. Jésus en tant que

Christ est « la fin de l'histoire », ce qui signifie qu'il est l'avènement d'un autre monde. La science historique ne saisit donc point la « vérité » du temps, son « sens », son « éloquence », sa véritable importance. Tout se trouve subordonné, pour la valeur de l'histoire, à la question de son *sens,* c'est-à-dire de la manière dont elle s'insère dans notre présent. Ici Barth rejoint Nietzsche, si sévère à l'égard des études historiques : seule la vie comprend la vie. Dans l'acte de foi, nous rejoignons la foi d'Abraham, et celle-ci nous est vivante et présente. En définitive, cette foi qui est sens et compréhension de l'histoire, n'est autre, chez Barth, que *crise de l'homme* et présence cachée de Dieu. Il en résulte le *caractère extratemporel* des événements du Salut : chute, rédemption, etc. Plus que d'événements, il s'agit d'une *relation dramatique* avec Dieu. Ainsi, le péché originel est une « situation », une « disposition », un « poids spécifique » de la nature humaine, qui n'est point entré dans le monde à une certaine date : c'est notre condition d'inimitié à l'égard de Dieu. De même Barth écarte le caractère événementiel de la Résurrection : celle-ci n'est pas un fait, elle est l'établissement éternel de Jésus comme Fils de Dieu (une Résurrection mise sur le même pied que des événements historiques serait soumise à la même ambiguïté, « au jeu de bascule du oui et du non, de la vie et de la mort », qui caractérise le monde connu et le plan historique). La Résurrection marque la limite et la fin des choses temporelles, elle se situe au-delà d'elles. Enfin, par « réalités dernières », il ne faut pas entendre une série d'événements qui auraient lieu dans un avenir lointain et qui comporteraient des catastrophes cosmiques. « La fin annoncée dans la Bible n'est pas un événement temporel, n'est pas une fin du monde » : le retour du Christ a lieu *dans l'instant,* non pas dans le dernier instant du temps, mais dans l'« instant éternel ».

La pensée de Karl Barth n'est plus tout à fait la même dans la *Dogmatique ecclésiastique* (1927), cinq volumes divisés eux-mêmes en plusieurs tomes. L'auteur réintroduit une certaine considération du temps — le temps est le problème philosophique « incontournable ». Puisque saint Jean dit que la Parole a été faite chair, a été faite temps, Barth distingue le temps déchu de l'homme et le temps divin. Il existe donc un temps propre à Dieu. Mais lorsque le temps est réintroduit en Dieu, ce n'est point en une voie ascendante à partir de l'homme : Dieu se fait *temps,* en une démarche qui lui est propre ; « Dieu dispose de son temps en notre faveur ». Mais le temps de Dieu va être un temps « sur-réel » : c'est à la révélation que Barth demande ce qu'est ce temps nouveau. Jésus-Christ est Parole faite temps ; et en assumant l'être de l'homme, sa chair ou son temps dans l'Incarnation, il ne les a pas abandonnés à leur déchéance, il les a transformés, purifiés et régénérés. Notre temps, celui de l'attente et du regret, de l'angoisse et de l'ennui, se trouve corrigé de son vice. Il s'agit bien d'une transformation de notre condition temporelle : c'est par la vertu de cette transformation que nous devenons, comme le veut Kierkegaard, contemporains du Christ. Le temps de celui-ci vaut pour tous les hommes, du passé, du présent et de l'avenir : il est le Seigneur du temps. Puisqu'en lui l'éternité s'est faite temps, au point qu'on ne peut accéder à elle que par le temps, il faudra donc raconter l'histoire temporelle de Jésus pour sauvegarder sa vérité éternelle. D'où, chez Barth, le retour au souci de garder aux Évangiles leur caractère de récits historiques malgré tout (J. Foubert).

Mythe, démythisation, démythologisation

Si l'on discerne chez Barth une fidélité à Luther exprimée en termes voisins de ceux de Kierkegaard, voire de Nietzsche, c'est l'influence de Heidegger qu'a subie Bultmann. Plus connu encore du grand public, Rudolph Bultmann (1884-1976) fut un historien de génie, un théologien et un philosophe. Né à Wiefelstede dans l'ancien duché d'Oldenbourg, il fit ses premières études, comme Karl Jaspers, au lycée d'Oldenbourg. Après avoir été étudiant à Tübingen et à Berlin, il sera professeur à Marbourg de 1921 à 1951. Il faut noter son appartenance au « groupe de la théologie dialectique » avec Karl Barth et Emil Brünner, en raison d'une commune opposition au protestantisme libéral et à sa méthode historico-critique ; mais sa participation à ce groupe n'alla pas sans turbulences. Bultmann appartient aussi à l'« école de l'histoire des formes » ; on le considère même, en raison de son *Histoire de la tradition synoptique* (1921), comme un des fondateurs de cette école qui veut préciser les genres littéraires utilisés dans les Écritures : chaque type de discours renvoie aux besoins d'une communauté existante, bref à son « siège-dans-la-vie ». Il est célèbre surtout par son entreprise de *démythologisation* du Nouveau Testament, qu'il prolonge par une interprétation « existentiale » du message de l'Évangile, dont il puise l'inspiration dans la philosophie de Heidegger. « Si Bultmann reconnut sa dette à l'endroit de Heidegger, celui-ci confessa la sienne envers Bultmann » (A. Malet). Barth avait mis la philosophie à la porte, mais Bultmann la réintroduit. On ne saurait cacher qu'il est extrêmement discuté — récemment par F. Bluche et P. Chaunu.

Sur l'histoire, la position bultmannienne reprend, pour l'essentiel, celle de K. Barth : « La science historique, écrit-il dans *Foi et Compréhension,* ne peut aboutir à aucun résultat qui puisse servir de fondement à la foi. » En outre Bultmann accuse le protestantisme libéral de *panthéisme historique* : l'histoire y est considérée comme une « nature », l'homme perçu comme un « objet », du dehors et non point à travers des catégories tirées de lui-même. Ce qu'il critique ici, c'est la connaissance *objective,* qu'il oppose au *« sens de l'existence ».* L'histoire, telle qu'elle est pratiquée par la théologie « libérale », est un cas particulier de la connaissance scientifique : elle ignore comme elle le sens de l'existence. Elle est en effet « objectivante », donc déformatrice ou réductrice de la relation primitive du sujet et de l'objet. La méthode historico-critique opère une sorte de rétrécissement de l'histoire : elle considère le fait sans voir son *retentissement,* son impact, son influence. L'histoire et le sens de l'histoire, pour Bultmann, s'identifient dans la définition même de l'événement historique. Le « retentissement significatif » d'un fait, c'est son rapport au futur. Or le sens historique déterminé par rapport au futur n'a trouvé, dans l'Antiquité, qu'une expression adéquate : celle de l'attente judéo-chrétienne. D'une part, la philosophie existentielle issue de Heidegger conviendra à l'exégèse actualisée du Nouveau Testament ; d'autre part, celui-ci confirmera de son autorité la valeur d'un *sens de l'événement* éclairé par une philosophie existentielle qui privilégie l'avenir. Bultmann définit une « nouvelle objectivité » en histoire : l'histoire est inséparable de l'historien, l'interprétation la plus personnelle est en réalité la plus objective. En fait, il prend à partie la démarche historico-critique moins que Barth qui disait qu'elle lui « tapait sur les nerfs ». Elle assumera chez Bultmann un rôle dans l'entreprise de *démythologisation* : le regard scientifique de l'historien dénonce l'élément mythologique, par exemple l'intervention de puissances transcendantes dans la vie humaine.

Sans éliminer la connaissance objective, Bultmann lui superpose une connaissance *existentielle* et des analyses *phénoménologiques*. La première cherche, non point ce qu'un homme a de commun avec les autres, mais l'altérité, l'irréductibilité d'un être par rapport à tout autre, ce par quoi chacun est unique ; cette « différence » est perçue uniquement dans la *relation*, dans la rencontre. La phénoménologie de Husserl ou de Heidegger est une description qui fait saisir une relation. La connaissance objectivante, elle, ne s'effectue pas dans une rencontre, elle incline tout au plus à une prise de possession. La connaissance existentielle se réalise dans une rencontre qui dévoile et respecte le caractère *unique* d'autrui et son altérité même. La différence entre ces deux genres de connaissance implique une différence d'anthropologie. Bultmann est assez proche de l'*existentialisme*. L'être n'est pas ici constitué par l'essence, mais il est exprimé par l'existence. L'existence est relation de personne à personne. Elle ne peut être assumée que par moi. Elle n'est pas interchangeable, elle exige ma responsabilité propre. Il n'est rien d'acquis pour elle, car elle est constamment en question.

Mon existence dépend, comme le dit Heidegger, de ma « décision résolue ». De même que le rôle de la décision est prédominant chez Bultmann, de même ce sont les « exigences de Jésus » qui prévalent sur une conception métaphysique de la nature de l'homme. Il faut donc, en accueillant le Christ, répudier tout ce qui s'accorde de plus ou moins près avec l'humanisme gréco-latin ou l'humanisme de la Renaissance. En effet l'humanisme comporte une sorte d'assurance ou de prise de possession de Dieu. L'individualisme est également exclu : si l'homme est décision, il n'est pas une personne individuelle qui se décide. De même l'ascèse et la mystique de l'union à Dieu sont refusées. Son anthropologie, Bultmann la puise dans une « tradition existentielle » qu'il croit découvrir dans l'Ancien et le Nouveau Testament. L'Écriture nous montre la colère, le « jugement » de Dieu. Tout ce que dit Dieu est « scandale ». Bultmann va donc bousculer nos convictions rassurantes. Il répudie la sécurité du devoir d'état, qui risque de devenir un « service d'idole » et de s'éloigner de Dieu. Il en va de même du socialisme chrétien et du socialisme pacifiste : croire aux vertus de l'action sociale, c'est oublier le caractère pécheur de la totalité de notre existence et de notre activité.

Bultmann, on l'a compris, n'autorise pas le passage du *Jésus de l'histoire* au *Jésus de la foi.* Les historiens critiques établissent le texte ; mais ils n'accèdent pas à sa *compréhension.* Il écrit, dans *Jésus : mythologie et démythologisation :* « Je pense que nous ne pouvons pratiquement rien savoir de la vie et de la personnalité de Jésus, parce que les sources chrétiennes en notre possession, très fragmentaires et envahies par la légende, n'ont manifesté aucun intérêt à ce sujet... » Tout ce qui a été écrit là-dessus est « du roman ». Bultmann semble proposer une « confession de Jésus par la foi seule ». Des auteurs comme Strauss ou les théologiens « libéraux » cherchaient un Jésus débarrassé de toutes les projections imaginaires, de toute la *mythisation* doctrinale, opérées par les premiers croyants : la *démythisation* historico-critique prétendait enlever le vêtement pour trouver l'essentiel. Bultmann ne veut pas de cela, mais d'une *démythologisation :* il vise, non à « supprimer » le « mythe », mais à l'« interpréter ». Il critique le Christ résiduel, trop humain, des historiens « libéraux ». Il opte pour une « histoire message » dont la signification, au lieu de courir vainement après un passé désormais perdu, se retrouve dans l'*interpellation* actuelle du croyant.

Il apporte ainsi un renouveau à la *philosophie du temps.* Il s'agit chez lui d'une *actualisation* du message, qui évoque notamment les réactions des milieux du christianisme primitif et nos propres réactions dans l'écoute de la Parole. Il réinsère dans son exégèse la *temporalité,* c'est-à-dire la qualification pour nous du cours du temps lui-même, et *l'historicité,* c'est-à-dire l'histoire qui nous concerne, dans laquelle nous sommes embarqués. Tout est nouveau, tout nous dépayse ici. Ainsi, le commandement d'aimer le prochain n'a rien à voir avec la morale ; mais il faut savoir discerner, dans chaque cas, toujours inédit, comment se traduit l'amour du prochain. C'est que je ne suis pas un moi *immuable,* éternel, me déterminant en vertu d'une loi dans l'instant. Et mon passé est présent à chaque instant où je me décide : la condition de l'homme est d'être compromis par le passé. C'est donc seulement dans la décision véritable que surgit la liberté. J'ai le choix, ou de m'en tenir à moi-même, ou de me quitter pour aller à la rencontre de l'autre. Mais rencontrer vraiment l'autre et se décider, dans l'instant, en fonction de lui, c'est s'ouvrir au futur. La liberté devient alors l'ouverture à l'avenir qui me donne une chance de transformation. C'est de par l'*angoisse* que l'homme refuse de se confier à la volonté divine, de faire un pas en avant vers l'avenir de Dieu. Dès lors il se cramponne à ce qu'il est capable de faire — à ses « œuvres » —, au lieu d'accueillir la création comme un don venant du Créateur. Le christianisme demande à l'homme d'accepter le futur. Mais l'abandon au vouloir de Dieu et à l'avenir n'a rien à voir avec l'assentiment stoïcien aux événements d'ici-bas. L'ouverture au futur est disponibilité pour le futur eschatologique — les fins dernières — de « l'événement Jésus ». On n'a pas fini de s'alarmer de la « démythologisation » dans les paroisses, sinon dans les chaumières. Pourtant Bultmann n'étonne pas trop les lecteurs de Sartre et de Gabriel Marcel.

La responsabilité coûteuse

La théologie s'appuie toujours sur une philosophie. Bultmann s'inspirait de Heidegger ; Dietrich Bonhoeffer (1906-1945) s'appuie sur Hegel — sur un Hegel moins soucieux d'exprimer la logique de l'histoire ou de conceptualiser l'esprit d'un peuple, que de transcrire l'intériorité en extériorité. Comme l'écrit A. Dumas, « ni étudiant de Barth, ni disciple de Bultmann, ne venant ni de Bonn ni de Marbourg, mais de Berlin, isolé en ce sens et ayant fait ses propres classes », Bonhoeffer reste en dehors de la « théologie dialectique ». C'est ce que montre sa thèse, soutenue à vingt-trois ans, *Acte et Être. Philosophie transcendantale et ontologie dans la théologie systématique.*

Il entend rompre plus que quiconque avec le dualisme métaphysique du christianisme platonisé. Des œuvres de jeunesse à *l'Éthique* (1945), il manifeste une surprenante continuité pour exprimer la foi chrétienne, non comme un au-delà qui s'atteste, ni même comme une rencontre qui advient, mais comme une « structuration » qui s'effectue et se connaît à la fois. Les deux mots clés de la pensée de Bonhoeffer sont *structuration* et *responsabilité* : Jésus-Christ est celui qui structure le monde en le représentant jusqu'au bout devant Dieu. Il est nommé ici, plutôt que Sauveur, par une série de mots non religieux : la structure, le représentant, le responsable du monde, celui qui redonne à toutes choses leur véritable « milieu ». « Responsable » désigne celui qui assume le moi de tous les hommes et nous invite, à notre tour, à porter sa croix. La structure de la vie responsable se marque par quatre éléments : nous tenir pour responsables de nos semblables, nous comporter de manière conforme à la réalité, assumer la faute et la liberté, enfin prendre le risque d'une décision concrète.

Devant la montée des périls, Bonhoeffer refuse que l'Église reste muette : « Celui-là seul qui crie en faveur des juifs a le droit de chanter du grégorien ! » « Si un fou, sur le Kurfürstendam, lance son auto sur le trottoir, je ne puis, comme pasteur, me contenter d'enterrer les morts et de consoler les familles. Je dois, si je me trouve là, bondir et arracher le chauffeur à son volant. » Membre de « l'Église confessante », il résiste au régime nazi. C'est de prison qu'il adresse, à partir du 30 avril 1944, ses lettres à sa fiancée, où il développe les vues sur l'avenir de la seigneurie de Jésus dans un monde majeur et « non religieux », qui le rendront célèbre après la guerre. Compromis dans le complot contre Hitler, il séjourne dans les camps de Buchenwald et de Flossenburg, est jugé par un conseil de guerre SS et pendu au petit matin du 9 avril 1945 avec l'amiral Canaris et le général Oster.

On le voit, peu d'hommes ont éprouvé autant que Bonhoeffer la paralysie, la solitude et l'irréalité de l'Église luthérienne, de toute Église. Toute sa théologie s'élève contre cette situation. Dieu est *au milieu du monde.* L'Ancien Testament montre d'ailleurs une insistance fort peu méta-physique ou méta-corporelle sur la terre, la chair, le pays, la descendance, la vie. Aujourd'hui il faut mettre en avant la discipline, la prière et la souffrance de l'homme majeur. Car *le monde est majeur et le Christ est en croix.* La christologie de Bonhoeffer place le Christ au milieu de l'existence humaine comme au milieu de l'histoire.

Nous emprunterons nos conclusions au pasteur A. Dumas. Au schéma religieux classique d'un Dieu tout-puissant secourant la misère humaine, Bonhoeffer oppose le schéma, plus biblique selon lui, d'un Dieu résistant, souffrant, « en agonie », comme le disait Pascal, et d'un homme *autonome,* émancipé non pour la suffisance irresponsable, mais pour la « majorité » responsable. Nietzsche accusait le christianisme de dédoubler mensongèrement le monde et de n'être qu'un platonisme pour le peuple. Feuerbach voyait en Dieu le vampire du monde, celui qui nourrit sa toute-puissance de notre faiblesse. Bonhoeffer *est* une réponse à Nietzsche : son réalisme voit Dieu, non aux confins, mais au milieu de la vie, non au-delà, mais au-dedans du monde, comme la Parole qui le structure et l'unifie, comme la « transcendance de l'ici-bas ». Il *est* une réponse à Feuerbach, si le Dieu de la croix, qui souhaite la majorité de l'homme, échappe aux dangers de mystification aliénante et mutilante, « si la *foi* est un retour de l'homme au monde en compagnie de Dieu, alors que la *religion* apparaît détour du monde en direction d'un Dieu d'ailleurs ». La prière devrait être une prière où l'homme trouve en Dieu le répondant de sa responsabilité dans le monde. Qui peut enseigner cette prière, sinon Jésus-Christ « que Bonhoeffer appelait *milieu* du monde plutôt que médiateur, *structure* plutôt que norme, *homme responsable* plutôt encore que Dieu Sauveur » ?

L'interprétation de Bonhoeffer est très controversée, étant donné le caractère fragmentaire de l'œuvre et son inachèvement. L'auteur de *Vie commune* « s'est tellement avancé vers une théorie de l'engagement de Dieu dans le monde, beaucoup plus proche en cela de Hegel que de Kierkegaard, que certaines de ses formulations basculent vers une *réalité de présence* indiscernable de la présence de la réalité » (A. Dumas). La distinction de la *foi* et de la *religion* est très répandue aujourd'hui, comme le montre l'écrivain néerlandais W.-H. Van de Pol, dans *La Fin du christianisme conventionnel.* La galerie de portraits que présente l'auteur s'achève avec le petit livre *Honest to God* (1963) de l'évêque anglican John A.T. Robinson. Certes, « la situation religieuse de notre époque est caractérisée plus que jamais par l'inquiétude, l'incertitude, les malentendus et querelles ». Mais il nous paraît inadmissible de suivre J. Natanson qui, dans *La Mort de Dieu* (1975), semble préconiser comme remède l'amputation du christianisme de la composante hellénique. Qu'en eût dit Simone Weil, l'auteur de *La Source grecque* ?

Théologie de la libération

« Dispersit superbos... », chantait-on dans nos églises. Les Humbles et les Superbes, les Pauvres et les Riches... En plus d'un pays d'Amérique latine, une partie du clergé a pris le parti des pauvres. En septembre 1984, la théologie latino-américaine de la libération a fait tout à coup la une de l'actualité. Le Vatican allait sévir. Nécessaire mise au pas pour les uns ; nouvelle affaire Galilée pour les autres. Rappelons que, dès 1968, les évêques latino-américains assemblés à Medellin (Colombie) engageaient l'Église dans la lutte pour la justice et la dignité. Les pauvres font de nouveau irruption dans la conscience chrétienne, dans le droit fil de la tradition biblique. Mais cela ne manque pas de susciter de nombreuses interrogations. Et la Congrégation pour la Doctrine de la Foi de dire : « L'impatience et une volonté d'efficacité ont conduit certains chrétiens, désespérant de toute autre méthode, à se tourner vers ce qu'ils appellent l'*analyse marxiste.* » Mais une critique préalable s'impose d'autant plus que la pensée de Marx constitue « une conception totalisante du monde dans laquelle de nombreuses données d'observation... sont intégrées dans une structure philosophico-idéologique » d'inspiration athée. Où l'on retrouve la dialectique, en laquelle on ne peut séparer méthode et contenu. Mais il est évident que le problème n'est pas purement intellectuel !

CHAPITRE IX

La phénoménologie

Husserl et la phénoménologie

La phénoménologie est l'un des courants les plus marquants de la pensée contemporaine. Pour ses adeptes, elle a joué un rôle libérateur à l'égard des « idéologies » toutes faites, par son souci de *description naïve* mais fidèle des phénomènes, par son mot d'ordre de « retour aux choses elles-mêmes ». Le paradoxe, c'est que ce souci du concret ait abouti à un discours difficile sinon à une nouvelle scolastique. Les marxistes ont été spécialement sévères à son égard. Mais aux yeux de ses étudiants, son fondateur Edmund Husserl (1859-1938) jouissait d'un immense prestige : « Le peu que je connaissais de la phénoménologie me ravissait, surtout par la méthode objective de travail », écrivait Edith Stein, qui devait devenir à vingt-cinq ans l'assistante du maître.

Né en Moravie, disciple de Brentano, Husserl sera professeur — professeur austère et vénéré — à Halle (jusqu'en 1906), puis à Göttingen (jusqu'en 1916), enfin à Fribourg-en-Brisgau (jusqu'en 1936, où il fut radié en tant que juif). Ce qui frappe d'abord, c'est son long apprentissage de mathématicien et de logicien, sensible encore dans sa *Philosophie de l'arithmétique* (1901) ; c'est l'évolution constante de sa philosophie ; c'est sa pensée exigeante : plusieurs fois, à la fin même de sa vie, il s'est trouvé devant l'obligation de « tout recommencer ». La phénoménologie, a-t-on dit, peut être considérée comme une technique d'exploration rigoureuse et raffinée des domaines offerts par la culture humaine. Mais il faut évoquer le climat dans lequel se forma la pensée de Husserl : le seul problème philosophique demeurait celui de la connaissance, terrain souvent annexé par la psychologie expérimentale ; ainsi régnait le psychologisme, attitude d'esprit tendant à absorber dans cette science l'ensemble de la philosophie et des sciences humaines. Ce n'était là qu'une forme de ce naturalisme qui réduit l'homme à un objet de la nature. Dès les *Recherches logiques* (1900), Husserl réagit contre le naturalisme. « Le savant naturaliste est enclin à tout envisager en tant que nature et, par suite, à fausser le sens de ce qui ne peut être envisagé de cette façon » (*La Philosophie comme science rigoureuse,* 1910). Il conçoit en effet la totalité de l'être à l'image de la chose matérielle. Pour le réfuter, Husserl montrera que le monde des choses extérieures dépend nécessairement de la conscience. Celles-ci lui apparaissent à travers une multiplicité de « reflets et ombres », d'« esquisses » et apparences. L'existence de la chose matérielle recèle en elle un néant, une possibilité de ne pas être, alors que la conscience aura quelque chose d'absolu. L'originalité de la conception husserlienne est d'avoir cherché l'existence de la chose extérieure dans l'aspect sous lequel elle se présente dans la vie consciente concrète : tel est le point de départ phénoménologique par excellence. Dès lors, l'origine de l'idée même de l'objet se trouve dans la vie concrète du sujet : « Le sujet, écrit Emmanuel Levinas, n'est pas une substance obligée de recourir à un pont — la connaissance — pour arriver à l'objet ; mais dans sa *présence* en face de l'objet se trouve le secret de sa subjectivité. »

Husserl va donc décrire la vie de la conscience comme une vie en présence de l'être « transcendant », c'est-à-dire extérieur. L'existence de la conscience consiste dans l'*intentionnalité* (de *in* et *tendere,* tendre vers). « C'est l'intentionnalité qui caractérise la conscience... et donne, en même temps, le droit de désigner tout le courant de la conscience comme courant et unité de la conscience » (*Idées directrices pour une phénoménologie pure et pour une philosophie phénoménologique,* 1913). Chaque acte de conscience est conscience de quelque chose : toute perception est perception de l'objet perçu, tout désir est désir de l'objet désiré, tout jugement est jugement d'un « état de choses » sur lequel on se prononce ; toute valorisation est valorisation d'un « état de valeurs », etc. L'intentionnalité est différente dans chacun de ces cas ; elle exprime uniquement ce fait très général que la conscience se transcende, qu'elle se dirige vers quelque chose qui n'est pas elle : le propre de l'objet aimé consiste à être donné dans une intention d'amour. L'intentionnalité caractérise la conscience en tant que phénomène premier et original dont l'objet et le sujet de la philosophie traditionnelle ne sont que des abstractions. Le terme qu'utilise Husserl, *Erlebnisse,* « états vécus », rapproche la conscience de la notion de *vie* et nous la fait considérer sous l'aspect riche et multiforme qui caractérise notre existence concrète. L'idée centrale, dans l'ouvrage de 1913, est que « l'être, c'est le vécu, et que sa réalité en soi est toujours ce qu'elle est pour la vie, dans toute la richesse de ses modifications » (E. Levinas). Mais tous les commentateurs ont souligné à quel point la « *thèse théorique* », c'est-à-dire le rapport théorique à l'objet, a le primat dans la vie consciente ; et l'on a pu ironiser sur « le penseur absolu », « l'interrogeant absolu », « le récitant absolu », entêté dans son attitude spéculative (J.T. Desanti).

Le mode de la conscience par lequel nous entrons en contact avec l'être, c'est l'*intuition.* L'intuition n'est point un acte mystérieux ni mystique. Elle est « un acte possédant son objet » ; il y a alors « plénitude ». Elle est par exemple le regard perceptif : la perception se caractérise par le fait d'avoir son objet « en chair et en os ». L'intuition n'est pas le privilège de la sensibilité : il existe une intuition intellectuelle. D'où une transformation de l'idée de vérité : c'est dans cette présence de la conscience devant les objets que consiste le phénomène premier de la vérité. L'intuition peut porter sur la « sphère » des *essences* et des lois d'essences, indépendantes de toute expérience. Les propositions logiques sont en soi vraies ou fausses, même si aucun homme ne les pense ni ne les exprime. Ce qu'on appelle le « platonisme » de Husserl, la réhabilitation du monde des essences et des catégories logiques, a son principe dans la théorie de l'existence absolue de la conscience. Telle est l'intuition des essences pures ou *eidè*, la célèbre *Wesensschau* de Husserl. Elle est obtenue par la « réduction eidétique » : je dirige mon regard, non pas sur l'objet individuel, mais sur le rouge en général, dont le rouge individuel n'est qu'un spécimen. Cette attitude consiste donc à négliger l'existence individuelle pour s'arrêter uniquement à l'essence. Il y a une science des essences, une « ontologie formelle ». Mais ses lois, et celles de la logique formelle, ont besoin d'une élucidation de leur sens à partir de l'action « constituante » de la pure conscience rationnelle (*Logique formelle et Logique transcendantale,* 1929).

Si nous acceptons les objets comme quelque chose d'existant et de donné, sans nous demander quel sens a cette existence, ce « fait d'être donné », nous restons dans l'attitude naturelle ou naïve. Ce qui nous arrachera à cette attitude, c'est la « réduction phénoménologique ». Elle est magistralement exposée dans les *Méditations cartésiennes* (1933) : Husserl se place sous le signe de Descartes, le héros qui a entrepris de partir, avec ses seules forces, à la recherche d'une première vérité, et qui pour cela a dû commencer par le doute méthodique et hyperbolique. Je n'effectue plus, en présence du monde, l'acte de foi existentielle de l'expérience naïve. Après avoir écarté tout ce qui a un sens, je reste en présence de ce par quoi tout prend un sens, la conscience pure. Sous le moi psychologique engagé dans le monde, et qui ne s'est pas encore arraché à l'attitude naïve, la réduction *(épochè)* découvre l'*Ego transcendantal.* Après cette découverte, qui est une « conversion » (Gaston Berger), il s'agit de décrire la vie de l'*Ego.* C'est le problème de la *constitution,* qui est au fond l'antique problème de l'origine du monde. Analyser la constitution d'un objet, c'est suivre les intentions de la « vie » qui se dirige vers lui et le sens qu'elles prêtent à cet objet. Mais plus obscure est la constitution du sujet : l'*Ego* « se constitue pour lui-même, en quelque sorte, dans l'unité d'une histoire », car un *Ego* intemporel serait un « objet impensable » ; aussi J.T. Desanti parle-t-il du « mystère de l'*Ego* » et du « mystère du temps ». Plus délicate encore est la constitution d'autrui, à laquelle est consacrée la Ve *Méditation cartésienne.* Assurément, l'« empathie », acte qui nous révèle la vie consciente d'autrui, est un type d'intuition différent de la perception sensible qui nous révèle la réalité animale. « La subjectivité transcendantale est intersubjectivité », croit pouvoir dire Husserl, alors qu'un critique malveillant déclare que la « communauté intermonadique » de Husserl « n'est qu'un fantasme conceptuel ».

Les *Méditations cartésiennes* s'ouvrent sur le vœu d'une philosophie sans présupposition. Mais, affirme G. Granel, « une pensée fondatrice et instauratrice absolue n'a peut-être pas plus de " fondement " que celle d'un commencement radical ; car l'une et l'autre font bon marché du caractère originellement et nécessairement historique de la pensée ». J.T. Desanti reproche lui aussi au phénoménologue d'ignorer l'histoire et les luttes humaines. Pourtant, dans *La Crise des sciences européennes et la Phénoménologie transcendantale* (1936), dont l'occasion fut une conférence donnée à Vienne lors de la « montée des périls », l'histoire est rentrée dans les préoccupations du philosophe le plus anhistorique et le plus apolitique par la conscience de crise (P. Ricœur). Seule l'Europe a une « téléologie immanente », c'est-à-dire une histoire dotée d'un sens, et une figure spirituelle. Depuis les Grecs, elle a conçu un type absolument original de créations spirituelles, la philosophie. Cette dernière doit exercer, au sein de l'humanité européenne, sa fonction rectrice à l'égard de la communauté humaine. Mais le rationalisme a subi une déviation, « l'objectivisme », c'est-à-dire le naturalisme et la naturalisation de l'esprit. La tâche du philosophe, « fonctionnaire de l'humanité », est de nous ramener à une meilleure « compréhension de l'esprit ». D'aucuns ont, à propos de *la Crise,* taxé Husserl d'ethnocentrisme européen. D'autres pensent que « l'ambition de la *Krisis* – faire comprendre la téléologie de l'histoire – ne pouvait être en toute rigueur phénoménologiquement réalisée ». Du moins les deux premières décennies d'après-guerre, en coïncidant avec l'ouverture des Archives Husserl de Louvain, ont découvert, dans les inédits, un Husserl moins hiératique et très avide d'explorer le « champ » de la vie. Le professeur de Fribourg a eu toutes sortes de « collaborateurs, disciples, continuateurs et interprètes ».

« La philosophie, déclarait-il quelques semaines avant sa mort, est la volonté passionnée de connaître l'être. Ce que j'ai écrit dans mes livres est difficile. Toute philosophie est une philosophie de la vie et de la mort. » Il n'y a pas de place pour Dieu dans le système de Husserl. Pourtant, sa fidèle disciple, Edith Stein, se fera chrétienne et carmélite, et mourra déportée, assassinée à Auschwitz en août 1942.

Dans *L'Etre fini et l'Etre éternel* (1936), elle tente de faire une synthèse entre la pensée de son maître et saint Thomas. Par ailleurs, elle donne une théorie originale de la vocation, spécialement de la vocation de la femme (elle avait été en sa jeunesse une féministe ardente). Edith Stein n'est pas loin de penser que le masculin et le féminin correspondent à deux « rythmes » de l'Être (*La Femme et sa destinée,* trad., 1956). Plus généralement, elle n'hésitera pas à dire que « la recherche d'une philosophie de l'existence est un mouvement de réaction contre la tendance de Husserl à faire abstraction de tout ce qu'il y a de concret et de personnel ».

Une phénoménologie des préjugés

Malgré l'ampleur de sa philosophie, Nicolaï Hartmann (1882-1950) reste méconnu, du moins dans notre pays. Les raisons de cette ignorance seraient la pauvreté des traductions ; l'éclat de son ancien collègue à l'université de Marbourg, Martin Heidegger ; le fait enfin que son orientation philosophique n'est pas à la mode et semble parfois revenir à Aristote. Pourtant Hartmann professe une philosophie systématique et complète. Un critique souligne « l'architecture un peu massive, scolastique presque, de l'édifice hartmannien », cathédrale plutôt romane que gothique. Hartmann se moquait de l'actualité, sans doute parce qu'une ontologie n'en a que faire ; peut-être aussi parce que, comme Alain, il avait horreur des « légumes verts » (Stanislas Breton). Parti du néo-kantisme de Marbourg, il évolua vers un « réalisme » extrême, selon lequel la connaissance est la relation d'un sujet à un monde réel qui l'englobe. Il donne ainsi un nouveau visage à la pensée allemande de l'époque : le réalisme se fonde sur l'étonnement continuel, sur l'interrogation en face d'un océan de richesse ; c'est une attitude de modestie et de consentement, qui fait de la conscience une conscience ouverte, acceptant le phénomène dans toute son étendue. Aucun niveau de la réalité ne doit être négligé ; les niveaux inférieurs sont « plus forts », les niveaux supérieurs ont « un plus grand degré de liberté ». Le monde est un tout « justifié en lui-même » par la solidarité de ses parties : il y faut situer l'homme correctement. Une philosophie de l'esprit qui oublierait ses assises de matière et de chair serait, à proprement parler, une philosophie en l'air. « L'esprit n'est pas au commencement, mais à la fin. » On n'a de chance de saisir l'être spirituel que par un long apprentissage de ce qui, en l'homme, est le moins humain.

Au début de *La Structure du monde réel,* Hartmann développe ce qu'il appelle une « phénoménologie des préjugés », où il critique le rationalisme, la constante méconnaissance de l'irrationnel dans la philosophie occidentale, notamment chez son maître Husserl. Il faut faire droit à l'irrationnel, que découvre l'analyse phénoménologique de la connaissance. Non seulement Hartmann insiste sur les limites de la raison, mais il s'élève contre la croyance que le monde constitue une totalité rationnelle harmonieuse. Il existe deux types d'*inconnu :* celui qui l'est de fait, et celui qui est éternellement irrationnel, le « transintelligible ». C'est d'ailleurs l'omniprésence de la limite qui constitue, du point de vue existentiel, le drame de la pensée, déchirée entre son désir naturel de totalité et son savoir effectif : la science est une tâche infinie. Si l'on ne peut éliminer le mystère — l'attitude du philosophe serait plutôt le respect du mystère —, il convient de le situer : cela vaut mieux que la prétention ridicule d'expliquer l'inexplicable.

La supériorité de l'esprit a pour rançon la fragilité : c'est bien mal défendre son excellence que d'affirmer son immortalité ; il ne peut vivre qu'en subsistant dans la durée, qu'en s'insérant dans une histoire. Les phénoménologues entendent par le terme *acte* toute visée de la conscience, toute « intention » du « moi vigilant ». De cette diversité d'actes et de relations, le pôle d'unité, la convergence est ce que nous appelons la *personne ;* au centre de la personne se situe la liberté. L'étude de la liberté relève moins de la psychologie que de l'éthique. Le regard de la conscience morale se dirige vers le « royaume des valeurs morales ». Celles-ci nous préexistent, et l'« espace axiologique » est semblable au monde platonicien des Idées ; il y a des « pionniers de l'exploration des valeurs ». Mais ceux-ci ne recourent nullement à une contemplation intellectuelle. Les valeurs, tout comme la présence d'autrui et du réel, sont données dans les *actes émotionnels.* Le caractère

« émotionnel » de ces « actes » réside dans le fait qu'ils comportent l'intervention de l'activité, de la lutte, de la souffrance et de la rencontre. Ils sont présents dans tout rapport avec les autres personnes, dans tout désir, dans tout effort, dans tout vouloir et dans toute action. Ils apparaissent dans l'attente, le pressentiment, le fait d'être prêt ou de rassembler toutes nos puissances en vue de l'affrontement. Ce qui est donné à travers ces actes n'est rien d'autre que la dureté du réel (B. Spreng). Ils manifestent aussi que l'être humain n'est pas seulement passif à l'égard du monde, mais aussi capable de l'influencer dans des actes tels que l'envie, le vouloir.

Mais Hartmann ne privilégie pas le rôle de l'individu dans la découverte des valeurs. Nous vivons en effet dans une « sphère impersonnelle » d'opinions, de préjugés, de représentations, dont nous participons tous à des degrés divers. Cette sphère impersonnelle, c'est « l'esprit objectif ». Ici se fait sentir l'influence de la religion : « L'empreinte des dieux est la plus profonde qu'ait laissée sur la poussière humaine le souffle de l'esprit » (S. Breton). Esprit objectif et esprit personnel sont en interaction, puisque les individus respirent, dès leur naissance, dans un milieu qui les précède et les nourrit, où ils agissent et qui résiste à leurs entreprises. L'esprit objectif charrie indifféremment le vrai et le faux, le meilleur et le pire ; et, malheureusement, « ce qui est le plus stable en histoire, c'est le plus médiocre, le plus grossier ». On a reproché à Nicolaï Hartmann de s'être laissé impressionner par les forces « idéologiques » de l'époque, et même, un temps, par le nazisme ; mais il en a pris conscience, comme en témoigne l'émouvante préface à la seconde édition du *Problème de l'être spirituel.*

Mais – faut-il voir ici un abus de *distinguo* ? – Hartmann appelle « esprit objectivé » ce que Dilthey nommait « esprit objectif », à savoir « toutes les choses de la nature sur lesquelles l'esprit a gravé son empreinte : livres, pierres taillées, toiles peintes, etc. ». L'esprit objectivé est l'objectivation, la réalisation, de l'esprit, objectif ou personnel. Parmi les témoins les plus purs de cet esprit objectivé, on peut citer les littératures, les œuvres plastiques et musicales, les monuments de l'architecture, les objets techniques, mais aussi les mythes et les philosophies. Tout cela relève, selon Alfred Weber, de la « sociologie de la culture ». Mais Hartmann est davantage sensible à une sorte d'« invitation » de l'œuvre : le maintien, au cours des siècles, du sens spirituel d'une œuvre, n'est autre que la permanence d'un appel. Certes, une dégradation est toujours possible : la plus rude épreuve, pour une théorie, est sa déchéance en slogan, comme ce fut le cas, un moment, pour la Relativité einsteinienne (S. Breton). L'homme est rarement à la hauteur de son destin. Mais l'objectivation a l'avantage, en créant une distance, d'alléger l'âme d'un poids et de communiquer l'ineffable. Hartmann n'entend point s'aventurer sur le terrain de la philosophie de la religion ni de la mystique. Il ne reprend pas non plus à son compte la conception hégélienne de « l'Esprit absolu » — art, religion, philosophie — qui lui paraît sans doute emphatique : trop souvent les métaphysiciens ont manqué, à son avis, du sens du ridicule, si nécessaire à une saine objectivité.

La phénoménologie personnaliste de Scheler

Né à Munich de parents de confession mixte (protestante et juive), Max Scheler (1874-1928) se convertit dès l'adolescence au catholicisme, et il aura un sens très sûr de ce qu'est la communauté religieuse. Il fit des études de médecine à Munich, puis de philosophie à Berlin. Grâce à la recommandation de Husserl, il sera assistant à l'université bavaroise, jusqu'à ce qu'une campagne de presse se déchaîne contre lui à propos de démêlés conjugaux. Il sera dès lors écrivain, journaliste, conférencier de renommée internationale.

Scheler a creusé le problème phénoménologique central de l'intentionnalité. Par rapport à Husserl, il étend considérablement l'étude de l'intentionnalité, notamment à l'affectivité et aux « valeurs ». Il distingue rigoureusement les « actes intentionnels » de ce qui est seulement psychique et les rassemble dans le centre d'où ils jaillissent : la *personne*. Tirer au clair l'être singulier de la personne en tant que support et auteur d'actes, telle est la tâche de sa phénoménologie « personnaliste ». Avec cette nouvelle orientation, l'inspiration de la phénoménologie qui, chez Husserl, était issue de Descartes et de Kant, provient maintenant de saint Augustin et de Pascal, comme, plus tard, de Spinoza et de Schelling. En effet, sans parler des répercussions de sa vie privée (trois mariages, deux divorces) sur sa pensée, il faut évoquer le tempérament de Scheler, penseur à l'esprit mobile — Fourier eût dit : à l'humeur papillonne —, à l'ample et impatiente puissance de regard. Il devint, en ses mutations multiples, la figure fascinante d'une époque bouleversée, toujours au bord de nouvelles ruptures. Alors que Husserl s'en tenait au pur regard porté sur des rapports d'essences intemporelles, Scheler était itinérant comme un homme happé par tout courant nouveau et visité, avec un flair sûr, par des intuitions inédites. C'était en même temps un chercheur inventif, à travers toutes les régions de l'esprit : la morale (*Le Formalisme en éthique et l'Éthique « matériale » des Valeurs,* 1913-16) et la philosophie de la religion (*De l'éternel dans l'humain,* 1921) ; la sociologie (*Les Formes du savoir et la Société,* 1926) et l'anthropologie (*La Situation de l'homme dans le monde,* 1928) ; la psychologie (*Nature et Formes de la sympathie,* 2e éd., 1923) et la politique (*Le Génie de la guerre et la Guerre allemande,* 1914 ; *Guerre et Construction,* 1916 ; *Les Causes de la haine des Allemands,* 1917 ; *L'Idée de la paix et le Pacifisme,* 1927-31). Il exerça donc des influences diverses, sans doute plus étendues que profondes.

Philosophiquement capital est le grand ouvrage sur l'*Éthique* de 1913, où une critique sérieuse de la morale de Kant, considérée comme formaliste et impérative, déblayait le terrain pour une éthique « matériale » des Valeurs (« matérial » est le contraire de « formel » et évoque donc un contenu objectif). Dans cette voie Scheler sera suivi par Nicolaï Hartmann. Pour les deux phénoménologues, les « Valeurs » constituent un vaste royaume, strictement structuré, d'objets idéaux qui ont leur propre manière d'être ; ceux-ci sont « visés » par nous selon leur hiérarchie évidente. Ils sont découverts, non par la raison, mais, comme chez Pascal, par le « cœur », qui a ses intuitions, ses évidences précises, sa stricte logique : il y a même des « mathématiques du cœur ». Vivre et agir le regard fixé sur ces valeurs, dirigés par elles, c'est la tâche des hommes. Vers la même date parurent deux volumes de traités et articles qui, dans les éditions suivantes, reçurent le titre *Du renversement des valeurs.* Ils révélaient la multiplicité des intérêts de Scheler et la force d'expansion de sa pensée. Scheler cherche ici à « réhabiliter » les vertus méconnues du respect et de l'humilité ; à examiner psychologiquement le krach financier ; à analyser le *phénomène du tragique* comme l'avenir du *capitalisme* ou le sens du *mouvement féministe.* Il fait connaître pour la première fois son *Idée de l'homme.* Dans son traité devenu célèbre, *Le Ressentiment dans la création de la morale,* il reprend la problématique de Nietzsche pour la retourner contre lui : le chrétien n'est pas un homme de ressentiment ; s'il renonce à certaines valeurs physiques, à certaines jouissances, ce n'est pas par faiblesse ou manque de vitalité, c'est au nom d'exigences plus grandes sur le plan spirituel et sur le plan vital, exigences que seule l'Infinie Personne divine peut satisfaire. En revanche, « l'homme du ressentiment », c'est le « bourgeois », craintif, prudent, calculateur, régulier (ses qualités sont celles de l'entreprise plus que celle d'un être humain). Il veut ne tout devoir qu'à lui-même, à son effort volontaire. Au contraire, l'humilité chrétienne n'est point refus de voir nos qualités ou notre bonheur, mais reconnaissance envers Dieu qui nous les a donnés, aveu joyeux que « tout est grâce ». Ces travaux font voir en Scheler un penseur *personnaliste* sur la voie du catholicisme augustinien. La phase théiste-catholique atteint son point culminant avec *L'Eternel dans l'humain.*

L'importante conférence *Les Formes du savoir et la Formation* (1925) manifeste la rupture avec cette période et prépare la phase finale, spinoziste ou panthéiste, avec sa métaphysique de l'esprit et de la tendance, et l'anthropologie correspondante *(La Situation de l'homme dans le monde).* L'homme est « point de rencontre » d'esprit et de tendance ; il est l'unique site d'autoréalisation du Divin ; il s'enracine, en tant que personne spirituelle, dans l'Esprit infini, et en tant qu'être de pulsions et de vie dans la Tendance divine ; il a ainsi la « dignité de compagnon-de-lutte et de collaborateur de Dieu ». Ces hypothèses soutiennent aussi les travaux sociologiques, aux ramifications nombreuses, de Scheler, malgré leur caractère de recherches inachevées. Scheler est devenu le créateur de la *sociologie de la connaissance,* qui met en relation les modes historiques du savoir, et les conceptions du monde, avec les conditions et situations sociales et politiques correspondantes. Ce n'est pas seulement l'erreur, c'est aussi la vérité qui a des conditions sociales de naissance. Entreprise menée à bien, au-delà des intentions de Scheler, par le « marxiste bourgeois » Karl Mannheim dans *Idéologie et Utopie* (1929).

Du côté du personnalisme, Scheler a eu des disciples, comme Paul-Louis Landsberg (1905-1944), qui assure le lien entre personnalisme allemand et personnalisme français. C'est une destinée tragique que celle de ce philosophe chrétien, nourri de saint Augustin, qui dut fuir le nazisme en Espagne, puis en France, où il se lia avec Mounier, avant de mourir, déporté, au camp de concentration d'Oranienburg. Sa réflexion prémonitoire avait porté surtout sur *L'Expérience de la mort* ainsi que sur *Le Problème moral du suicide* (1937).

Martin Heidegger

Il s'est toujours fait beaucoup de bruit autour du nom de Heidegger (1889-1976). A vrai dire, l'homme avait le sens de la publicité. Ainsi proclame-t-il que, depuis Platon jusqu'à lui, la métaphysique s'est fourvoyée : elle a manqué « la question fondamentale » de la philosophie, la « question de l'être ». Elle s'est préoccupée uniquement des « étants », c'est-à-dire des choses, des existants. Or ce tragique « oubli de l'être » est responsable du devenir historique de l'Europe et de toutes les calamités qui ont frappé le monde contemporain. Heidegger s'est donc vu contraint de nous restituer une authentique pensée de « l'être ».

Fils d'un « sacristain et maître tonnelier », il est né en 1889 à Messkirch (Pays de Bade). Il reprendra souvent le thème du foyer, de la proximité rassurante, impossible dans la grande ville. Son paysage d'élection est la Forêt Noire ; et son livre *Être et Temps* sera rédigé dans la fameuse « cabane » (nous l'appellerions un « F 4 ») de Todtnauburg. Le *curriculum vitae* donne : études secondaires à Constance et Fribourg-en-Brisgau ; en 1909 l'université de

Fribourg ; le doctorat de philosophie en 1913 ; assistant depuis 1916 ; professeur ordinaire depuis 1923 ; l'adhésion au parti nazi ; un discours de rectorat retentissant en 1933... Mais il faut tenir compte de « l'esprit du temps » : les « mouvements de jeunes » prêchent l'« enracinement » dans le sol natal, le peuple et la nature (avec promenades en forêt, et courses en montagne), ainsi que le retour à « l'intériorité », c'est-à-dire la rupture avec la poursuite bourgeoise et matérialiste du confort ; la crise universitaire est déterminée par l'afflux des étudiants et l'absence de débouchés ; les bourgeois et intellectuels frustrés cherchent la solution mythique de leurs attentes contradictoires en se proclamant « révolutionnaires conservateurs ».

La formation première de Heidegger fut « classique, solide et théologique » (J.-P. Cotten). Les influences subies se répartissent en trois phases : l'étude de la théologie catholique et de la philosophie scolastique ; les échanges d'idées avec le théologien protestant Bultmann et le philosophe, protestant aussi, Karl Jaspers ; l'inspiration de Hölderlin et de Nietzsche, qui lui fait revendiquer un autre commencement de la pensée et rejeter l'humanisme (*Lettre sur l'humanisme,* 1945). Sans doute, il a lu les *Recherches logiques* de Husserl, il a été frappé par la critique du psychologisme. Mais Husserl n'a pas été le professeur de Heidegger ; ce dernier n'a jamais appartenu organiquement à l'« équipe » phénoménologique. Pour lui, la phénoménologie doit retrouver une expérience fondamentale du vécu, du temps vécu.

A Marbourg, une jeune étudiante juive, Hannah Arendt, va être, comme ses camarades, fascinée par Heidegger, alors âgé de trente-cinq ans. Plus tard, elle se souviendra de sa rencontre avec la philosophie comme du temps de son premier amour. « La philosophie fut bien son premier amour ; mais c'était la philosophie incarnée dans la personne de Martin Heidegger. » L'ouvrage *Être et Temps* prenait forme dans les cours et les séminaires que fréquentait la jeune fille. Le professeur s'efforçait d'élucider la signification de l'être. Ses étudiants étaient fascinés par cette lutte. Ils se réunissaient après les cours, se demandant si l'un d'eux en avait compris le moindre mot. « La pensée est redevenue vivante », disaient-ils ; il s'agit d'un « penser passionné ».

Heidegger était un personnage de roman, poète, avec des dons de génie, hostile aux penseurs professionnels ; d'une austère beauté, vêtu simplement à la façon paysanne, skieur et professeur de ski enthousiaste. Arendt fut stupéfaite par cette union du « penser » et du « vivre ». Personne ne soupçonna qu'elle était devenue sa maîtresse. Elle venait d'avoir dix-huit ans quand elle conçut pour le philosophe une « inflexible dévotion envers un être unique ». Il eût été compromettant de faire sa thèse de doctorat sous la direction de Heidegger. Aussi changera-t-elle d'université. D'ailleurs Elfriede Heidegger introduisait auprès de son mari des confréries d'étudiants antisémites. Bien que ses auditeurs aient compris que « l'essence de l'homme réside dans son existence », il est inexact de ranger Heidegger parmi les philosophes de l'existence, si l'on entend par là ceux qui font de l'existence humaine le thème central de leur réflexion. Ce n'est pas l'homme, mais l'être qui chez lui est au centre de son austère travail de pensée : il ne s'agit pas d'une anthropologie, qui nous ramènerait à Feuerbach, mais d'une « ontologie fondamentale ». Que cette teneur anthropologique soit encore affirmée avec tant d'obstination, cela est dû au fait que, dans la partie publiée d'*Etre et Temps* (1927), l'ontologie débute avec l'analyse du seul existant qui comprenne l'être : l'homme. Mais ce n'est là qu'un travail préparatoire. Encore l'auteur ne dit-il point « l'homme », mais le *Dasein,* « l'être-là ». (Il faudra bien que le lecteur nous pardonne ce langage...)

Ce que cette analyse révèle, ce sont, non point des catégories (qui ne valent que pour les choses), mais des *existentiaux,* c'est-à-dire des structures fondamentales de l'existence humaine : tout d'abord « *l'être-dans-le-monde* », par lequel la notion traditionnelle de conscience est déboutée. A l'opposition classique du sujet et de l'objet se substitue l'unité *a priori* de l'homme et du monde. Fini, l'isolement du sujet qui grevait la philosophie idéaliste ! Et dans ce premier « existential » se fonde l'*intentionnalité :* par-delà Husserl et Scheler, Heidegger fournit à celle-ci un ancrage solide. Ce n'est pas tout ! « Le monde de l'*être-là* est *monde-avec* », avec les autres ; cela, sur le mode du *souci :* « La vie est souci. »

En effet, l'*être-là* vit immédiatement dans la banalité

quotidienne, c'est-à-dire le bavardage, la curiosité, l'équivoque ; tel est l'être quotidien, ou plutôt l'être déchu, l'état de déchéance. Le monde du souci est monde de l'outil et du travail : la « préoccupation » vise, non point un objet, mais un étant comme utile, disponible, maniable.

L'*être-là* est caractérisé comme un mixte de facticité et d'existentialité. La *facticité* est le fait d'être inévitablement livré à soi-même : elle est *déréliction,* en ce que l'homme est jeté et abandonné dans une existence qui lui a été imposée. L'*existentialité* est la possibilité, pour l'*être-là,* de se comprendre dans le *projet* de ce qu'il peut être : l'*être-là* est projet. La manière dont la déréliction se manifeste à lui est le sentiment-de-la-situation (la *Befindlichkeit*), dans lequel se trouve fondée toute découverte du monde et de l'homme. L'accomplissement du projet a lieu dans la *compréhension ;* mais tout cela, il faut le *dire.* Ainsi se rejoignent trois existentiaux : le sentiment de la situation, la compréhension et le discours qui n'est pas moins fondateur que ce sentiment. Indispensable sera donc un travail sur le langage.

L'unité de notre existence et son jaillissement le plus intime se manifestent dans l'émotion fondamentale qu'est l'*angoisse.* Tandis que la peur est peur de quelque objet, l'angoisse n'a pas de rapport à quelque chose d'objectif. « Ce qui angoisse l'angoisse, écrit Heidegger, c'est le monde en tant que tel » (*Être et Temps*). En réalité, l'angoisse révèle le Néant, et l'homme s'avère comme le « lieutenant » de ce dernier. Face à cette situation, l'homme se soumet à l'inauthentique quotidienneté moyenne. Mais l'angoisse est, dans son authenticité, angoisse de mort. La mort est forcément *mienne :* elle « se dévoile comme la possibilité absolument *propre,* inconditionnelle, indépassable ». Le comportement authentique de l'*être-là* est « la liberté pour la mort ». Intervient ici la conscience morale *(Gewissen).* Mais son appel n'énonce rien, il n'a rien à dire ; cette voix ne commande pas, ce n'est pas un impératif. L'interpellant est l'interpellé, c'est l'*être-là.* Celui-ci éprouve un sentiment de culpabilité, qui n'a rien à voir avec la défaillance et le manquement. Toutes les déterminations « existentiales » examinées jusqu'ici entretiennent une liaison avec la *temporalité.* « Il y a un monde en tant que l'*être-là* se temporalise » : il est projet, résolution anticipante. Mais l'*être-là* n'« est » à-venir qu'en tant qu'il est *reprise* de son « avoir-été »; et dans le « concept vulgaire du temps » Heidegger dénonce le privilège exorbitant du présent depuis Aristote.

Dans *Kant et le Problème de la métaphysique* (1929), c'est toujours la même question qui est posée. Le reproche adressé à Kant, c'est que le « je pense » masque « l'existentialité de l'*être-là* ». Aux entretiens de Davos (printemps 1929), Heidegger s'affronte aux néo-kantiens de Marbourg. Il n'est pas particulièrement poli : « La philosophie, déclare-t-il, a pour tâche de rejeter l'homme dans la dureté de son destin en lui faisant abandonner le personnage véreux d'un homme qui se contente de tirer des œuvres de l'esprit un profit utilitaire. » En fait, il marque son hostilité à l'égard de la mathématisation de la pensée européenne depuis Galilée. « A la différence du discours de Cassirer, rationaliste libéral et bourgeois, celui de Heidegger n'est lesté par rien : toutes les amarres sont rompues avec une connaissance objective » (J.-P. Cotten). Les sciences sont mises à l'écart au profit de l'irrationalisme, voire du mysticisme spéculatif.

On oppose souvent un « *Heidegger II* » au « *Heidegger I* » exposé jusqu'ici, et l'on évoque la *Kehre,* le « tournant ». *De l'essence de la vérité* (1930), texte charnière, manifeste bien une sorte de « retournement » ou de « basculement » : « l'*être-là* » est pensé à partir de l'être. L'être doit être compris de lui-même, et l'existence humaine sera conçue comme utilisée par lui. Dans l'*Introduction à la métaphysique* (1935), cours professé après qu'eut pris fin la vie publique, politique, de Heidegger, toutes les notions d'*Être et Temps* sont conservées, mais subtilement décalées. L'homme devient le berger, le gardien, et non plus le maître, de l'être. Il y a plus : l'être lui-même et son action, dissimulée et secrète, s'avèrent comme le fondement ultime jusqu'où toute pensée doit creuser; la pensée elle-même, en quelque sorte « désubjectivée », se révèle comme un « événement » de « l'histoire de l'être ». Heidegger réécrit donc, dans « l'espace serein de la métaphysique comme Bibliothèque », toute l'histoire de la pensée. Remontons à la notion présocratique de la vérité, *alétheia,* en nous attachant au préfixe privatif : « A l'origine, vérité veut dire : ce qui a été arraché à une occultation. » Mais « le début de la métaphysique, qui s'observe dans la pensée de Platon, est en même temps le début de l'humanisme » : l'homme prend place au centre du monde (*La Théorie platonicienne de la vérité,* 1947). La métaphysique, définissant l'homme comme « animal raisonnable », ne saisit pas l'essence de l'homme dans la vérité de l'être, puisqu'elle le situe à l'intérieur de l'étant comme un étant parmi d'autres. Or « ek-sister », c'est « se tenir dans l'éclaircie de l'être » : seul l'homme le peut. A chaque tentative de Heidegger pour « dépasser plus originairement » la métaphysique correspond une nouvelle lecture des grands penseurs. La principale erreur d'aiguillage est due à Descartes, fauteur du fameux « subjectivisme » (le *cogito*) propre aux temps modernes, comme du projet scientifico-technique. Là se trouverait l'origine des idées qui permettent de caractériser dans son essence la modernité par la « Technique planétaire ». Cette Technique constitue une formidable puissance de déracinement et d'uniformisation. C'est alors que Nietzsche, avec la « Volonté de puissance », accomplit les Temps modernes : « Il nous faut comprendre la philosophie de Nietzsche en tant que métaphysique de la subjectivité..., métaphysique de l'absolue subjectivité de la Volonté de puissance » *(Nietzsche,* 1961) : elle est l'achèvement du subjectivisme et du vouloir. Il faut ici mentionner Ernst Jünger, écrivain brillant à qui Heidegger a toujours témoigné la plus grande estime intellectuelle. Dans *Le Travailleur* (1931), il se fait le porte-parole des « révolutionnaires conservateurs ». « Chez Jünger, les phantasmes et les slogans du nihilisme politique affleurent sous le langage nietzschéen », écrit Pierre Bourdieu qui ajoute : « Un philosophe aussi maître de son métier que Heidegger sait ce qu'il fait lorsqu'il choisit Jünger comme objet de réflexion, surtout collective ou publique : Jünger propose les seules questions (politiques) auxquelles Heidegger ait accepté de répondre, les seules questions (politiques) qu'il ait faites siennes au prix d'un travail de retraduction » en langage philosophique. C'est surtout après la guerre de 1939-45 que Heidegger entreprend de penser notre époque à partir de l'essence de la Technique devenue planétaire.

Bien qu'il évoque encore la « clémence » et la « faveur » de l'être à côté de son « courroux », il insiste surtout sur les aspects sombres et pénibles de notre temps. Sa description de la civilisation technicienne correspond parfois aux discours « contestataires » ou « écologiques ». Le paradoxe, c'est qu'à en croire Heidegger, le développement des forces productives est un effet de l'« ontologie » (J.-P. Cotten). L'homme n'est pas responsable. Il faut attendre. Il n'est plus temps de s'engager ; l'on doit supporter cette épreuve qui débouche, peut-être, sur des temps meilleurs.

Ainsi, chez le dernier Heidegger, le discours philosophique est de plus en plus récusé. Qu'il s'agisse d'élucider l'essence du pont, de la cruche, de la maison, ou celle de la méditation, il y va du contact immédiat avec le réel même ; mais sont aussi convoqués la poésie et l'art en tant que modes d'apparition de la vérité. En effet, « le Tournant » mène à un autre langage, à un autre rapport au langage, à une approche du langage comme « maison de l'être ». Mener à bien le Tournant, c'est se laisser guider par une pratique bien particulière de la philologie, par une certaine forme de l'« étymologisme », par une « philologie fantastique ». Parfois Heidegger reprend des mots courants, mais, d'abord, en les mettant entre guillemets, pour, ensuite, les décomposer, les « déconstruire ». Ou bien il retourne dans tous les sens une formule sibylline d'un pré-socratique. Il pense ainsi « élucider la relation que l'homme entretient avec le langage » (W. Biemel). Il énonce aussi un certain nombre de propositions touchant la *poésie* (« L'homme habite en poète »). « Ce que le poète dit, c'est le Sacré. » On a voulu voir ici comme une mystique du sacré. « L'essence de la poésie » est donc de fonder la vérité, au sens où « ce qui demeure, ce sont les poètes qui le fondent ». La poésie est origine de l'œuvre d'art et de toute œuvre. Tout cela aboutit au recueil *Acheminement vers la parole* (1959). Mais les textes où Heidegger dit que le poète exprime, directement et simplement, l'*« esprit du peuple » (Volk)* nous ramènent à certains thèmes du national-socialisme. Nous ne pouvons éluder ce débat.

On doit reconnaître, pour reprendre la litote de J.-P. Cotten, qu'avant le rectorat nazi, « le professeur Heidegger était loin de faire partie de la fraction libérale de la bourgeoisie intellectuelle de l'époque ». Cassirer a bien vu que, du kantisme, son adversaire détruisait toute la « raison pratique » et se débarrassait du « cran d'arrêt » constitué par la connaissance objective. Dès lors, il n'y a plus incompatibilité entre les discours politiques totalitaires du fascisme hitlérien et les abstractions philosophiques d'*Être* et *Temps*. P. Bourdieu va plus loin, en montrant que Heidegger était assez habile pour faire d'un discours de recteur nazi une profession de foi métaphysique, et que sa stratégie ontologique est inséparablement une stratégie politique au sein du champ philosophique. Dans ces conditions, « son acceptation du poste de recteur ne semble pas avoir été l'effet d'un pur dévouement au devoir, mais elle s'inspirait de la pensée proprement politique de gagner le monde des intellectuels aux idées nouvelles de la politique national-socialiste ». Heidegger n'a-t-il pas caressé le rêve de « devenir une sorte de recteur des recteurs ou de *Fürer* intellectuel » ? En somme, la pensée de Heidegger serait un équivalent structural, dans l'ordre « philosophique », de la « révolution conservatrice » dont le nazisme représentait une autre manifestation. De même, « c'est pour des raisons internes à sa relation critique vis-à-vis de la modernité que Heidegger a rejoint le nazisme », concluent L. Ferry et A. Renaut, qui soulèvent aussi l'intéressant problème de savoir pourquoi les intellectuels de gauche, en France, se sont faits les séides de Heidegger, et s'entêtent avec un tel « acharnement » à contester « des faits désormais établis », à moins qu'ils ne s'ingénient à dissocier sa pensée de sa vie ; mais alors, « ce serait rendre de façon bien ambiguë hommage à sa philosophie que de ne lui imputer *a priori* aucune *responsabilité* dans des choix aussi essentiels que ceux dont il s'agit ici ». Il est vrai qu'un certain nombre de nos contemporains ne sont nullement troublés par les contradictions dans lesquelles s'enferme tout sophiste. L'« humanisme » a si mauvaise presse aux yeux des heideggériens que certains veulent faire du nazisme l'effet de la « déviation humaniste de sa première philosophie », et qu'un amateur d'humour noir a pu ainsi écrire : « Le nazisme est un humanisme. »

Une phénoménologie de la rencontre

Martin Buber (1878-1965) est un philosophe juif de langue allemande. Tout nourri du suc de la culture germanique, il est, en 1938, « monté à Jérusalem », où il enseigne et écrit en hébreu. Sa « lutte au service du judaïsme », est pour une part, une lutte en faveur du sionisme (André Neher). Mais, à un certain appauvrissement formaliste, il oppose une religiosité juive plus fervente et existentielle (Robert Misrahi). Ce qui importe, c'est le face-à-face avec Dieu, la relation de dialogue, et Buber propose une phénoménologie de la rencontre. *Je et Tu* (1923, trad. en 1938), qui insiste sur l'authentique réciprocité, par-delà les « dialogues techniques », avait assuré sa notoriété. Dans le judaïsme, il refuse de s'enfermer dans « la » Loi, afin de « rester disponible à la brusque exigence divine, ouvert au dialogue qu'inéluctablement le rituel fermait en l'insérant dans un code » (A. Neher). Nous trouverons des thèmes voisins chez le phénoménologue français Levinas. Buber s'insère parmi ces « philosophies du dialogue » qui ont des applications pratiques dans l'ordre de l'éducation comme dans celui du travail. « L'ultime conséquence de ces vues, écrit R. Misrahi, est considérable puisqu'elle est politique. » Buber est et se veut explicitement socialiste et utopique. Le kibboutz est une des réalisations de l'utopie. Dans *Utopie et Socialisme* (1950), la réflexion synthétise l'interrogation du messianisme biblique et la conception de l'homme en dialogue, cela dans une société communautaire régénérée.

L'importance de la rencontre et de l'amour avait, du côté chrétien, été soulignée par le luthérien Anders Nygren (*Éros et Agapè,* 1943). Nietzsche a raison de dire que le christianisme a opéré « une transmutation de toutes les valeurs antiques ». A l'*éros* platonicien il substitua l'*agapè* paulinienne. Chez Platon, l'éros céleste est ascendant, il monte, de degré en degré, vers la Beauté, vers le Bien. Pour saint Paul, Dieu est amour ; mais cette *agapè* descend vers les hommes. Elle est spontanée et « non motivée », indépendante de la valeur de son objet. Créatrice, elle ne constate pas des valeurs, elle en crée, elle crée la communion. « On ne peut commettre pire confusion qu'en identifiant l'idée chrétienne de l'amour à l'idée moderne de l'altruisme, à la sympathie ou à la fraternité. »

Raison et existence : Jaspers

Jaspers (1883-1969) est en net désaccord avec Heidegger. Certes, sa pensée évoque aussi l'amour de l'être dans l'expérience du néant, mais elle se développe tout autrement que celle de Heidegger : l'homonymie des termes ne doit pas masquer les divergences.

Karl Jaspers est né à Oldenbourg dans une famille bourgeoise. Sa mauvaise santé ne lui facilite pas la vie sociale. Mais en 1907, il rencontre Gertrud Mayer, issue d'une famille juive fort pieuse ; elle faisait chaque jour du grec et du latin ; Karl et Gertrud se marieront trois ans plus tard. Depuis 1909 il est médecin assistant bénévole à la clinique psychiatrique de Heidelberg. Mais une thèse lui permet en 1913 de devenir maître de conférences à la faculté des lettres. Il obtient en 1921 une chaire de philosophie, que le gouvernement national-socialiste lui retire en 1937, en lui interdisant de publier. Au printemps 1945, il apprend qu'il va être déporté avec sa femme, puisqu'elle est juive. L'occupation américaine de Heidelberg, le 1er avril, leur sauvera la vie. Réinstallé dans sa chaire en 1945 avec l'assentiment des autorités d'occupation, il fut nommé à l'université de Bâle en 1948 et resta en Suisse jusqu'à sa mort.

« Je tendais au réel de toutes les manières possibles », écrit-il dans son *Autobiographie.* C'est pourquoi il s'orienta d'abord vers la médecine. Il hausse la psychiatrie à un niveau supérieur dans sa *Psychopathologie générale* (1913), où se manifestent la « compréhension », la « douceur psychiatrique » et ce que nous appelons la psychologie à la seconde personne. « L'homme envisagé comme un tout dépasse toute objectivation saisissable. » Chez Jaspers, la psychologie compréhensive se trouve identifiée à la grande tradition intellectuelle de la philosophie et des « sciences morales ».

De même, son second ouvrage, *Psychologie des conceptions du monde* (1919), contient déjà les matériaux de sa future philosophie de l'existence, mais ne prétend pas encore être une philosophie. En effet, la philosophie est « engagée », « prophétique », alors que la psychologie se contente d'examiner, pour les *comprendre,* toutes les conceptions-du-monde possibles. Mais on pressent que Jaspers développera la notion d'une philosophie totalement différente de la science.

Max Weber avait, lui aussi, tenté d'appliquer aux sciences sociales une méthode compréhensive. « A la mort de Max Weber en 1920, déclare Jaspers dans son *Autobiographie,* j'eus l'impression que le monde changeait : j'avais perdu le grand homme qui le justifiait à mes yeux et l'animait. » La pensée wébérienne avait marqué la sienne. Et, dès les années vingt, Jaspers rêvait d'une *grande politique,* une politique sans erreur, faite de discipline personnelle et d'engagement sérieux, « une politique orientée en fonction de l'histoire de l'humanité dans son ensemble ». Trop loin du réel, la « philosophie des professeurs » ne lui semblait pas « de la philosophie véritable ». Il faisait figure d'intrus dans le cercle des philosophes professionnels : « Je restai un outsider, dit-il, même lorsque je fus devenu professeur titulaire. »

On chercha pourtant à le faire passer pour un « séducteur de la jeunesse ». Lorsqu'en 1925 Hannah Arendt eut quitté Marbourg pour Heidelberg, elle rencontra en Jaspers « un homme dont les qualités humaines étaient celles d'un Goethe ». Pour lui, enseigner ne revenait pas à présenter des doctrines; c'était un mode de « communication », la communication étant d'ailleurs l'un des thèmes de son investigation. Dans les séminaires qu'il animait, il posait « la question de la nature de la philosophie et des dimensions selon lesquelles elle se déploie ». Il était à la recherche des questions auxquelles une personne doit répondre « dans sa vie réelle, non dans quelque vision contemplative ». A ses yeux, « l'activité philosophique n'est réelle qu'en tant qu'elle pénètre une existence individuelle à un moment donné ». Pour Hannah Arendt, cette approche concrète était une révélation. Heidegger et Jaspers étaient des amis. Toutefois Jaspers fut assez allergique à *Être et Temps.* Cette incompréhension ne prendra pourtant un caractère insurmontable que lors de l'adhésion de Heidegger au nazisme et à l'antisémitisme. L'écho de leurs discussions se laisse percevoir dans *La Situation spirituelle de notre époque,* où sont évoquées la technique, les forces anonymes, la « divinisation des masses ». Jaspers était soutenu par sa famille et un certain nombre d'amis. Hannah Arendt eut ainsi le sentiment d'appartenir à une communauté intellectuelle, dans une ville plus grande et plus ouverte que Marbourg. Pour les membres de ce groupe, sans la science on ne peut atteindre aucune vérité à notre époque ; mais la philosophie est distincte de la science, et inséparable de l'homme qui l'élabore.

En 1932, Jaspers propose sa *Philosophie,* en 3 volumes : *Orientation du monde, Élucidation de l'existence, Métaphysique.* La division tripartite correspond aux trois figures de l'être que sont l'être-du-monde, l'existence et la Transcendance, ou, dans la philosophie traditionnelle, le monde, le moi et Dieu. Il ne s'agit nullement d'un système : l'orientation du monde et la métaphysique ne sont que des domaines où l'existence humaine cherche à se comprendre. Alors que, chez Heidegger, l'« analytique existentiale » se déploie dans l'horizon de l'ontologie générale, chez Jaspers orientation-du-monde et métaphysique le font dans l'horizon de l'élucidation-de-l'existence.

La philosophie de l'existence naît en mettant en suspens toute connaissance objective et naturaliste du monde ainsi que toute pensée de la totalité. Elle se donne librement l'espace de l'action par l'invocation de la Transcendance. L'*existence,* au sens de Jaspers, est ce qui se rapporte à soi-même et, par là, à la Transcendance. Ici, « Transcendance » ne signifie pas, comme chez « Heidegger I », la conception fondamentale de l'homme comme être-dans-le-monde, mais un rapport « intentionnel » de l'âme au Transcendant, à la Divinité. Celle-ci n'est point l'objet d'une révélation religieuse, mais l'Un qui, au-delà de toute objectivation, est au fondement de tout, ou encore « l'Englobant ». L'existence elle-même est un principe non-objectif, qui ne peut être exprimé en des catégories objectives, mais seulement dans les concepts existentiels de la « participation indirecte ». Cependant Jaspers insiste sur l'ouverture mutuelle des existences dans l'*amour.* L'existence est en outre liberté et « inconditionnalité ». La première se réalise dans le sérieux de la « décision ». La seconde s'accomplit dans les *situations limites :* la lutte, la faute, la mort, enfin la conscience du caractère absolu de l'existence. Élucider le renvoi de l'existence à la Transcendance, telle est la tâche de la métaphysique. Celle-ci relève les rapports existentiels à la Transcendance : *défi* et *abandon, chute* et *ascension...* De la Transcendance elle-même, je ne puis lire que des « chiffres », dans la nature, dans l'histoire et dans l'art, chiffres toujours équivoques.

« A partir de 1933, écrit Jaspers, nous avons dû vivre des expériences inattendues, à savoir tout ce dont les hommes sont capables en fait de monstruosité, toute la folie qui peut sommeiller chez des êtres intelligents, toute la mauvaise foi et les ruptures de communication. » En effet, lorsque Hitler parvint au pouvoir, le philosophe et Hannah Arendt durent affronter très directement les questions que posait le nazisme. Ils eurent de vives discussions à propos de la signification qu'avait pour Jaspers le nationalisme allemand. Certes, le patriotisme jaspersien avait toujours été « de l'ordre de la langue, de la famille et de la culture », bref d'une « grande tradition intellectuelle ». L'étudiante pouvait comprendre le point de vue de Jaspers, mais n'hésitait pas à lui dire qu'il faisait trop naïvement confiance à la maturité politique de ses compatriotes. La position du philosophe fut ébranlée par le refus d'Arendt d'accepter ce qu'il appelait « l'essence de l'Allemagne ». Ce trouble se lit encore dans l'*Autobiographie* quand il évoque « le problème de la conscience allemande ». Le véritable Allemand, précise-t-il, vit « dans le vaste univers de la pensée, de la création intellectuelle et de la lutte de l'esprit » ; Jaspers comprend « le désir qu'on puisse être citoyen du monde ». Au fond, à l'opposé du nazisme, il est en totale solidarité intellectuelle avec Hannah et son mari Blücher, obligés de s'exiler. C'est aux États-Unis que la jeune sociologue, dans la période la plus désespérée de sa vie (on commençait à parler de la « Solution finale »), conçut *Les Origines du totalitarisme.* Elle prit comme devise une maxime de Jaspers : « La fidélité est le signe de la vérité. » L'indépendance politique et intellectuelle de Jaspers sous le nazisme se manifesta hautement, et les sanctions ne se firent pas attendre. Vers la fin de la guerre, écrit-il, « mon activité politique fut encore plus réduite que mon activité universitaire ».

Il publie en 1946 *La Culpabilité allemande,* livre tiré de son cours sur l'Allemagne durant le semestre d'hiver 1945-46. Il pense de plus en plus qu'il n'y a pas de grande philosophie sans pensée politique, pas même chez les grands métaphysiciens, comme le montre l'exemple de Spinoza. Par leur correspondance, Arendt et Jaspers découvrent alors avec bonheur que leurs sentiers ont pris la même direction. Quand elle peut se rendre à Bâle pour voir le philosophe, elle n'y vient pas comme étudiante en cours de thèse, mais plutôt comme sa fille, comme on rentre à la maison. Peu après avoir renoué, Jaspers et Arendt seront amenés à collaborer, grâce au périodique *Die Wandlung* (« Le Changement »), une publication européenne, et pas seulement allemande ; aux Rencontres internationales de Genève (1946), Jaspers prononcera d'ailleurs une importante conférence sur « L'esprit de l'Europe moderne ».

Dans le développement ultérieur de la philosophie de l'existence, Jaspers ressentira de plus en plus l'obligation d'affirmer la part prise par la raison dans l'accomplissement de l'existence comme dans l'acte de philosopher. Cette tendance trouve son expression dans la *Logique philosophique,* dont un seul tome est achevé : *De la Vérité* (1947). Jaspers renouvelle la distinction kantienne et hégélienne entre l'entendement et la raison : la pensée philosophique « dépasse l'*entendement* sans le perdre ». Ce qu'elle obtient, c'est un moyen intellectuel de communication qui, distinct de l'entendement, s'appelle *raison.* Défenseur de la raison, Jaspers insiste sur l'autonomie spirituelle de la philosophie en face des Églises. Mais il nous dit avoir pris assez tard la conscience de « la foi philosophique ». L'homme qui cherche la connaissance a besoin d'être guidé par une foi *(La Foi philosophique,* 1947). Les principes de cette foi sont : « Dieu est ; il y a une exigence absolue ; l'homme est fini et imparfait ; l'homme peut vivre sous la conduite de Dieu ; la réalité du monde a un caractère évanescent entre Dieu et l'existence. » Chacun de ces articles « a son origine propre dans une expérience fondamentale de l'existence » (*Introduction à la philosophie,* 1950). Jaspers respecte la religion : « Ma femme, écrit-il, avait transformé sa foi juive, dans sa pureté, en une philosophie fondée sur la Bible : un respect religieux transformait toute sa vie. » Mais il ne s'isole pas des affaires de la cité. En 1958 paraît *La Bombe atomique et l'Avenir de l'homme :* le livre de Jaspers doit beaucoup aux *Conditions de l'homme moderne* d'Hannah Arendt. Ces années furent celles d'une intense collaboration entre eux. Alors que les ouvrages d'Arendt, *Essai sur la Révolution* et *Eichmann à Jérusalem* suscitaient tant d'incompréhension et d'hostilité, Jaspers, comme toujours, se montra attentionné et secourable.

Celui-ci avait pu s'illustrer aussi bien dans la philosophie de l'histoire que dans l'histoire de la philosophie. *De l'origine et du but de l'histoire* (1949) expose la structure de l'histoire universelle sous l'idée directrice de la « période axiale », qui s'étendit de 800 à 200 av. J.-C. et forma autour de 500 la plus profonde césure de l'histoire. Mais l'ouvrage mène magistralement l'analyse de la situation contemporaine en esquissant les possibilités à venir résultant des tendances fondamentales du présent. Par ailleurs, si *Les Grands Philosophes* (1981) est un ouvrage posthume, Jaspers avait conçu de bonne heure la notion d'une « histoire mondiale de la philosophie » : « J'eus très jeune, dit-il, la nostalgie de la grandeur... ; c'est de Kierkegaard que me vint la révélation » ; le penseur danois avait réclamé une pensée qui permît la communication. Dans son *Nietzsche* (1950), Jaspers synthétise le point de vue biographique et le point de vue systématique ; et s'il reproche trop à *Descartes* de n'être pas de ceux qui cherchent en gémissant, on ne sait s'il faut admirer davantage son *Platon* ou son *Kant.* C'est que Jaspers est un homme de dialogue. Il avait longuement discuté avec Rudolf Bultmann *(La Question de la démythologisation,* 1954). Hannah Arendt essayait de le réconcilier avec Heidegger. Mais elle apprit à New York la mort de Jaspers qui venait d'avoir 86 ans. Elle partit pour Bâle vêtue d'une robe de deuil noire, assister le 4 mars 1969 aux obsèques du philosophe. Elle partagea avec Jeanne Hersch, autre disciple, et traductrice, l'honneur de prononcer son oraison funèbre à l'université de Bâle. Pour elles et pour bien d'autres, Jaspers avait été le grand phare de sa génération pour l'éclairement des « temps sombres ».

Comme l'ont montré M. Dufrenne et P. Ricœur, ou encore J. Paumen, il y a chez Karl Jaspers une tension féconde entre la *raison* et l'*existence.* Il avait voulu faire un peu plus grande la part de la raison dans le monde et « collaborer à la conscience universelle ». Il avait le sens de l'homme total et rappelait qu' « il est inhumain de compartimenter les activités des hommes ».

L'invasion phénoménologique en France

En septembre 1933, Jean-Paul Sartre partit comme lecteur à l'Institut français de Berlin. Il fut l'introducteur en France de la pensée de Husserl et de Heidegger. Ainsi, avant d'être, comme nous le verrons plus loin, existentialiste, voire marxiste, il fut réellement phénoménologue.

Sartre est phénoménologue par son emploi constant de la notion de donnée, ou « phénomène », qui désigne la *présence* de la chose. Le phénomène ne renvoie pas à une inaccessible chose-en-soi, mais à un autre, à une série d'autres phénomènes. Sartre est phénoménologue par son recours à la notion d'*intentionnalité :* « La conscience est toujours conscience de quelque chose. » Mais la conscience se montrera comme une translucidité pure : « La conscience est toute légèreté, toute translucidité ; elle est l'existant absolu à force d'inexistence. » Il s'agit pour elle de se porter vers la chose, mais en se vidant elle-même dans ce mouvement d'approche de tout ce qu'elle pourrait lui surajouter, bref en se gardant attentive à n'être plus finalement portée que par le réel lui-même.

Toutefois Sartre prend ses distances à l'égard de Husserl, dès 1936, dans *La Transcendance de l'Ego.* Le « champ transcendantal » décrit par le maître allemand « devient impersonnel, ou, si l'on préfère, prépersonnel ; il est sans *Je* ». La phénoménologie n'a pas besoin de recourir à ce *Je* unificateur et individualisant maintenu par Husserl. On pourrait même concevoir « des consciences absolument impersonnelles ». « La conscience transcendantale est une spontanéité impersonnelle. » Il ne faut pas dire « j'ai conscience de cette chaise », mais « il y a conscience de cette chaise ». Surtout, « l'Ego n'est pas propriétaire de la conscience, il en est l'objet » ; par nature, l'Ego est fuyant, il nous échappe sans cesse. Il n'est pas *dans* la conscience, il est dehors, *dans le monde,* c'est un être du monde comme l'*Ego* d'autrui.

Comme Husserl et Heidegger, J.-P. Sartre réclame, dans l'*Esquisse d'une théorie des émotions* (1938), que la phénoménologie précède la psychologie qui, sans elle, « manque la réalité humaine ». Seules « les essences » permettent de classer et d'inspecter les faits. « Nous sommes dans une situation inverse de celle des psychologues, puisque nous partons de cette totalité qu'est l'homme et que nous établissons l'essence de l'homme *avant* de débuter en psychologie. » L'émotion est une certaine façon d'appréhender le monde dont elle est une « transformation ». Ainsi, la peur passive est « une conduite d'*évasion* ». « L'évanouissement ici est un refuge », afin de *ne plus voir* la bête féroce. « L'urgence du danger a servi de motif pour une intention annihilante qui a commandé une conduite magique... Nous faisons en sorte que l'univers n'exige plus rien de nous. » A l'inverse, « la joie est une conduite magique qui tend à réaliser par incarnation la possession de l'objet désiré comme totalité instantanée ». Comme la conscience vit le monde magique où elle s'est jetée, elle tend à perpétuer ce monde où elle est captive : l'émotion tend à se perpétuer. « La conscience s'émeut de son émotion, elle renchérit. Plus on fuit, plus on a peur. Le monde magique se dessine, prend forme. Il y a une réciproque : c'est ce monde lui-même qui parfois se révèle à la conscience comme magique... »

Le thème phénoménologique se retrouve dans *L'Imaginaire* (1940). *L'image* des psychologues n'existe pas. Mais il existe une attitude imageante. « La condition pour qu'une conscience puisse imaginer est double : il faut à la fois qu'elle puisse poser le monde dans sa totalité synthétique et, à la fois, qu'elle puisse poser l'objet imaginé comme hors d'atteinte par rapport à cet ensemble synthétique, donc poser le monde comme un néant par rapport à l'image. Il suit de là que toute création imaginaire serait totalement impossible à une conscience dont la nature serait précisément d'être *au milieu du monde.* » Sartre refuse donc cette conception d'une « conscience embourbée » dans l'univers, c'est-à-dire soumise au déterminisme. « Pour qu'une conscience puisse imaginer, il faut qu'elle échappe au monde par sa nature même (et puisse) tirer d'elle-même une position de recul par rapport au monde. En un mot, il faut qu'elle soit libre. »

Maurice Merleau-Ponty infléchit à son tour, dans *La Phénoménologie de la perception* (1945), la pensée husserlienne. « La phénoménologie est une philosophie qui replace les essences dans l'existence », déclare-t-il. Sans doute, elle « met en suspens pour les comprendre les affirmations de l'attitude naturelle ; mais c'est aussi une philosophie pour laquelle le monde est toujours *déjà là* avant la réflexion, comme une présence inaliénable, et dont tout l'effort est de retrouver ce contact naïf avec le monde pour lui donner enfin un statut philosophique ». Si rigoureuse que soit la mise-entre-parenthèses husserlienne de l'existence, « nous sommes *dans* le monde… La philosophie est actuelle ou réelle, comme le monde dont elle fait partie… La vraie philosophie est de rapprendre à voir le monde ». Elle doit même faire retour à l'expérience primordiale où le monde jaillit.

En 1953, Mikel Dufrenne publie la *Phénoménologie de l'expérience esthétique*. Il a fallu que s'opérât chez lui « la rencontre d'une phénoménologie avec son exigence et d'une réflexion tournée vers les pratiques éclatées de l'art contemporain, pour que vienne à se renouveler une philosophie de l'art. Ce fut, circonstance non négligeable, au cours de sa captivité en Allemagne que le premier jalon fut posé » (Anne Cauquelin). Il s'éloignera de Kant et de Husserl. Pour lui, loin d'être une structure de notre esprit, l'*a priori* en tant qu'*objectif* est le sens qui habite l'objet et auquel le sujet est d'emblée accordé. « Il faudra savoir considérer l'*a priori* à l'état sauvage…, tel qu'il apparaît immédiatement au cœur de la perception », qu'il s'agisse de la perception courante ou de la perception esthétique.

Avec Paul Ricœur, nous rencontrons la « phénoménologie herméneutique », bien qu'il ne se laisse pas enfermer dans ce cadre. Né à Valence en 1913, il suit des études de philosophie à Rennes puis enseigne à Strasbourg (1950-1955), à la Sorbonne (à partir de 1956), à Nanterre de 1966 à 1978 (il y est doyen dans les années agitées de 1969-1970), et à Chicago. Il dirige au CNRS le Centre de recherches phénoménologiques et herméneutiques : tout un programme !…

La *Philosophie de la volonté* explore un champ à peine défriché du vaste « territoire de la phénoménologie », celui de l'expérience affective et volitive de l'homme. Ricœur accepte ce que Husserl a appelé la *réduction eidétique,* mais sans interprétation platonisante des « essences » ainsi dégagées. Il refuse la *réduction phénoménologique,* « à laquelle fait obstacle une compréhension véritable du corps propre ». Il aboutit donc à un *cogito* plus complet que chez Descartes et Husserl. « La reconquête du *cogito* doit être totale ; c'est au sein même du *cogito* qu'il nous faut retrouver le corps, et l'involontaire qu'il nourrit. L'expérience intégrale du *je pense* enveloppe le *je désire, je peux, je vis,* et, d'une façon générale, l'existence comme corps... L'intuition du *cogito* est l'intuition même du corps, jointe au vouloir qui pâtit de lui et règne sur lui. » L'attitude phénoménologique exige que je participe vraiment à mon *incarnation comme mystère,* bref que je passe de l'objectivité à l'*existence.* On observera alors que « participer au mystère de l'existence incarnée, c'est adopter le rythme intérieur d'un *drame* ». L'expérience de la liberté sera « une expérience "évanouissante" qui doit sans cesse être reconquise par l'action de soi sur soi ». Il ne faut pas réduire l'étude de la volonté à celle du *choix,* mais retrouver à partir du *cogito* « la motion corporelle en première personne ». Il faut enfin étudier le *consentement* à la nécessité. Je dois consentir d'abord à ma naissance : cette nécessité d'être né pour exister reste à l'horizon de la conscience, mais est exigée comme horizon par la conscience même. Ainsi, « j'éprouve la vie comme ayant commencé *avant que* je commence quoi que ce soit : tout ce que je décide est après le commencement, et avant la fin ». Mais consentir à être né, c'est consentir à la vie même, avec ses chances et ses obstacles. Il n'est pas possible d'étudier le consentement sans faire la phénoménologie du *refus.* Or il ne se donne pas d'emblée comme refus, mais se cache dans une affirmation de souveraineté par-dessus tout : la forme privilégiée du refus, c'est la *démesure,* qui dit « non » à toute condition concrète de l'existence. C'est sur le refus que le consentement se reconquiert : il ne le réfutera pas, il le dépassera.

Le premier tome avait mis entre parenthèses la faute, le mal moral. Le second va réintroduire ce qui était dans la parenthèse. Mais, pour comprendre le passage de l'innocence à la faute, il faudra recourir au langage chiffré du *mythe*. Or les mythes de chute, d'exil, etc., renvoient au « langage de l'aveu ». Ce langage qui parle de la faute et du mal est *symbolique* : il n'évoque la souillure, le péché, la culpabilité qu'en termes indirects et figurés. D'où la *symbolique du mal*. Ainsi, le symbole et le mythe « donnent à penser ». Ricœur déploie dans le dernier volume toute la « portée exploratoire et compréhensive du mythe ». Mais auparavant il lui faut se demander quel est le « lieu » humain du mal, son point d'insertion dans la réalité de l'homme. Il explore cette faillibilité, cette faiblesse constitutionnelle qui fait que la faute est possible, qui fait comprendre que le mal ait pu « entrer dans le monde ». On doit faire appel à l'idée de *disproportion*, de polarité du fini et de l'infini. Il y a de l'infini dans nos passions, dans « ces grandes péripéties qui constituent la dramaturgie de l'existence humaine, la jalousie d'Othello, l'ambition de Rastignac : une intention transcendante les habite, qui ne peut procéder que de l'attraction infinie du bonheur ». Inévitablement, Ricœur rencontrera, en cours de route, « l'énigme du serf-arbitre », comme disait Luther, c'est-à-dire d'une liberté qui se lie et se trouve toujours déjà liée.

Dans le livre *De l'interprétation : essai sur Freud* (1965), il étudie la rencontre de la psychanalyse et de sa propre philosophie de la réflexion. « La réflexion est moins une justification de la science et du devoir, qu'une réappropriation de notre effort pour exister… Nous avons à recouvrer l'acte d'exister, la position du sujet dans l'épaisseur de ses œuvres. » La tâche est de « saisir l'*ego* dans son effort pour exister ». La réflexion n'est ni l'intuition, ni l'introspection : il lui faut « passer par le détour des signes ». Le freudisme permet une « exégèse de la culture ». Toute histoire (des mœurs, des croyances, des institutions) est subordonnée au grand débat du Désir avec l'Autorité. Bien entendu, la psychanalyse inflige à notre suffisance l'humiliation la plus cruelle : la conscience n'est pas maîtresse en sa propre demeure. « C'est un *cogito* blessé qui procède de cette aventure : un *cogito* qui se pose mais ne se possède point. » Non seulement la psychanalyse est lutte contre l'illusion de la conscience, mais elle révèle tout ce qu'il y a d'archaïque en nous, elle propose une *archéologie du sujet.* Elle n'est pas une science, parce qu'elle est « une interprétation », davantage comparable à l'histoire qu'à la psychologie scientifique.

Aussi Paul Ricœur publie-t-il en 1969 *Le Conflit des interprétations.* Plusieurs des études groupées dans ce livre concernent les discussions contemporaines sur le *structuralisme* et la « mort du sujet ». Le structuralisme tend à étudier le fonctionnement du langage en faisant l'économie du sujet. Il privilégie la *sémiologie* ou science des signes dans des systèmes clos. Ricœur concède à Lévi-Strauss que le « retour au sujet parlant » préconisé par les phénoménologues brûle l'étape de la science objective des signes et se porte trop vite à la *parole.* Or, « c'est à travers et par le moyen d'une linguistique de la *langue* qu'une phénoménologie de la parole est aujourd'hui possible ». C'est dans une lutte pied à pied avec les présupposés de la sémiologie qu'elle doit reconquérir la relation du signe au monde, ou sa « référence ». La position du sujet, que la tradition du *cogito* invoque, il faut l'opérer *dans le langage,* et non à côté. Dans ce débat important et toujours actuel, Ricœur tient, en quelque sorte, les deux bouts de la chaîne. Tout comme H.-G. Gadamer qui, dans *Vérité et Méthode,* conserve lui aussi le terme d'*herméneutique,* jadis réservé à l'interprétation des textes bibliques ou classiques, Ricœur est très sensible à la dimension « langagière » de l'expérience humaine et entend contribuer à la grande philosophie du langage dont notre époque ressent le besoin.

Il s'y emploie dans *La Métaphore vive* (1975), utilisant ici les travaux de la « nouvelle rhétorique » belge et de la linguistique anglo-saxonne. Son analyse se situe à différents niveaux linguistiques : le niveau du mot, de la phrase, du discours. La métaphore est parfois créatrice, véritable poème en miniature. C'est bien de découverte et de rendez-vous avec le réel qu'il s'agit. « La métaphore accède ainsi au niveau de l'exploration ontologique » (J. Greisch). La « Vérité métaphorique » décrit la façon dont s'effectue cette exploration du réel. Paul Ricœur est très proche des travaux anglo-saxons (ceux d'Austin, de Miss Anscombe, etc.) dans « Le Discours de l'Action », première partie du travail collectif *La Sémantique de l'action* (1977), qui renouvelle certains thèmes d'une étude plus ancienne, « Travail et parole ».

En 1983 parut le premier des trois volumes de *Temps et Récit*. Mais il précise que *La Métaphore vive* et *Temps et Récit* sont « deux ouvrages jumeaux » — jumeaux de taille inégale. Dans les deux cas il s'agit d'évoquer l'*invention*. A l'innovation sémantique de la métaphore répond maintenant l'invention d'une *intrigue*. Ricœur donnera, en passant, un coup de chapeau à l'histoire événementielle, trop décriée aujourd'hui. Il voit, dans les intrigues que nous inventons, le moyen privilégié par lequel nous « refigurons » notre expérience temporelle. (Tous les phénoménologues, Husserl, Heidegger, Sartre, Merleau-Ponty, ont mis au premier plan la « temporalité ».) Pour Ricœur, « le temps devient temps humain dans la mesure où il est articulé de manière narrative ». En retour, le récit est significatif dans la mesure où il dessine les traits de l'expérience temporelle : autrement, nous n'avons que des propos sans queue ni tête. Mais besoin est pour cela d'une pré-compréhension de ce qu'est l'agir humain. L'auteur rapproche — jusqu'à un certain point — le récit de l'histoire et le récit de fiction. « Suivre une histoire, c'est avancer au milieu de contingences et de péripéties sous la conduite d'une *attente* qui trouve son accomplissement dans la conclusion. » Le récit a une dimension *épisodique* (de pure chronologie) et une dimension *configurante* (qui « prend-ensemble » les actions de détail). Il ne faut pas hésiter à rapprocher cet acte configurant du « schématisme » ou imagination productrice dont parle Kant. Ce « schématisme », à son tour, se constitue dans une histoire qui a tous les caractères d'une *tradition*. Ainsi notre culture est l'héritière de plusieurs traditions narratives : hébraïque et chrétienne, mais aussi celtique, germanique, islandaise, slave. Ricœur en arrive alors à l'idée de *temps raconté*. La suite de son ouvrage sera une conversation triangulaire entre l'historiographie, la critique littéraire et la philosophie phénoménologique. Le temps du récit s'enracine « dans la temporalité caractéristique du monde de l'action ». Aussi l'insertion de l'histoire dans l'action et dans la vie met-elle en jeu la question de *la vérité en histoire* — des prétendues lois de l'histoire, de la causalité historique. Ricœur s'interroge sur l'*intentionnalité de la connaissance historique :* « J'entends par là, dit-il, le sens de la visée poétique qui fait la qualité historique de l'histoire et l'empêche de se dissoudre dans les sciences auxiliaires de l'histoire. » En définitive il émet l'hypothèse « que le *temps historique* soit comme un pont jeté sur la faille qui disjoint le temps cosmique (celui du physicien) et le temps vécu ».

Avec Ricœur, la phénoménologie fait face sur tous les fronts : freudisme, structuralisme, philosophie analytique, sans omettre le marxisme. On se souvient encore d'une célèbre discussion entre Paul Ricœur et Louis Althusser, lequel prétendait que l'histoire est une « science expérimentale »...

Né en Lithuanie en 1905, Emmanuel Levinas a été professeur à l'université de Paris IV-Sorbonne. Il fut l'un des premiers à faire connaître en France la phénoménologie de Husserl. Il s'en éloigna ensuite, tout en lui reconnaissant le mérite d'avoir « apporté à la philosophie une méthode » qui respecte les différentes expériences du réel. Le premier de ses nombreux ouvrages est *Totalité et Infini* (1961). L'idée de totalité et l'idée de l'infini diffèrent précisément par ceci : la première est purement théorique, l'autre est morale. « Il faut avoir l'idée de l'infini, l'idée du parfait, comme dirait Descartes, pour connaître sa propre imperfection. L'idée du parfait n'est pas idée, mais désir. C'est l'accueil d'Autrui, le commencement de la conscience morale, qui met en question ma liberté. » L'idée de totalité évoque trop le système hégélien et les politiques totalitaires.

Ce livre se présente comme une défense de la subjectivité. Mais la subjectivité ne s'épuise en rien dans la conscience de soi. Elle est du côté de la sensibilité et ne se sépare pas du corps, c'est une « subjectivité de chair et de sang ». La multiplicité des sujets, qui se refuse à la *totalisation* mais se dessine comme *fraternité,* se situe dans « un espace » absolument *asymétrique.* L' « épiphanie » d'autrui dans ce que l'auteur nomme le Visage me confère d'emblée une *responsabilité.* Je subis un commandement divin. Et dans le Tu, je trouve la présence du *tiers,* bref la morale, car le tiers pose le problème de la *justice.* Dieu en autrui, Dieu et autrui ne répondent pas au « besoin » égoïste, mais au « désir » de l'absolument Autre, à l'irreprésentable, à ce qui est mis en moi en « rompant » mon intériorité. L'Infini nous arrive ainsi par effraction. Le sujet est en quelque sorte le Dire de Dieu, et c'est ce qui fait de chaque homme un appel auquel on n'a pas le droit de se dérober. C'est pourquoi il n'y a pas de structure commune entre les personnes, ni de totalité qui puisse rassembler les libertés. Il n'y a que l'immense aventure du face à face.

Levinas a consacré des pages importantes à la phénoménologie de l'Éros. Comme le souligne Catherine Chalier, l'Autre, en son incomparable excellence, serait féminin. Il s'agit de parler de l'épiphanie de l'Aimée, de celle qui « apparaît sans apparaître », de sa clandestinité et de son secret. Levinas multiplie les métaphores, mais « il faut mesurer pourquoi ces métaphores n'augurent du corps féminin qu'une parole où il se fait vulnérable et passif ». Pour Levinas, on doit accepter que la fécondité soit « catégorie ontologique », et que la maternité soit le modèle du moment où l'éthique se dit en « déchirant l'identité du moi avec moi ». Mais, ajoute Catherine Chalier à propos des femmes, « il incombe d'en finir avec un effacement derrière des métaphores qu'elles n'ont pas choisies ». Ce qui est sûr, c'est que l'espace intersubjectif est décrit comme une relation où le moi ne coexiste pas paisiblement avec autrui, mais *s'inquiète* car il s'aperçoit responsable de lui.

Dans *Autrement qu'être ou Au-delà de l'essence* (1974), ce qui éclaire le mieux la pensée de Levinas, c'est l'opposition qu'il établit entre le *besoin* qui peut être pleinement satisfait, au moins momentanément, et le *désir,* que « le désirable ne comble pas, mais creuse au contraire, en le nourrissant de nouvelles faims ». Le Désir est essentiellement désir de l'Autre. Il est toujours *risque :* dans tout amour, à moins de ne pas aimer d'amour, il faut se résigner à ne pas être aimé. L'ingratitude même n'est pas proprement une absence de réponse : elle signifie plutôt l'altérité de l'Autre. « L'Autre se révèle comme ce qui ne se révèle pas », commente Jacques Derrida, et cette non-révélation, cette transcendance est ce qui accroît sans cesse ma faim de révélation. Toute la quête de Levinas est celle d'un Dieu transcendant, c'est-à-dire non contaminé par l'être. Ce

Dieu ne saurait être prouvé. Toute preuve, le ramenant à la pensée, à l'intentionnalité de la conscience, fait de lui un *être autrement,* non un *autrement qu'être,* et donc nie sa transcendance. On ne peut rien dire de Dieu, on peut seulement rencontrer sa transcendance en accueillant la transcendance d'autrui, que nous révèle son visage. Cela ne veut pas dire que le visage humain soit la révélation du « Dieu sans visage » de l'Ancien Testament, ni même qu'il en soit le signe. Il vaut mieux parler de *trace.* Ce qui me commande dans le visage de l'autre personne, c'est la trace d'un Infini qui ne saurait être visé directement.

Initié dès l'enfance à la Bible, Levinas a développé son analyse de la pensée juive dans *Difficile Liberté* (1963). Il a contribué au renouvellement des études juives en France et à l'intérêt que leur portent aujourd'hui nombre d'intellectuels (David Kessler). Il est bien accueilli aussi par ceux qui participent au regain du néo-platonisme. Cette philosophie austère est éprise de générosité concrète. Elle ne peut nous faire communier à autrui que par l'aide, l'offrande et le sacrifice.

Avec Michel Henry, né en 1922, c'est une autre génération qui apparaît, mais la phénoménologie donne encore l'impulsion initiale. Il est professeur à l'université Paul-Valéry de Montpellier. L'audace et l'originalité de cette pensée sont indéniables. M. Henry, dans une démarche caractéristique, met en relation le phénomène avec lui-même, il le vise dans son être. Cette démarche, observe Gabrielle Dufour-Kowalska, « ne rompt pas avec la phénoménologie, elle se produit à partir d'elle et de sa définition ». La philosophie phénoménologique est la science de la réalité originaire. Tel est le thème de ce difficile ouvrage, *L'Essence de la manifestation* (1963). On y trouve un primat rénové de l'affectivité ; c'est pourquoi J. Lacroix le désignait comme un « traité de la vie intérieure ». Aussi l'image de « la Nuit » devient-elle ici un concept phénoménologique : l'essence du phénomène, en sa nuit, se révèle « sans visage ». L'absolu est affectivité. Il faut donc tenter de pénétrer dans ce que M. Henry appelle « l'épaisseur du sentiment ». La souffrance est requise comme tonalité première de la vie affective. « L'être, l'affectivité, par essence, est souffrance », dit-il, en nous enjoignant toutefois d'écarter ici les significations pathétiques. En effet, notre existence est le devenir intérieur de la souffrance, c'est-à-dire la possibilité de « sa transformation dialectique en joie ». Toujours est-il que, si les choses provoquent en nous des sentiments, ce n'est pas d'elles-mêmes, c'est à cause du sentiment, toujours préalable. « Parce qu'il est éternel, dit M. Henry, le désespoir est passager, il est le passage qui conduit à l'absolu. » Cette manière de privilégier certaines émotions fait songer à Heidegger. Mais l'ontologie phénoménologique de M. Henry pose des jalons pour une éthique.

Le grand ouvrage consacré à *Marx* (1976) pourrait surprendre s'il ne se situait dans le prolongement exact de la théorie de la subjectivité et de la vie. Il faut lire Marx en écartant « le voile idéologique tendu par le marxisme devant les textes fondamentaux ». En effet, « le marxisme doit être considéré, non seulement comme une idéologie, mais comme la plus extravagante mythologie que l'esprit ait jamais produite » — en ignorant d'emblée les œuvres de jeunesse de Marx. Centrée sur l'individu vivant, la pensée de celui-ci est une philosophie de la vie et de la *praxis* ou pouvoir humain s'exerçant sur les choses. « La condition de possibilité de l'histoire est... la réalité elle-même dans sa détermination la plus élémentaire et la plus essentielle, à savoir la vie. » Le piquant de la chose, c'est qu'Henry trouve en Marx un allié contre Hegel et les systèmes. Mais, comme on s'en doute, cet ouvrage était un coup de pied dans la fourmilière marxiste, et l'on ne compte pas les pamphlets sur *Le Marx de M. Henry*. Mais le phénoménologue ne bousculait pas seulement les certitudes de J. Texier : à l'*Être* heideggérien, à l'*Esprit* hégélien, à la *Conscience* de Husserl, tous trois assujettis à la pensée, il opposait la Vie, mais sans emboucher les trompettes nietzschéennes. Cette « ontologie heureuse » est une philosophie actuelle qui apporte les principes d'une critique rigoureuse de l'entité collective.

[illegible]

[illegible] de M. Henry, le désordre [illegible] que M. Henry pose [illegible]

[illegible]

[illegible] de M. Henry, nous nous [illegible] la vie, mais [illegible] Cette [illegible] de cette [illegible]

CHAPITRE X

De toutes les Russies

« Nous et eux »

Le problème crucial aujourd'hui, des relations entre l'URSS et l'Occident, trouve l'une de ses racines dans le mouvement slavophile qui, dans les années 1840-60, produisit une formulation philosophique violente, une théorie passionnée de la suprématie russe, depuis le passé le plus lointain jusque dans un avenir prophétique. Les prétentions sont analogues en théologie, philosophie, linguistique, littérature et autres champs de la connaissance. Cette phase du nationalisme russe fut fondée sur le mouvement romantique tel qu'il fleurissait en Allemagne, en Angleterre et en France. Les slavophiles admiraient beaucoup Schlegel, Schelling et Hegel et étaient très versés dans la littérature romantique. Leur répudiation de la culture occidentale n'était pas fondée seulement sur la pensée occidentale, mais elle s'exprimait en termes occidentaux.

Les slavophiles étaient un groupe d'intellectuels russes du XIXe siècle, rassemblés par des croyances, des attitudes et des aspirations communes, dans des voies fondamentales telles que religion, philosophie et problème politique de la Russie face à l'Occident. Ils ne formèrent jamais une organisation, ni n'exigèrent jamais de conformisme des membres du groupe. Leurs caractères vigoureux, leurs individualités très prononcées et leurs points de vue indépendants ajoutent à la difficulté de déterminer l'« appartenance » au mouvement ainsi que les connotations du terme « slavophile ». Certains critiques ont inscrit l'écrivain Constantin S.T. Aksakov comme le premier slavophile, d'autres ont inclus sans discrimination dans le groupe des penseurs aux tendances nationalistes diverses du temps de

Nicolas Ier. La dernière phase du mouvement présente les plus grandes difficultés. Le terme « slavophilisme » couvrait tous les amis pan-slavistes d'Ivan Aksakov, tous les champions de la culture russe (Dostoïevski, Leontiev). Mais cette inclusion était fondée sur une confusion, sur l'affirmation que des ressemblances superficielles avec la doctrine slavophile suffisaient à faire un slavophile.

La psychologie de l'opposition, de l'antagonisme et de la lutte a formé une excellente combinaison avec la philosophie romantique de cette période, qui était fondée sur le principe de la contradiction : toute chose pouvait être posée contre quelque chose d'autre. La technique utilisée par les slavophiles ne peut être classée avec précision. On a dit que le schéma de Khomiakov ressemblait à celui de Hegel, mais que sa dialectique n'était pas réellement une dialectique parce que l'un des deux termes était tout simplement détruit. De même, Rubinstein, en marxiste, reproche aux slavophiles de ne pas comprendre la signification de la dialectique. Les slavophiles se sont servis des modèles romantiques de développement par l'opposition et la lutte dans chaque aspect de leur idéologie : religion, philosophie, art, histoire – tout croîtrait selon les nouvelles lois organiques de croissance, tout marcherait au rythme romantique. D'ailleurs tout se tient : « Monde romain », « catholicisme », « Russie ancienne », « Occident contemporain », ainsi que de nombreux autres concepts, devenaient les barreaux d'échelles dialectiques variées construites par les slavophiles. Même la critique littéraire et la psychologie en vinrent à être englobées dans des systèmes similaires. Ivan Kireevski gâta son talent de critique littéraire par une schématisation extrême, par son grand désir d'avoir tous les écrivains et toutes leurs œuvres gentiment arrangés selon le pattern thèse-antithèse-synthèse. L'ennemi psychologique, l'adversaire métaphysique était tenu d'avoir une incarnation historique. Pourtant il a trop d'incarnations : il est apparu sous une variété de formes et s'est servi de tous les déguisements concevables depuis l'aube de la vie humaine. L'ennemi s'est toujours opposé aux forces du bien. La lutte du mal et du bien a fait l'histoire. Les slavophiles étaient convaincus qu'en leur époque ils étaient les champions du bien contre le mal, et que c'était leur tâche de démasquer l'ennemi, de faire que la Russie réalise sa nature réelle et sa destinée, et ainsi d'assurer la victoire des vrais principes sur les faux. Les efforts slavophiles d'analyse historique se divisent en deux types : ceux qui ont affaire à l'ennemi au niveau mondial, et ceux qui consacrent leur activité à la Russie.

La contribution des slavophiles à l'histoire mondiale fut l'énorme compilation de Khomiakov, qui a été publiée en trois volumes après sa mort. Khomiakov commença à écrire son *Histoire* probablement en 1838, et il continua à y travailler jusqu'à sa mort en 1860. Le manuscrit n'a ni titre, ni divisions en chapitres. Khomiakov n'indique pas ses sources ; en composant l'ouvrage, il s'est appuyé sur sa mémoire et non sur des notes. Les slavophiles se sont souvent référés à l'*Histoire* de Khomiakov comme à une Bible. Toute incomplète et fragmentaire qu'elle soit, cette *Histoire* était une tentative de synthèse de toute la vie de l'humanité, et se proposait de donner une esquisse claire du cours et de la signification de l'histoire universelle. Berdiaeff, Gratieux et d'autres étudiants de Khomiakov ont crié sur les toits que l'*Histoire* devait être jugée, non comme un ouvrage de recherche historique, mais comme une brillante contribution à la spéculation philosophique, ainsi qu'à la pensée éthique et religieuse. Ils ont parfois oublié le fait que Khomiakov lui-même désirait, réclamait un chef-d'œuvre qui fût une étude historique exacte, et qu'il a toujours défendu ses thèses en termes d'universitaire bien plus que de vérité religieuse ou métaphysique.

Khomiakov critique les historiens occidentaux. Sa principale critique était dirigée contre leur méthode, jugée aride, pédante, formaliste ; elle arrivait à compiler les faits, non à les comprendre. Les historiens ont concentré leur attention sur des détails minimes, et ils ont oublié qu'à travers le microscope on pourrait voir seulement une goutte d'eau, et non point le fleuve de la Volga. Ils avaient des préjugés ; les savants allemands en particulier étaient décidés à voler aux Slaves leur ancienne gloire sinon leur puissance moderne. La compréhension authentique de l'histoire requiert une qualification supérieure à la pure érudition et au dur labeur. « La poésie est requise pour comprendre l'histoire... Il y a une démarche, certains mouvements qui révèlent la fraternité des hommes... » Il y faut « la capacité de Leibniz à rapprocher les circonstances et événements les plus distants... » L'*Histoire* de Khomiakov assignait un rôle extrêmement important au slavisme. Les Slaves ont rempli beaucoup de fonctions très significatives, dont les historiens ont refusé de les créditer. Ils seraient une ancienne tribu, étroitement liée aux Brahmanes de l'Inde, dont le sanscrit présentait un parallélisme étroit avec le slavon. Ils auraient été la branche la plus large de l'humanité et les colons originels de tout le continent européen. Des vagues d'autres migrants les auraient repoussés de l'ouest de l'Europe dans les montagnes et les marais. Les Slaves ont gardé leur caractère racial et leur indépendance seulement dans l'Europe de l'Est ; mais leur rôle historique n'a pas pu être limité aux pays à l'est de la Vistule. Les Angles ont été Slaves. L'élément slave a été un ingrédient important dans la formation des Saxons ; il aurait dominé la Scandinavie pendant plusieurs siècles. Les Slaves ont joué un rôle dirigeant dans la formation de la civilisation hellénique. Ce n'est pas tout : Attila, Siegfried, Parsifal, Thor, Apollon, Vénus et Diane étaient slaves !

Les Slaves ont encore contribué aux plus importants éléments de la civilisation. Khomiakov était convaincu que l'agriculture, le commerce, la navigation, les villes, témoignaient de la présence des Slaves. Khomiakov prétend que la langue latine serait dérivée du slavon. Les Slaves ont aussi été les meilleurs chanteurs et le peuple le plus musicien à la surface de la terre. Mais en dépit de leur supériorité culturelle et de leurs grandes contributions à la civilisation, ils ont été graduellement absorbés par d'autres tribus dans la plupart des pays européens. La cause en est leur grande plasticité, leur facilité à apprendre les langues étrangères, talent que n'ont pas les Anglais. En outre, ils ont su éveiller à la vie les éléments dormants des autres peuples, les guider vers un mode de vie plus noble et harmonieux.

Les héros de la Russie ont été inspirés par l'authentique foi orthodoxe. A travers tout le cours de l'histoire russe, le peuple russe n'a jamais trahi le gouvernement, jamais trahi la monarchie, jamais trahi l'Église. La Russie a vécu homogène, harmonieuse et organique, sans la lutte des classes d'Occident. Mais alors on reproche à Pierre le Grand d'avoir balayé la vieille Russie et d'avoir institué un régime oppressif, mécanique, rationaliste, occidental, à sa place. Il fut un despote qui interrompit le développement organique du pays. Et Saint-Pétersbourg fut une parfaite expression de l'œuvre néfaste de Pierre. Cette ville fut l'essence véritable du rationalisme, du formalisme, du matérialisme, du légalisme et de la contrainte. « Eux », c'est Saint-Pétersbourg, « nous », c'est Moscou.

Les slavophiles sont d'accord avec Hegel pour considérer l'Allemagne comme la révélation historique la plus complète de l'Esprit. Mais ils étaient sûrs que l'avenir n'appartenait pas à l'Allemagne. La philosophie allemande était grandiose, mais elle a ses limitations. La science allemande aussi. Cette philosophie et cette science sont les produits du rationalisme fondamental de l'Occident. Les slavophiles ont à la fois aimé et haï l'Allemagne.

La Russie est jeune, fraîche, vigoureuse, organique, l'avenir lui appartient. Elle est le pays qui possède le bonheur, la vie organique, le seul peuple chrétien. D'ailleurs, l'humilité est le fond caractéristique du peuple russe dont on ne peut nier la mission. Le christianisme des slavophiles signifie liberté. Le peuple russe est, en fait, l'humanité.

Les slavophiles étaient inconditionnellement opposés au servage, incompatible avec leur religion, leur philosophie, leur idée de la Russie et du peuple russe. Les paysans n'étaient pas une classe de la nation, mais le corps entier de la nation, l'incarnation de la Russie, son histoire et sa tradition, la masse mystique, homogène, de la nation. Les slavophiles étaient convaincus qu'eux seuls, et le peuple, étaient indemnes de l'infection occidentale. Ni les pro-occidentaux, ni les conservateurs ne comprenaient la Russie. Sûrs de leur capacité de définir la véritable essence de la Russie, les slavophiles sont sûrs de représenter l'importante révélation de l'essence antique, profonde, puissante et mystérieuse de la Russie.

S'ils ont subi les influences de Novalis, de Schelling et Hegel, ils critiquent pourtant ces deux philosophes. La critique slavophile de Hegel et de Schelling forme un aspect intéressant de leurs relations avec les romantiques occidentaux. Une importance particulière est accordée à cette critique, car ils considéraient Schelling et Hegel comme le point culminant de la philosophie occidentale : en critiquant ces « titans de la pensée », ils jugeaient le développement occidental de la pensée. Mais le génie des grands penseurs allemands a seulement aidé à révéler le défaut fatal de leur école, leur unilatéralité rationaliste. Les slavophiles ont considéré l'hégélianisme comme l'expression finale, complète et parfaite, du rationalisme occidental. Hegel a été « le dernier des grands philosophes allemands, l'homme qui a démoli l'édifice entier de la philosophie occidentale en lui ajoutant la dernière pierre ». Schelling a fait un pas de plus : comme Hegel, il a gravi le chemin du sommet du raisonnement rationaliste, mais, à ce sommet, il a vu les limites du rationalisme et condamné toute la philosophie idéaliste allemande qui était largement sa création propre. C'est avec Schelling que les slavophiles étaient le plus d'accord, et ils sympathisaient avec les efforts schellingiens pour atteindre la « connaissance complète », mais ils étaient sûrs que ses efforts seraient vains parce que les principes de la connaissance se trouvent seulement dans l'orthodoxie : l'essence de l'Occident était hégélienne, et par conséquent l'Occident ne pouvait aller au-delà de l'hégélianisme. Dans l'hégélianisme, la substitution de formules à la vie et de syllogismes aux événements a atteint des dimensions fantastiques : le système entier n'était rien qu'un « effrayant tour de force » (en français dans le texte) de la raison abstraite qui se développait d'elle-même, sans référence à quelque chose d'autre. Le système de Hegel était clair, cohérent, excessivement imposant, mais n'avait pas de rapport avec la moindre espèce de réalité. La conscience du danger de révolution a guidé les slavophiles dans la critique de la pensée occidentale. Ils ont préféré Schelling à Hegel parce que Schelling était suffisamment mystique et vague, tandis que l'affirmation par Hegel de la logique de l'histoire pouvait sanctionner la révolution aussi bien qu'une croissance graduelle aux transitions insensibles.

Dostoïevski fut un penseur religieux, et son attitude à l'égard de la vie était semblable à celle des slavophiles. Comme Khomiakov et ses amis, il a proclamé la valeur suprême de l'âme humaine, il a défendu ardemment la liberté de l'esprit humain, et il a cru que dans l'avenir les véritables idéaux triompheraient sur terre. Sa passion pour la liberté était égale à celle de Khomiakov, et sa conviction que l'État serait éventuellement transformé par la vraie foi et deviendrait l'Église, allait au-delà des vues des slavophiles. La suprême importance de la croyance en Dieu pour l'homme et la nation forme l'un des points cardinaux de la philosophie de Dostoïevski, et sa discussion de ce problème dans *Les Possédés* ou *Les Frères Karamazov* est plus émouvante que les arguments théoriques de Samarin ou d'Ivan Aksakov. Sa critique impétueuse de l'Occident et son attitude émotionnelle, ambivalente à son égard — attitude de haine expresse et d'intérêt profond, et une certaine espèce d'amour —, était presque identique à l'approche des slavophiles. Tel est le cas de sa discussion des principes catholique et protestant, son insistance sur la nature organique de l'histoire occidentale (en particulier sur la dérivation du socialisme à partir du catholicisme). Dostoïevski était même plus conscient que Khomiakov des vices et défauts des Russes, mais il gardait la croyance slavophile que la Russie, et le slavisme en général, contenaient les vrais principes qui conduiraient au bonheur et à l'harmonie pour toutes les nations. Sa doctrine du messianisme russe était essentiellement un prolongement de la tentative pour concilier l'élément universel et l'élément national par un appel aux dons spirituels spécifiques du peuple russe, de l'esprit russe ou « Christ russe ». Dostoïevski soulignait en particulier la nature englobante, synthétique des Russes, qui les rend capables de comprendre et conduire toutes les nations du monde. Aksakov saluait Dostoïevski comme une révélation de l'âme chrétienne de la Russie.

Messianisme russe

Dans le dernier quart du siècle, le slavophilisme n'était plus ce qu'il avait été : le messianisme et l'universalisme chrétien, coordonnés chez I. Kireevski et chez Khomiakov, se désagrègent chez leurs épigones, tandis que le groupe des slavophiles se fractionne. En revanche, Vladimir Soloviev est peut-être « le seul métaphysicien de race qui, dans la seconde moitié du XIXe siècle, ait bâti un système de philosophie chrétienne et se soit efforcé d'élever la foi au degré de la conscience rationnelle ». Le philosophe russe est parti d'une intuition mystique, celle d'un être resplendissant de beauté, qui s'incarne dans le monde pour le transfigurer, la *Sophia toû theoû.* D. Stremooukhoff, pour des raisons pédagogiques, divise son itinéraire en trois périodes, correspondant aux trois activités qui mènent l'humanité à l'incarnation de la Sagesse dans le monde : *théosophie, théocratie, théurgie.*

1 — Vladimir Soloviev est né à Moscou en 1853 dans une famille nombreuse. Son père, fils d'un prêtre orthodoxe, était professeur d'histoire à l'université de Moscou. On décèle des affinités entre le père historien et le fils philosophe. L'enfant fut un bon élève dans un « gymnase » de Moscou. Mais sa religiosité naïve ne résista pas longtemps au « matérialisme à la Büchner » qui imprégnait l'air du temps : les sciences naturelles étaient à la base du courant antireligieux de l'époque ; Soloviev ne devait pas y échapper ; les leçons du catéchisme ne le satisfaisaient plus et il se déclarait matérialiste. Il entre en 1869 à l'université de Moscou et s'inscrit à la faculté des sciences. Pourtant les sciences naturelles ne le satisfont pas longtemps. Elles le conduiront du moins à s'occuper de Spinoza, qu'il déclare avoir été son « premier amour philosophique ». Plus tard il dira qu'il avait été redevable à l'auteur de l'*Éthique* non seulement du point de vue philosophique, mais encore du point de vue religieux. Mais bientôt la connaissance du criticisme allemand devait détruire son dogmatisme spinoziste. Puis le pessimisme schopenhauérien lui révéla la vanité de la vie et lui donna la conviction que « le monde est plongé dans le mal », selon les paroles de l'apôtre Jean.

Mais il a, en 1872, à dix-neuf ans, dans le train Moscou-Kharkov, une première révélation mystique. Il revient alors à un christianisme teinté de schopenhauérisme. Il fait un an d'études à l'Académie ecclésiastique. Plongé dans l'idéalisme allemand, il prend à cœur l'antithèse de *ce qui est* et de *ce qui doit être* : l'humanité à l'heure actuelle n'est pas ce qu'elle devrait être, il s'agit donc de la transformer ; la vérité chrétienne doit transformer le monde. Ainsi, dès sa jeunesse, la pensée de Soloviev revêt une forme messianique. Dans sa première œuvre, *La Crise de la philosophie occidentale : contre les positivistes,* il porte un jugement négatif sur la philosophie, la raison individuelle et le rationalisme, cependant qu'il adhère au parti conservateur et slavophile : les occidentalistes s'indignent et le critiquent âprement. Il est élu *Docent* à l'université de Moscou en 1874. Mais dès l'année suivante, il se fait accorder une mission à l'étranger : il compte étudier, au British Museum, les philosophies hindoue, gnostique et médiévale. Il cesse de manger de la viande, pour se soumettre au régime alimentaire des moines orientaux. C'est Londres qui l'attire surtout, mais ces efforts lui sont nécessaires pour comprendre l'esprit britannique. C'est là qu'il a la vision mystique de la Sophia toû theoû des Proverbes de Salomon. Aussi entreprend-il l'étude des gnostiques et des boehmistes. Ce n'est pas tout : la vision de Londres lui a commandé de faire un voyage en Égypte. Arrivé au Caire, un ordre mystérieux lui prescrit de se rendre en Thébaïde, pour trouver une tribu où des initiés auraient conservé certains secrets de la Cabale. Il voulait découvrir le mystère de l'Incarnation de la Sagesse de Dieu. Il fut attaqué et retenu prisonnier par des Bédouins dans le désert. L'aventure ne se termina pas mal ; mais pendant son séjour à l'étranger, Soloviev était devenu un mystique, un visionnaire : il avait trouvé sa « compagne éternelle », et c'est à cette compagne qu'il allait consacrer toute sa vie.

Rentré en Russie en possession d'une philosophie, Soloviev reprit ses cours à l'université de Moscou, avec un réel succès. « Son visage inspiré et plein de charme, son ardeur et sa sincérité, enfin la simplicité de ses idées charment à un tel point cet auditoire hostile que les étudiants lui font une ovation. » Mais en février 1877, il donne sa démission ; et il est nommé membre du Comité scientifique à Saint-Pétersbourg. C'est à cause de ses sympathies intellectuelles qu'il a pris sa retraite. Les études et la vision de Londres, puis celles de l'Égypte « ont donné un fond positif à sa pensée qui s'organise en un système théosophique doublé d'un grand œuvre, celui de l'incarnation de la Sagesse ».

La notion de *développement* était très à la mode au XIXe siècle. On la retrouve dans la logique organique selon laquelle Soloviev étudie la vie de l'Absolu. La théosophie, explique-t-il, qui enseigne la nécessité d'une organisation de la vie totale, doit être acceptée d'abord par une « confrérie » au sein du peuple russe, puis par la Russie tout entière ». Cependant Soloviev devait se rendre compte de l'incompatibilité de l'œuvre de l'incarnation avec des moyens purement théoriques. Aussi insiste-t-il sur le rôle de l'Église : il va identifier la Sagesse avec l'Église. On sent ici l'influence de Dostoïevski, dont il est l'ami depuis 1873, et qui s'adonnait de plus en plus à la lecture de l'Apocalypse. Le point culminant de leur amitié est leur voyage commun à l'Optina Poustyn, en juin 1878 pour y voir le starets Ambroise, source d'un épisode des *Frères Karamazov*. Soloviev voyait dans la personne du romancier un prophète. C'est sous l'influence de Dostoïevski que le problème mystique de l'Église prend dans sa pensée de plus en plus d'importance. Sans doute, le Dieu-Homme s'est déjà incarné, mais il faut encore que se forme un homme-dieu universel et collectif, une *Divino-humanité* qui sera l'Église universelle. Telle est l'œuvre de l'incarnation de la Sagesse de Dieu. L'humanité est un organisme au sein duquel chaque peuple accomplit une œuvre historique particulière, et *la Russie a la mission de réaliser la vie intégrale.* Soloviev définit le messianisme comme la conviction d'un peuple d'être « le porteur élu et le réalisateur des destinées historiques de l'humanité ». L'Occident représente le principe humain, qui s'est séparé du principe divin et qui demeure une force atomisante. La tâche est donc de rétablir l'unité de l'organisme de l'humanité : un peuple, la Russie, doit « communiquer au monde une âme vivante, donner la vie à l'humanité meurtrie et déchirée, en la réunissant à l'éternel principe divin ». Au fond, conclut Stremooukhoff, ce n'est qu'avec Soloviev que le slavophilisme s'érige en véritable messianisme.

2 — A partir de 1881, Soloviev va quitter le seul plan théorique. Si, pendant la première période de sa vie, il s'est plutôt occupé de théosophie, pendant la seconde il s'intéresse presque exclusivement à la réalisation de son idéal théocratique. En effet, dans la sphère de la *volonté,* l'œuvre de l'incarnation apparaît comme la *théocratie*. Mais cet idéal est assombri d'inquiétudes. L'événement qui ébranlera la foi de Soloviev dans la Russie est l'assassinat, le 13 mars 1881, d'Alexandre II. Le philosophe était de ceux

qui estimaient que le régicide avait posé en Russie le problème religieux dans toute sa troublante difficulté. Il se fit huer lorsque, pour sauvegarder le caractère chrétien du principe monarchique, il réclama la grâce des régicides. Il irrita aussi par son article critique sur l'encyclique des évêques orthodoxes et intitulé « A propos du pouvoir spirituel en Russie » : s'en prenant au patriarche de la Russie, Nikon, il affirmait que le principal des péchés de la Russie concernait l'Église elle-même, devenue plus « temporelle » que spirituelle. Tout en croyant comme les slavophiles à la mission de la Russie et des Slaves, Soloviev pensait que cette mission ne pouvait être que la réunion des Églises. Celle-ci s'avérait être la condition de l'avènement de la Russie à son rôle messianique, et c'est cette réunion qui devenait dès lors le moyen de réaliser l'incarnation de la Sagesse.

Son livre, *L'Histoire et l'avenir de la théocratie,* n'est pas une étude historique, mais une philosophie de l'histoire biblique. L'histoire universelle n'est rien d'autre que la purification et le perfectionnement de l'être humain en vue de la théocratie. Certes, l'union du divin et de l'humain s'est accomplie individuellement dans la personne de Jésus-Christ, mais elle doit s'effectuer encore dans la vie sociale et morale de l'humanité. Or Soloviev pense que la Russie ne pourra jamais remplir cette mission sans la réconciliation des Églises. Pour cela, il est indispensable de reconnaître la paternité du pape. C'est pourquoi Soloviev entre en relations avec l'évêque des Croates, Strossmayer, qui, sous le pontificat de Léon XIII, a été considéré comme l'avocat des Slaves auprès du Saint-Siège. Par l'intermédiaire de la comtesse E. Volkonskaïa, le philosophe est invité en 1886 à Djakovo. Strossmayer estime que, les Russes commençant à jouer en Europe un rôle de plus en plus important, c'est l'empereur Alexandre III qui devra accomplir la réunion des Églises : la Russie doit devenir un empire chrétien qui, dans les temps nouveaux, aura l'importance qu'avaient les empires de Constantin et de Charlemagne dans le passé. Mais les « articles croates » de Soloviev furent considérés comme un *corpus delicti,* et la censure prit des mesures contre son activité de publiciste. Les slavophiles rompirent avec lui : au fond, même dans leurs vues les plus hardies, ils n'avaient jamais prédit à la Russie un rôle d'une magnificence et d'une ampleur semblables à celui qu'il lui promettait ; mais l'accomplissement de cet avenir glorieux était fondé, selon lui, sur une sévère critique de l'orthodoxie orientale, qu'ils ne pouvaient admettre. Or il attaquait leur système de philosophie religieuse et niait leur originalité ; à l'en croire, les idées des premiers slavophiles se trouvent déjà chez Lamennais, d'autres se sont inspirés de la philosophie réactionnaire de J. de Maistre. Par crainte de la censure, il rédige en français *La Russie et l'Église universelle*. La publication de ce livre le rapproche des jésuites russes qui habitent à Paris. Mais s'il séjourne à Paris en 1888, le voyage prévu à Rome n'aura pas lieu, car les malentendus et la rupture avec la Société de Jésus ne tardent pas. Le seul homme influent du monde catholique qui reste attaché à Soloviev est l'évêque Strossmayer. Il recommande « l'idée russe » au pape ; Léon XIII s'écrie : *« bella idea, ma fuor d'un miracolo è cosa impossibile »*. En réalité, l'incident du télégramme de Kiev (envoyé par Strossmayer pour le neuvième centenaire du baptême de la Russie) montra que le Vatican ne partageait pas les larges vues de Strossmayer sur la réunion des Églises. Et le découragement s'empara des amis.

3 — L'écroulement des espérances théocratiques inaugure une troisième période, plus complexe, plus tourmentée, dans la pensée de Soloviev. Le début des années 1890 fut une période de troubles : une famine, la guerre sino-japonaise et, pour le philosophe, éloignement de l'Église et tourments d'amour. Mais les soucis et l'insuccès de l'œuvre théocratique n'entraînent pas le pessimisme absolu. L'œuvre de l'incarnation de la Sagesse apparaît sous un nouvel aspect : celui de la *théurgie* : il faut chercher un *art véritablement théurgique,* plus apte à accomplir cette mission. La morale et la politique chrétiennes doivent cultiver la semence du Royaume de Dieu qui est dans l'humanité ; et la théurgie doit la développer définitivement en accomplissant la résurrection des morts. Ces nouvelles perspectives apparaissent dans *La Justification du Bien* (1897). L'ouvrage nous apprend que les trois piliers de la vie éthique sont la pudeur, la pitié et la piété. La troisième partie traite du Bien dans l'histoire et dans la société. L'humanité intégrale est la plénitude harmonieuse de

toutes les particularités positives de la création nouvelle ou régénérée, c'est-à-dire non seulement individuelles, mais aussi nationales. « L'Empire à deux têtes » signifie la paix de l'Orient et de l'Occident. La politique de la Russie doit donc être impériale et chrétienne, elle doit suivre le testament de Pierre Ier et de Catherine II. Il semble qu'en 1896-1897, Soloviev continue à croire à l'importance de Rome en tant que centre unificateur : lui-même s'est confessé et a reçu la communion d'un prêtre catholique, le Père Nikolaï Tolstoï, qui se croyait en communion simultanée avec les deux Églises ; ne s'agissait-il pas d'une adhésion secrète au catholicisme ?

Pourtant, une conversion individuelle est de peu de poids : le sujet du progrès moral est l'homme individuel *en commun avec la société*. Le sens moral de la vie se réduit à la lutte et au triomphe du Bien sur le Mal. La philosophie morale s'adresse à ceux qui ont déjà fait une sorte de pari pascalien en choisissant la voie du Bien. Mais la *Justification du Bien* devait être suivie d'un volume sur la philosophie théorique et d'un autre sur l'esthétique : seule la mort interrompra ces travaux. On sait du moins qu'il ressentait la nature comme un essor de l'âme du monde vers Dieu, et la beauté naturelle comme le commencement de l'incarnation de la divine Sophia. La Beauté est l'idée par excellence, l'idée incarnée ; elle est « la transfiguration de la matière, par l'incarnation en elle d'un autre principe supramatériel ». Les considérations esthétiques de Soloviev impliquent une métaphysique de la lumière héritée de Schelling. Le degré de consommation de l'« incarnation » est le critère proprement *esthétique ;* dans l'art, l'homme y travaille consciemment. La musique et la poésie lyrique fournissent un exemple de l'anticipation de cette incarnation. Soloviev est lui-même poète : en donnant dans sa poésie un équivalent symbolique de son système philosophique, il devient le précurseur des symbolistes russes. Dans ses articles sur le sens de l'amour, il expose la théorie, qui lui est chère, de l'Éternel féminin. En dernière analyse, l'œuvre messianique et divino-humaine, dans la troisième période de la vie de Soloviev, est reléguée dans le domaine de l'esthétique mystique : elle est véritablement théurgique. Elle repose sur la tentative de concilier l'ancien messianisme solovievien avec la conviction de l'imminente catastrophe apocalyptique : elle témoigne d'un indéniable pessimisme eschatologique.

Puisqu'il a renoncé à l'enseignement, Soloviev doit vivre de sa plume et ses revenus sont plutôt réduits. Ses largesses à l'égard des pauvres et son manque total de sens pratique le réduisent à la gêne. Sa santé se gâtait peu à peu. Il revit la terre d'Égypte : ce voyage l'impressionna singulièrement, il se rendit mieux compte de l'échec de ses espérances en revoyant le pays qui les avait symbolisées jadis. On évoque même « sa vision diabolique » de 1898 : l'Antéchrist approche, et ses précurseurs sont Tolstoï et Nietzsche. Pour réfuter ces théories perverses, il s'adresse au grand public, dans les *Trois Entretiens.* Il ne croit plus à la réalisation de l'idéal théocratique dans les limites de l'histoire. En revanche, le thème du *millenium* lui permet de ne pas dire adieu pour toujours à l'œuvre divino-humaine : c'est pendant le *millenium* que se réalisera la résurrection de tous les morts par les efforts divino-humains. Cette résurrection paraît devoir être comprise comme une œuvre théurgique. Mais Soloviev est ici peu explicite. Une maladie causée par un épuisement général l'enlèvera en 1900. C'est d'un prêtre orthodoxe qu'il recevra les derniers sacrements.

Titan à la tête de lion

C'est ainsi que ses contemporains voyaient Michel Bakounine (1814-1876) : en lui se manifestait la force séculaire de la paysannerie russe. Ce sera un révolutionnaire, non par l'esprit, mais par le cœur, avec toute la vigueur et l'ardeur d'un tempérament de bagarreur. Il était le fils d'un propriétaire de Tojork. Officier de la garde impériale, il se mit en congé pour étudier la philosophie à Berlin. Jusqu'à son départ pour l'Allemagne en 1840, il était d'une religiosité profonde, au point que, selon son ami Stankévitch, il s'attendait toujours à un miracle. Sa vie peut se diviser en deux périodes, « séparées l'une de l'autre par la captivité que Bakounine — livré au tsar par le gouvernement prussien après sa folle équipée de 1849 à Dresde — subit de 1849 à 1861, d'abord dans la terrible forteresse Pierre-et-Paul à Saint-Pétersbourg et ensuite en Sibérie.

Révolutionnaire religieux pendant les années 40, Bakounine rejette dans les années 70 la foi quasi mystique qui avait inspiré son action un quart de siècle plus tôt » (Henri Arvon).

En 1841 il découvre donc Schelling, puis Fichte et Hegel, enfin la gauche hégélienne. C'est bien dans sa lutte contre une « aliénation » à la fois religieuse et politique qu'Arnold Ruge veut entraîner le jeune Russe. Mais celui-ci, qui a découvert Lamennais, entend rester chrétien. Mystique par nature, Bakounine est conduit par une pente naturelle vers ce socialisme religieux qui caractérise « 1848 ». En 1849, il réussit ce tour de force d'être condamné à mort successivement en Prusse, en Autriche, en Russie... et de rester vivant.

C'est seulement en 1864, trois ans après son évasion rocambolesque de Sibérie, que Bakounine fait ouvertement profession d'athéisme, dans le *Cathéchisme révolutionnaire,* destiné à faire pendant au *Manifeste communiste.* D'ailleurs, depuis longtemps attiré par la franc-maçonnerie, il en devint membre : le mystère et le rituel comblaient son goût prononcé pour les sociétés secrètes. Selon H. Arvon, l'athéisme de Bakounine cherche à compenser son apparition tardive par une intensité peu commune. L'auteur des *Ours de Berne* veut diriger l'Association internationale des Travailleurs, et rencontre l'hostilité de Marx. Celui-ci fait dépendre la disparition de l'État de celle des classes sociales, en un « dépérissement » progressif ; pour Bakounine, la disparition de Dieu entraîne fatalement et immédiatement celle de l'Etat. Il n'empêche que, dans sa *Confession,* il manifeste encore un étrange penchant pour le pouvoir dictatorial. Il fonde en 1868 la secte des *Frères internationaux* qui forment une véritable police révolutionnaire.

Mais c'est finalement la Commune de Paris qui agit sur lui comme catalyseur. Elle est la première réalisation de ses vues anti-étatistes. Voulant l'imiter, il subit l'échec de son soulèvement communiste à Lyon (1870). C'est au Congrès de La Haye de 1872 qu'a lieu sa rupture définitive avec Marx. Il crée alors la « Fédération jurassienne », berceau du parti anarchiste. On a parlé de l'« attitude quasi pathologique de l'anarchiste Bakounine à l'égard de l'État ». A l'en croire, l'État constitue un danger permanent pour l'intégrité personnelle ; heureusement, ce n'est qu'« une institution historique, transitoire, une forme passagère de la société ». Mais l'anarchiste dénonce la pente fatale qui fait glisser tout pouvoir politique vers une domination pernicieuse de toute la vie sociale. L'État ne maintient qu'un semblant d'ordre, en faveur des privilégiés ; la dictature du prolétariat prônée par « Marx et ses amis » n'échappe pas à cette fatalité.

L'anti-étatisme ne saurait se concevoir sans l'antithéisme. La révolution doit être une insurrection à la fois politique et métaphysique. La liberté humaine suppose la négation de Dieu. Ici se manifeste le principe qui anime la pensée entière de Bakounine : la valeur singulière de la personne, rebelle par définition à toute uniformisation et à tout écrasement. Cette pensée prône l'épanouissement dans la diversité. La multiplicité vivante et mobile du réel éclate surtout dans le domaine éthique. On ne rejoint les autres que par un acte qui, au lieu d'être dicté par un Absolu, vient de soi-même ; or cet acte est l'amour (H. Arvon). Bakounine oppose à l'esclavage divin, non une liberté donnée, mais un procès de libération. « Je ne suis vraiment libre, écrit-il, que lorsque tous les êtres humains qui m'entourent, hommes et femmes, sont également libres. » La liberté d'autrui est « la condition nécessaire et la confirmation » de ma liberté. Mounier, *personnaliste* chrétien, félicitera Bakounine d'avoir refusé cet individualisme bourgeois (qui lui répugnait viscéralement) et ce libéralisme dont les tares sont dues à une liberté inscrite dans les seules dimensions de l'individu isolé. Bakounine était « convaincu que toute la richesse du développement intellectuel, moral et matériel de l'homme, de même que son apparente indépendance — que tout cela est le produit de la vie en société. L'homme ne réalise sa liberté individuelle ou bien sa personnalité qu'en se complétant de tous les individus qui l'entourent » : solidarité et convivialité.

Bakounine présente lui aussi sa triade dialectique : *animalité-religion-humanité.* Comme l'âge métaphysique chez Comte, le second terme est négatif. Toutefois la religion est le « premier éveil de l'humaine raison sous la forme de la divine déraison... Par la religion, l'homme animal, en sortant de la bestialité, fait un premier pas vers l'humanité ; mais tant qu'il restera religieux, il n'atteindra jamais son but ». La religion a rempli son rôle historique. Cependant — c'est la thèse d'Arvon —, l'accord profond entre l'amour prêché par le christianisme et la solidarité semble si indiscutable que Bakounine lui-même en tente le rapprochement : « Il brosse de la solidarité sociale un tableau dont les couleurs sont proprement religieuses. » Peut-être s'agit-il d'une vision du monde manichéenne, car Satan est chargé de la révolte libératrice. Néanmoins, « Bakounine, par son athéisme excessif, témoigne d'une présence divine obsédante, dont il ne parvient pas à se débarrasser ». Il convient aussi de re-situer cette attitude dans l'histoire : en 1864, les tristes textes de l'encyclique *Quanta cura* et du *Syllabus* avaient été une douche froide pour les enthousiasmes ; Henri Guillemin a pu dénoncer le sot égoïsme des catholiques du XIXe siècle et une union politico-religieuse apparemment indissoluble. L'athéisme de Bakounine serait en quelque sorte un signal d'alarme. Très daté lui-même historiquement, il s'est nourri de Feuerbach, Comte, Darwin, et semble quelque peu hétéroclite. Mais il ne serait pas trop difficile d'y discerner des présupposés religieux. Quoi que Bakounine en dise, « Dieu ne cesse d'être présent à son esprit ; il demeure, dans une vie qui, par ses outrances mêmes, prodigue des signes irrécusables de sincérité totale, une provocation permanente » (H. Arvon). L'athéisme bakounien et la foi religieuse se trouvent immanquablement liés dans la lutte qu'ils mènent contre « l'individualisme atomisant » et par conséquent inhumain. « Cet absolu défi, écrit E. Mounier, si lamentablement absent d'un certain socialisme scientifique et petit-bourgeois, hausse l'anarchie au sublime... » Bakounine aura de nombreux disciples. La « grande littérature anarchiste » est marquée par un caractère directement populaire. « En regard de la littérature anarchiste, la littérature marxiste moyenne... frappe par son caractère implacable, un peu pesamment scientifique, hargneuse dans l'attaque, maussade dans la défense, plus fanatique que fervente... Une odeur de bibliothèque, avec elle, descend sur les masses ouvrières » (E. Mounier).

La prise de parti en philosophie

Il n'est pas question de raconter la vie de Vladimir Oulianov Lénine (1870-1924), laquelle se confond avec une page de l'histoire mondiale. Ce qu'il faut rappeler, c'est qu'il fut bien moins un « révolutionnaire professionnel » qu'un intellectuel, issu d'une famille typique de l'intelligentsia russe de la fin du siècle dernier. Il fut très tôt un fervent lecteur, en diverses langues. Dans les années 1830-1840, l'allemand avait été la langue de l'élite romantique russe ; maintenant il redevient celle des premiers marxistes : Lénine a donc un accès direct aux sources, y compris à la *Logique* de Hegel.

Son frère Alexandre a été exécuté comme révolutionnaire. Lui-même est déporté en Sibérie à vingt-sept ans avec sa compagne Nadejka Konstantinovna Kroupskaia. Il publie *Le Développement du capitalisme en Russie* (1898) : une des particularités du léninisme est d'insister sur le nécessaire approfondissement du socialisme scientifique. « Nous ne considérons nullement la théorie de Marx comme achevée et intangible », écrit Lénine au cours de sa première émigration : « Les socialistes russes doivent continuer à la creuser. » La lutte théorique pour une philosophie révolutionnaire trouve son expression dans *Matérialisme et Empirio-criticisme* : Lénine, qui ne comprend pas le physicien Mach, l'assimile à Berkeley. Lors de sa seconde émigration, il fonde à Longjumeau une école de parti, où il enseigne l'économie politique, la pratique et la théorie du socialisme. Dans *Les Trois Sources et les Trois Parties constitutives du marxisme* (1913), Lénine proclame que « la doctrine de Marx est le successeur légitime de tout ce que l'humanité a créé de meilleur au XIXe siècle : la philosophie allemande, l'économie politique anglaise et le socialisme français ». Dans *l'Impérialisme, stade supérieur du capitalisme* (1916), il rappelle que la tâche est d'éclairer les masses sur leurs véritables intérêts « par une *explication* patiente, tenace, systématique, adaptée à tous leurs besoins concrets ». Il emprunta à Tchernychevski le titre *Que faire ?* pour un de ses ouvrages sur les tâches et la tactique révolutionnaires : « Sans théorie révolutionnaire, pas de mouvement révolutionnaire » ; mais « seul un parti guidé par une théorie d'avant-garde est capable de remplir le rôle de combattant d'avant-garde ». L'auteur dénonce le « rétrécissement » de l'action politique par les « économistes », et dévoile ce qu'il y a de commun entre l' « économisme » et le « terrorisme ». Il conclut que « l'activité politique a sa logique, indépendante de la conscience de ceux qui, avec les meilleures intentions du monde, ou bien font appel à la terreur, ou bien demandent que l'on donne à la lutte économique elle-même un caractère politique ». Lénine s'en prend aux « méthodes artisanales des économistes ». On retrouve le même thème en 1920 chez l'homme d'État, dans *Gauchisme, maladie infantile du communisme :* pour être efficace, la lutte doit entraîner les masses, ce que ne sauraient faire quelques farfelus enragés.

Selon Nina Gourfinkel, il y avait en Lénine, à côté du logicien méthodique, un artiste à la riche imagination. Il était cependant l'homme des idées claires. « De tous les marxistes, Lénine fut sans doute le plus cartésien, sinon le seul… Son style est celui d'un joueur d'échecs. » Aussi L. Althusser n'a-t-il pas eu de peine, dans *Lénine et la Philosophie,* à systématiser *les grandes thèses philosophiques de Lénine.* La philosophie n'est pas une science ; elle est distincte des sciences. Mais si la philosophie est distincte des sciences, il existe entre la philosophie et les sciences un lien privilégié. L'histoire de la philosophie se réduit à la lutte entre deux tendances : l'idéalisme et le matérialisme (tout « milieu » est « exclu »). Honte à ceux qui se refusent à l'inéluctable « prise de parti » (politique) en philosophie.

Les deux dernières « thèses » ressortissent du plus franc terrorisme intellectuel. Mais, aux yeux des philosophes, Lénine reste le sagace rédacteur, dans sa jeunesse, des *Cahiers philosophiques*, où il commente de manière très vivante la *Logique* de Hegel.

Le diamat, insaisissable et incertain

Sous la chape de plomb du stalinisme, l'originalité n'existe à peu près plus dans la pensée soviétique. « La philosophie soviétique est assurément la moins critique des philosophies », écrit d'ailleurs Guy Planty-Bonjour. Sur la thèse du primat de l'être sur la connaissance, l'orthodoxie léniniste ne transige pas : le marxiste hongrois Georg Lukàcs l'apprendra à ses dépens. En effet, son ouvrage *Histoire et Conscience de classe,* paru en 1923, insistait sur l'activité de l'esprit et récusait la dialectique de la nature. Dès l'année suivante, Deborin en dénonce le caractère « révisionniste » : il y voit une tentative pour interpréter Marx en larguant Engels. Cette condamnation témoigne, chez les philosophes soviétiques, d'une inquiétude : on n'est jamais bien sûr d'avoir purifié la dialectique de ses scories idéalistes tant qu'on ne l'a pas appliquée à la nature. Or, quelques années plus tard, Deborin, le défenseur de la dialectique de la nature contre Lukàcs, sera condamné pour déviation hégélienne : on lui reproche d'estomper les différences entre Hegel et Marx.

Après la condamnation de Deborin, l'enseignement philosophique fut dirigé par des courtisans qui eurent tôt fait d'anéantir toute trace de recherches authentiques. Ce fut plus que jamais la série des expulsions, condamnations, excommunications, pour « déviationnisme », « révisionnisme » ou blasphèmes. Dialectique sans subjectivité, matérialisme dialectique, dialectique sans « Logos », matière dialectique : telle est la doctrine, absente chez Marx, que les philosophes russes défendent contre leurs adversaires. Car ils rencontrent des contradicteurs... marxistes. Ainsi H. Lefebvre écrit : « En fait le dia-mat (matérialisme dialectique) ne dépasse pas philosophiquement le niveau de la philosophie de Victor Cousin. C'est une salade éclectique... » Merleau-Ponty évoque cette position « préhégélienne et même pré-kantienne ». Ces critiques sont consternés quand Staline donne *Matérialisme dialectique et Matérialisme historique* (1938) : diffusées à plus de 200 millions d'exemplaires, ces trente pages d'innovations et simplifications peu heureuses, vont régir l'activité philosophique en URSS jusqu'en 1953.

Cependant, sans attendre l'attaque officielle du XXe Congrès du P.C., les philosophes soviétiques critiquent Staline dès 1954; ils parlent d'une « pensée sclérosée qui ratiocine », d'une « véritable scolastique ». Mais, sur les rapports de la science et de la philosophie persiste la thèse officielle de l'assistance mutuelle : « Pas de juxtaposition, mais une coopération vivante. » La condamnation de la théorie de la Relativité, la malheureuse affaire Lyssenko et autres empiètements du dogme ont produit, dans le monde entier, une fâcheuse impression qui sera lente à s'effacer.

Guy Planty-Bonjour a étudié avec soin *les catégories du matérialisme dialectique.* Chez les Soviétiques, le mot *catégorie* n'est guère univoque. « Les catégories de la dialectique reflètent les liens et les rapports généraux », lisons-nous dans une revue. Les meilleurs auteurs reprennent la consigne donnée par Lénine, dans ses *Cahiers,* d'établir un système de catégories intrinsèquement liées les unes aux autres. Mais la logique dialectique est censée supplanter la logique formelle de toujours. « L'intrépide linguiste Marx écrivait très sérieusement que la logique formelle représentait une étape de la pensée désormais révolue, et prophétisait, sans gêne apparente, que dans quelques années — trois ou quatre ans au plus — la langue russe allait disparaître pour faire place à une langue nouvelle, la langue marxiste. » Pour une fois, Staline avait été plus prudent : dans son étude *A propos du marxisme en linguistique* (1950), il avait fait l'éloge des langues maternelles. En tout cas, on maintient comme article de foi la distinction entre la « catégorie » philosophique de la matière et les représentations *(predstavlenie)* scientifiques de la matière. Est traité de révisionniste quiconque rejette ce dogme. Mais, pour Lefebvre, ce sont les philosophes soviétiques qui sont des révisionnistes. Bien plus, entre la doctrine de Marx et celle qui s'est codifiée à la suite d'Engels et de Lénine, le lien est si lâche que le mot « révision » est insuffisant : il s'agirait d'une autre doctrine. Celle-ci néglige le fait que Marx enregistrait l'expérience de l'*aliénation* sur le plan de l'histoire. De même, Kostas Axelos s'élève contre « les bavardages sur la question de la primauté de la *matière* ou de *l'esprit* ».

Cette doctrine « post-marxiste » n'est d'ailleurs pas monolithique. Les uns insistent sur la primauté du matérialisme dialectique, alors que les autres privilégient le matérialisme historique. Le vocable « contradiction dialectique » est pris dans des acceptions fort différentes. Le « marxisme-léninisme » situe la négation, non dans l'esprit, mais dans la réalité matérielle, dans l'évolution de la nature. Pourtant certains outsiders soulèvent quelques problèmes qui tendent à nuancer la thèse reçue. S'il y a des divergences d'opinion sur la nature de la causalité, le refus d'envisager la finalité est unanime : la *Critique de la faculté de juger* est ignorée. Selon G. Planty-Bonjour, « c'est le parti pris anti-religieux qui dispense » ces auteurs « d'aborder franchement, loyalement, la question de la finalité ». Bien plus, « le vertige est tel chez les philosophes soviétiques lorsqu'ils rencontrent le problème de Dieu qu'il faut s'attendre à tout ».

Mais l'époque stalinienne est révolue. L'actuel matérialisme dialectique n'exerce pratiquement plus aucune censure sur l'activité scientifique. Toutes les sciences ont obtenu un statut d'indépendance effectif. Mais les penseurs soviétiques imaginent à tort que toutes leurs théories sont induites de la science et fondées sur elle. Aussi a-t-on pu dire que « l'orthodoxie soviétique, philosophie insaisissable parce qu'incertaine, est tout à la fois un scientisme et une nouvelle *Naturphilosophie;* un historicisme aussi, puisqu'on proclame que « le logique se réduit à l'historique ». En gros, cette philosophie s'offre comme une doctrine évolutionniste fortement imprégnée de scientisme. Et comme elle tient à éviter de sombrer dans « le marais de l'empirisme », on est en droit de s'interroger sur sa cohérence. Néanmoins, avec la *perestroïka,* il semble que l'atmosphère intellectuelle soit de moins en moins pesante. Les psychanalystes ne sont plus obligés de se terrer, alors que leur métier était naguère rigoureusement prohibé, sous la menace de l'ultime châtiment. Ne vient-on pas de réhabiliter le philosophe polonais Adam Schaff, accusé d'avoir fait tourner la mayonnaise marxiste en y mêlant des ingrédients personnalistes ? L'hypothèque du dogme infaillible est en passe d'être levée.

C'est en connaissance de cause que Nicolas Berdiaeff exposait en 1937 *Les Sources et le sens du communisme russe.* Arrêté et déporté sous les tsars, il était, en 1917, du côté de la Révolution. Mais profondément chrétien, il sera accusé d'activités contre-révolutionnaires, arrêté par la tchéka et expulsé en 1922. Il vivra dans sa petite villa de Clamart jusqu'en 1948.

On ne sait s'il faut considérer Berdiaeff comme existentialiste, ou personnaliste, ou anarchiste chrétien. En tout cas, son *Essai d'autobiographie spirituelle* (posthume, 1958) est très attachant.

CHAPITRE XI

Turbulences françaises

Le 1er septembre 1939, commence la Seconde Guerre mondiale. Elle durera près de six ans, jusqu'en mai 1945. Comme le souligne R. Rémond, ses caractères sont ceux mêmes du premier conflit mondial : « l'extension dans l'espace, longue durée et intensité croissante qui font de cette guerre une guerre plus totale encore — si les termes supportent d'être ainsi employé — que la précédente ». Tous les continents y sont entraînés. La période, éminemment tragique, a laissé des traces indélébiles en France et ailleurs. Si les pertes humaines sont incalculables, on connaît l'ampleur des ruines. Les traces les plus manifestes sont la désorganisation des sociétés, la destruction des élites, la décapitation de la Pologne et de quelques autres pays. Les Européens découvrirent, horrifiés, l'univers concentrationnaire, l'extermination systématique de millions de juifs. Cependant R. Rémond relève des conséquences positives. La victoire confère une nouvelle jeunesse aux idées démocratiques. Le socialisme paraît, selon Léon Blum, « le maître de l'heure ». Les progrès du communisme marxiste sont considérables. La démocratie chrétienne est une donnée nouvelle du système des forces politiques. On n'en parle pas moins de « démoralisation ». Pierre Goubert va jusqu'à poser la question : « L'on se prend à songer à ceux qui sont morts dans la boue ou dans les chambres à gaz. Était-ce pour quelque chose ? »

Alors que plusieurs pays subissaient l'administration directe de l'Allemagne, la France avait gardé le gouvernement fantoche de Vichy. Tout au plus peut-on « constater que Vichy, avec ses velléités, ses contradictions, ses échecs, apparaît comme une époque d'une amertume infinie, dont tous, quel que soit leur camp, peuvent ressentir la tristesse », écrit Robert Aron.

Les gérontes et la jeunesse

Le gouvernement du vieux maréchal voulait enrégimenter et rééduquer la jeunesse. L'individualisme, pour les moralistes vichyssois, était un péché capital. On reconnaît ici les idées de Charles Maurras : le Cercle Fustel de Coulanges préconisait de débarrasser les livres scolaires de tout parti pris en faveur de la République. Pétain se déclarait ennemi du « funeste prestige d'une pseudo-culture purement livresque ». On établit une liste de livres à mettre à l'index ; on procéda au nettoyage des bibliothèques scolaires. Dès 1940, la chasse aux sorcières était lancée contre les enseignants ; le chiffre des purges a grossi tout au long de la période de l'Occupation. Ainsi s'imposait « l'Ordre nouveau » dans l'enseignement et la jeunesse. Parmi les ministres de l'éducation, le philosophe Jacques Chevalier était « une sorte de templier, de moine ligueur ». Carcopino, l'historien, essaya de raison garder. Mais Abel Bonnard, littéraire décadent, constatant l'esprit de défi chez les élèves et les enseignants, adressa en août 1942 la « circulaire du mouchardage ». Il en lançait aussi de fort moralisantes : les jeunes filles devaient se préparer à être « les ordonnatrices et les gardiennes du foyer ». Les autorités s'en prenaient aux instituteurs, armée de « politicards en redingote pédagogique », et à la pensée de Durkheim enseignée dans les écoles normales : on accusait la sociologie de ne pas être une science mais une doctrine philosophique. Durkheim, disait-on, avait revêtu le maître d'école de l'habit du prêtre, mis au goût du jour, et l'avait chargé d'enseigner la morale. Puisque, pour lui, celle-ci et l'intérêt de la société ne faisaient qu'un, tout fondement transcendant de la morale se trouvait de ce fait supprimé (W.D. Halls). Maurice Bardèche voulait que la jeunesse fût coulée dans un moule héroïque, avec un penchant pour la brutalité. Henri de Montherlant exaltait un principe de puissance et d'énergie proche du nazisme, il dénonçait dans le christianisme une religion « femelle » avec laquelle l'Europe devait rompre. On traîne Gide dans la boue, mais on annexe Péguy avec un certain succès.

Dans les Chantiers de Jeunesse, il s'agissait de formation, de formation virile par l'exercice physique, et de formation morale, assurée par le culte de l'honneur et la vie en communauté. On ressassait la culture du Moyen Age, comme s'il s'agissait de faire oublier le morne présent. Mais l'idéal d'autres organisations, c'était le nazisme, avec sa doctrine de la force qui prime le droit, de l'antibolchevisme, de l'antisémitisme, de l'anti-franc-maçonnerie et du dénigrement de la philosophie chrétienne.

La politique de Vichy ne fut jamais homogène ni uniforme. Elle fut au contraire constamment fluctuante et dominée par des dissensions internes. Elle était violemment critiquée par la presse collaborationniste de Paris, notamment par *L'Œuvre,* journal du sociologue Marcel Déat, passé du socialisme à un néo-socialisme proche du nazisme, et partisan du parti unique. La « Révolution nationale », une fois son impact émoussé par la poursuite de la guerre, ne suscita pas beaucoup d'adhésions chez les jeunes et on peut conclure à l'échec du « redressement moral » prôné par Vichy.

D'ailleurs, les meilleurs, partout, ne peuvent que continuer le combat antinazi. En 1940, André Malraux, évadé, écrit à de Gaulle, lui proposant de combattre dans l'aviation française libre. Il ne reçoit pas de réponse : la personne qui s'était chargée de la lettre l'avait avalée avant d'être arrêtée par la police. Du moins, en 1944, Malraux, auquel ses camarades ont donné le nom du héros des *Noyers de l'Altenbourg,* Berger, commande 1 500 maquisards du Sud-Ouest. Pour lui, tout se ramène à l'action. Un homme est ce qu'il fait. « Que Malraux traite en métaphysicien de littérature, d'art, et, en général, de tout problème suscité par la vie, n'est plus à démontrer », écrit Françoise Dorenlot. Le secours de la religion rejeté, l'angoisse est la matière même de ses livres, toute interrogation sur la vie conduisant à l'angoisse. La mort l'obsède. Mais, déclare Malraux, « j'ai cherché des images de la grandeur humaine ». L'auteur de *La Tentation de l'Occident* chemine sur une difficile ligne de crête : à égale distance des abîmes de l'illusion et de ceux du désespoir.

Dans le château de Bayard

« C'est un étrange conte que celui d'Uriage. Un conte qui commence en 1940 dans le château de Bayard... »

(P. Bitoun). Bernard-Henri Lévy se trompe quand il voit dans ce « conte » le vieil « organicisme », le traditionalisme politique et social d'une certaine bourgeoisie. Dès 1940, quelques officiers, comme Dunoyer de Ségonzac, pensaient à la revanche. L'« École des cadres » d'Uriage fut un lieu de non-conformisme et de débat permanent. Chacun, intellectuel ou non, parvenait à y exprimer son originalité et ses préférences. Le débat sur la construction d'une autre société s'organisait autour de la notion de *personne* et de *révolution personnaliste et communautaire* — titre d'une étude d'Emmanuel Mounier (directeur de la revue *Esprit*), parue en 1935. La mission de la France serait, après la guerre, de bâtir, au-delà de la démocratie libérale et des régimes totalitaires, une nouvelle civilisation, humaine et « communautaire ». Il fallait arracher aux « vichystes » l'idée-force de la communauté, qui était leur tarte à la crème. Normalien, philosophe chrétien, Mounier (1905-1950) connaissait grâce à son ami Landsberg la philosophie de Max Scheler. Pour lui, le personnalisme ne s'épuise pas dans le triple refus de l'individualisme libéral, de l'« organicisme » pétainiste et du totalitarisme. C'est une doctrine positive et constructive de l'homme et de la cité. « Le personnalisme, comme toute doctrine mêlée à l'histoire, n'est pas un schéma intellectuel » hors du temps, écrit Mounier : « Il combine la fidélité à un certain absolu humain avec une expérience historique progressive. » Le souci de pureté s'y mêle à la volonté d'engagement. « Une philosophie de l'engagement est inséparable d'une philosophie de l'Absolu. » La personne est une unité concrète et vivante, inscrite dans des liens communautaires (ceux de la famille, de la profession, de l'association, de la nation), et qui unit autonomie et singularité, spiritualité et transcendance par rapport à ses enracinements. Les deux pôles de l'être humain, son inscription dans la communauté et sa conscience individuelle, sont inséparables. L'ensemble de cette dialectique s'incarne et prend vie dans la *vocation* de la personne. « Ainsi s'opérera la conciliation pratique de la liberté et de l'autorité », déclarait Jean Lacroix (1900-1987), qui fréquentait Uriage. (Il sera professeur de khâgne à Lyon, chroniqueur philosophique du *Monde,* auteur d'ouvrages denses et suggestifs tels que *Le Personnalisme comme anti-idéologie.)* « Ainsi s'opérera la conciliation pratique de la liberté et de l'autorité. »

La vie d'Uriage témoigne d'une rupture progressive avec les autorités et d'une proximité croissante avec les organisations de résistance. Mounier fut arrêté, incarcéré à Lyon, puis libéré après une grève de la faim. Finalement l'école sera fermée et ses membres prendront le maquis. Malgré tout, ils avaient réussi à élaborer la « *Somme* d'Uriage » dans laquelle on peut lire que « dans l'Europe d'après-guerre l'avènement d'un humanisme européen sera plus que jamais nécessaire, car la majeure partie des malentendus tiennent à des différences de structures mentales : un petit nombre d'esprits d'élite » doivent se rendre capables de « connaître et briser les barrières ». Comme l'explique P. Bitoun, les hommes et les femmes d'Uriage croient qu'il est indispensable que s'élève dans la société française un souffle spirituel capable de réunir les énergies, d'emporter l'adhésion de tous à l'éthique de l'homme et du monde nouveaux : « Ici intervient l'ultime utopie de l'équipe : *l'Ordre.* » L'idée insolite d'un Ordre a mûri pendant la Résistance et pris corps les derniers mois précédant la Libération. « Entreprise étrange et passionnante, l'*Ordre* incarne, plus que tout autre projet de l'équipe, la volonté d'affirmer et de prolonger dans la paix les valeurs et l'expérience vécues durant la guerre. » L'Ordre ne se voulait ni parti ni Église ; il entendait servir l'homme et la liberté. « Seule cette élite d'hommes », lisons-nous dans la *Somme,* « peut élaborer l'humanisme nouveau en redonnant aux réalités spirituelles dans l'homme et dans la société la place indispensable ». Toute société nouvelle s'invente et se construit dans une révolution et un projet éthiques. Plus ou moins directement, c'est d'Uriage que sont issues la création de l'ENA, du *Monde,* du Plan, du Club Jean-Moulin qui jouera un rôle important dans l'étude des choses politiques. Les anciens d'Uriage ont fait du chemin. Au temps du maquis a succédé le temps des initiatives. Aussi continua-t-on, en temps de paix, à fabriquer des *réseaux* d'hommes capables et entreprenants. Ces hommes ont eu plus de chance, plus de lucidité, de « meilleurs réflexes » devant les événements, que les professeurs dont nous allons parler. Il semble que l'intellectuel et le philosophe soient aussi exposés que quiconque aux illusions et au manque de clairvoyance. On leur souhaiterait une plus grande humilité. Or il s'en trouvera pour revendiquer hautement le droit à l'erreur sinon à l'irresponsabilité.

Le drame des disciples d'Alain

Le samedi 1er juillet 1933, alors qu'Émile Chartier, alias Alain (1868-1951), commence à Henri-IV l'avant-dernier cours de sa carrière, le ministre de l'Éducation nationale et le recteur de Paris entrent dans la salle de classe où il officie et y demeurent jusqu'à la fin de la leçon. Veulent-ils honorer le penseur, disciple de Lagneau, qui a élaboré une philosophie du jugement, une philosophie de la liberté et une philosophie de l'homme ? Ou le « sage » comme le désigne son biographe André Sernin, car sa sagesse est militante, décidée à dominer la démesure de la technique, à empêcher l'avilissement de l'homme, et à ne pas s'en laisser conter par les savants ? C'est plutôt le professeur qui avait marqué de son empreinte des générations de « khâgneux », qui était ainsi honoré. Alain fait partie de ces enseignants dont la pensée « semble inviter l'auditoire à une découverte en commun : l'enseigné, convié à une réflexion en apparence collective, se sent partie prenante dans l'élaboration du cours » (Jean-François Sirinelli). « Admirable éveilleur », déclare Raymond Aron, il fit « des disciples en esprit et en vérité ». Il jouissait d'un respect et d'une admiration très larges ; certains de ses élèves le surnommaient le plus sérieusement du monde « l'Homme ». Il a influencé ceux-ci dans le domaine de la morale civique, ce qui ne sera pas sans conséquences pour leurs engagements ultérieurs. Pourtant Alain n'a jamais été un théoricien du radicalisme. Depuis plusieurs décennies, les exégètes tentent de discerner si les milliers de *Propos* — parus d'abord dans un journal normand — s'articulent autour d'une pensée politique cohérente. Pourtant, se souvient Simone Pètrement, « il y avait quelque chose que les disciples d'Alain nommaient *la doctrine* ». Ces disciples, c'étaient les « chartiéristes ». Ils avaient, dans la revue *Libre Propos* qu'orchestraient Michel et Jeanne Alexandre, le vecteur de leurs idées. J.-F. Sirinelli décrit « le microcosme chartiériste », fait de plusieurs cercles de fidélité et d'admiration. Au centre trônent « les puissances tutélaires » : Alain, Romain Rolland, Valéry, Charles Gide. Mais aux côtés des « chartiéristes de pure souche » se trouvent d'autres compagnons de combat. L'historien désigne comme *élèves d'Alain,* « parmi les anciens d'Henri-IV, les normaliens, la plupart du temps philosophes, qui s'agrégèrent » à ce groupe. Il énumère, à la rentrée 1928, plus d'une dizaine de normaliens chartiéristes : « La plupart de ces disciples se montreront, rue d'Ulm, particulièrement remuants. » Mais pourquoi ? Qu'est-ce qu'Alain avait bien pu dire ou écrire ?

De ses quelque cinquante ouvrages, nous retiendrons deux. *Le Citoyen contre les pouvoirs* (1926) qui n'était guère propre à donner aux jeunes le sens de l'État. Surtout *Mars ou la Guerre jugée* (1921, puis 1936). Alain a fait la guerre de 1914 à 1917, et il l'a jugée : son pacifisme ne variera pas, pas plus que son antimilitarisme, au point d'occulter, aux yeux du sexagénaire, le danger que représente « monsieur Hitler ». Comme le dit A. Sernin, « Alain ne semble pas comprendre que le 3 septembre 1939 marque le plus grand échec de son combat politique ; à moins qu'il n'essaie de l'oublier ». Alain s'est trompé ; mais il n'est pas le seul. Il se trouve en compagnie de son contemporain Félicien Challaye, anticolonialiste et antimilitariste : lorsqu'en 1931, Ruyssen, animateur de *La Paix par le droit,* se prononce pour « la paix sous réserves », Challaye exige « la paix sans aucune espèce de réserve ». D'ailleurs, la prégnance de la sensibilité pacifiste chez les étudiants, en 1928, dépasse largement le petit cercle chartiériste : la pétition de 83 élèves de Normale contre la préparation militaire supérieure, après un boycottage larvé, est un symbole de l'imprégnation du pacifisme dans cette génération. L'Europe entrait dans « une phase de turbulence historique », mais les signataires des pétitions n'en prendront conscience que peu à peu, tardivement et souvent trop tard. Ceux dont les yeux s'ouvriront, ce sont les visiteurs de l'Allemagne, les participants aux rencontres franco-allemandes de Davos. Certes, la première, en 1938, considérée comme « le Locarno de l'intelligence », était passionnante : dans une lettre à sa sœur, Jean Cavaillès évoque la discussion qui opposa le néokantien Cassirer et le phénoménologue Heidegger, « cette rencontre des deux Allemagnes philosophiques ». Mais Pierre Berteaux, pionnier de ces rencontres, fut l'un des premiers à prendre conscience de la montée des périls. Chez Raymond Aron aussi, c'est une relative intimité avec l'Allemagne du début des années 30 qui suscita une douloureuse révision.

Reçu premier à l'agrégation de philosophie en 1938, Raymond Aron s'écartera d'Alain, alors que son éveil à la politique s'était fait à l'ombre des *Libres Propos*. Il énoncera en 1941 ce constat sévère : « Alain a formé des générations de jeunes Français dans une hostilité stérile à l'État, dans une ignorance presque volontaire des dangers qui menaçaient la nation. » Il cherchera les raisons du contraste entre la profondeur des idées directrices et le caractère simpliste des suggestions pratiques. La faute en serait à la méthode d'Alain : le passage du cas concret à l'Idée éternelle sans l'intermédiaire de l'étude historique. « N'est-ce pas en effet parce qu'il a méprisé — ou ignoré — l'histoire, qu'Alain s'en est tenu à une analyse... fondée sur l'observation de la France d'avant 1914 ?... Il n'avait placé dans la giberne de ses jeunes disciples qu'une théorie de la guerre et de la paix fondée sur l'observation du précédent conflit » (J.-F. Sirinelli). Dès lors s'éclaire cette contradiction : le chartiérisme, qui façonna des socialistes et des démocrates authentiques, loin de les immuniser, les rendit plus vulnérables, sous couvert de pacifisme, à la « dérive collaborationniste ».

Malgré tout, il est injuste d'appeler Alain, comme le fera J.-T. Desanti en 1951, « professeur de lâcheté ». N'avait-il pas proclamé la liberté du jugement ? De fait, ses élèves ont adopté, en face du cataclysme de 1939, des attitudes très diverses. Aron, parti du même creuset pacifiste que nombre de ses camarades, abandonnait le socialisme et disait adieu au pacifisme dès l'« expérience-choc » de son séjour en Allemagne de 1930 à 1933. Pierre Brossolette, parti d'une position très pacifiste, s'écriait : « Nous voici maintenant en 1933. Et tout s'est écroulé ! » Georges Canguilhem, qui avait été hostile à la préparation militaire au point de faire volontairement tomber un support de mitrailleuse sur le pied de l'officier instructeur, entrera dans la

Résistance ; la vie héroïque ne l'empêchera pas d'ajouter la médecine à la philosophie, et de préparer son *Essai sur les rapports du normal et du pathologique* (1943), *Connaissance de la vie* (1965), etc. L'épistémologue Jean Cavaillès sera, à titre posthume, compagnon de la Libération. Albert Lautman, philosophe des mathématiques, « résistant » après une « magnifique évasion », sera fusillé au fort du Hâ le 1er août 1944. En revanche, Georges Lefranc, théoricien socialiste, et René Château, historien de la philosophie, se trouvent dans les prisons de l'automne 1944. (Les choses finiront par s'arranger pour eux.) Pour Lefranc, ce sont ses articles écrits pendant l'Occupation qui lui valurent les poursuites de la Libération : ils avaient eu pour support *L'Œuvre* de Marcel Déat. Ce dernier, normalien de la promotion 1914, plus sociologue que philosophe, s'était éloigné du pacifisme chartiériste dans l'autre sens, puisqu'il participa à la belliciste « croisade anti-bolchevique ». Quant à Georges Bénézé (1888-1978), auteur de *Généreux Alain,* et dont la thèse fut *L'Allure du transcendantal,* il échappa à la prison mais fut révoqué à 58 ans, pour deux conférences à Radio-Paris. On peut conclure avec J.-F. Sirinelli que « rarement, en à peine plus d'une décennie, une génération intellectuelle aura été orpheline d'une si grande part de ses certitudes ».

« La Vierge rouge »

C'est ainsi que Bouglé, sous-directeur de l'École normale, appelait Simone Weil (1909-1943), une ancienne élève d'Alain. Mais la dérision ne convient guère à propos d'une jeune fille dont tous reconnaissaient l'extrême rigueur intellectuelle, la probité de l'esprit, la logique impitoyable, la pureté des sentiments, la force de caractère, le désintéressement porté à l'absolu, la noblesse et la droiture, l'héroïsme et la folie de dévouement : « Elle était réellement l'âme la plus tendre unie à l'âme la plus dure et la plus courageuse. » Comme le dit justement son amie et biographe Simone Pètrement, « en ce qui concerne Simone Weil, la vie a sa valeur propre, et quelle valeur ! »

Cette Parisienne, de famille juive, entra en octobre 1925 dans la « khâgne » du lycée Henri-IV. Elle montra vite un grand enthousiasme pour Alain. L'enseignement de ce maître balayait ordinairement chez ses disciples tout enseignement philosophique antérieur. Toutefois, « la révolte contre l'ordre social, l'indignation, la sévérité à l'égard des pouvoirs, le choix des pauvres pour compagnons, cela ne lui est pas venu d'Alain : elle le portait en elle ». Simone Weil manquait de féminité : un de ses camarades l'appelle « la petite bonne femme en robe de bure ».

Alain enseignait qu'« il n'y a pas de volonté qui ne soit libre » : Simone s'est attachée d'abord à cette partie de la « doctrine » qui concernait la morale ; au fond, toute grandeur était morale. Elle poussait plus audacieusement la partie politique de cette même « doctrine », au point de passer — à tort — pour communiste. Comme les autres disciples d'Alain, elle était résolue à être pacifiste avant tout et à répandre le plus possible l'esprit de résistance à la guerre. Pendant ses années d'École, elle milita contre la préparation militaire supérieure ; par ailleurs, elle fréquentait des cheminots syndicalistes.

Reçue à l'agrégation en 1931, elle sera professeur de philosophie au Puy, à Auxerre et à Roanne. Mais ses années d'enseignement seront séparées par des années de mise en disponibilité, pour raisons de santé, de travail en usine ou de guerre d'Espagne. Comme Alain, elle avait d'emblée banni les manuels et faisait lire les grands philosophes, par exemple Descartes : au Puy, les grands volumes de l'édition Adam-Tannery étaient toujours ouverts sur le plancher de sa chambre. Dans ces villes de province, elle se fait remarquer par ses activités politiques, fréquentant les syndicalistes révolutionnaires ou soutenant des comités de chômeurs. En ce domaine, elle écrit de nombreux articles. Simone sentait que toutes ses idées étaient « hérétiques par rapport à toutes les orthodoxies ». Elle essayait d'amener ses camarades à briser les dogmes pour voir les choses que les dogmes leur cachaient. Mais elle était encore pacifiste : elle jugeait alors que la lutte des classes devait l'emporter sur le souci de l'indépendance nationale. Boris Souvarine disait d'elle : « C'est le seul cerveau que le mouvement ouvrier ait eu depuis des années. » Parmi ses nombreux articles, signalons un compte rendu défavorable du livre de Lénine, *Matérialisme et empirio-criticisme* : « Toute l'œuvre de Marx, écrit-elle, est imprégnée d'un esprit incompatible avec le matérialisme grossier d'Engels et de Lénine. » Simone progressait vers le genre de recherche qui devait constituer les *Réflexions sur les causes de la liberté et de l'oppression sociale,* le « testament » qu'elle voulut laisser avant d'entrer en usine.

Pourquoi entrer en usine ? Elle avait toujours pensé que l'homme le plus vraiment humain est celui qui est à la fois travailleur manuel et penseur. Son but suprême était de ne pas vivre en rêve mais dans la vérité, d'être au monde. N'avait-elle pas dicté, dans un de ses cours : « L'homme est ainsi fait que celui qui écrase ne sent rien, que c'est celui qui est écrasé qui sent. Tant qu'on ne s'est pas mis du côté des opprimés, pour sentir avec eux, on ne peut pas se rendre compte. »

L'année d'usine marque le commencement de la seconde période — plus sombre — dans la vie de Simone Weil. « C'est pendant l'année d'usine qu'elle commença à se sentir marquée par le malheur et l'esclavage » (S. Pétrement). On peut voir dans le « Journal d'usine » quelles difficultés et quels chagrins elle éprouva, jour après jour, en essayant d'atteindre les normes de vitesse qui lui étaient imposées. Elle a surtout souffert de l'humiliation. Son pessimisme politique en a été renforcé. Bien qu'attentive à la technique, elle n'a pas trouvé ce qu'elle cherchait : les moyens d'une libération réelle des travailleurs. Lorsqu'elle sera de nouveau professeur, à Bourges puis à Saint-Quentin, elle parlera aux élèves de l'échec du projet scientifico-technique : un tableau de notre civilisation pourrait s'intituler, dit-elle, « la faillite de Descartes ».

L'expérience du Front populaire la plonge dans l'allégresse. Elle part combattre en Espagne du côté des républicains. Mais, victime d'une blessure qui n'a rien d'épique — elle s'est ébouillantée avec une bassine d'huile —, elle rentre en France. C'est désormais à la lutte pour les peuples colonisés et à la lutte pour le maintien de la paix que Simone Weil va consacrer tous ses efforts. Lors des vacances de 1938, elle va à l'abbaye de Solesmes. C'est au cours de ces journées que la pensée de la Passion du Christ entre profondément en elle. Munich la consterne et elle constate avec horreur l'abaissement de la pensée devant la puissance du fait. Le 15 mars 1939, les troupes allemandes entraient à Prague. Pour Simone, ce fut un grand tournant : elle renonçait au pacifisme. Cependant, au début de la guerre, elle voyait que ce qui menaçait le monde, ce n'était pas simplement l'Allemagne hitlérienne, c'était aussi un état de la civilisation qui rendait possible l'entreprise de Hitler. En outre, elle écrivait : « Je voudrais proposer de considérer *la barbarie* comme un trait permanent et universel de la nature humaine : ... on est toujours barbare envers les faibles. » Elle souffrit alors d'un remords cruel au souvenir du pacifisme radical qu'elle avait longtemps soutenu.

Il lui faut, comme ses parents, vivre en zone « libre », à Marseille. Elle y assiste à la soutenance de thèse de Gaston Berger, pour qui la phénoménologie est une *vie*. Cependant elle estime qu'il existe une tradition philosophique vraisemblablement aussi ancienne que l'humanité. La vraie philosophie ne construit rien, elle fait, comme disait Platon, l'inventaire de nos pensées. Les contradictions que la réflexion trouve dans la pensée lui sont essentielles. Les fabricants de systèmes ont tort de vouloir les masquer. Simone Weil croit à la responsabilité des écrivains dans les malheurs de notre siècle : ils évacuent l'idée du bien et des valeurs. Elle s'initia au travail rural chez Gustave Thibon, à Saint-Marcel, près de Marseille : tout en l'admirant, l'écrivain catholique estimait que « Simone Weil était détachée, mais qu'elle n'était pas détachée de son détachement ». Elle sera aussi vendangeuse. Elle est en rapport avec le réseau de résistance de « Témoignage chrétien » et diffuse cette presse clandestine. Mais elle conçoit des actes d'un héroïsme téméraire ; c'est pourquoi elle rejoindra la France libre dès que possible.

La religion tient désormais une place essentielle dans sa pensée. Mais « ce qui me fait peur, dit-elle, c'est l'Église en tant que chose sociale » ; elle estime nécessaire de se trouver « seule, étrangère et en exil par rapport à n'importe quel milieu humain sans exception ». Devant le seul Joë Bousquet, elle rompt le silence qu'elle avait gardé sur son expérience mystique. L'abondance de ce qu'elle écrivit pendant le dernier mois qu'elle passa à Marseille n'a d'égale que l'abondance de ce qu'elle écrira à Londres : citons les

« Réflexions sur le bon usage des études scolaires en vue de l'amour de Dieu » (destinées au Père Perrin) ; les « Pensées sans ordre concernant l'amour de Dieu », etc. Par l'Afrique du Nord, les Weil réussirent à gagner New York. Et, après bien des difficultés, Simone put rejoindre Londres. Elle fut très dépitée de n'y être chargée par les gaullistes que de travaux intellectuels, contrairement à son vœu d'une mission dangereuse dans la France occupée. Du moins elle multiplie les essais concernant la politique et la philosophie : *L'Enracinement, Lettre à un religieux, Déclaration des obligations envers l'être humain, Cahiers et Carnets.* Dans ces derniers écrits, elle est devenue pleinement consciente de sa pensée philosophique et religieuse, et elle en exprime l'essentiel (S. Pétrement). Pour préciser la notion du vrai Dieu, elle retient deux idées essentielles : l'une, c'est que Dieu est le Bien, l'autre, c'est qu'il est hors du monde, au moins en un sens. Elle entend sauvegarder la vision scientifique du monde et le rôle de la nécessité. Aussi évoque-t-elle la Création dans ce qu'on a appelé « un admirable mythe » : la création n'a pas consisté pour Dieu à s'étendre, mais à se retirer. Il a laissé hors de lui un domaine qui auparavant était en lui, et où désormais il n'intervient plus. Aussi parle-t-elle de *décréation :* Dieu, en se retirant, nous a permis d'exister. Mais Simone Weil s'inscrit en faux contre le *personnalisme* d'Emmanuel Mounier : il ne faut pas sacraliser la personne. Ce qui est sacré dans l'homme, bien loin que ce soit la personne, c'est la faculté de dépasser la personne pour consentir à la vérité impersonnelle, au bien impersonnel et à la justice. Elle dit qu'elle a voulu tracer les grandes lignes d'une doctrine, mais non construire un système. Elle s'est beaucoup préoccupée du problème du *temps,* qu'elle a tendance, comme Platon, à déprécier. Pourtant, c'est grâce à l'attention et à l'attente qu'elle parvient à apprivoiser le temps. Elle écrit, dans *La Pesanteur et la Grâce,* que « la vie de l'esprit consiste, non point à comprendre des choses nouvelles, mais à parvenir, à force de patience, d'effort et de méthode, à comprendre, avec tout soi-même, les vérités évidentes... L'*attention* absolument sans mélange est prière ». Jamais un effort d'attention véritable n'est perdu, lisons-nous dans *Attente de Dieu :* « ... la pensée doit être vide, ne rien chercher, mais être prête à recevoir dans sa vérité nue l'objet qui va y pénétrer. » Miklos Vetö commente ainsi ce paradoxe de l'attention : « Faire attention, c'est témoigner de l'humilité qui traduit l'impuissance où nous sommes d'influencer ou de changer un événement ou un fait extérieur dont nous dépendons en quelque façon. » De plus, le temps est le milieu actif de la « décréation », de la désappropriation et de l'acceptation de la nécessité. L'essentiel, c'est l'abandon à la volonté divine ; ou encore « l'action non agissante », dont le travail commandé, répétitif, constitue une approximation.

Atteinte de tuberculose, épuisée, sous-alimentée (depuis la défaite, elle se privait afin d'aider les réfugiés, et pour n'avoir pas plus que ses compatriotes soumis aux « restrictions »), Simone Weil mourut à trente-quatre ans dans un sanatorium proche de Londres.

De quelques institutions philosophiques

La philosophie ne se borne pas à phosphorer sous un crâne. Elle a tout un aspect institutionnel. Il suffit de penser à l'*enseignement* philosophique dans les universités et les lycées, au rôle de l'inspection générale de philosophie. Mais, à propos d'André Lalande, nous avons parlé de *congrès* et de *sociétés*. Le congrès philosophique n'est pas la rencontre fortuite de penseurs ayant des préoccupations plus ou moins communes : c'est une réunion organisée selon un schéma précis et à partir d'un thème central. Certes, on y cherche la vérité, une, on s'adresse à « l'auditoire universel », mais cela n'exclut pas le caractère géographique, voire « régional » du congrès. Celui-ci offre une vue d'ensemble sur le passé immédiat et sur l'actualité philosophique ; il dresse des bilans, mais ses acquis sont statiques ; la *revue* serait plus conquérante. Le *colloque* est au congrès ce que la nouvelle est au roman ; d'institution plus ancienne, il a été illustré par les Entretiens de Pontigny autour de Paul Desjardins, auxquels succédèrent les pittoresques Décades de Cérisy.

Les participants aux congrès philosophiques sont en général convaincus de leur utilité. Ils leur permettent de se rencontrer et de faire connaissance. « Nous pensons que la philosophie suppose le dialogue, disait Gaston Berger, mais nous pensons que le dialogue n'a de vertu que si l'amitié en est le principe. » Francis Jacques, l'auteur des *Dialogiques* (1979) a étudié le fonctionnement de ces doctes dialogues : « Le dialogue référentiel mêle deux stratégies indissociables : celle qui consiste à être informatif et celle qui consiste à dire la vérité. » Il alimente la générosité de cœur et préserve à tout le moins l'échange de l'objectivité dans le rapport au monde. Déjà Leibniz affirmait que « les hommes qui ont du mérite feraient infiniment plus et mieux s'il y avait entre eux beaucoup d'intelligence et de communication. »

Selon Raymond Bayer, « ce sens de la recherche collective et d'une sorte de catalyse sociale de la pensée méditative a trouvé en France sa pleine expression » dans l'activité d'André Lalande et de Xavier Léon. Les fondateurs de la *Revue de métaphysique et de morale* eurent aussi, lors de l'Exposition universelle de 1900, l'idée du Ier Congrès international. Il s'agissait de rompre avec un nationalisme desséchant, avec les formes inférieures d'un patriotisme mal compris. On concevait l'espoir d'un futur Institut de coopération intellectuelle — ce fut l'origine lointaine de l'UNESCO. Ce congrès a été la source et le modèle des autres Congrès internationaux, siégeant en principe tous les quatre ans. Il fut également à l'origine de la création par les « philosophes de 1900 » de la Société française de philosophie, dont les communications sont régulièrement publiées depuis 1901. Peu à peu se créeront les Sociétés provinciales de philosophie.

C'est en 1937, à l'occasion du troisième centenaire du *Discours de la méthode*, qu'il a été donné de voir au plus clair les fruits de ce travail collectif. Le IXe Congrès international se tenait de nouveau à Paris, réunissant les participants de 47 nations. Léon Brunschvicg et Paul Valéry furent les orateurs de la séance inaugurale en Sorbonne. C'est précisément à ce « *Congrès Descartes* » que la décision fut prise de fonder une Association des sociétés de philosophie de langue française (ASPLF) et de prévoir les congrès de celle-ci. Ainsi, sur le plan national, le *Congrès Descartes* a permis aux sociétés françaises de philosophie, résidant en province ou à l'étranger, de s'unir en une fédération et d'envoyer, chaque année, des délégués à un *congrès,* dont le premier eut lieu à Marseille en 1938. Les sociétés locales de philosophie en reçurent un regain d'activité. Elles étaient, en 1986, au nombre d'une trentaine. Les artisans des premiers congrès furent le phénoménologue Gaston Berger, l'esthéticien Raymond Bayer, le psychologue René Lacroze, Théodore Ruyssen (fondateur du mouvement « La paix par le droit »), Georges Bastide (philosophe des Valeurs), etc.

La Société française de philosophie, pas plus aujourd'hui qu'hier, n'a cédé aux modes ni au laxisme. Fondée sur « la nécessaire collaboration des savants et des philosophes », elle s'est vouée à « la constitution d'un centre, d'un foyer spirituel pour tous ceux qui se réclament de la Raison » ; sans que s'y impose une unité de doctrine, on y trouve « cette communauté d'esprit et de méthode, condition de tout *travail collectif* fécond et durable ». D'emblée la ligne directrice est donnée par Lalande et par Couturat. Le premier afin de constater « un accord entre tous les hommes compétents », propose « un travail de critique verbale » : il s'agit de fixer le langage philosophique ; et l'on retrouve l'écho des discussions dans le *Vocabulaire technique et critique.* Couturat, à l'instar de Leibniz, se préoccupe d'une langue internationale de la philosophie. La Société est influencée par ceux qui estiment, avec Brunschvicg, que seule la philosophie des sciences nous introduit à la vie de l'esprit. Une proportion considérable des communications n'a cessé de porter sur l'épistémologie. L'essor des sociétés provinciales, dont la revue *Les Études philosophiques* est le lien, donne un démenti à ceux qui s'imaginent qu'on ne peut philosopher qu'à Paris : bon exemple de décentralisation culturelle. La philosophie des sciences tient une place moins exclusive que dans la capitale. En province, les sujets sont plus variés, plus « ouverts » ; les conférences sont plus souvent données par des étrangers ; on y traite aussi bien de la philosophie sud-américaine ou des Vedantas que du nouveau roman, du carnaval, du charme, de la psychologie fiscale, de la mentalité féminine, de Pirandello ou de Calvin.

Interrompus par la guerre, les congrès annuels de l'ASPLF se sont tenus de Lyon à Strasbourg, d'Abidjan à

Ottawa, de Bruxelles à Dakar, de Neufchâtel à Athènes... En 1987, sous le titre *Cinquante ans de philosophie de langue française,* s'est tenu à Paris un colloque qui s'est voulu « rétrospectif et prospectif ». Ce fut un remarquable bilan — désormais publié sous le titre *Doctrines et Concepts* —, non seulement de ces congrès, mais des divers courants philosophiques de la francophonie depuis les années 30.

Citons d'abord la mise au point de Georges Labica sur *Les Études marxistes.* Le co-auteur du *Dictionnaire critique du marxisme* rappelle, à juste titre, que « le marxisme a imprégné, depuis des décennies, notre histoire ». Mais non sans drames : Louis Althusser n'a-t-il pas déclaré : « Nous sommes une génération sacrifiée » ? Cela parce que la subordination de la philosophie (de la théorie) à la politique est, sur une longue période, « la principale caractéristique du marxisme français ». D'où un « constat de faiblesse théorique ». En effet, les intellectuels « se sont engagés dans la mouvance du PCF *sur des bases politiques,* et non philosophiques ou théoriques ». Le Parti communiste s'est proclamé maître ès principes théoriques ; Staline et Jdanov ont été promus maîtres à penser. En sont résultés des vices comme le scientisme et son pendant « l'économisme » (fausse interprétation du matérialisme historique). « Hegel et la dialectique étaient absents. A la différence de l'Allemagne, de la Russie ou de l'Italie, la France n'a rencontré Hegel qu'après Marx — un Marx appauvri. » Finalement, la *connaissance directe* de Marx et d'Engels, comme de Lénine, a nécessité « une gestation d'un demi-siècle ». Jusqu'alors, on se contentait de bréviaires et de brochures ; l'inconsistance théorique allait de pair avec l'assurance dogmatique. Aussi la découverte, dans les années 30, des œuvres de jeunesse, qui induisit la perspective dite du « jeune Marx », n'eut-elle guère d'audience qu'en 1960. « La déstalinisation philosophique » n'a pas eu lieu.

Mais, à en croire G. Labica, « avec 68 la vague contestataire balaya tous les tabous ». La récente école dite « althussérienne », qui conjuguait marxisme et structuralisme, avec un zeste de Bachelard, « braqua sur la France les yeux du monde entier ». L'historien évoque alors « les audaces théorico-stratégiques des années 70 » (il n'est pas question de faire ici un palmarès, et nous ne citerons pas de noms). Cependant, écrit-il, « l'ancienne norme perdurait, non seulement chez les « intellectuels Hi-fi », indéfiniment gardiens d'un Graal en miettes, mais chez leurs « contempteurs-camarades qui l'avaient intériorisée ». Althusser lui-même s'en tenait au clivage « matérialisme dialectique (philosophie) — matérialisme historique (science) » comme à une évidence contraignante, et définissait encore la philosophie comme « la lutte des classes dans la théorie ». La « scientificité » du marxisme était pour lui un dogme intangible. Après avoir dénoncé cette « dépendance typiquement française » à l'égard des ukases d'un parti, G. Labica n'en conclut pas moins qu'en un demi-siècle « la pensée marxiste a pleinement rempli sa mission d'intégration culturelle, au sens le plus fort... Le marxisme français s'est acquis une audience internationale ».

Ce tableau sévère ne doit pas faire oublier un fait non moins patent : la place éminente du marxisme dans les milieux intellectuels et étudiants dans les années qui ont suivi la Libération. L'historien J.-F. Sirinelli rappelle d'abord qu'il en avait été de même après 1918, mais à un moindre degré : « Si on laisse de côté le poids des horreurs de la guerre, qui joue effectivement dans les deux cas — quoique sur des registres différents : saignée de la génération des tranchées dans un cas ; génocide, univers concentrationnaire, guerre totale broyant les civils dans l'autre —, la fascination de l'URSS, le caractère inéluctable de la révolution et le rôle du marxisme revêtent à la Libération une ampleur inconnue en 1920-1925. » Il s'agit d'une « véritable mutation idéologique ». L'École normale est à cet égard un bon indicateur du changement d'échelle. La génération née en 1905 ne fut guère touchée par le communisme, mais celle de 1925 en est largement imprégnée. A la Sorbonne aussi, on constate le prestige du « Parti des 75 000 fusillés », le regain de l'attrait exercé par l'URSS, la sacralisation de la classe ouvrière, la place croissante du marxisme chez des étudiants tels que François Châtelet, futur auteur de *Logos et Praxis*. Cette place est elle-même liée à une mutation en cours : les années qui suivent 1945 vont voir la philosophie détrôner progressivement la littérature. Mais l'attrait du communisme marxiste connaîtra un reflux, à la suite des événements de Budapest et de Prague ou de la réhabilitation des « blouses blanches ». Moins d'un tiers de ces intellectuels communistes le sont restés, alors que pour ceux des années 1920 la déperdition semble plus faible.

Bien entendu, le bilan dressé en 1987 par l'ASPLF a fait état des études kantiennes et hégéliennes, de l'existentialisme, de la phénoménologie, de la philosophie des sciences ou du droit, de l'esthétique, etc., comme il a évoqué l'activité philosophique au Québec, en Suisse romande, en Belgique, dans l'Afrique francophone, etc.

Prodromes de l'existentialisme

Exister, c'est choisir ; être passionné ; devenir, ou changer : être isolé et être subjectif ; être dans un souci infini de soi ; se savoir pécheur ; être devant Dieu. C'est ainsi que Jean Wahl résume la pensée de Kierkegaard. L'auteur des *Études kierkegaardiennes* et de *Vers le concret* situe le penseur danois aux sources de l'existentialisme, plus précisément de l'existentialisme chrétien de Gabriel Marcel (1889-1973).

Pourtant, celui-ci affirme avoir protesté « dès le début, contre l'étiquette d'*existentialiste chrétien* » et n'avoir toléré cette appellation que « pendant très peu de temps ». Il reconnaît d'ailleurs que Wahl lui a été utile pour la compréhension de Kierkegaard. Dans un entretien avec Pierre Boutang, il évoque « ce monde bourgeois » dans lequel il a grandi ; ses parents « libres penseurs » ; son diplôme d'études supérieures sur les idées métaphysiques de Coleridge dans leur rapport avec la philosophie de Schelling : il adhérait alors à l'idéalisme anglais. Agrégé à vingt et un ans (1910), il dispensera dans les lycées parisiens et provinciaux un enseignement épisodique jusqu'aux années 1940. En 1914, il est réformé ; pourtant, avec l'événement, ce qui s'est traduit de manière définitive dans sa pensée, c'est *le tragique*. Il rompt alors avec le néo-hégélianisme anglais. En 1916-1918, il se livre à des recherches métapsychiques (parfois avec Bergson). Comme le philosophe américain Henry Bugbee, il réfléchit sur ce qu'ils appellent « l'expérientiel », par opposition à l'empirisme ; car l'expérience ne va pas de soi, il y a un « mystère de l'expérience ». Il épouse en 1919 Jacqueline Boegner : « C'est sous le signe de la musique que nous nous sommes mariés », dira-t-il. Il déclare aussi qu'il n'a jamais voulu construire de système : il préfère interroger, creuser, plutôt qu'édifier. Dans son œuvre, estime-t-il, la chronologie, le développement sont très importants comme en témoignent ces quelques titres : *Journal métaphysique* (1927), *Homo viator* (1947), *En chemin vers quel éveil* (1971). En 1929, il se convertit au catholicisme et reçoit le baptême le 23 mars. L'angoisse qu'il n'a cessé d'éprouver sur le plan de la politique extérieure n'est que trop justifiée par la Seconde Guerre mondiale. Il donne en 1949-1950 à Aberdeen les Gifford's Lectures *(Foi et Réalité)*, et en 1961 à l'université d'Harvard les William James Lectures.

Depuis 1945, il assure la critique théâtrale aux *Nouvelles littéraires*. Il a lui-même écrit une vingtaine de pièces. Il s'est un jour défini comme *philosophe-dramaturge*, « en insistant sur le tiret ». Le théâtre permet en effet, selon lui, d'opérer une sorte de prospection de données que la philosophie fixera ensuite. Les problèmes d'éthique se posent pour lui « sous forme dramatique » Mais cette dramaturgie est déterminée, en dernière analyse, par la question du salut. Ces pièces n'ont pas toutes été jouées ni même publiées. Certaines n'ont été représentées qu'en langue allemande. Dans *La Dimension Florestan* on trouve une satire de Heidegger et de son langage. (Cependant, précise l'auteur, « je considère que Heidegger est un philosophe considérable et je l'admire ».) U*n homme de Dieu, La Chapelle ardente* et *Rome n'est plus dans Rome* ont acquis une réelle célébrité. A ceux qui qualifient son œuvre dramatique de « théâtre bourgeois », G. Marcel répondait que dans aucun régime social la maladie et la mort ne cesseront de préoccuper les hommes. Cependant il est aussi *philosophe-musicien,* car il existe un rapport secret entre musique et philosophie

Une assurance profonde anime G. Marcel, à savoir que certaines des plus hautes expériences humaines — l'art l'amour, l'adoration — impliquent la position de quelque-chose qui va au-delà de toute vérification possible. En postface à ses *Fragments philosophiques* (1961), il écrit que l'« assurance existentielle » s'est imposée à lui avant sa conversion : c'est à travers les Cantates et les Passions de

Bach qu'elle s'est communiquée à son cœur et à son esprit. Il s'agit d'une indicible communication. Au départ, marqué par l'idéalisme et par une critique néokantienne, il répugnait à parler de l'être ; c'est lentement et progressivement qu'il a été conduit à mettre la pensée de l'être au cœur de sa réflexion. « L'ontologie, ajoute-t-il, est une réflexion sur les approches de l'être, à partir de ce que j'ai appelé une *intuition aveuglée,* au lieu de cette intuition de l'être, que je crois que nous ne possédons pas. » Nous ne pouvons point capter l'être. Il est un « mystère de l'être ». La science nous éclaire, d'une certaine manière, sur le monde. Mais il y a sans doute une dimension non éclairable, non justifiable de l'activité éclairante.

Loin de *faire état de* la Révélation chrétienne et de dérouler un système à partir de ce présupposé initial, Gabriel Marcel maintient la spécificité de la démarche philosophique, qui se développe en-deçà de l'adhésion formelle et explicite à la Parole du Christ. « Je crois, dit-il, qu'il est toujours extrêmement difficile de parler de Dieu. » Retrouvant le dynamisme spirituel du néoplatonisme, il déclare : « J'accorde de plus en plus d'importance à la théologie négative. » Mais il avoue que celle-ci ne se suffit pas : « A partir du moment où intervient l'Incarnation, alors on commence à pouvoir exprimer certaines pensées positives. » La « découverte » de l'Incarnation a été pour lui un choc. C'est son « repère central ». Je suis moi-même un *être incarné;* il faut réfléchir sur « mon corps en tant qu'il est mien ». Le monde « existe pour moi, au sens fort du mot exister, dans la mesure où *je* suis incarné, pour autant que j'entretiens avec lui des relations du type de celles que j'entretiens avec mon propre corps ». Autour de mon corps se trouve donc l'*orbite existentielle* de ce qui compte pour moi. Le philosophe est très impressionné par le dogme de la Résurrection des corps.

Dans *Essai de philosophie concrète* (1940), il distingue le « problème » et le « méta-problématique » — ce qui ne se laisse pas poser sous forme de problème conceptuel. Cette distinction deviendra celle du *problème* et du *mystère*. Mais il ne faut pas oublier que le mystère, pour lui, est éclairant. Nul irrationalisme ici : « Le propre de la raison est de s'interroger sur elle-même. » Il faut reconnaître « le service immense, permanent, indéfectible, que nous a rendu Kant », avec sa philosophie de la lucidité et de la limite. J'ignore mon avenir. Ma mort seule, dans ce qui m'attend, est non-problématique. Mais, écrit G. Marcel, « la mort d'un être aimé est quelque chose de beaucoup plus important et de beaucoup plus mystérieux que ma propre mort ». On peut considérer le transcendant comme métaproblématique. « Il y a des musiques qui sont beaucoup plus orientées que d'autres vers la transcendance ; c'est très net, par exemple, dans les derniers quatuors de Beethoven. »

Réfléchissant depuis 1934 sur la promesse tenue, G. Marcel débouche sur la notion de *fidélité créatrice.* Ainsi, à propos d'un enfant qui nous est confié, nous devons savoir prendre des initiatives. L'initiative créatrice apparaît comme une expression de la fidélité. Celle-ci apparaît comme ayant une sorte d'efficience, d'efficacité. Toutefois l'intervention doit s'exercer dans le respect. « La fidélité implique un élément que j'appelle la *présence »;* la réflexion aboutit ici à ce que G. Marcel nomme « le recours absolu ». Il s'agira de savoir comment, « à partir de cette Fidélité absolue que nous pouvons bien appeler la Foi, les autres fidélités deviennent possibles ». Absolument invérifiable, la foi transcende les réductions rationalistes. Cependant, grâce à la distinction de l'*existence* et de l'*objectivité* scientifique, la notion d'existence est de nouveau applicable à Dieu. La foi authentique peut être discernée grâce à un autre mode de vérification que celui des sciences : il lui est imposé par la vie ; c'est l'*épreuve,* dont elle triomphe par une fidélité qui est une grâce. L'absence, la mort, sont entendues comme des épreuves : ici, tout est fonction de la liberté, et de la liberté seule. Lorsque je cherche comment je puis parler de Dieu, je constate que je peux plutôt lui parler que parler de lui. Et si je lui parle, c'est comme à un Toi qui n'est pas empirique, un « Toi absolu ».

Dès le *Journal métaphysique,* G. Marcel insiste toujours sur la coexistence, l'accueil, « l'acte d'hospitalité ». Je ne communique effectivement avec moi-même que dans la mesure où je communique avec l'autre. A propos de la réalité du toi, « ce qui est en cause, c'est l'acte par lequel, au lieu de me défendre de l'autre, je m'ouvre à lui et me le rends en quelque façon pénétrable dans la mesure où je deviens moi-même pénétrable pour lui ». Martin Buber, l'auteur de *Je et Tu*, s'est imaginé longtemps que Gabriel Marcel l'avait plagié. C'est inexact, mais la question était « dans l'air du temps ». Le philosophe français a parlé aussi de la tolérance. Cette dernière n'est pas, comme le veut Nietzsche, « le bouclier des faibles » ; elle est inconcevable sans une certaine puissance qui la soutient et à laquelle elle est comme attachée. Pourtant G. Marcel n'a pas toujours été tolérant. Il a été agressif à l'égard de Sartre. Il a vu dans le « mouvement » de 1968 « de l'infantilisme pur et simple ». Il juge le marxisme, en tant que philosophie « quelque chose d'absolument rudimentaire, une sorte d'appauvrissement et de dégradation de l'idéalisme ». Mais il est plus lucide que d'autres intellectuels dans sa condamnation des formes « bureaucratisées » du communisme et des « techniques d'avilissement de la personne humaine » utilisées par la dictature stalinienne.

Ses meilleures pages sont peut-être son « Esquisse d'une phénoménologie et d'une métaphysique de l'espérance ». Il rappelle, comme Péguy, ce qu'il y a d'humble, de timide, de chaste dans l'espérance authentique. Celle-ci « se présente à nous comme aimantée par l'amour ». En effet, « aimer un être, c'est lui dire : toi, tu ne mourras pas ». Il faut qu'ici soit maintenue une relation à « un indéfectible ». Conscient de la « situation périlleuse des valeurs éthiques », G. Marcel s'inquiète de l'éclipse qui affecte l'idée de morale naturelle. Cette éclipse est liée à la disparition d'une certaine confiance, à la « rupture du lien nuptial entre l'homme et la vie » ; ce qui est atteint là, c'est une sorte de « piété chrétienne et péri-chrétienne ». L'auteur de *La Dignité humaine* (1964) est farouchement hostile à l'idée sartrienne d'une création des valeurs par l'homme. « La valeur ne peut être pensée comme réalité que si elle est référée à la conscience d'une destinée immortelle. » Sur ce point, Jean Wahl, dans son *Traité de métaphysique* (1968) sera plus nuancé que les autres « philosophes de l'existence ».

L'offensive existentialiste

Jean-Paul Sartre représente une réussite exceptionnelle dans l'histoire de la culture française. Il suffit d'évoquer la foule de 50 000 personnes qui suivit son enterrement.

Sartre a parlé de son enfance et de son adolescence dans *Les Mots*. Comme le souligne Anna Boschetti, « philosophie qui pousse à sa limite l'illusion de la conscience transparente en attribuant à l'homme le pouvoir d'une lucidité totale, l'existentialisme a élevé l'autobiographie à une dignité sans précédent ». Né en 1905 à Paris, dans la « bourgeoisie moyenne », c'est entre ses grands-parents et sa mère qu'il vécut, d'abord à Paris, puis, à onze ans, par suite du second mariage de sa mère, à La Rochelle. Mais il retourne dans la capitale en Première supérieure et, en 1925, le voilà normalien. A la stupeur de ses condisciples, il manque son agrégation en 1928 : il avait eu l'imprudence d'exposer ses propres idées sans se soucier du programme. Il est reçu premier l'année suivante. Il appartient à la génération de 1930, celle qui dut affronter la crise, la montée du nazisme, l'évidence du stalinisme, dont l'enfance a été obsédée par les nouvelles du front et qui est sortie de l'adolescence juste au milieu du bref entre-deux-guerres. Cette génération semble surtout frappée par la fragilité et l'usure d'un monde que ses précédesseurs jugeaient inébranlable (Paul Thibaud). Sartre reconnaîtra plus tard qu'à l'École normale la colère de Nizan contre le monde était vraie, la sienne n'était qu'une bulle de savon, de la « fausse monnaie ». Installé au cœur de sa sécurité, il voulait vivre sa jeunesse comme une jeunesse de grand homme, en se gardant *disponible,* selon le principe gidien. Il avait trouvé en Simone de Beauvoir un compagnon de jeu : dans les comédies, parodies, complaintes, madrigaux, épigrammes, poèmes éclair, fables express, ils étaient insurpassables. C'est avec elle qu'il élabora toute son œuvre philosophique dans une mise en commun de toutes leurs idées (Claude Francis).

Nommé professeur au Havre (qui devient Bouville dans *La Nausée*), puis à Paris, il partit en septembre 1933, pour l'année scolaire, comme lecteur à l'Institut français de Berlin.

Mais ce qui compte, pour lui, c'est écrire. Son roman *La Nausée* paraît en 1938 : Roquentin semble y incarner le *moi* phénoménologique, conscience pure, vide, sans attaches. Le seul but d'une « existence absurde », disait Sartre, c'est de produire des œuvres d'art ; or, à ses yeux, l'existence est absurde...

La guerre de 1939 l'a mobilisé comme infirmier. A la mi-avril 1940, il revient en permission : au front, dit-il, il avait élaboré une nouvelle philosophie (ce sera l'existentialisme). Fait prisonnier en juin, il est libéré à titre sanitaire au bout d'un an. Il reprend ses cours à Paris, dans la khâgne de Condorcet, où il donne des cours merveilleux sur Descartes. Il s'occupe de résistance, et forme même, à un moment, une sorte de groupe d'action. Mais sa pièce *Les Mouches* (1943), son traité philosophique *L'Être et le Néant* (1943), son roman *Les Chemins de la liberté* (1945), font de lui l'homme du jour. « Comme celle du méchant loup, la publicité de Sartre se fait toute seule, et les plus bouillants à répandre son nom sont ses ennemis » (M. Beigbeder). Il devient, comme il l'a dit lui-même, un « monument public ». Il étonne, il irrite, il indigne, il enthousiasme, il passionne, il préoccupe. Les contemporains évoquent « l'atmosphère d'émeute et de plébiscite » qui règne autour de lui. Il donne sa fameuse conférence *L'Existentialisme est un humanisme,* véritable « bataille d'Hernani ». En effet, Sartre est radicalement neuf sur la scène publique. Bien plus, sa rhétorique sur la liberté et la responsabilité s'accorde à la sensibilité du moment, aux pressentiments et aux désirs d'une nouvelle génération. Sartre est le héraut d'un désir de recommencement. Il va être « le prof de philo de presque tous les jeunes Français », celui qui les aide à régler leurs comptes avec la famille comme avec la religion de leur enfance.

Anna Boschetti explique en effet le succès de Sartre, à la Libération, par le fait qu'il est à la fois professeur (mais il démissionnera bientôt) et écrivain. Il entend être à la fois le nouveau Bergson de la philosophie et le nouveau Gide de la littérature. Dans sa virtuosité, sa littérature est « tout entière au second degré, nourrie de collages et de brassages, citations et plagiats inavoués, références tacites et réminiscences inconscientes, pastiches et parodies » (Geneviève Idt). Quant à sa critique littéraire, elle repose sur cet axiome : « Une technique romanesque renvoie toujours à la métaphysique du romancier. » Le climat de l'époque impose aux écrivains une attention dramatique aux rapports de l'individu avec l'histoire. L'heure est à la littérature engagée. Au théâtre, *Bariona, Les Mouches* sont des appels à la résistance ; *Huis-Clos* illustre le rapport à l'Autre tel qu'il est énoncé dans *L'Être et le Néant.*

On a dit que Sartre avait opéré une conversion philosophique, de disciple de Husserl en « zélateur de Heidegger » — les communistes disaient « du nazi Heidegger ». Il est vrai que, dans la pensée heideggérienne, il trouve un modèle exceptionnellement adéquat pour penser et formuler l'expérience qu'il est en train de vivre. Il va pouvoir faire sentir la solidarité des destins individuels avec une insaisissable totalité historique qui les sous-tend, les oriente et les imprègne de son sens. « On s'apercevait, écrit-il à propos du *Sursis,* qu'on était solidaire d'un gigantesque et invisible polypier. La guerre : chacun est libre et pourtant les jeux sont faits. » Mais l'idée de la responsabilité sociale de l'écrivain conduit Sartre à subordonner entièrement la réussite littéraire à la valeur éthique : les écrivains collaborateurs ne peuvent pas avoir de talent. (C'est une rupture par rapport à toute la tradition.)

L'existentialisme français prend forme dans la rencontre avec la nouvelle pensée allemande : Marcel lit Jaspers, Sartre lit Heidegger ; mais il y eut aussi le fameux cours de Kojève sur Hegel (en 1939), suivi par toute l'intelligentsia, et qui accentue chez l'auteur de la *Phénoménologie de l'esprit* le sens dramatique de l'existence et de l'histoire, la puissance de négation de l'esprit. Précisément, chez Sartre, les termes *existence* et *néant* sont liés l'un à l'autre. C'est moi qui suis néant, c'est par moi-même que l'idée de néant vient au monde. Le monde serait plénitude s'il n'y avait pas le *pour-soi,* s'il n'y avait pas l'homme. L'homme est une sorte de vide, une durée creuse et viciée, c'est l'homme qui apporte au monde, en quelque sorte, l'absence (J. Wahl). Chez Sartre, il y a une multitude de néants, ou plutôt de « néantisations » ; tout phénomène psychologique revient à « néantiser », à « entourer l'objet d'un manchon de néant ». C'est ce qui permet à Anna Boschetti de faire de Sartre un *spiritualiste malgré lui* : assurément, le pôle positif est le « Néant », liberté qui « fait venir au monde » le sens et la valeur ; tandis que l' « Être » est passivité, insignifiance, menace. La description phobique de l'être ou de « l'en-soi », c'est-à-dire de la matière, trahit une répugnance invincible pour le corps. Sartre attribue en effet à l'être, « *residuum* innommable, impensable », les propriétés, négatives et menaçantes, attribuées aux femmes. Ce spiritualisme appartient à la tradition universitaire, tout comme le complexe de supériorité de la philosophie à l'égard des sciences. C'est pourquoi la *psychanalyse existentielle* que préconise Sartre va être un dépassement de la psychanalyse, renvoyée au domaine organique, bref une contre-psychanalyse : on retiendra de Freud que tout comportement a un sens indéchiffrable, mais on refusera « les obscures chimies de l'inconscient » ; l'inconscient est remplacé par la « mauvaise foi », puisque l'existentialisme est une philosophie qui érige le « choix » en principe des conduites. Comme la matière, le *social* serait une réalité inquiétante. Par conséquent, tenir compte des conditions et des conditionnements de l'existence signifie, pour Sartre, les maintenir à distance, en affirmant que la liberté peut toujours et doit les transcender.

L'existence précède l'essence. « La conscience, écrit Sartre, doit précéder son essence en existence. » La liberté humaine est limitée uniquement par ses propres décisions : elle est analogue à la liberté divine selon Descartes, c'est-à-dire infinie. La liberté est « pure et simple négation du donné », « être-sans-appui et sans-tremplin », et donc « le projet, pour être, doit être constamment renouvelé ». Chaque homme « porte le poids du monde tout entier sur ses épaules : il est responsable du monde et de soi-même ». On peut dire, avec Miss Green, philosophe américaine, que « l'existentialisme est un effort pour saisir la nature humaine en termes humains sans recours au surhumain ou à ce qu'on peut appeler le sous-humain » ; en d'autres termes, un effort pour saisir l'homme indépendamment des « catégories » proprement religieuses ou scientifiques. La philosophie universitaire, avec J. Wahl, soulève ici quelques problèmes et objections. La liberté, c'est la possibilité pour nous d'être constamment différents de ce que nous sommes. Mais n'y a-t-il pas une liberté fondamentale qui gouverne toutes nos libertés particulières ? Il y va du projet général qui est le projet même de notre vie, au-delà de tous les projets particuliers : Baudelaire a-t-il vraiment choisi d'être « un raté » ? D'autre part, ce que nous avons choisi, ce que nous avons fait, s'appesantit sur nous, nous appesantit nous-mêmes. Dès lors, chez Sartre, la liberté est toujours sur le point de disparaître, engloutie dans l'*en-soi.* De plus, nous trouvons ici le même sentiment de l'angoisse que chez Heidegger, accompagné de l'émotion de la nausée, comme sentiment fondamental, et légitimé de la même façon, c'est-à-dire par l'absence de références, par l'absence de tout point de repère, par le fait que nous sommes dans un monde qui ne contient pas de normes prédéterminées, et que nous avons donc à nous donner nos normes. « Nous sommes ceux qui justifient les choses et par-là même nous sommes injustifiables. » C'est l'homme qui crée les valeurs : voilà ce que n'admettront ni Mounier ni Ricœur.

L'Être et le Néant était un livre indigeste. Aussi, lire la somme de Sartre devint une épreuve initiatique conférant une sorte d'élection. L'ouvrage exerça une étrange fascination sur le public : ce fut « un événement insolite, comme la fondation d'une ville, une Alpe, un menhir » (C.-E. Magny). Dans le même temps, la conversion de Sartre à « l'*engagement* » est certainement un tournant par rapport à l'« homme seul » de *La Nausée.* Elle se rattache, selon A. Boschetti, à une composante « prophétique », comme le romantisme, l'affaire Dreyfus, le Front populaire. Elle s'explique en partie par ce que Taine eût appelé *le moment :* le sentiment fondamental, attesté par toutes les sources, est « celui, propre aux temps prophétiques, d'une rupture radicale ». Un nombre immense d'intellectuels adopte l'idée d'une mission du prolétariat, classe universelle, et d'une victoire inéluctable du Parti communiste, en tant qu'expression nécessaire et exacte du prolétariat. Pourtant, en 1945, Sartre dénonce certaines carences de l'anthropologie marxiste. Il cherche à fonder la possibilité d'être révolutionnaire sans être communiste.

En octobre 1945, il donne un double manifeste de l'engagement, dans *Qu'est-ce que la littérature* ? et dans la « Présentation » de la revue *Les Temps modernes.* La littérature est intrinsèquement politique ; « nous ne voulons pas avoir honte d'écrire », proclame-t-il : « Non seulement écrire a toujours un sens, mais c'est *une action.* » Dès lors, « notre revue prendra position dans chaque cas… Elle ne servira aucun parti… Elle s'efforcera de dégager la conception de l'homme dont s'inspirent les thèses en présence et donnera son avis... » C'est ainsi que s'annonce la fonction de prophétie pour intellectuels que remplira l'existentialisme dans les pages des *Temps modernes. A.* Boschetti étudie, en un livre passionnant, « la séduisante mythologie par laquelle s'exprime » ce propos ; elle décèle, au cœur de ce « pathos », le mouvement « misère, donc grandeur », typique de la prophétie religieuse ; elle montre comment un sentiment dramatique du poids de l'histoire caractérise l'existentialisme, au point que disparaît la séparation ancestrale entre culture et politique. Naturellement, la revue est un instrument sans pareil pour réaliser une intervention directe et immédiate sur tous les fronts de l'actualité. Bien des gens s'abonnent parce que c'est « la revue de Sartre » : cet homme « pas marié, sans enfants, sans obligations professionnelles, sans foyer (il vit et travaille au café), est un symbole vivant de libération éthique » et une image de l'intellectuel « total ». On ne saurait surestimer l'importance des *Temps modernes,* lancés au moment où explose la vogue de l'existentialisme. Sartre reprit ainsi, en le modernisant, le dispositif réalisé entre les deux guerres par Gide et la *Nouvelle Revue française.* Il y attire Camus, l'écrivain le plus en vogue après lui. Il a compris la nécessité de disposer d'une tribune régulière pour l'intellectuel qui se doit de ne manquer aucun des problèmes de son temps. Le plus étonnant, c'est que la création des *Temps modernes* entraîne chez Sartre une importante métamorphose. Elle produit et explique « l'apparente et soudaine transsubstantiation qui transforme... la réussite personnelle de Sartre en un événement collectif, une *école de pensée* ».

Certes, la revue semble conjuguer excellence littéraire et philosophie. Mais, à travers la succession des articles, c'est l'histoire de l'après-guerre qui se déroule. Les grands essais sur les rapports entre morale et politique remplissent la fonction de « morale laïque pour intellectuels désorientés ». Cette publication fournit l'exemple d'un paradoxe fascinant : celui d'un « engagement libre ». Mieux qu'ailleurs, le rapport avec le Parti communiste s'y révèle l'obsession d'une génération intellectuelle : le « compagnonnage critique » envers le PC est la seule forme possible d'engagement politique pour *Les Temps modernes.* Le comité de rédaction semblait réunir les forces les plus vives d'une France nouvelle. Le noyau central était formé par Sartre, Simone de Beauvoir et Merleau-Ponty. On ne saurait contester l'autorité de ce triumvirat. C'est à eux, note l'historien des mentalités, qu'est réservée « la haute prophétie, la méditation sur les tâches et le destin de l'homme contemporain » ; aux disciples la routine et l'intendance. « Sartre élabore les principes philosophiques, esthétiques, éthiques et politiques de l'existentialisme. Sa compagne applique, diffuse, soutient, administre... Merleau-Ponty est le seul collaborateur capable de mettre en question la position de Sartre en lui opposant une autre version de l'intellectuel existentialiste et engagé. »

Sartre s'engagea dans le RDR (Rassemblement démocratique révolutionnaire), petit parti fondé par David Rousset. Ce mouvement fut vite connu comme « le parti de Sartre ». Mais en octobre 1949, celui-ci démissionna, affirmant que la parti répondait à « un besoin abstrait, non à un besoin réel ». Victime des sollicitations de la célébrité, il fut, en ces années, un « polygraphe absorbé par les tâches de circonstance », ce qui entraînait « une indéniable perte de rigueur » (A. Boschetti). Puis ce fut la rupture avec Camus en mai 1952 : *L'Homme révolté* n'eut pas l'heur de plaire aux sartriens. La querelle Sartre-Camus fit couler beaucoup d'encre. Le neutralisme du RDR s'étant révélé impossible, Jean-Paul Sartre se range du côté de l'URSS en 1952-1953. Le rapprochement progressif avec les communistes culmine avec *Les Communistes et la Paix,* sorte d'« intervention prophétique ». Merleau-Ponty rompt alors avec Sartre et « l'épisode s'élève à une grandeur tragique ». Ce dernier est plus près qu'il ne le sera jamais des communistes. Certaines vérités sur le « socialisme réalisé », Sartre les a sans cesse repoussées ou neutralisées, par la volonté de maintenir la légende révolutionnaire à laquelle il s'était voué. Pour l'existentialisme, l'action qui défie la réalité est la plus proche de l'action « pure ». On s'est étonné de l'intolérance de Sartre devant les critiques de Claude Lefort aux *Communistes et la Paix.* Mais, comme l'écrit P. Thibaud, « pendant une décennie, le communisme était intouchable. Et si en 1960 on commence d'envisager comme possible de l'envoyer à la ferraille, c'est parce qu'une autre cause est apparue, celle du FLN et, par-derrière, celle du tiers-mondisme dont Sartre allait faire un éloge sans mesure à propos des *Damnés de la terre* (1961) de Frantz Fanon. La critique du communisme n'était possible que lorsqu'un autre mythe s'est substitué à lui et qu'est assurée la relance du balancier mental que les intellectuels de gauche ont dans la tête ».

Mais le départ de Merleau-Ponty est un rude coup pour la revue. Elle perd avec lui une précieuse capacité d'innovation. Cette rupture suscite un tournant : une nouvelle catégorie d'agents s'impose et va jouer un rôle définitif. Ce sont « les épigones ». Or une série d'indices montre qu'il y a une mise en question du modèle existentialiste : les sciences humaines ne se laissent plus occulter. A. Boschetti signale l'irrévérence avec laquelle les *structuralistes* traitent désormais le « terrorisme critique » de Sartre. A ses yeux, la *Critique de la raison dialectique* (1960) est un indicateur éloquent de la crise du sartrisme, voire une tentative de contre-offensive. Le philosophe déclare d'emblée : « Le marxisme reste la philosophie de notre temps », mais il n'a gardé de l'histoire que « son ossature abstraite d'universalité » ; le résultat, c'est qu'« il a entièrement perdu le sens de ce qu'est un homme ». La tâche est donc de « reconquérir l'homme à l'intérieur du marxisme. » Sartre introduit la notion de *groupe en fusion* pour expliquer le passage entre la « société empirique » et la « classe écrivant l'histoire », qui, dans *Les Communistes,* était laissé à la discrétion du parti. D'ailleurs, la fraternité devient « fraternité-terreur » et l'institution revient, les relations entre individus ne sont plus directes, mais aménagées par une bureaucratie. On pourrait dire que Sartre fait coup double : il se donne les moyens de critiquer le Parti communiste au nom de la spontanéité fusionnelle qui a légitimement priorité sur les institutions de la classe ouvrière, partis ou syndicats ; et en même temps il justifie le « socialisme » soviétique comme terreur issue de la fraternité, aussi bien que comme instrument d'un développement économique qui prépare la fin de la « rareté » (car c'est la rareté qui fonde la violence). La *Critique de la raison dialectique,* qui fut un temps la bible des théoriciens, et que défend encore Hélène Védrine,

« tombe des mains de qui a lu *L'Archipel du Goulag* » (P. Thibaud).

Depuis la guerre de Corée, Sartre était animé d'une fureur antiaméricaine. Rien d'étonnant, donc, à son entrée au *tribunal* que lord Russell, le philosophe anglais, organisait pour juger l'action des Américains au Viet-Nam. Il fut élu président exécutif et chargé d'établir les statuts du tribunal Russell. Cette instance condamna les USA pour génocide. En 1968, c'est la révolution culturelle démocratique, la bouffée de joie, le vertige qui saisit une génération quand elle voit que c'est *à elle* de dire le sens de la vie. Au début, « empêtré dans ses schémas archéo-marxistes, Sartre ne sent pas, comme un Clavel, la nouveauté de l'événement » (J. Guérin). Cependant, il approuve les revendications des jeunes concernant notamment la transmission du savoir par des moyens nouveaux, qu'il était urgent de définir. Les étudiants distribuaient des tracts contre la guerre au Viet-Nam et contre l'oppression dont ils s'estimaient victimes. Sartre félicitait les contestataires avec ces mots devenus célèbres : « Ce qu'il y a d'intéressant dans votre action, c'est qu'elle met l'imagination au pouvoir. » C'était peut-être l'incursion de la « liberté sartrienne » dans l'histoire. Certains ont vu dans l'idéologie de 68 l'influence de la *Critique de la raison dialectique,* avec la notion de groupe en fusion : on parla de révolte de la « praxis » contre les institutions, du sartrisme contre le structuralisme, du gauchisme contre le communisme. Mais ce fut bientôt le reflux. Les attaques des *Temps modernes* contre l'Université — et contre la psychanalyse — provoquèrent les démissions de deux membres de la rédaction, Pontalis et Pingaud.

« En perdant du terrain sur tous les plans, surtout ceux de la philosophie, du théâtre, de la politique, écrit A. Boschetti, Sartre perd aussi cette image d'intellectuel total qui avait fait la force et l'originalité de sa position en 1945. » La Gauche prolétarienne, un groupe maoïste, était menacée de dissolution, son journal *La Cause du peuple,* systématiquement saisi. Sartre accepta la direction du journal avec l'espoir d'être arrêté ; il ne le fut pas, mais *La Cause* continuait à être saisi. Il fut néanmoins appelé comme témoin au procès des deux journalistes, Le Dantec et Le Bris : aucun directeur de journal n'avait été arrêté depuis 1881, l'Occupation allemande mise à part. Il croit toucher au port. Cette fois, au lieu de rejeter le maoïsme et de passer à autre chose, il en assume le destin, il se laisse instruire, il semble jouir pour la première fois d'un bonheur politique.

Simone de Beauvoir, en écrivant *La Cérémonie des adieux,* ce livre du déclin, en nous faisant assister à la tombée du crépuscule sur la vie de Sartre, a exprimé sa révolte devant la fin de toutes choses pour un être qui a vécu pleinement, qui a fait de sa vie, dans la mesure du possible, une réussite. Non sans émotion, Luce Giard évoque, en 1980, l'image de ce « vieux Socrate aveugle, chancelant, démuni, raisonneur, obstiné, hanté par l'avenir, rongé d'espoir, impatient de radicalité. Il y eut ce travail incessant de la pensée, une pensée excessive et violente, sans indulgence et sans prudences, détruisant ses anciennes certitudes, répudiant son passé, avouant ses erreurs ou ses limites ». C'est vrai, Sartre a traversé notre siècle en changeant souvent de position. Mais il a sans équivoque incarné l'existentialisme athée, et la négation de la « nature humaine » au bénéfice de la liberté.

L'œuvre des existentialistes est inséparable de leur existence. Simone de Beauvoir a écrit plusieurs volumes de *Mémoires* (*Mémoires d'une jeune fille rangée,* etc.) en modifiant malheureusement les noms propres. Ces *Mémoires* sont un essai sur les mœurs contemporaines et un témoignage, tantôt appel à la raison, tantôt réquisitoire.

Elle est née à Paris en 1908. Comme l'écrivent ses biographes C. Francis et F. Gontier, « Montparnasse est le village de Simone de Beauvoir. A part un hiatus de cinq ans, de l'automne 1931 à l'été 1936, où elle fut "exilée" à Marseille et à Rouen, elle vivra entre le Lion de Belfort et le carrefour Vavin... Montparnasse était un lieu funambulesque, mélange de misère, de luxe, de fantaisie et de talents ». Très tôt, Simone eut conscience d'être chargée de la mission de dévoiler le monde ; son projet fut de savoir et d'exprimer. De plus, elle désire tous les bonheurs, toutes les fêtes des sens et de l'esprit : « J'envisageais la vie comme une aventure heureuse », confie-t-elle. Toutefois, ses satisfactions seront acquises par un effort volontaire. Pour échapper à la médiocrité d'une famille dans la gêne, elle pratique la discipline des saints et des conquérants.

En 1926, elle se lance à fond dans la philosophie et lit les idéalistes allemands. Jean Miquel la présente à des disciples d'Alain qui, à la Sorbonne, formaient une véritable coterie. Le sujet d'une des épreuves de l'agrégation en 1929 est « Liberté et contingence » : dissertation sur mesure pour de futurs existentialistes. Simone de Beauvoir a préparé le concours avec Sartre : pendant des heures ils causaient et s'éblouissaient mutuellement. « Leur relation, dès le début, avait trouvé sa véritable base : une entente intellectuelle qui durerait autant qu'eux-mêmes. Rien n'arrêterait plus cette conversation commencée pendant les oraux de l'agrégation... Pour Simone, la rencontre avec Sartre fut une explosion de joie et de tourments. » Quant à lui, il éprouvait pour elle « un amour-amitié fait d'admiration, d'attirance et de confiance ». Elle avait décidé de construire, librement et personnellement, son propre bonheur. Professeur en province, puis à Paris, elle avait autour d'elle un groupe d'adolescentes qui lui vouaient un attachement passionné et une admiration fanatique ; elle veillait cependant à ne pas trop les influencer. Elle fréquentait les milieux littéraires dans les cafés qui « étaient les salons de cette Montparnassienne ».

Mais c'est en vain qu'elle avait « néantisé » les affaires de la cité. Bientôt commence « la descente dans l'horreur ». C'est la guerre. D'un seul coup, elle renonça à son égoïsme, à son individualisme, au souci exclusif de son bonheur. « J'appris la solidarité, dit-elle. En 1939, mon existence a basculé... L'Histoire m'a saisie pour ne plus me lâcher. » Beauvoir s'installe au café des Deux-Magots pour écrire son journal de guerre : Sartre lui a demandé de tout noter, elle lui décrira la vie à l'arrière (C. Francis). Les malheurs se précipitent : la défaite, l'exode, la captivité de Sartre. Elle se sent plus que jamais liée à ses contemporains. En 1943, elle est accusée de détournement de mineure. Bien qu'il ne s'agisse point d'une de ses lycéennes, elle est exclue de l'Université ; elle ne peut plus enseigner nulle part et n'a plus de traitement : les ministres de Vichy ne badinent pas.

Mais son roman *L'Invitée*, qui évoque « le mirage de

l'Autre », est un succès de librairie : du jour au lendemain, Beauvoir devient célèbre. A la Libération paraissait *Pyrrhus et Cinéas,* un essai philosophique dans lequel elle opposait « à la raison inerte, au néant, l'inéluctable évidence d'une affirmation vivante ». L'ouvrage fut bien accueilli : « Le public avait été privé de littérature et de philosophie pendant quatre ans, écrivent ses biographes. La nouveauté de l'existentialisme et l'euphorie de la Libération se mêlaient, les idées nouvelles suscitaient une énorme curiosité. » Au cours d'un voyage au Portugal — elle multipliera les voyages en tous pays —, elle note : « Je savais à présent que mon sort était lié à celui de tous : la liberté, le bonheur et la peine des hommes me concernaient intimement. » Elle participe en effet à l'offensive existentialiste. L'existence est liberté. En me choisissant, je choisis d'une certaine façon tous les hommes, je choisis de vouloir tous les hommes comme étant de telle ou telle façon. (Mais, dira-t-on, en refusant la maternité, en « préférant la littérature aux enfants », choisissait-elle au nom de toutes ?) Dans l'*Existentialisme et la Sagesse des nations,* elle prenait la défense de l'existentialisme contre ceux qui le qualifiaient de « philosophie du désespoir ». Chacun est ce qu'il fait. Corrigeant Dostoïevski, elle s'exclame : « Dieu n'existe pas, rien n'est permis. »

Dans *Pour une morale de l'ambiguïté,* Beauvoir défend l'existentialisme contre ceux qui le traitent de « philosophie nihiliste, misérabiliste, frivole, licencieuse, désespérée, ignoble. » Elle présente une galerie de types moraux. Mais, deux décennies plus tard, elle jugera sévèrement cette tentative : « Mes descriptions du nihiliste, de l'aventurier, de l'esthète, évidemment influencées par celles de Hegel, sont plus arbitraires et abstraites encore que les siennes puisqu'il n'y a même pas entre elles le lien d'un développement historique… Il était aberrant de prétendre définir une morale en dehors d'un contexte social. » Pourtant on aperçoit une dialectique entre les types distingués par l'auteur ; ils représentent des mouvements concrets de la liberté ; la plupart d'entre eux correspondent à des options politiques. S. de Beauvoir entend transformer la condition sociale de l'homme et la conception qu'il a de lui-même. Elle est impitoyable pour ceux qui sont dénués de toute chaleur vivante, les tièdes dont parle l'Evangile.

En juin 1949, le tome I du *Deuxième Sexe* est publié chez Gallimard, « et rien ne sera désormais tout à fait pareil ». Certes, l'ouvrage est massif, encyclopédique, anthropologique et philosophique. Mais... vingt mille exemplaires sont enlevés en une semaine. Le tome II paraît à l'automne et se vend comme des petits pains. Beauvoir a fait mettre sur la bande : « La femme, cette inconnue » ce qui ne manque pas de pertinence. L'auteur ne minaude pas comme Juliette Lamber, elle ne musarde pas avec Colette Yver *dans les jardins du féminisme* et ne répète pas les thèses classiques d'Hélène Deutsch. Pour Beauvoir, « on ne naît pas femme, on le devient ». La féminité ne relève pas de la nature mais de la culture. L'*aliénation* des femmes est d'ordre culturel. Il faut donc ruiner les *mythes* de la femme imposés par les hommes, mais dont elle est la complice. Elle doit refuser ces rôles de poupée, de poule couveuse, d'être fragile et sensible qu'elle assume si facilement.

Le livre est mis à l'Index, Mauriac déverse son fiel, un « incroyable fanatisme » se déchaîne contre l'auteur. Les plus modérés disent qu'elle a traité du « troisième sexe ». Il s'agit pourtant d'une œuvre fondée sur un système philosophique qui pose chaque individu comme existence libre. A l'étranger, la majorité des écrivains féministes se réclament de Simone de Beauvoir ; traduit en 1953, l'ouvrage se vendra rapidement, à 2 000 000 d'exemplaires, dans les pays de langue anglaise.

La Longue Marche est un essai issu d'un voyage en Chine. C'était, pour Beauvoir, la découverte des pays non développés. La masse de la population chinoise déséquilibrait sa vision du monde. En visite à Moscou, son compagnon et elle sont accueillis avec faveur, et l'image du couple Sartre-Beauvoir s'impose à l'échelle internationale. Celle-ci ne reste pas indifférente aux événements d'Algérie. « Le cours du monde est la texture même de ma propre vie » : Beauvoir a vécu cette phrase avant de l'écrire dans son autobiographie, disent très justement C. Francis et F. Gontier, qui ajoutent : « Jusqu'au fond de son être elle avait mal à l'Algérie. Elle se jugeait complice des bourreaux, puisqu'elle ne pouvait rien contre leurs atrocités. » Tandis que Francis Jeanson — auteur du *Problème moral* dans la philosophie de Sartre — va combattre dans les rangs du FLN, Beauvoir lutte par la plume et par les meetings. Elle constitue, avec Gisèle Halimi, un comité de défense pour la jeune Algérienne Djamila Boupacha. Elle apparaît avant tout comme un écrivain militant. On observe qu'elle a le singulier privilège d'écrire des *best-sellers* traduits immédiatement dans le monde entier et d'être détestée par de nombreux critiques et par un nombre imposant de ses concitoyens.

Lors de l'explosion de 1968, Beauvoir fut éblouie par cette audace, cette révolte. Elle se sentait solidaire des étudiants, elle vivait ces journées « avec une joie et une espérance d'adolescente ». N'écrit-elle pas : « Jamais je n'aurais pu imaginer pareille fête » ? Elle s'était tellement engagée, dans ses écrits, contre tous les tabous, qu'elle était « de cœur avec ces jeunes » qui, imaginait-elle, allaient peut-être mener leur révolte jusqu'à la révolution. Sur les raisons profondes de la crise, cependant, ses analyses concordent avec celles de Raymond Aron, infiniment plus réservé à l'égard du « mouvement ». Par ailleurs, elle admire la diversité et la subtilité du discours des étudiants, qui rejoignent, alors qu'ils ne l'ont pas lu, le philosophe Herbert Marcuse et son idéologie de la vie bienheureuse, telle qu'elle s'exprime dans *Éros et Civilisation* ou *L'Homme unidimensionnel*.

Multiples sont les « causes » que défend Simone de Beauvoir. « Tirons les vieux du ghetto », écrit-elle dans *La Vieillesse* (1970) où elle montre que la vieillesse est un fait culturel. Jugeant la liberté de la presse menacée, elle fonde, avec Michel Leiris, une association : « Les amis de *La Cause du peuple* ». Et tandis que Sartre se met à la tête de cette feuille, Beauvoir prend officiellement la direction de *L'Idiot international*, car « ce journal se veut l'annonce d'une nouvelle presse qui permet de faire entendre des voix de plus en plus nombreuses ». S'apercevant bien vite qu'il n'en est rien, elle se retire en mai 1971 ; mais le 24 septembre, elle est inculpée de diffamation envers la police pour des articles publiés en mars et avril.

Avant tout, elle se joint aux luttes des mouvements féministes, dénonçant les « crimes contre les femmes ».

Elle préconise de répondre à la violence par la violence (« Les femmes, étant agressées par les hommes, doivent se défendre également par la violence. ») Mais le féminisme de Beauvoir repose sur une éthique : « La praxis est véritablement la morale. » Si, à partir de 1972, elle écrit moins, sa vie n'en est pas moins remplie. Sartre, presque aveugle, a besoin de son fidèle compagnon pour continuer son œuvre immense. Bien qu'elle veuille voir dans *Les Temps modernes* « une sorte de coopérative intellectuelle », elle seule a maintenu le cap et permis à la revue de sortir régulièrement. A mesure que Sartre décline, « Beauvoir lui donne, jour après jour, ses propres forces, sa propre santé ». En publiant les *Lettres au Castor* (« le Castor », c'est elle-même), elle révèle au public « un couple inimitable dans sa singularité » : ils n'ont jamais vécu ensemble, ils ont vécu un amour, non point libre mais libérateur, un amour-défi, un amour révolutionnaire.

Outre-Atlantique se sont créés des Centres d'archives et d'études beauvoiriennes, qui publient des bulletins, organisent des colloques internationaux. Les Américains voient en elle le symbole d'une école de pensée : « Les théories philosophiques sont venues de Sartre, mais discutées, passées au crible, modifiées, reprises, elles portent *sa* marque propre. »

Malgré leurs dissemblances, Merleau-Ponty et Sartre furent longtemps compagnons et amis. Maurice Merleau-Ponty (1908-1961) naquit à Rochefort ; il devint élève de l'École normale supérieure de 1926 à 1930. Pendant l'été 1927, il avait retrouvé la foi (Maurice de Gandillac l'avait emmené faire une retraite à l'abbaye de Solesmes), mais il devait se tenir de nouveau à l'écart de l'Église. Reçu à l'agrégation de philosophie en 1930, il enseigna au lycée de Chartres, puis à l'École normale en qualité de « caïman » (agrégé-répétiteur). Mobilisé, il fit les campagnes de 1939-1940. De 1940 à 1945, il devint professeur de philosophie au lycée Carnot, « et fut, pendant cette période troublée, associé aux groupes de la Résistance » (A. Robinet). Après avoir soutenu ses thèses, il enseigna de 1945 à 1949 à l'université de Lyon, puis à la Sorbonne, enfin au Collège de France.

Son premier travail universitaire est *La Structure du comportement* (1942). Il y étudie « le comportement, pris dans son sens humain », le comportement vécu ou *existence*. Le comportement, c'est le débat, l'explication de l'homme avec le monde. L'ouvrage développe le thème du corps-propre, de l'incarnation, de l'existence charnelle : la structure du comportement n'est ni chose ni conscience. L'examen des niveaux de comportement permet la description des différentes « régions de l'expérience » ou « ordres ». Dans la *Phénoménologie de la perception* (1945), la phénoménologie descriptive qui se fait existentielle ne prend la perception ni pour une science ni pour un acte, mais pour un fond sur lequel tout acte se détache et tout savoir se déclare. Le sujet adhère, « inhère » par son corps à un monde dont il ne peut achever l'exploration. Par conséquent, « mettre la conscience en présence de sa vie irréfléchie dans les choses et l'éveiller à sa propre histoire qu'elle oubliait, c'est là le vrai rôle de la réflexion philosophique ».

Merleau-Ponty adhère d'emblée à la ligne politique des *Temps modernes*. Comme le fait observer Simone Goyard-Fabre, « il n'était pas un éditorialiste ordinaire : il ne se contentait pas de penser l'actualité ; "planté en elle", il la vivait intensément, profondément et douloureusement, car il découvrait partout et toujours des incohérences, des ruptures, des procès, des crises, des guerres, pour tout dire des *drames,* qu'il ressentait au tréfonds de lui-même ». Il fait le même retour sur soi que Beauvoir : avant 1940, « nous étions des consciences nues en face du monde », écrit-il, c'est-à-dire des consciences pétries d'individualisme et d'égoïsme aveugle. Mais sous l'Occupation, nous découvrîmes que « la liberté de chacun est portée par celle des autres » et que l'on n'est jamais seul, car « la hantise d'autrui » habite l'existence humaine. La neutralité était devenue impossible : nul ne pouvait avoir les mains propres, il n'y avait plus de pureté possible. Désormais, pour Merleau-Ponty, « Marx donne chair à l'intersubjectivité de Husserl » (A. Robinet) ; le marxisme permet d'échapper aux mystifications du libéralisme et à la démesure des nationalismes (S. Goyard-Fabre). Encore faudrait-il, précise-t-il, « introduire un peu de l'inquiétude existentialiste au sein du marxisme » : la date de la Révolution n'est inscrite nulle part ; une situation pré-révolutionnaire peut pourrir et aboutir à la réaction. Il n'y a pas *un* sens de l'histoire, mais plutôt *du* sens dans l'histoire : celle-ci « n'opère pas par idées claires et complexes individuels, elle a pour instruments les complexes politiques et les projets anonymes qui donnent à un ensemble d'individus un certain *style commun,* fasciste ou prolétarien par exemple ». Toutefois, « le sens profond, philosophique, de la notion de *praxis* est de nous installer dans un ordre qui n'est pas celui de la connaissance, mais celui de la communication, de l'échange, de la fréquentation ». Merleau-Ponty reprend au discours marxiste la distinction de l'humanisme abstrait et de l'humanisme concret, de la démocratie bourgeoise et de la démocratie révolutionnaire. « L'usage et l'idée même de la liberté ne peuvent plus être à présent ce qu'ils étaient avant Marx. » Il multiplie les déclarations abruptes : « La politique est par essence immorale » ; la politique marxiste, à laquelle il adhère alors, « est dans sa forme dictatoriale et totalitaire ». Cependant, précise-t-il, c'est par sa théorie du prolétariat que le marxisme se distingue de toute idéologie dite « totalitaire ». Toujours est-il que, pour Merleau-Ponty, il y a l'Homme de l'humanisme bourgeois, auquel s'en prend Sartre, plutôt dans l'ordre de la morale, et « l'homme révolutionnaire, l'homme prolétaire, l'homme de demain ».

Mais, s'interrogeant en 1946-47, sur la signification des procès de Moscou, Merleau-Ponty connut ses premiers doutes. « Étranges procès, en vérité, qui, de 1936 à 1938, n'eurent d'autre visée que de briser les résistances individuelles, réelles ou supposées, au Parti » (S. Goyard-Fabre). Le philosophe choisit la politique provisoire de la *sympathie sans adhésion.* Dans *Humanisme et Terreur*, il ne se dissimule pas la violence stalinienne mais il ne veut pas non plus revenir au discours mensonger antérieur. Après l'annonce de l'existence des camps de concentration en URSS, il comprend que la reconnaissance de l'homme par l'homme ne découle pas nécessairement de la prise de possession prolétarienne du pouvoir. C'est la rupture avec Sartre, dont l'ultrabolchevisme poussait à l'extrême le vertige bolchevique de la spontanéité : après *Les Communistes et la Paix*, c'en est trop ! Merleau-Ponty reproche à Sartre de confondre la nature du social avec le rapport de consciences *individuelles* qui s'entre-regardent et de méconnaître la *praxis ;* bref, de s'en tenir à la « folie du *cogito* ». De plus, l'« engagement » par lequel Sartre sympathise avec les communistes manque d'authenticité : « Il voit, il fait voir, mais il ne fait rien. » Pis, il se refuse à voir la réalité des camps. En fait, le désaccord serait plus philosophique que politique : Sartre méconnaît le rapport-à-autrui, qu'il réduit à l'affrontement de consciences. Simone de Beauvoir, dans *Les Temps modernes*, accusera l'auteur des *Aventures de la dialectique* d'avoir mal compris la pensée de Sartre. Mais la rupture de Merleau-Ponty avec la revue était définitive. Enfin, après les répressions de Berlin et Budapest, il est convaincu que le stalinisme a corrompu jusqu'à l'essence socialiste du régime.

Certes, comme le rappelle B. Sichère, sur le procès du discours libéral et de la démocratie bourgeoise, Merleau-Ponty ne reviendra pas : il y a des options inconciliables, il n'est pas possible de céder sur le colonialisme, sur l'injustice, sur l'oppression, sur la torture. Mais il renvoie dos à dos le discours de la démocratie formelle et celui de l'humanisme révolutionnaire, désormais bien lointain : « ... la démocratie formelle et la réelle, qui la supprime et la réalise, l'héroïsme et l'humanisme révolutionnaire — tout cela est en ruine », écrit-il dans *Signes*. Il cherche donc à ouvrir une *troisième voie*, celle de la gauche a-communiste, qui ne doit pas être un opportunisme du juste milieu (S. Goyard-Fabre). Il n'y a pas de politique qui ne traduise une philosophie de l'homme et de la vie. On mettra sur pied un *humanisme existentiel*, c'est-à-dire « une philosophie qui affronte comme un problème le rapport de l'homme avec l'homme et la constitution entre eux d'une situation et d'une histoire qui leur soient communes ». Aussi la méditation proprement philosophique de Merleau-Ponty se poursuit-elle sur les rapports du sujet et du monde. Sans doute est-il possible de dégager une voie qui consiste à reconnaître une *subjectivité de l'histoire*, qui ne se confonde pas avec la conscience des hommes, qui ne se confonde pas non plus avec la réalité objective des classes. Le champ de la politique est aussi celui de la subjectivité, du *désir*. L'histoire n'est pas un réel pur, mais un réel mis en mots, un réseau de signes, un discours qui n'est pas « sans sujets » (B. Sichère).

La mort a frappé Merleau-Ponty alors qu'il préparait un ouvrage qui devait modifier considérablement, vingt ans plus tard, les thèses présentées en 1945. On y découvre que l'existence incarnée nous introduit dans l'être total. Les derniers écrits prennent expressément l'être pour thème, « mais sans rupture, sans reniement des premiers travaux, cependant réinterprétés ; plutôt que d'une seconde philosophie, il s'agit du retournement des premières analyses et d'une conversion du regard : du *comportement* et de la *structure,* nous passons à la *vision* et au *logos* ». L'être, écrit Merleau-Ponty dans *Le Visible et l'Invisible,* « échelonné en profondeur, se cache en même temps qu'il se dévoile, est abîme et non plénitude ». C'est pourquoi, « plutôt que de l'être et du néant, il vaudrait mieux parler du visible et de l'invisible, en répétant qu'ils ne sont pas contradictoires ». L'existentialisme cède la place à une « topologie de l'être ». Dans ses derniers travaux, dans les *Résumés de cours* au Collège de France publiés par Claude Lefort en 1968, Merleau-Ponty mettait de plus en plus à contribution l'expérience esthétique. Ainsi la vision montre et manifeste plus qu'elle-même, un espace absolu aux confins de l'espace linéaire, la forêt au bout d'un trait de plume, la montagne aux oliviers sur quelques taches planes. L'objet se détache toujours sur fond d'être, d'un être qui n'est pas devant, mais derrière nous, et autour de nous, et nous enveloppe. Merleau-Ponty le nommera « l'être sauvage », parce qu'il se soustrait à toute domestication.

« Non, je ne suis pas un existentialiste... »

Dans une interview, Albert Camus refusait, en 1945, d'être classé parmi les existentialistes ; il précisait même que son récent ouvrage, *Le Mythe de Sisyphe,* était « dirigé contre les prétendus philosophes existentialistes ». Il se situe du moins sur le même terrain qu'eux.

« Camus semblait tout avoir : jeunesse, charme, succès précoce — suffisant pour éveiller la jalousie, parfois fort vive, chez certains de ses contemporains célèbres » (H.R. Lottman). Sa vie fut pourtant difficile, depuis la naissance dans une famille pauvre d'Alger (1913), jusqu'à l'accident de voiture qui l'interrompit prématurément en 1960. Depuis l'âge de dix-sept ans il a été handicapé par la tuberculose, pour ne rien dire des chocs de l'histoire, des amitiés rompues ni des problèmes sentimentaux. C'est le quartier de Belcourt, avec ses mélanges de races et d'activités, qui fut la première école de Camus. En classe de philosophie, puis en hypokhâgne, son amitié croissante avec son professeur Jean Grenier sera décisive pour lui. Pourtant, c'est René Poirier, futur philosophe de la logique, qui patronnera son mémoire sur Plotin et saint Augustin. Le sujet le conduit à traiter de la pensée hellénistique et des débuts du christianisme ; à opposer la conception grecque, où l'homme est la mesure de toutes choses, au surnaturel chrétien. Le jeune auteur ne cache pas ses affinités avec Plotin et son aspiration à l'unité. Il achoppe déjà sur le problème du mal et la « théodicée » (ou « justification de Dieu »).

La maladie lui interdira de briguer le professorat. Il débute sinon par de « petits boulots », du moins par des emplois peu lucratifs et temporaires (il aurait été congédié du service des cartes grises pour avoir donné la même immatriculation à deux voitures). Il pénètre dans l'arène politique en s'inscrivant au parti communiste. Or Grenier allait précisément entreprendre une série de réflexions sur l'« orthodoxie politique », qui l'amenèrent à rejeter la prison intellectuelle que représentait le marxisme ; mais il préféra aider son élève à jouer avec le feu. Avec de bons amis, Camus tente une vie communautaire dans la « Maison-devant-le-monde », qui domine Alger. Ils fondent un groupe théâtral. Débordants de projets et impatients de les rendre socialement utiles, ils sont mûrs pour l'idée de maison-de-la-culture. Le « petit Blanc » qu'était Albert Camus était en fait très proche des Arabes. Or le fossé entre communistes et nationalistes musulmans ne pouvait que le désemparer ; son combat personnel au sein de sa cellule devait se terminer par son exclusion du parti.

Camus et ses amis allaient se vouer à une tâche plus positive en fondant le journal *Alger républicain* (octobre

1938), entreprise « réellement non capitaliste » et proche des positions du Front populaire. Mais le journalisme n'entravait nullement l'œuvre littéraire de Camus. Sur le thème de « l'absurde », il allait écrire simultanément trois textes appartenant à trois genres différents, un essai philosophique, *Le Mythe de Sisyphe,* un roman, *L'Étranger,* une pièce, *Caligula.* En septembre 1939, il n'est point mobilisable. L'Algérie se trouve fort éloignée des lignes de tir ; et en suivant Albert Camus et ses amis durant la « drôle de guerre », on peut voir en eux, écrit un historien, « des romantiques insouciants vivant au bord d'un volcan ou faisant la fête à la veille d'un tremblement de terre ». Le journal, quelque peu pacifiste, a des ennuis avec la censure militaire et disparaît, dès la fin octobre, faute de papier. Voilà Camus dans la capitale, journaliste à *Paris-Soir ;* puis, après la défaite, au *Paris-Soir* de la zone libre. « Dans l'automne morne et glacial de Lyon, la guerre finit par l'atteindre ; il se prit à songer aux victimes », aux amis juifs, à tous ceux qui sont arrêtés ; il sympathisait avec la Résistance.

C'est pourtant dans la capitale de la France occupée que paraissent *L'Etranger* (juin 1941) et *Le Mythe de Sisyphe* (octobre 1942). Un critique peut alors écrire : « Camus, avec *L'Étranger,* se place à l'extrême pointe du roman contemporain. » Pourtant, ce livre était le produit des expériences de l'auteur, et le lecteur parisien ne pouvait les avoir partagées. Avec *Sisyphe* se manifeste ce que la tradition appelle le « mal métaphysique » : l'absurdité de la condition humaine. A la manière nietzschéenne sont décrits trois types de comportement : le don juan, l'acteur, le conquérant. Mais Camus insistait sur le caractère provisoire de la position définie dans cet essai : il aurait aimé aller au-delà, entreprendre « une immense révision des valeurs, totale et clairvoyante ». A la première représentation des *Mouches*, il rencontra J.-P. Sartre, dont la présence dominatrice allait jouer un rôle important dans sa vie. On a pu parler de son « association avec la bande de Sartre ». Le public estimait qu'avec S. de Beauvoir et M. Merleau-Ponty, ils constituaient une seule et même école. Camus entra au comité de lecture des éditions Gallimard. Il se trouvait pourtant, « par sa formation et son tempérament, à des années-lumière des cliques et factions littéraires qui existaient » chez cet éditeur.

Camus était désormais activement engagé dans la Résistance. Mais son opposition de toujours à la peine de mort créait une barrière entre lui et ses camarades antinazis. Il faisait partie de l'équipe qui créa le journal clandestin *Combat* et préparait le quotidien du même nom qui allait paraître dès les premiers coups de feu de l'insurrection de Paris. Comme le dit si justement Lottman, « l'audacieux lancement de *Combat* fut l'un des événements les plus limpides et les moins ambigus de toute cette confuse période ». En même temps, il faisait ses débuts comme auteur dramatique sur la scène parisienne avec *Caligula*, puis *Le Malentendu* (1944). Dans les semaines qui suivirent la Libération, Camus et son équipe représentaient, pour bien des Français, le meilleur espoir de leur nation libérée, et surtout une nouvelle éthique politique. Un certain « moralisme » était en effet le trait distinctif du *Combat* de Camus, Pia, Altschuler et Ollivier. L'ambition du quotidien était de rompre avec le passé, et non de faire concurrence à Marx ou au Christ. *Combat* était assurément le journal de la jeunesse. Camus pouvait davantage développer sa philosophie personnelle dans la revue intitulée *Résistance ouvrière*. Il optait pour un socialisme qui, dit-il, a autant horreur du capitalisme bourgeois que du communisme avec lequel il a brisé toute attache. Ce qu'il voulait, c'est une classe ouvrière noble, et il estimait « qu'il y a dans l'homme plus de choses à admirer que de choses à mépriser ». Il n'y a pas de politique digne de ce nom qui ne se double d'*humanisme* (S. Goyard-Fabre). La vraie question, disait-il lors de conférences à New York, est celle-ci : dans sa condition présente, l'homme peut-il quand même agir ? et il pensait que la réponse était *oui*. Il posait les problèmes de la nécessité historique et du meurtre institutionnel (dans l'univers du stalinisme). Il s'élevait contre ce « détestable principe » qu'il prêtait à Hegel, suivant lequel l'homme est fait pour « l'Histoire ». Il accusa Merleau-Ponty de chercher à justifier les procès de Moscou, et Sartre défendit Merleau-Ponty : « Camus, l'air bouleversé, claqua la porte » (S. de Beauvoir). Dans les articles intitulés « Ni victimes ni bourreaux », il déclarait : « Ceux qui prétendent tout savoir et tout régler finissent par tout tuer. Un jour vient où ils n'ont pas d'autres règles que le meurtre, d'autre science que la pauvre scolastique qui, de tout temps, servit à justifier le meurtre. »

Même s'il boudait les honneurs, il était devenu une célébrité. Son roman *La Peste,* paru en juin 1947, eut un énorme succès. Le public attendait un tel livre sur les années d'épreuve sans allusion directe à ces années. La scène se passe à Oran, ville qui avait toujours exercé sur Camus fascination et répulsion. La peste est le mal absolu, symbole de la souffrance imméritée, génératrice de situations nouvelles et de rapports sociaux imprévus. *L'Homme révolté* (octobre 1951) est une étude, au fil de l'histoire, des théories et des formes de la révolte, dans l'espoir de découvrir pourquoi les idéaux étaient pervertis, la révolte devenant meurtre, Prométhée devenant César. Il s'agit de tracer les voies authentiques d'une révolte contre le destin, d'où serait rigoureusement exclu le crime, même sanctifié par l'État ; révolte issue des aspirations individuelles, non de la doctrine marxiste ; révolte en faveur de la mesure et de l'unité retrouvées. La « pensée de midi » se veut un remède à la dissolution héraclitéenne de toute réalité stable, un retour à l'antique concept de « substance » et à celui d'une « nature humaine ». L'appel au présent et à l'immédiat veut garantir le bonheur individuel dans l'instant concret, en refusant toutes promesses pour le futur ou pour l'au-delà. Camus refuse de sacrifier l'homme dans la boucherie de l'Histoire ou pour des lendemains qui chantent.

La controverse avec les sartriens avait commencé avant même la publication de *L'Homme révolté.* Sartre se rangeait du côté des communistes, et cela au paroxysme de la terreur stalinienne. Camus voyait en lui le stalinien bourgeois, un personnage bouffon en même temps qu'un ami. *Les Temps modernes* critiquèrent durement *L'Homme révolté,* alors que Richard Wollheim, dans *The Cambridge Journal,* le situait dans la grande tradition de Hobbes et de Rousseau. Camus souligna la gravité des événements de Berlin, puis de Budapest. Il fut douloureusement affecté par l'explosion de la « guerre coloniale » en Algérie. Il reçut le prix Nobel en 1957 et lorsqu'il mourut accidentellement, il transportait dans une serviette de cuir noir le manuscrit de son roman tolstoïen, *Le Premier Homme*.

Au centre de son œuvre le refus des notions chrétiennes du péché et de la prédestination. « Ce n'est pas moi, dit-il dans une réunion chez les dominicains de Latour-Maubourg, qui ai crié ce *nemo bonus*, ni la damnation des enfants morts sans baptême. Ce n'est pas moi qui ai dit que l'homme était incapable de se sauver tout seul et que du fond de son abaissement il n'avait d'espérance que dans la grâce de Dieu. » Comme Dostoïevski, il s'élève contre les souffrances imméritées des petits enfants. La méfiance à l'égard de la soumission à l'Histoire rend possible, selon Camus, la lutte inlassable contre toutes les formes du mal, ou encore du *négatif*. En effet, il refuse la dialectique, il refuse ce que Hegel appelait « le sérieux, la douleur, la patience et le travail du négatif ». Après le naufrage des théodicées leibnizienne et hégélienne, il préconise la renaissance de la représentation grecque du monde ; il semble substituer à la « théo-dicée » une « cosmo-dicée ». Mais le monde « sain » demeure une utopie ; le bacille de la peste n'est jamais tué. Toutes les stratégies qui rendent nécessaire, sous prétexte d'atteindre ce but, le sacrifice de vies humaines, ont le caractère d'idéologies dangereuses. Toute croyance au progrès est une illusion, tant qu'elle propage une conception du monde « unidimensionnelle » — comme dirait Marcuse —, dans laquelle le mal n'est qu'une figure de rhétorique, une « façon de parler ». Tous les modèles qui ne tiennent pas compte de la réalité de la maladie ou de la vieillesse occultent notre sens du réel et s'exposent au soupçon d'inhumanité. La pensée de Camus tend, à la limite, vers un style d'existence anhistorique et esthétique, qui préfère contempler le monde plutôt que de le transformer. Pourtant, il n'a pas hésité devant l'engagement en faveur des humiliés et des offensés. Il y a chez lui une tension entre l'engagement généreux et la contemplation. Et, comme il le dit lui-même, « on ne montre pas sa grandeur pour être à une extrémité, mais bien en touchant les deux à la fois ».

La tyrannie structuraliste

« Le structuralisme semble né sur les bords de la Seine, dans les Ve et VIe arrondissements, entre 1960 et 1966 », écrit Louis Millet qui ne cache pas une certaine hostilité. Le fait est que ce structuralisme naissant sera vite dominateur, parfois arrogant ou méprisant. C'est ainsi qu'un de ses zélateurs, François Wahl, écrit : « Il court grande rumeur parmi les grenouilles que le structuralisme est quelque chose comme une philosophie, et qui voudrait supprimer beaucoup de bonnes choses. On conçoit l'émotion des grenouilles : elles partagent avec Narcisse la fréquentation des bords de l'eau. » De son côté le structuralisme a la sécheresse d'un sirocco dévastateur, « démythologisant, démystifiant et *déconstruisant* tout le fondement de notre pensée pour en suggérer d'autres usages », ou brûlant « le champ des défuntes sciences humaines ».

Vincent Descombes affirme non sans raison que la seule définition acceptable de la structure est celle que fournissent les mathématiques. Ici, la structure est un ensemble de relations définies de façon purement formelle par quelques propriétés dont est muni un ensemble d'éléments dont la nature n'est pas précisée. En ce sens, le seul philosophe accordé à la méthode structuraliste serait Michel Serres, qui entend la structure dans son sens mathématique.

Pourtant le structuralisme se réclame en général de la linguistique. « A Genève, rappelle Malcolm Bradbury, le livre qui immobilisa les tramways et suscita un grand délire intellectuel fut le *Cours de linguistique générale* de Ferdinand de Saussure », publié posthume en 1916 (s'il en est ainsi, la naissance du structuralisme s'étala sur plus de quarante années). Dès lors, sous le nom de *structuralisme* se regroupent les sciences du signe, des systèmes de signes : les faits anthropologiques les plus divers vont y entrer, mais seulement pour autant qu'ils passent par les faits de langue (F. Wahl). En effet, le *Cours* avait mis en relief le réseau des relations qui constituent une langue. Toute langue est un système de relations et non une collection de termes ; de relations nécessaires, précises et déterminées. « L'idée fondamentale, c'est que la langue est un système de valeurs constituées par de pures différences. » On sait depuis toujours que les signes sont « arbitraires ». Mais Saussure montrait qu'« *arbitraire* et *différentiel* sont deux qualités corrélatives ». Par ailleurs, il distinguait soigneusement le *synchronique* et le *diachronique*, le tableau actuel et l'histoire de la langue. Aussi L. Millet observe-t-il que Saussure ne tomba jamais dans un simple structuralisme : « Il n'a jamais oublié que la langue se constitue dans une histoire, dans la vie à nulle autre pareille d'une société ; qu'à côté de la langue il y a la *parole,* usage singulier d'une langue par une personne humaine qui veut dire quelque chose à quelqu'un. »

On ne retrouve pas la prudence du maître genevois dans « l'internationale structuraliste » : le linguiste russe Trubetzkoy fonde la phonologie entre 1929 et 1938, il est le principal animateur de « l'école de Prague ». Au Danemark, Hjelmslev fait de la langue un cas particulier d'une structure très générale, la *sémiotique,* algèbre qui opère « avec des unités sans nom, c'est-à-dire avec des entités arbitrairement nommées et qui n'ont pas de désignation naturelle » : si la langue met les choses en ordre, c'est en projetant sur elles un ordre qui lui est propre et qui peut se décrire antérieurement à toute application.

La linguistique va donc exercer son impérialisme sur toutes les sciences humaines, et d'abord sur l'*anthropologie structurale* de Claude Lévi-Strauss : dans sa recherche ethnologique, celui-ci donnera « la priorité à la synchronie, systématisée, solide et sûre, sans cesse en proie à la diachronie, en conflit avec la contingence de l'histoire » (Madeleine Varin d'Ainvelle). Cette décision peut surprendre de la part d'un chercheur qui prétend que ses « trois maîtresses » ont été la géologie, le marxisme et la théorie freudienne. Mais Lévi-Strauss est une personnalité complexe, comme en témoigne le *Portrait de l'ethnologue en Cyrano de Bergerac* qu'a fait de lui Catherine Clément : « Le plus grand anthropologue du monde, universellement reconnu, est un savant parfait, un sage dominant les passions de ses contemporains... Cet homme qui fut l'un des premiers à établir une vraie théorie de la culture est un amoureux de la nature, en ce qu'elle a de sauvage, de total. » Pour lui, le structuralisme est une démarche de classement, de découverte, à partir d'oppositions simples qui vont peu à peu se compliquer. « J'admets volontiers, confie-t-il, m'être servi d'un échafaudage philosophique (des plus légers) pour construire en dur un édifice qui consiste au premier étage en une théorie de la parenté et du mariage, en une théorie de la pensée mythique au second. » C. Clément le précise, cet hôtel structuraliste est fondé sur un premier écart, qu'il faut à tout prix réduire. Dans *Les Structures élémentaires de la parenté* (1949), l'écart est entre les deux sexes. Dans *Tristes Tropiques* (1955), il est entre l'Occident et les Amériques dévastées par les *conquistadores*. Dans les *Mythologiques,* spécialement dans *L'Homme nu* (1971), il est entre le ciel et le sol, le haut et le bas. « La série des premiers écarts peut se dire à peu près ainsi : la Culture s'écarte de la Nature, l'intelligible s'écarte de l'événement, l'homme s'écarte de la femme. » Ensuite viennent les médiations : le mythe, l'alliance, etc. Catherine Clément avoue « de quelle étrange jubilation peut s'accompagner la gymnastique de l'esprit à la lecture des *Mythologiques.* » Le troisième volume de cette série s'intitule *Les Origines des manières de table* (1968). Le propos s'élargit en un chapitre sur « La morale et les mythes », que C. Clément propose de sous-titrer : « Comment passer de l'usage de la fourchette et des bonnes manières à l'éducation des filles » ; on nous raconte ici en effet l'histoire de la Fille-Folle-de-Miel. Ni cru ni cuit, le miel est une médiation entre la nature et la culture. « La méthode de lecture de l'ensemble des *Mythologiques* consiste en une succession patiente de mythes voisins, variante après variante. »

Lévi-Strauss bouscule pas mal d'idées reçues. Il récuse « le prétendu totémisme », invention des ethnologues : « Son image, dit-il, est projetée », non tirée du réel. Il condamne aussi la « mentalité primitive », pré-logique, de Lévy-Bruhl : la *Pensée sauvage* est ultra-logique ; elle subsiste intacte et vivante en nous.

Dès ses premiers travaux, Lévi-Strauss avait donc étudié l'articulation entre nature et culture. La prohibition de l'inceste est un fait universel comme la nature, sanctionné comme tout ce qui est culturel. Ainsi, dans *Les Structures élémentaires de la parenté,* l'alliance, l'exogamie sont des facteurs qui définissent le passage de la nature à la culture. La linguistique étudie l'échange de messages ; l'économie l'échange de biens ; mais les clans échangent leurs femmes. Si nous assimilons toute la vie sociale à un processus d'échanges de signaux, nous trouvons l'anthropologie structurale telle que la définit Lévi-Strauss, c'est-à-dire la réduction de l'anthropologie à la sémiologie. « Toute culture, écrit-il en effet, peut être considérée comme un ensemble de systèmes symboliques au premier rang desquels se placent le langage, les règles matrimoniales, les rapports économiques, l'art, la science, la religion. Tous ces systèmes visent à exprimer certains aspects de la vie physique et de la réalité sociale, et, plus encore, les relations que ces deux types de réalité entretiennent entre eux... » La femme est objet d'échange entre les hommes, donc objet de culture, et objet de désir entre les hommes, donc objet éminemment naturel. « Le structuralisme, dit encore l'auteur de *L'Homme nu,* réintègre l'homme dans la nature... Il permet de faire abstraction du sujet — insupportable enfant gâté qui a trop longtemps occupé la scène philosophique et empêché tout travail sérieux en réclamant une attention exclusive. »

Les tentacules structuralistes ne tardèrent pas à se déployer dans tous les départements de la pensée humaine. « En littérature, cette école abolissait l'auteur, qu'elle remplaçait par le lecteur, lequel s'avéra avoir besoin d'un grand nombre de critiques pour l'aider à se méprendre convenablement sur les textes » (M. Bradbury). La société se dit elle-même dans la façon dont elle dit la mode, le sport, les grandes actrices, le pouvoir. D'où le programme d'une analyse structurale du « discours de la mode », du « discours du pouvoir », bref de tous les systèmes symboliques. Le structuralisme implique une promotion du langage tous azimuts. Ce qui rapproche sémiologie et analyse structurale est la notion de *communication,* au sens où l'entendent les ingénieurs en communication. Merleau-Ponty, avec sa phénoménologie de la parole vivante, se plaçait du côté du sujet. La sémiologie se place du côté du destinataire : le code, non l'émetteur, décide de ce qui est pertinent et de ce qui ne l'est pas ; le sujet est soumis à la loi du signifiant (V. Descombes). D'ailleurs, le structuralisme est l'antithèse de la phénoménologie : les *déconstructions* ont pris la place des *descriptions.* L'ambition d'une déconstruction est de montrer comment sont construits les différents discours. Pour Lévi-Strauss, l'existentiel, l'événement « disparaît en même temps que le sens, dans la mesure où il est toujours traité comme un élément dans un système de variables ».

C'est pourquoi dans le pamphlet de M. Bradbury intitulé *Mensonge* (c'est le nom d'un personnage) nous lisons que « notre schéma de conscience et de perception s'est vu taillé en pièces, toutes nos idées de transcendance et de permanence ont été balayées, démonté le concept de sujet ou, comme on l'appelait autrefois, de *personne* ». Si la langue est un code, c'est un esprit inconscient qui est à l'œuvre. La signification de ce mystérieux inconscient importe peu : la question du sens de cette hypothèse ne se posera que le jour où le « code universel » aura été découvert ; on verra cela plus tard. Mais, demande V. Descombes, comment se fait-il que le structuralisme ait pu apparaître comme un évangile bouleversant, une vérité subversive, une pensée audacieuse, la première mise en échec de la raison occidentale ? Loin de se poser en cavalier de l'Apocalypse, le structuralisme s'est d'abord présenté, plus modestement, comme un rationalisme élargi, « une sorte de super-rationalisme », écrit Lévi-Strauss dans *Tristes Tropiques.* Ce rationalisme élargi, intégrant *aussi* dynamisme et dialectique, se trouve dans les ouvrages de Noël Mouloud, comme *Langage et Structures* (1969). Mais trop vite on est tombé dans l'excessif.

Les auteurs n'écrivent pas, ils sont écrits par quelque chose qui leur est extérieur. Il semble que tout est déconstruit, et que le nom propre, l'auteur, le moi, le livre, l'objet, le lecteur, le référent, le réel, ne sont plus que des unités flottantes de signification fondées sur rien. De son côté, le psychanalyste de service montre que ce que nous nommons rêves n'est en fait qu'une série d'aimables calembours à partir des mots du vocabulaire français.

Mais, selon V. Descombes, derrière ce qui semble une controverse de savants sur les vertus de telle ou telle méthode, « il y a un enjeu politique, non pas certes pour le pays tout entier, mais pour la classe intellectuelle ». Puisque la sémiologie a déplacé toutes les questions vers l'analyse des discours, l'origine du sens ne peut plus être placée là où la phénoménologie croyait la trouver, dans l'individu qui veut s'exprimer, mais dans le langage lui-même. Le mythe est un récit ; or la forme narrative de cette histoire n'est pas inventée par le narrateur, elle lui préexiste. Dès lors la thèse structuraliste met en cause les pouvoirs qu'exercent *les institutions* sur leurs sujets. Elle décèle une analogie entre les discours politiques de la société industrielle et les récits mythiques des prétendus primitifs : dans les deux cas, un langage précède les individus et soutient la communauté. Lévi-Strauss suggère que les idéologies politiques de nos sociétés sont proprement des mythes. Il ouvre ainsi la voie à une étude critique des discours dominants en Occident. Mais cela ne fait pas plaisir aux spécialistes de la sociologie de la connaissance issue du marxisme, comme Pierre Bourdieu : n'est-ce pas ici leur chasse gardée ? Et Bourdieu de dénoncer, dans *Le Sens pratique* (1980), chez les structuralistes l'illusion du spectateur impartial ou, plus exactement, l'autonomie illusoire de l'ordre linguistique. Il y a, dit-il, une fausse séduction à invoquer « toutes les mystérieuses mécaniques finales, produits sensés et apparemment voulus et pourtant dépourvus de producteur, que le structuralisme faisait surgir en faisant disparaître les conditions sociales de production, de reproduction et d'utilisation des objets symboliques, dans le mouvement même par lequel il en faisait apparaître la logique immanente ». Bourdieu tient à revenir à la pratique, et aux *habitus,* ce mot désignant un système de dispositions acquises, permanentes et génératrices, « structurées et structurantes » — ce qui n'est ni très clair ni très nouveau.

Il n'empêche que l'heure était maintenant à la démystification et à la mise à nu. Mise à nu et retrait des masques, suppression du sujet, voilà le programme de ce qui se faisait de plus sophistiqué en matière de ratiocination. Lévi-Strauss a eu, dans *La Pensée sauvage,* ce mot provocant : « Nous croyons que le but dernier des sciences humaines n'est pas de constituer l'homme, mais de le dissoudre. » Effectivement, son sens aigu du pluralisme culturel l'a conduit à congédier, sans repentance possible, les discours à prétention universaliste sur « le sujet », « le moi » ou « l'homme ». Aussi Étienne Borne, personnaliste et chrétien, s'en prend-il, dans *Les Nouveaux Inquisiteurs* (1983), à cette « machine à détruire la philosophie » que serait l'analyse structurale. Il lui semble que les sciences humaines « sécrèteraient une sorte de scientisme réitérant les antiphilosophies du XIXe siècle », celles de Littré ou Durkheim.

Certes, irénique et bénisseur, Jean-Marie Benoist dit que ce n'est pas vrai ; que, loin de mutiler et de réduire la réalité, la notion de structure, transgressant l'opposition traditionnelle entre forme et contenu, « permet de déchiffrer, de décoder tous les aspects de la réalité humaine qu'elle aborde ». Une approche structurale est « une stratégie qui avoue son principe de déchiffrement comme local, et non global » ; elle pose des rapports ouverts, des totalités labiles, et s'intéresse à tout ce qui est différence, dissymétrie, déviance, réajustement. Le structuralisme ne serait point totalitaire. Benoist intitule pourtant son livre *La Révolution structurale.* Sans doute est-il un « Girondin ». Il ne convaincra pas ceux pour qui l'allergie des structuralistes à l'égard de la diachronie ne fait aucun doute.

La seule défense possible est celle de Jean Piaget, qui veut que le structuralisme soit une méthode et non une doctrine, et pour qui c'est l'intelligence inventive qui « structure », au lieu de refléter un ordre matériel préexistant. Mais dire cela, c'est n'être pas structuraliste.

Il est vrai que « le mouvement de 1968 » allait porter un coup sévère au structuralisme, considéré comme « mandarinal » et abhorré en tant que « système ». Contre le marxisme structuraliste de Louis Althusser, les étudiants inventèrent le slogan « Althusserarien ». L'un des *leitmotive* de Mai n'a-t-il pas été la défense de l'homme contre le « système » ? Il ne pouvait plus être question d'accepter un quelconque déterminisme structural.

« La pensée 68 »

La surprise provoquée par l'apparente soudaineté, l'ampleur et la profondeur de cette crise est indéniable. Les « quatre termes du discours de Mai : critique, spontanéité, imagination, jouissance », avaient quelque chose d'insolite. Le sociologue suisse Alfred Willener rattache « ces nouveaux phénomènes » à des mouvements culturels « antérieurs ou contemporains » : « Dada et le surréalisme qui proclament le droit de l'imaginaire à devenir la réalité quotidienne, le *free jazz* qui allie la spontanéité inventive à la protestation politique, le cinéma de Godard et le *Living Theatre* qui mêlent vie, culture et politique en un seul et même spectacle que les spectateurs sont conviés à compléter. Dans cette perspective on comprend que ce qui échoue comme révolution politique peut devenir culture..., vie inventée, vie changée. »

La Pensée 68 est le titre d'un livre de Luc Ferry et Alain Renaut, tous deux issus de la tradition critique de Kant et Fichte. Faut-il voir dans l'explosion de Mai un psychodrame, un mime de la révolution, ou bien l'annonce d'une ère nouvelle ? Les auteurs donnent, au passage, une classification des interprétations de l'événement. On a considéré Mai 1968 comme : 1 — un complot foncièrement subversif ; 2 — une crise de l'Université ; 3 — un accès de fièvre de la jeunesse ; 4 — une crise de civilisation ; 5 — « une nouvelle forme de la lutte des classes », lutte non plus directement économique, mais plutôt « sociale, culturelle et politique », dirigée davantage contre la technocratie que contre l'exploitation (A. Touraine) ; 6 — un conflit social de type traditionnel (R. Debray) ; 7 — une crise politique (« dix ans, ça suffit ! ») ; 8 — un enchaînement de circonstances, après une « initiative extraordinaire, inconcevable quelques semaines plus tôt » (C. Lefort) : l'action s'entend ici, comme chez Hannah Arendt, au sens de la fulguration créatrice, de l'émergence d'une liberté qui instaure soudainement « de nouveaux possibles ». Dans ses *Mémoires,* Raymond Aron se prononce pour le pluralisme interprétatif : il y eut pluralité de « causes, de motifs et d'idéologies ». Ferry et Renaut étudient *les conditions de possibilité* de cette diversité des interprétations.

Ces derniers confrontent « la pratique » de Mai avec les philosophies alors en vogue, ou plutôt avec la *philosophie des « sixties »,* pour y trouver une profonde parenté d'inspiration. Ils esquissent, au sens de Max Weber, « le *type idéal* des " sixties " philosophantes ». Les traits distinctifs en seraient : le thème de la fin de la philosophie ; le fait de questionner non plus sur le contenu du discours, mais sur ses conditions extérieures de production (il n'est alors plus qu'un *symptôme) ;* la dissolution de l'idée de vérité ; la fin de toute référence à l'universel. Le style de cette philosophie se caractérise par le culte du paradoxe et le refus de la clarté ; la recherche de la marginalité (on se dit persécuté, c'est le pathos de la « victimisation ») ; le procès du sujet, le projet de mener une critique radicale de la subjectivité, bref la mort de l'homme comme sujet, puisque aussi bien, « où *ça parle,* l'homme n'existe plus » (Michel Foucault).

Dès lors, la communication est censée se réduire à une forme euphémisée de la guerre : à la lutte des classes s'ajoutent les conflits pulsionnels et les heurts des volontés de puissance ; c'est là une démarche « intrinsèquement terroriste ». La philosophie française, en outre, s'emploie à radicaliser, par une constante surenchère, la philosophie allemande (Marx, Nietzsche, Freud, Heidegger...). A ceux qui trouvent le portrait sévère, disons que Jeanne Parain-Vial, dans les *Tendances nouvelles de la philosophie* (1978) est bien plus impitoyable. Ce qui est sûr, c'est que « la philosophie française des années 1968 a résolument choisi le parti de l'anti-humanisme ».

Ferry et Renaut, pour débrouiller la pensée de 1968, adoptent le fil conducteur de l'individualisme. Pour eux, en un sens, Mai a bien été une révolte des sujets contre les normes, au sens de l'affirmation de l'*individualité* contre la prétention des normes à l'universalité. Mais en même temps cette affirmation outrancière de l'individu ouvre un processus qui a « pour horizon prévisible la dissolution du moi comme volonté autonome, autrement dit : la destruction de l'idée classique du sujet ». Comme le souligne Gilles Lipovetsky dans *L'Ère du vide,* « l'effort n'est plus à la mode, ce qui est contrainte ou discipline austère est dévalorisé au profit du culte du désir et de son accomplissement immédiat ». Voici venu le règne du narcissisme. Ces faits, il ne s'agit pas de les déplorer par nostalgie du passé, mais il en faut mesurer la portée au niveau de la formation du moi. En multipliant les variations sur le thème selon lequel « Je est un autre », les « sixties philosophantes » ont facilité le mouvement de désagrégation du moi, qui mène vers la « conscience *cool* et désinvolte » des années 1980. Toute la question est de savoir si cette nouvelle conscience *cool* ne correspond pas davantage à une mort du moi comme sujet qu'à son affirmation. Ce moi qu'on appelle significativement à « s'éclater » constitue-t-il véritablement une *personne ?* En réalité, nous retrouvons ici l'anti-humanisme cher aux structuralistes. « L'anti-humanisme de la pensée 68 ouvre sur la *barbarie,* non pas au sens où il conduirait à libérer on ne sait quels déchaînements de violence, mais en tant que le procès intenté à la subjectivité détruit ici toute possibilité d'un véritable dialogue des consciences qui seraient susceptibles de penser leurs différences sur fond d'identité. »

Dans *Itinéraires de l'individu* (1987), Ferry et Renaut persistent à voir en « Mai 68 » un « mouvement individualiste situé à mi-chemin entre les grandes révolutions du XIXe siècle et l'individualisme narcissique des années 1980 ». Le terme *individualisme* a fait bondir Cornelius Castoriadis et ceux qui voient en 68 un phénomène politique, marqué par une dimension messianique, utopique, fraternelle et communautaire. Contre cette apparence, les deux philosophes criticistes font valoir que Mai 68 n'a pas été un mouvement *politique* qui aurait échoué, mais un mouvement *social* qui a réussi au-delà même de ce qu'on pouvait prévoir. L'essentiel ne résidait pas dans le *contenu* des utopies gauchistes, mais dans les *exigences* mêmes de l'individualisme. « Mai 68 ne s'est pas incarné politiquement, mais socialement, notamment dans cette formidable libération des mœurs » qui n'a cessé de s'amplifier. Ainsi Daniel Cohn-Bendit proclamait le droit absolu qu'ont les individus d'« être eux-mêmes ». Il s'agit donc de prendre la mesure de cet individualisme mi-révolutionnaire, mi-narcissique qui explosait en Mai, mais de voir aussi ce qu'il est devenu.

La véritable question est de savoir comment l'on est passé de l'individualisme militant de 1968 à « l'individualisme narcissique et apathique des années 80 ». A l'automne 1986, les lycéens, soutenus par leurs parents, voulaient avoir leur part de gâteau, c'est-à-dire une place dans une université efficace ; c'était la revendication individualiste à l'état pur. « Le passage des années 60 aux années 80 se comprend sans difficulté si l'on perçoit qu'au fond les années 80 ne sont rien d'autre que l'individualisme de Mai, moins les projets utopiques dans lesquels il s'était traduit — non pour les réaliser au niveau politique, mais pour effectuer la critique sociale dont il était porteur. » Par ailleurs, à propos de « 1968 », on s'accorde à noter le caractère extraordinairement légaliste et démocratique de ce mouvement : c'était là une *revalorisation du droit* tout à fait inattendue ; le juridique n'avait-il pas été bousculé par Foucault tout autant que par Sartre ?

Bricolages d'énoncés

Ce fut une brillante carrière que celle de Michel Foucault (1926-1985), depuis la khâgne de Poitiers jusqu'au Collège de France, où il occupait la chaire d'histoire des systèmes de pensée. Il a probablement opéré une rupture par rapport à l'existentialisme. Il est certainement apparenté au structuralisme.

En effet, *L'Archéologie du savoir* (1969) a pu être qualifié de « nouveau discours de la méthode pour aborder le discours » (Angèle Kremer-Marietti) ; méthode toujours soucieuse de mettre en évidence la *discontinuité* quand un espace-temps culturel succède à un autre. « La notion de discontinuité, écrit-il, prend une place majeure dans les disciplines historiques. » Il entend ainsi donner « une théorie générale de la discontinuité, des séries, des limites, des ordres spécifiques, des autonomies ». Tout cela sur le plan du langage. Aussi trouvons-nous ici, non seulement la critique du *cogito,* mais encore et surtout les parcours d'un discours qui n'est plus celui d'un sujet qui pense et qui le dit. Foucault établit le réseau des relations mises au jour grâce aux méthodes qu'à tort ou à raison on a regroupées sous le nom de structuralisme. Ainsi, dans *Les Mots et les Choses,* le best-seller de l'été 1966, avait-il défini « le discours classique ». A ce dernier ont succédé les savoirs positifs tels que la biologie, l'économie et la linguistique. « En un sens, l'homme est dominé par le travail, la vie et le langage ; son existence concrète trouve en eux ses conditions : on ne peut avoir accès à lui qu'au travers de ses mots, de son organisme, des objets qu'il fabrique. » L'homme en tant qu'unité semble alors lui-même disparaître. Sa finitude « s'annonce, et d'une manière impérieuse, dans la positivité du savoir ». L'homme s'efface « comme à la limite de la mer un visage de sable ». Il est « en train de périr à mesure que brille plus fort à l'horizon l'être du langage ». Dans

L'Archéologie du savoir aussi, la conscience humaine est dépouillée du rôle de « sujet originaire de tout devenir et de toute pratique ». Il faut donc évacuer la notion de « sujet fondateur » et celle d'« auteur d'une œuvre ». En effet, loin d'être au premier rang, l'auteur ou le sujet apparaît comme la résultante de circonstances culturelles, mais encore d'actes de lecture, d'interprétations, de mises en condition d'un certain discours. C'est pourquoi, dans les années 60, « on bavardait autour de la *mort du sujet,* dont le thème était brillamment lancé par un Foucault dont la plume élégante savait suppléer aux manques théoriques » (C. Clément).

L'Histoire de la folie à l'âge classique (1961) retrace les grandes étapes de la mainmise de la raison sur la folie. Les deux dates cruciales sont, en 1657 la création de l'Hôpital général et, en 1794, la libération des enchaînés de Bicêtre. Autrement dit, la tradition débonnaire de la Nef des fous cède la place à la règle de l'ostracisme, à l'exclusion d'individus considérés comme nocifs pour l'ensemble. Le débat dramatique de l'homme avec la démence est remplacé par la sécurité d'un savoir classique de la folie. Ce qui est plus proprement visé, c'est moins la folie que la *déraison,* catégorie sous laquelle se regroupent toutes les conduites condamnées et « formant un halo de culpabilité ». D'un côté, masquée, présente et forte, il existe une société, aux rouages « normaux » et « légaux ». De l'autre, c'est l'*exclusion,* le renfermement des « anormaux » et « illégaux » enclavés dans les hôpitaux psychiatriques et les prisons. Ce phénomène n'est institutionnel que depuis le XVIIIe siècle, époque où ni l'emprisonnement ni l'internement ne sont encore systématiquement institutionnalisés (A. Kremer-Marietti). A *L'Histoire de la folie* correspondra *Surveiller et punir* (1975). Mais les conclusions de Foucault sont contestées par l'étude de M. Gauchet et G. Sevain sur l'*Institution asilaire et la Révolution démocratique :* l'asile est une institution qui n'apparaît véritablement que vers 1800.

La *Naissance de la clinique* n'est pas un ouvrage de médecine, mais une « archéologie du regard médical » (1963). En effet, « il est question dans ce livre de l'espace, du langage et de la mort ; il est question du regard ». Il s'agit de « dégager dans l'épaisseur du discours médical les conditions de son histoire » ; mais aussi d'inventorier « l'ensemble des gestes par lesquels la maladie, dans une société, est cernée, médicalement investie, isolée, répartie dans des régions privilégiées et closes, ou distribuée à travers des milieux de guérison aménagés… » M. Foucault, a comme toujours, dépouillé une foule d'ouvrages ; il dit pourtant, sur Broussais, des choses qui font bondir tout médecin. C'est que son propos est autre : faire apparaître « un phénomène de convergence entre les exigences de l'*idéologie politique* et celles de la *technologie médicale* ». Ce qui lui importe, c'est le jeu du pouvoir sur le savoir, ou le « pouvoir savoir » ; c'est l'existence d'une « volonté de savoir, anonyme et polymorphe, susceptible de transformations régulières et prise dans un jeu de dépendances repérable ».

La Volonté de savoir : ainsi s'intitule, justement, le premier tome d'une *Histoire de la sexualité* (1976). M. Foucault s'en prend à une idée reçue : celle du sexe « réprimé » à l'âge de l'hypocrite bourgeoisie affairée et comptable. « Les doutes, écrit-il, que je voudrais opposer à l'hypothèse répressive ont pour but, moins de montrer qu'elle est fausse que de la replacer dans une économie générale des discours sur le sexe à l'intérieur des sociétés modernes depuis le XVIIe siècle. » Peut-être est-il moins question, dans cet ouvrage inachevé, de présenter — unilatéralement — l'histoire moderne comme un processus multiforme de répression, que d'ouvrir des perspectives comme celles qui apparaissent dans le tome *Le Souci de soi.*

J.-M. Benoist, disciple de M. Foucault, le félicite d'avoir annoncé « la clôture définitive d'une époque où les concepts et les disciplines scientifiques se sont laissés contaminer par cette notion floue et vague, ce fourre-tout philosophique : l'Homme. » Foucault nous permettrait, après Sade et Nietzsche, d'« en finir avec l'humanisme et la morale du maître d'école ». Mais plusieurs bons esprits ont cru déceler chez lui, dans ses dernières années, un certain revirement, voire un retour au sujet. Ne constate-t-on pas, dans telle interview, un net infléchissement du lexique : « les problématisations éthiques », « la question de la morale », « les droits de l'homme » ? L. Ferry et A. Renaut n'en sont pas convaincus, qui pensent trouver comme constantes dans la pensée foucaldienne la même haine de l'universel, la condamnation sans appel de l'idée de valeurs autour desquelles pourrait se concevoir un « espace public ». Les derniers travaux manifestent « un flou, délibéré ou non, dans la notion du sujet. Foucault a assumé jusqu'au bout son ascendance nietzschéo-heideggerienne. Du même coup, le prétendu revirement des dernières années devient profondément problématique. L'éventuel Foucault *new look* ressemble à s'y méprendre à l'auteur de *L'Histoire de la folie*... Jusque dans les derniers travaux, il s'est agi d'opposer à la subjectivité comme conscience de principes faisant figure d'universel et de pôle d'intersubjectivité, la notion soixante-huitarde de l'individualité. » Foucault a dissous le sujet dans l'individualité revendiquante. Alors que certains ne voient dans ses textes aux facettes miroitantes, multiformes, multicolores, qu'un « canular sérieux », Alain Renaut s'alarme : l'anti-humanisme ouvre sur la « barbarie ». De fait, pour Foucault — Foucault « mandarin et maoïste » —, Deleuze et bien d'autres maîtres, Mai fut une aurore. Bientôt l'Université allait « muer » et s'adonner au laxisme démagogique tutoyeur. Malgré tout, le langage foucaldien paraissait à certains étudiants bien difficile et quasi mandarinal. Sur la page de garde d'un ouvrage du philosophe emprunté en bibliothèque universitaire, une main anonyme livrait à la postérité ce dialogue drolatique : « Mais qu'est-ce qu'il a voulu dire par là ? — Eh bien, Monsieur Brun, moi je vais vous le dire : Michel Foucault est un savant. »

Il est tout à fait légitime d'étudier les *énoncés,* « les strates ou formations historiques ». Mais pourquoi Foucault soutient-il, avec les structuralistes, que le langage n'a pas de contenu et que l'homme, totalement insubstantiel, n'est rien d'autre qu'un carrefour éphémère de réflexes et de reflets ?

Surabondance lexicale

La surenchère de la « production » française sur la pensée allemande se poursuit avec Jacques Derrida. Celui-ci ne se contente pas de faire connaître Heidegger (comme le faisait Jean Beaufret) : il manifeste la prétention d'avoir accompli, à partir de l'« ouverture » heideggerienne, un parcours autonome et original. Cela se traduit par quelques brillants paradoxes tels que l'antériorité de l'écriture — écriture au sens large, qui comprend les menhirs et toutes sortes de traces. Une trace ne renvoie qu'à d'autres traces : trace veut dire différence. Ces traces, Derrida les rattache à la différence avec un *a* : « Nous désignerons par *différance,* proclame-t-il, le mouvement par lequel la langue, ou tout code, tout système de renvois en général, se constitue « historiquement » comme tissu de différences. » Il refuse donc de faire de la « différance » une simple espèce de la « différence ontologique » chère à Heidegger. Pour se faire, il recourt à cette « ingéniosité et fécondité lexicales » (L. Ferry et A. Renaut) qui lui permet de constituer une *chaîne :* « La trace, l'écriture, l'archi-écriture, l'archi-trace, l'espacement, la réserve, le supplément, l'hymen, la marge, le masque, la marque », etc.

Cette « diaphoristique » ou science de la différ*a*nce est une arme contre la « métaphysique de la présence » : présence de l'Être ou présence de la conscience. Elle récuse « la domination traditionnelle et métaphysique par le présent », imputable à Platon et successeurs. La catégorie même de sujet participe de cette hégémonie métaphysique de la présence. Il s'agit donc, comme chez Heidegger, de mettre en question l'autorité de la présence, censée culminer dans l'avènement de la subjectivité, c'est-à-dire dans l'humanisme moderne. Derrida hérite ainsi de Heidegger le projet de penser « contre la subjectivité ». On retrouve ici, selon L. Ferry et A. Renaut, le thème majeur des « sixties » : le procès intenté au « mauvais sujet ». Mais toute l'astuce est de traquer chez Heidegger les traces d'un mode de penser et d'écrire *encore métaphysique.* « La stratégie derridienne consistera donc à tenter au fond d'être plus heideggerien que Heidegger lui-même. » Mais « il n'y a, entre Derrida et son modèle, d'autre écart que rhétorique ». On assiste à la simple « production de variations *littéraires* sur un thème philosophique d'emprunt, et d'ailleurs assez pauvre ». Mais ses critiques ne peuvent s'empêcher d'admirer l'habileté « mise au service d'une des plus étonnantes entreprises de *répétition* que l'histoire intellectuelle aura connues ».

La pensée de Derrida se présente toujours comme un commentaire de textes. C'est le cas *d'Éperons : les styles de Nietzsche* (1978) : « La question du style, c'est toujours l'examen, le pesant d'un objet pointu. Parfois aussi d'un stylet, voire d'un poignard... Le style s'avancerait alors comme l'éperon, celui par exemple d'un vaisseau voilé... Encore, toujours en termes de marine, cette pointe de rocher qu'on appelle aussi éperon et qui rompt les lames à l'entrée d'un havre... La femme sera mon sujet... » Cette lecture se veut « un procès d'interprétation déconstructrice ». Pourtant ce commentaire critique et perpétuel donne au lecteur un étrange sentiment de dogmatisme. Généralement, chez Derrida, « il ne s'agit pas à proprement parler d'argumentation, mais de *déconstruction,* de négation de ce qui a paru jusqu'ici évidence », et surtout d'un refus de tenir compte de l'activité de l'esprit, bref du sujet connaissant. Mais on a pu souligner la « grande naïveté » de ce genre d'entreprise, car c'est toujours un sujet qui décide de s'effacer comme sujet. C'est un étrange dessein que de « nier l'existence de Dieu, bien sûr, mais aussi celle de l'homme qui n'est plus qu'un " effet " illusoire de la répétition et de la différance ». L'auteur de *Marges de la philosophie* semble aboutir à un « nihilisme théorique ».

Et pourtant Derrida s'est plus d'une fois jeté dans l'arène pour défendre des valeurs. Il a été l'un des animateurs, dans les années 70 — lorsque l'enseignement philosophique était menacé — du Groupe de recherches sur l'enseignement philosophique. Sans doute n'avait-il que sarcasmes envers « ceux pour qui le GREPH, c'est d'abord ce rassemblement d'excentriques (oh oui !) qui prétendent enseigner la philosophie au berceau » (il veut dire : en classe de 5ᵉ). Mais il explique bien comment le groupe s'est compris comme le lieu d'un travail et d'un débat, non comme le centre d'émission de mots d'ordre ou de contenus doctrinaux. Il observe que « le projet Giscard-Haby a des visées philosophiques » car il cherche à *réduire* l'étendue d'un champ de critiques et de luttes. Certes, la « défense de la classe de philosophie » a toujours été plus qu'équivoque. Mais sa suppression risque de « soustraire la masse des lycéens à l'exercice de la critique philosophique et politique, de la critique historique aussi, l'histoire étant encore une fois la cible associée à la philosophie ». Ceux qui veulent s'opposer à la liquidation de la philosophie devront participer à la critique de l'actuelle institution philosophique et à l'élaboration de nouveaux programmes, de nouveaux contenus, de nouvelles pratiques. Le GREPH réclamait donc une refonte complète de l'enseignement de la philosophie, et du système scolaire en général. Derrida appelait de ses vœux« une transformation familiale, sociale, politique et, corrélativement, une transformation de l'école ». Il est de ceux pour qui tout est politique ; on a cru l'entendre exiger une « subversion pratique ». Ce n'est sans doute pas le GREPH qui a sauvé alors – pour combien de temps ? – l'enseignement de la philosophie au lycée, mais plutôt les tenaces efforts de l'inspection générale, et aussi une brève et éblouissante intervention de Vladimir Jankélévitch à la télévision. Du moins Derrida a-t-il le mérite de mettre en question l'arbitraire distinction des « grands textes » et des « textes mineurs ». D'une lettre que Hegel adresse à son ministre et où il évoque la Caisse de pensions pour les veuves de l'Université, il tire réellement une substantifique moelle ; on aurait intérêt à suivre cet exemple suggestif.

Nihilisme savant

Le nietzschéisme français culmine avec Gilles Deleuze (né en 1925). Mais Foucault et Deleuze ont été ici précédés, dans l'entre-deux-guerres, par Georges Palante (1862-1925). Philosophe « inactuel » au sens nietzschéen, Palante est aussi la figure malheureuse d'un professeur infirme dont la vie est roman de l'échec : la carrière, la thèse, la vie privée sont marquées par l'insuccès, auquel il contribue par maladresse. Il se suicidera, pour éviter le déshonneur d'un duel avorté. Mais il emprunte à Nietzsche des arguments pour une sociologie nouvelle, se reconnaît dans son individualisme, mais propose pour sa part un socialisme soucieux des singularités. Il développe le concept de « l'Ariste » (le meilleur), hyperboréen, solitaire, isolé. L'ariste n'est pas un aristocrate, il est monade pure (M. Onfray, *Georges Palante*).

Gilles Deleuze, brillant universitaire, a débuté par des travaux d'histoire de la philosophie : sur Hume d'abord, car « l'empirisme est comme un roman anglais... : il s'agit de faire de la philosophie en romancier, d'être romancier en philosophie » ; sur Spinoza ; sur Bergson ; sur Nietzsche surtout — ou plus exactement sur *La Généalogie de la morale,* qui donne le primat à la notion de force. La différence entre deux qualités de la force est qu'une force peut être active (noble) ou réactive (basse). Toute individualité est une force qui cherche à s'imposer à d'autres forces. On aboutit ainsi à l'idée d'un pullulement de forces qui s'affrontent et luttent pour la maîtrise.

Dans un deuxième temps, Deleuze s'adonne à une réflexion sur le langage et la littérature : Klossowski, Gombrowicz, Lewis Carroll figurent dans *La Logique du sens* (1969). Son but est de « renverser le platonisme », en déniant au mot *vrai* toute signification. Il affirme la supériorité de la littérature anglaise ou américaine, qui est en général un processus d'expérimentation, et qui nous invite à la fuite. « Fuir, ce n'est pas du tout renoncer aux actions ; rien de plus actif qu'une fuite... Une fuite est une espèce de délire... Il y a toujours de la trahison dans la ligne de fuite. » Mais « être traître, c'est difficile, c'est créer ». On va dès lors remplacer les catégories d'identité, d'être ou de devenir par celles de *Différence et répétition* (1969).

L'auteur reconnaît que « le sujet traité est manifestement dans l'air du temps ». Un de ses aînés n'a-t-il pas écrit un *Manifeste différentialiste ?* On doit cesser de définir la répétition par le retour du même, par la réitération de l'identique : elle est bien, au contraire, la *production* (dans les deux sens du mot : faire venir à l'existence et exhiber) *de la différence* (V. Descombes). La répétition n'est pas la généralité : répéter, c'est se comporter par rapport à quelque chose d'unique et de singulier, qui n'a pas de semblable ni d'équivalent. La répétition est ainsi présentée comme l'épreuve et l'avènement de la différence. Ainsi, telle situation « suppose un fourmillement de différences, un pluralisme de différences libres, sauvages ou non domptées ». La vision du monde devient « *orgique* (de *orgè,* bouillonnement) et non plus *organique :* elle découvre en soi le tumulte, l'inquiétude et la passion sous le calme apparent ou les limites de l'organisé ». La différence n'est pas le divers. Le divers est donné. Mais la différence est ce par quoi le divers est donné. Et l'on rejoint ici les forces actives, affirmatives, de Nietzsche : « Faire la différence, c'est mesurer les rôles ou les prétentions. » Dès lors, la tradition philosophique est déboutée : elle est « l'histoire de la longue erreur : l'histoire de la représentation » (voyez Hamelin), « l'histoire des icônes ». Gilles Deleuze s'élève donc contre l'image dogmatique de la pensée, pour lui substituer « un monde de *simulacres,* faits de différences libres ou décentrées, de répétitions complexes ou déguisées, qui renversent le monde de la représentation et se dérobent à ses exigences d'identité ». Car les choses sont des *simulacres :* « Le simulacre n'est pas une copie dégradée, il recèle une puissance positive qui nie *et* l'original *et* la copie, *et* le modèle *et* la reproduction. » On pourrait penser à l'univers leibnizien — d'autant plus que l'auteur évoque le calcul infinitésimal. Pourtant, nous en sommes loin : dans un tel monde, tout diffère et tout est égal ; il n'y a ni hiérarchie entre différents niveaux d'être, ni vérité ; il n'y a ni réel ni représentation, puisque tout est simulacres, simulacres qui se répètent, mais toujours différemment. Jeanne Parain-Vial voit ici une entreprise de destruction, un nihilisme. Les thèses de Deleuze, ajoute-t-elle, « ne sont pas soutenues par une analyse directe de l'expérience sur laquelle on puisse se mettre d'accord..., mais seulement sur le commentaire critique des philosophies qui affirment que l'existence de Dieu fonde celle de l'homme ». Il va de soi que ces philosophies sont disqualifiées.

Si le réel, c'est l'éphémère, l'indéfini, un *sans-fond* anonyme, le sujet humain, en tant qu'« individualité personnelle » est éliminé. Pour Deleuze, le *je* ne pense pas, mais l'*idée* se révèle dans une sorte de genèse qui peut se manifester dans telle ou telle tête, passer à travers le *je* qui est un « *je* fêlé ». Il voit dans l'idée une organisation aléatoire, intermédiaire entre le sourd grondement anarchique des instincts et les consciences individuelles illusoires. L'idée n'est pas un élément du savoir, mais d'un « apprendre infini qui diffère en nature du savoir ». Nul regret ne s'exprimera ici. Il n'y a ni manque ni insatisfaction dans la pensée de Deleuze. C'est donc l'existence de l'insatisfaction propre à l'homme qui est niée, bref, l'inquiétude augustinienne : l'homme qui croit en Dieu ne serait qu'« un bouffon ».

L'*Anti-Œdipe* (1972) fut écrit en commun avec Félix Guattari, lequel avait « un long passé politique et de travail psychiatrique ». L'ouvrage développe une vision du réel qui est celle du schizophrène : « On dit n'en avoir jamais vu, remarque le Dr Eck, mais on en parle, on statufie le schizophrène un peu à la manière d'Hégésippe Simon. » De nouveaux concepts apparaissent : « Machine désirante, corps plein sans organe, flux, codage des flux. » Les coauteurs s'élèvent contre la psychanalyse et le bagage d'idées reçues qu'elle transporte. Elle se limite au triangle « papa-maman et moi ». « Elle casse toutes les productions du désir, elle écrase toutes les formations d'énoncé. » Elle nous octroie un inconscient. Mais, « l'inconscient, vous ne l'avez pas, vous ne l'avez jamais... ; l'inconscient, c'est une substance à fabriquer, à faire couler, un espace social et politique à conquérir ». Sur le divan, « on n'a pas la moindre chance de parler. La psychanalyse est faite tout entière pour empêcher les gens de parler et leur retirer toutes les conditions d'énonciation vraie... Les psychanalystes enseignent la résignation infinie, ce sont les derniers prêtres (non, il y en aura encore d'autres après) ». On retrouve évidemment « la question du pouvoir, de l'appareil du pouvoir psychanalytique ». L'analyste impose son interprétation. Or, « le désir n'est jamais à interpréter, c'est lui qui expérimente ». Le désir n'est pas un manque, c'est une positivité. Mais surtout, « loin de supposer un sujet, le désir ne peut être atteint qu'au point où quelqu'un est dessaisi du pouvoir de dire *je* ». La sexualité ne peut être pensée que comme un flux parmi d'autres, entrant en conjonction avec d'autres flux.

La réalité est faite d'une multiplicité de *machines* qu'il ne faut pas confondre avec des organes hiérarchisés. « Ça fonctionne partout, tantôt sans arrêt, tantôt discontinu. Ça respire, ça chauffe, ça mange, ça chie, ça baise ! Quelle erreur d'avoir dit *le* ça ! Partout ce sont des machines de machines, avec leurs couplages, leurs connexions. » Il n'y a donc pas d'organes : « Pas de bouche ; pas de larynx ; pas d'anus... » Le corps plein sans organes est improductif, il est « le stérile, l'inengendré, l'inconsommable ». Il semble à la fois la substance et l'ennemi des machines désirantes qui ne marchent que détraquées. Au niveau social, le corps plein sans organes est le *socius :* comme le dit Guattari, « avant l'Être, il y a la politique ». En tout cas, le sujet (la personne) n'est qu'une apparence entre la réalité des machines désirantes, multiplicité pure, antérieure à toute pensée personnelle, à tout *cogito,* et l'unification mortelle par le corps sans organes. Si les machines désirantes sont la réalité et si elles sont productives, il faut détruire toutes les formes d'organisation, surtout la société capitaliste et la famille. Le salut viendra par la Révolution et la *schizo-analyse.* Celle-ci se doit de « dissoudre le moi dit normal » pour rendre le désir sexuel à son impersonnalité et même à une non-différenciation des sexes. « Assurément, déclare Deleuze, ni l'homme ni la femme ne sont des personnalités bien définies — mais des vibrations, des flux, des schizes et des nœuds. » Bref, « un homme et une femme sont des flux ». Ou encore : « La vie n'est pas quelque chose de personnel. » Que l'on se rassure : le retour à la dispersion, c'est le retour à la plénitude, à la jouissance permanente. Nous devons prendre conscience que nous sommes au Paradis ; ou que Mai 68 perdure. On a vu là une étrange combinaison d'optimisme et de nihilisme. Tout cela, écrivent L. Ferry et A. Renaut, évoque « singulièrement cette figure du *moi* pulvérisé ou désintégré qui apparaît à l'horizon de la montée de l'individualisme » actuel. Jeanne Parain-Vial voit ici la mort de l'homme. Elle observe aussi que Deleuze récuse la notion de culpabilité quand il s'agit des désirs individuels — « nous ne connaissons pas ces notions-là, c'est des notions de police ou de psychiatre, de tribunal » —, mais la rétablit bientôt pour rejeter la culpabilité sur les autres, sur le capitalisme et le fascisme : aussi le rôle de l'intellectuel est-il de lutter contre toutes les formes de pouvoir.

Dans *Mille Plateaux* (1980), Deleuze et Guattari opposent d'emblée deux types de mouvement — *Celeritas* et *Gravitas* — incommensurables. Leur correspondent deux types d'espace : le lisse et le strié. Tout cela suppose « un autre sujet que le *cogito,* un sujet non plus transcendant l'espace, mais engendré par lui, dans l'immanence, sujet ou plutôt véritable pseudopode » (P.F. Marietti). Dans les deux volumes de *Cinéma* (1982), G. Deleuze renouvelle totalement la « filmologie » d'Étienne Fuzellier et autres. Cette étude n'est pas une histoire du cinéma, mais un « essai de classification des images et des signes tels qu'ils apparaissent au cinéma ». Il ne suffit pas de se plaindre de l'invasion de la pensée par l'audiovisuel ; il faut montrer comment la pensée opère avec les signes optiques et sonores de l'*image-mouvement,* et aussi d'une *image-temps* plus profonde, pour produire parfois de grandes œuvres. Les auteurs de cinéma inventent donc et composent des images, chacun à leur manière. « On peut les comparer à des penseurs. » Le cinéma ne nous donne pas une image à laquelle il ajouterait du mouvement, il nous donne immédiatement une image-mouvement. « Nous définissons donc le cinéma comme le système qui reproduit le mouvement en le rapportant à l'instant quelconque. »

On le voit, Deleuze a une culture « tous azimuths », des idées à profusion, une intelligence éblouissante. On s'étonne d'autant plus de le voir refuser la discussion — « les objections n'ont jamais rien apporté » —, et taxer les critiques de « crétinisme intellectuel ». Cette attitude se rencontre d'ordinaire chez ceux qui font un complexe d'infériorité.

De même que Deleuze traite des images, Jean-François Lyotard (né en 1924) parle figures, ou plutôt oppose *Discours/figure* (1971) *:* s'il étudie l'œuvre de Cézanne ou de Klee, c'est afin de faire une critique de l'idéologie. Il a travaillé douze ans dans le groupe « Socialisme ou barbarie » de Lefort et Castoriadis. *Économie libidinale* et *Dérive à partir de Marx et Freud* contiennent des pages étincelantes.

Le je-ne-sais-quoi et le presque-rien

Voici un grand philosophe ! Et une vie exemplaire. Vladimir Jankélévitch est né à Bourges, de parents russes, en 1903. Il entra à l'École normale supérieure en 1922. Après l'agrégation, il enseigna à l'Institut français de Prague, puis, bien que docteur, en lycée à Caen et Lyon. Mobilisé en

1939, il fut blessé en 1940. Révoqué par Vichy comme enfant d'étranger, il entra aussitôt dans la clandestinité et participa à plusieurs mouvements de résistance. Il fut réintégré en 1944, et chargé des programmes musicaux à la radiodiffusion de Toulouse-Pyrénées. Il reprit le métier de professeur aux facultés de Toulouse, de Lille, puis de Paris. Il soutint le mouvement étudiant en 1968, et prit sa retraite en 1978. L. Jerphagnon parle de sa « prose inimitable, coruscante, et d'une densité à nous couper le souffle » — émaillée au surplus de mots grecs —, et évoque le mouvement, la « vitesse » qui anime cette pensée, cette philosophie de l'insaisissable instant.

« Tout ce qu'on voit, palpe, perçoit positivement, écrit Jankélévitch, est empirique, mais le fait de l'empirie est un profond mystère. » Le philosophe se préoccupe d'« un je ne sais quoi qui fait que quelque chose existe ; ce je ne sais quoi qui est le fait-de-l'être, nous le nommerons le *Quod* ». Le mystère réside donc dans le fait gratuit de l'« empirie » — ou de l'expérience donnée — entendons dans le fait qu'elle est là, « dans sa *quoddité* ». Mais sur cette empirie se détache la personne ou ipséité. « Jankélévitch n'hésite pas à prendre la défense de l'indéfendable parce qu'éphémère ipséité... ; le fugace, le furtif de cette apparition soulignent le sérieux de son sort, pris entre deux éternités » (L. Jerphagnon).

Mais plus bref encore, si l'on ose dire, est « le presque rien de l'instant », dont Jankélévitch nous dit qu'il est le « clignotement imperceptible de l'Absolu » ou du Tout-Autre. Or, « il n'y a pas d'accession au Tout-Autre comme il y a un avancement en grade dans l'*ordre* de la Légion d'honneur ». Il est en effet au-delà de tout ordre, fût-ce celui des Idées ou des Vérités. « Si Dieu est quelque chose ou quelqu'un — quelqu'un comme, par exemple, le premier président de la cour de cassation —, Dieu *n'existe* pas » : ces imprudences verbales (dire qu'Il existe) ont toujours fait le lit de l'athéisme. « Dieu est Plus-qu'être, et infiniment plus. » On retrouve ici l'inspiration des Pères et des mystiques, ou du néo-platonisme. Le philosophe pose, non point le faux problème de l'être et du non-être, mais le mystère du *faire-être* qui n'est pas être. « Dieu n'est ni celui qui est, ni même celui qui fait… Dieu *fait* purement et simplement : autrement dit, Dieu pose l'être de l'autre (ce qui s'appelle *créer*) et nie son être propre. » Pour ce faire, il n'a point besoin de modèle ni de projet préfabriqué : « Dieu n'est pas le secrétaire d'un démiurge qui s'occupe d'accommoder les concepts du patron. » Dès lors, Jankélévitch va penser l'attitude morale sous l'angle de la création.

Pour lui, le divin représente la générosité à l'état pur. Le Bien sera donc de l'ordre du faire, non de l'être ou du connaître. « Le bien est ce qu'il faut faire, mais c'est de faire et de bien faire qui est le Bien ! » La morale commence là : il y faut une conversion. Jankélévitch décrit l'*austérité morale*. Il faudra assumer la peine du devoir-faire. En matière de morale, la durée ne totalise, ne capitalise rien, puisque le Bien a besoin, à chaque instant, d'être créé. Dans la vie morale, on ne vit pas de ses rentes. Rien ne nous reste, décidément, de ce qui pouvait donner à l'homme plaisante conscience et bonne opinion de soi. Il n'est rien de pire que « la complaisance, l'absurde pitié de soi ».

« L'éthique nous dit qu'*il y a* quelque chose à faire sans nous dire quoi. » En réalité, c'est la bonne intention, c'est-à-dire l'intention aimante, qui pose le bien. « L'amour est la contradiction résolue et vécue. » Comme l'a vu Pascal, on ne démontre pas qu'il faut aimer : « Il n'y a d'amour démontré que pour l'esprit de géométrie et pour la cuistrerie rationnelle. » L'amour va droit à l'ipséité. Il est « le seul sentiment qui soit une vertu ». Quiconque a aimé se rappelle « ces oasis de fraîcheur et de vérité dans le désert d'une existence épicière ».

La philosophie ne saurait méconnaître notre condition mortelle. « Et l'on ne ruse pas avec la ruse impénétrable de la mort. » Peu de philosophies laissent voir autant que celle-ci le prix de la précarité de la créature mortelle : « Si son anéantissement est inconcevable, son immortalité ne l'est pas moins. » Il faut prendre la mesure de « l'absurdité des deux incompréhensibles ». Dira-t-on que tout le monde le sait ? Mais précisément, philosopher revient à « se comporter à l'égard de la vie comme si rien n'allait de soi ».

Jankélévitch était musicien, musicologue, ou mieux,

selon le mot de L. Jerphagnon, musicophane, c'est-à-dire révélateur de la musique. Celle-ci, écrit l'auteur de *Debussy et le Mystère* (1949), « a ceci de commun avec la poésie, l'amour, et même le devoir : elle n'est pas faite pour qu'on en parle... Ce qu'il nous faudrait, c'est la musique en elle-même ». Cette philosophie comporte donc une esthétique. Mais il n'y a pas ici de recettes. L'acte artistique n'est pas un acte culinaire, ni un dosage d'apothicaire. Il faudrait détecter « l'élément simple », l'intuition originelle. Il n'est pas, cependant, d'inspiration extérieure ou antérieure à l'œuvre d'art : elle n'existe qu'en faisant et en train de faire. Certes, le hasard joue un rôle, et Jankélévitch montre la dialectique du *génie* et de la *rencontre*. Mais elle ne révèle qu'incomplètement l'évanescente essence du Beau, qui tient à presque rien.

L'affirmation de Dieu

Claude Bruaire (1932-1986) fut professeur à l'université de Tours, puis à la Sorbonne. Il eut aussi l'occasion d'enseigner à de futurs médecins *Une éthique pour la médecine* (1978). Sa pensée s'appuie sur trois expériences fondamentales : celle d'une détresse généralisée (de l'homme sans Dieu), celle de la misère de l'époque technicienne, celle de la mission sotériologique de la philosophie.

L'homme est décevant à lui-même, « l'homme n'est pas très savoureux ». Mais l'homme passe l'homme ; le monde sans Dieu est un monde inanimé ; mais des requêtes d'esprit s'y font manifestement sentir.

Les œuvres de Bruaire paraissent dans « le désert philosophique des années 1960 » (J.-L. Vieillard-Baron). Il tranche dans sa génération byzantine par la carrure de ses certitudes et la rectitude de ses jugements (X. Tilliette). Il dénonce l'envahissement de la pensée technicienne, d'où sont issues une médecine de vétérinaires, la morale des hippodromes, l'évaporation des valeurs.

Mais Bruaire fait entendre l'exigence philosophique comme promesse d'un salut. Le philosophe est le Veilleur ; il témoigne de la vigilance de l'esprit, intarissable et inusable. L'auteur de *La Force de l'esprit* a eu une vive conscience de l'héroïsme et de la solitude de l'esprit.

Héroïsme, parce qu'il y a une frustration, une abnégation de soi de l'esprit. Par ailleurs, le premier sourire de l'enfant est la première apparition de l'esprit, miracle qui rompt l'abnégation de soi. Enfin un aspect important, souvent négligé, est, chez Bruaire, la dimension communautaire de l'esprit.

La philosophie est requête et réquisition de l'Absolu. Mais « c'est par le désir que la philosophie commence » (Denise Leduc-Fayette). En effet, trois puissances, liberté, langage, désir sont les éléments constitutifs de l'esprit humain, mais en quoi il ne se réduit ni ne se livre. Le désir se caractérise par son pouvoir énergétique, et sa « soif dévorante d'être, d'avoir et de connaître ». Le concept de « demande d'esprit » est l'un des plus significatifs de la pensée bruairienne, et il recouvre le désir en sa vérité. L'essence du désir, c'est l'amour. L'ordre du désir est celui de la charité.

Qu'est-ce que l'Absolu ? L'Absolu est singulier. Dieu est singularité absolue. Mais il faut étudier le rapport de cette singularité avec l'individualité physique. Depuis Biran, la pensée française a mis en avant le problème fondamental du corps, et cet enracinement premier, obscur et inflexible à la fois. Elle nous montre comment le corps est une puissance anonyme et quasi étrangère. Mais ce primat absolu du corps définit notre statut de créature ; notre singularité n'est point absolue. C'est le philosophe qui s'insurge en Claude Bruaire contre la doctrine de l'immortalité de l'âme seule, si satisfaisante qu'elle soit psychologiquement ; car le dualisme cartésien lui paraît absurde. Mais il se prononce en faveur de la résurrection : « Il me faut un corps, mais non *ce* corps », écrit Bruaire. Comme le dit F. Kaplan, rarement le problème de la mort a été posé aussi nettement, avec autant de rigueur intellectuelle, face aux simplifications spiritualistes et matérialistes. Il faut dire : « Je ne suis pas mon corps ; la vie d'un corps m'est nécessaire pour exister. » Et le lieu du désir est au point d'articulation de ces deux affirmations.

Sa thèse de doctorat portait sur Hegel, « le seul philosophe chrétien à avoir pris la Révélation au sérieux » (J. Brun). Chez lui, en effet, la Révélation communique sans reste ses contenus à la raison, elle est en somme révélation de la raison. Mais Bruaire a découvert en Schelling l'antidote à une « Raison » grandiose, mais tarée de tragique, d'abnégation et de négativité. Aussi qualifie-t-il la théologie négative d' « absurdité érigée en système » ; d'ailleurs « le silence est athée ». L'extériorité réciproque et définitive de la raison et de la foi fait courir à la philosophie comme à la théologie un danger mortel. Mais Bruaire se défiait d'une « théologie honteuse », sous couvert de spéculation chrétienne : il tenait trop à l'autonomie du philosophe ; il entendait « laisser plein droit au philosophe ». Il n'exigeait nullement de celui-ci qu'il devînt l'obéissant domestique du théologien, mais il demandait à la philosophie de se faire l'humble « servante du Seigneur », c'est-à-dire non une esclave soumise, mais une compagne dévouée (J. Brun). L'idée de Dieu précède dans l'homme la découverte de sa finitude. Dieu donne et se retire : l'expérience du don est capitale. Je suis un être en dette ; je dois rendre. C'est là le fondement d'une éthique de la générosité. Dieu est Éternité qui se médiatise elle-même : Bruaire scrute le mystère de la Trinité. Enfin, seule la liberté rendrait compte de l'existence du mal. Mais quelle théodicée oserait rendre raison du martyre de l'innocent ?

Bien que Bruaire ait quelque peu malmené Kant dans *La Raison politique* (1974), on décèle chez lui « un exemple du plus intransigeant criticisme ». De la justice elle-même nous ne devons pas faire une idole, ce qui serait si on la tenait pour une fin en soi. Nation, pouvoir, État, chaque catégorie politique n'affirme sa nécessité propre qu'en faisant courir un danger à la raison où elle puise cette nécessité. « La *violence* économique et politique, écrit Bruaire, est l'unique résidu de la foi quand sont distraites l'une de l'autre les deux injonctions du christianisme : la *liberté dans la pauvreté,* que proclament les " Béatitudes " : la *charité active,* effective, efficace, que dit le discours sur le Jugement dernier. »

Le structuralisme neutralisé sur son terrain

Francis Jacques, né en 1932 à Strasbourg, a reçu une formation scientifique (en mathématiques et en biologie). Professeur d'université, à Rennes, puis à la Sorbonne, il est l'auteur, entre autres livres, des *Dialogiques (Recherches logiques sur le dialogue),* et de *Différence et Subjectivité.* Il y conjugue avec aisance et dextérité les sciences du langage et les problèmes proprement philosophiques. Partant du « tournant linguistique » des auteurs anglo-américains « d'Oxford à Cambridge, de Princeton et Harvard à Stanford », il pose la question de la personne en fonction du problème, largement débattu par eux, de l'identité personnelle. Il donne par là à entendre que le *personnalisme* est une philosophie un peu faible...

Nous avons vu la culture contemporaine hésiter sur le parti à prendre : rétablir le « sujet » traditionnel de l'humanisme, ou le détruire une bonne fois en lui notifiant son insignifiance. Sans revenir au *cogito,* F. Jacques ne suit pas les penseurs du « système », ni « les structuralistes français qui ont annoncé presque trop bien une subversion du sujet ». Il ne se laisse pas emporter par les vagues successives qui ont entraîné la déréliction du moi : philosophie analytique, fait structural, etc. Pour lui, c'est le dialogue, c'est la communication intersubjective, qui constitue le milieu original de notre compréhension du monde et de l'homme. Certes, « la réalité personnelle est la forme d'existence la plus haute » ; mais « la plénitude de la personne suit nécessairement la plénitude de la relation » entre les hommes.

Pour F. Jacques, celui qui parle est un sujet parlant dans la mesure seulement où il est susceptible de prendre en charge, non pas le sens de ses propres paroles, mais le sens des paroles échangées au cours d'un entretien. Le sujet parlant est ce qui se construit dans le dialogue. « Il n'y a pas à chercher l'Autre : nous nous sommes déjà trouvés dans la relation que nous vivons ensemble. » Des expériences telles que l'amour et le regard, le silence ou le projet, l'indiscrétion et même le secret, la mésentente et le « faux dialogue » manifestent « la présence structurale de l'Autre au cours du moi ». Pascal nous place devant le dilemme ou bien de n'aimer personne ou bien de n'aimer que des qualités vouées à la disparition : seule une notion de la personne fondée sur la communication peut surmonter ce paradoxe. Ainsi F. Jacques mène à bien le double souci de Kant : les conditions de possibilité des énoncés scientifiques et le problème moral de la relation avec autrui. Penser, c'est être capable d'entrer en relation et de s'y maintenir envers et contre tout. Le « règne des fins » de Kant, c'est « la communauté idéale et illimitée de communication des locuteurs ». Au lieu de nous écraser sous les structures linguistiques, F. Jacques nous montre « la haute portée philosophique du dialogue ».

De son côté, Patrick Tort a publié en 1989 *La Raison classificatoire.* En choisissant ses exemples dans l'histoire des écritures, des langues, des races humaines, des animaux, des plantes, des monstres, des règnes naturels, des espèces organiques, des sexes ou des formes de la psychopathologie criminelle, l'auteur, dépassant le structuralisme, effectue un progrès vers ce qu'il appelle *l'analyse des complexes discursifs.* « La grandeur de Foucault, écrit-il, a été l'examen lucide de *son échec* sur le terrain même où il paraissait devoir apporter les linéaments d'une démarche au moins *imitable* », mais qui ne put être imitée, sinon de façon caricaturale.

Le tort du structuralisme a été de se parer des plumes de la « scientificité ». Or, la philosophie n'a rien à gagner en imitant la science. Lecteur de Nietzsche, Jean Granier estime, dans *Le Discours du monde,* que la philosophie ne peut être que traduction en idées d'une « expérience *égotiste* » *:* le Moi transpose en concepts la singularité d'une relation perspectiviste au monde, tournée vers l'avenir. N'hésitons pas à dire que les concepts philosophiques doivent être « prospectifs, valoriels et pathétiques ». « Et donc le seul éloge durable que l'on puisse faire d'un philosophe, c'est de dire, selon le vœu de Pascal, en fermant son livre : on s'attendait de voir un auteur, et on trouve un homme. »

Telle fut cette période de turbulences. Vincent Descombes a étudié cette *Philosophie par gros temps* (1989). Il appelle *philosophiste* celui qui croit pouvoir régler par la philosophie une difficulté qui peut l'être autrement. Il pose la question : comment la philosophie peut-elle traiter de l'actualité ? Il montre que Foucault « lorsqu'il moralise, reste indifférent aux conséquences politiques de son engagement ». « Il est déplorable que les philosophes affectent de juger des événements du fond de la salle, comme s'ils n'étaient pas, avec tout le monde, sur la scène. » Le même auteur fait allusion aux écrivains « qu'on réunit vaguement sous l'étiquette du *post-structuralisme* ». Ceux-ci sont à la fois fascinés et irrités par la métaphysique de Lévi-Strauss et consorts. « Le post-structuralisme renonce à ce dogmatisme intransigeant. Mais sa réaction est si forte qu'elle le porte à professer le dogmatisme inverse. Sa thèse est que le réel n'est pas *ordre,* mais *chaos.* Qu'en savons-nous ? » Bref, le réel est impossible à représenter... Nous ne pouvons ici que renvoyer au livre de Thomas Pavel sur *Le Mirage linguistique* (1988).

CHAPITRE XII

Philosophes, anti-philosophes, nouveaux philosophes, non-philosophes

Un nouveau platonicien : Whitehead

Whitehead ne fut pas le simple collaborateur de Russell, mais un métaphysicien original, auteur d'une immense synthèse qui sera encore une philosophie de la Vie.

Alfred North Whitehead (1861-1947) est né à Ramsgate dans le comté de Kent. Ce fils de pasteur anglican, formé d'abord exclusivement aux lettres grecques et latines à Sherborne, puis uniquement aux mathématiques à Cambridge, se consacre dès sa jeunesse à l'enseignement des mathématiques, d'abord à Cambridge, puis à Londres. En 1924, au moment où il va prendre sa retraite, il reçoit de l'Université Harvard une invitation à y enseigner la philosophie. Très amical avec ses étudiants, il l'enseignera jusqu'à l'âge de soixante-dix-sept ans, et restera à proximité de Harvard jusqu'à sa mort, dix ans plus tard. « Carrière peu banale que celle de ce mathématicien et logicien qui, après avoir collaboré avec Russell aux *Principia mathematica,* et produit lui-même des ouvrages mathématico-logiques, puis des ouvrages de philosophie des sciences, quitte définitivement l'Angleterre pour aller révéler aux États-Unis une métaphysique d'une richesse peu commune, qu'il avait mûrie pendant des années de méditation » (Alix Parmentier). Sa pensée a été divisée en trois phases : la période logico-mathématique de Cambridge, la période physique de Londres et la période métaphysique du Cambridge américain. En réalité, elle présente moins une discontinuité que l'intégration d'éléments nouveaux en une synthèse originale. Cette pensée est difficile : Whitehead crée son propre vocabulaire technique, avec des mots tels que « concrescence », « ingression », « préhension »... Il prévient lui-même parfois son lecteur : « Ceux qui trouvent la métaphysique ennuyeuse et ingrate feraient aussi bien de sauter ce chapitre pour passer immédiatement à des questions plus faciles. »

Dans son *Traité sur l'algèbre universelle avec applications* (1898), il reprend le projet leibnizien d'un calcul qui « serait une sorte d'algèbre générale et donnerait le moyen de raisonner en calculant ». Avec Russell, il définit les mathématiques comme « la science qui traite de la déduction logique des conséquences à partir des prémisses générales de tout raisonnement », c'est-à-dire comme une promotion de la logique. Puis, dans *Les Concepts mathématiques du monde matériel* (1906), il se propose d'appliquer la logique mathématique développée dans les *Principia* à la géométrie et la physique. Souhaitant une coopération des mathématiques et de la philosophie, il se réclame de Pythagore : tout est nombre, musique, harmonie. Il a peine à quitter la livrée du logicien : à l'en croire, la science est « essentiellement logique » ; bien plus, « la logique symbolique en viendra à conquérir l'éthique et la théologie ». Mais ailleurs il condamne l'intérêt excessif accordé à la logique par des philosophes « surintellectualisés ». Avec Whitehead, rien n'est définitivement tranché. « La science, écrit-il, ne fait que rendre plus urgente la nécessité d'une métaphysique. » Il faut donc tout d'abord « poser les bases d'une philosophie de la nature, qui est la présupposition d'une physique théorique réorganisée » (*Le Concept de Nature,* 1920). Pour cette philosophie, la nature implique essentiellement un devenir *(becomingness),* une avance créatrice, mais aussi une permanence qui fait qu'elle peut être reconnue. Deux voies mèneront Whitehead à la métaphysique : la science et l'expérience religieuse. On ne saurait mieux tenir les deux bouts de la chaîne : la cosmologie et la religion sont inséparables pour lui.

La pensée de Whitehead a un double caractère : la foi en l'harmonie *logique* de l'univers, et l'attachement à l'*expérience* immédiate. Tout en reconnaissant qu'« expérience » est « l'un des mots les plus trompeurs de la philosophie », il déclare que la seule tâche de la raison spéculative est de « comprendre l'expérience ». Il faut entendre l'existence humaine comme expérience et comme expérience de valeurs ; non point une expérience étriquée à la manière de Hume, mais une « expérience intégrale ». Encore faut-il reconnaître que l'expérience corporelle est la « base de l'existence ». Whitehead adopte ainsi ce qu'il appelle le *principe subjectiviste réformé,* selon lequel tous les éléments qui constituent l'univers ne peuvent être découverts que dans l'analyse de l'expérience subjective. Cependant Descartes, semblable en cela à Christophe Colomb qui n'a pas visité l'Amérique, n'a pas su tirer parti de sa découverte. Loin d'être cartésien, Whitehead s'applique à lui-même cette caractéristique de la tradition philosophique européenne, d'être « une série de notes au bas des pages de Platon » (*Procès et Réalité,* 1929). Il est pourtant un étrange platonicien. Ainsi, il interprète le Réceptacle platonicien comme « la communauté à l'intérieur de laquelle se situe le cours de l'histoire, abstraction faite de tous les faits historiques particuliers » (*Aventures d'idées,* 1933) ; à moins qu'il ne s'agisse du « royaume des objets éternels et de la nature primordiale de Dieu ». Pour Whitehead, il y a effectivement des objets éternels, par exemple une « couleur », ou encore la « terreur » qui peut s'actualiser dans une « foule en colère ». La théorie des objets éternels est un des points sur lesquels, au dire même de Whitehead, tout le monde l'a mal compris. Mais cette théorie conduit à Dieu.

Les points de départ de sa réflexion métaphysique se situent dans trois domaines : dans la sphère *physique*, la notion de vecteur, de champ physique, la théorie de la relativité et la théorie des quanta ; dans le domaine *biologique*, la notion d'organisme et la théorie de l'évolution ; dans le domaine de l'*expérience humaine*, l'expérience religieuse, conçue essentiellement comme une relation d'amour, mais qui semble s'enraciner dans l'expérience esthétique. La pensée de Whitehead se réduirait, selon Alix Parmentier, à trois intuitions essentielles : 1 — intuition de la pure relativité : le « réellement réel », la réalité ultime, n'est que la relation ; tout est relation ; la relativité est si forte qu'elle demeure jusqu'en Dieu ; 2 — intuition de la créativité : l'être est devenir, et ce devenir est un procès d'auto-création et de dépassement de soi (Dieu se crée conjointement au monde et à partir du monde en évolution) ; 3 — intuition pythagorienne de l'ordre, de la permanence, du rythme et de l'harmonie. La pensée de Whitehead est une philosophie de la communauté et de l'amour ; on l'a désignée comme un « agapisme » (d'*agapè*, amour). Il y aurait un Withehead johannique, mais dissident, car il récuse plusieurs thèmes chrétiens, notamment l'immortalité. Très critique, il voit cependant dans notre siècle un âge de reconstruction, au point de vue religieux, scientifique et politique. Sa doctrine se présente comme très antique, et aussi très nouvelle, de plain-pied avec la philosophie analytique anglo-saxonne.

Le grand-père intellectuel : Russell

Pierre Jacob rapporte ce dialogue qui se serait tenu en 1935 à Paris entre Herbert Feigl et Russell :

« Nous sommes en quelque sorte vos petits-fils intellectuels.

— Et quel est votre père ?

— Nous en avons trois : Schlick, Carnap et Reichenbach. »

Ces « pères » sont parmi les quinze membres du « Cercle de Vienne ». Avant de traiter de celui-ci, il faut commencer par ce grand-père, dont la postérité est fort nombreuse, car il a exploré des voies multiples. Il considérait du moins comme son « exploit de philosophe » l'apport qu'il fit à la philosophie empiriste d'une théorie conséquente du savoir mathématique et de nouvelles théories logiques. Brillant esprit, il fut « un sceptique passionné parce qu'il voulait être un croyant passionné » (A. Wood). Cet aristocrate britannique eut une vie longue, mouvementée et passionnante.

Né le 18 mai 1872, orphelin de bonne heure, Bertrand Russell fut élevé « à l'ombre des grands-mères », sous un régime un peu vieillot, qui combinait un puritanisme démodé et un libéralisme avancé. A l'en croire, ce fut « le désir d'en savoir davantage sur les mathématiques » qui le dissuada de se donner la mort pendant son adolescence. Des lectures, notamment celle de J. Stuart Mill, lui firent abandonner toute croyance en Dieu. Il entra à Cambridge, à Trinity College, à l'âge de dix-huit ans, et s'y trouva plongé dans « un nouveau monde d'infinies délices ». Plus tard, il y sera professeur. Cette université l'emportait beaucoup sur Oxford au point de vue des mathématiques et des sciences physiques. Pour Whitehead et Russell étudiants, Cambridge représentait l'idéal d'éducation platonicien : ils partageaient leur temps entre l'étude des mathématiques et la libre discussion avec leurs amis. Ceux-ci avaient constitué un petit groupe appelé « les Apôtres ». Tous étaient convaincus que le progrès du XIXe siècle continuerait et qu'eux-mêmes y contribueraient. Bien entendu, cette foi dans le caractère inévitable du progrès devait être brutalement démentie dans la pratique par les guerres et les dictatures, et dans la théorie par le rejet de l'hégélianisme ou de toute autre doctrine progressiste. En effet, sous ce second aspect, Russell découvrit que les idées, alors régnantes, de Bradley, rendaient impossible toute philosophie des mathématiques. Il se révolta donc contre Hegel et les idéalistes d'Oxford, et passa au « réalisme », stimulé et encouragé par G.E. Moore, son chef de file : « Oxford était une citadelle hostile qu'il enlèverait avec délices. »

Le bain de réalité, il le prit d'abord comme journaliste en Allemagne, où il étudia en 1895 les deux forces destinées à façonner l'histoire du monde pendant les cinquante années qui allaient suivre : le militarisme allemand et le communisme marxiste. Il admirait alors dans le *Manifeste communiste* « la force épique de la théorie matérialiste de l'histoire ».

Mais c'est toujours par le biais des mathématiques que Russell s'intéressait à la philosophie. « L'œuvre du génie », a-t-on dit, ce sont les *Principia mathematica* composés avec Whitehead, et dont les trois volumes paraîtront à partir de 1910. Russell y a déversé des trésors d'énergie. Pour lui, les mathématiques sont une promotion de la logique, ou une forme plus développée de celle-ci. Il donnera donc une définition purement logique du nombre comme de l'espace. Il procède à une refonte de la théorie des classes logiques. En général, une classe ne peut être son propre terme : une constellation n'est pas une étoile. Cependant certaines ont cette propriété : la classe des classes est une classe. La notion de fonction logique va jouer un grand rôle : aucune fonction ne doit être du même type que son « argument » : un troupeau ne peut être un mouton. D'où une classification des fonctions : la fonction du premier type a pour arguments des individus ; la fonction du second type a pour arguments des fonctions du premier type et éventuellement des individus ; la fonction du troisième type a pour arguments des fonctions du deuxième type et éventuellement des fonctions du premier type et des individus. Par conséquent, aucune classe ne peut être membre d'elle-même, car les propositions sont d'un type plus élevé que les objets qu'elles mentionnent. « L'atomisme logique » consiste à pratiquer la méthode de l'« analyse » pour atteindre des « atomes logiques ». Un critique a dit un jour de Russell que son esprit fonctionnait comme « un hachoir », toujours prêt à couper et à analyser. Création originale de Russell, la théorie des Descriptions suscita une stupéfaction complète. Le philosophe y montrait à quel point les mots et la forme des phrases peuvent nous égarer. D'où cette consigne : « Ne laissons pas la grammaire imposer ses diktats à l'ontologie. »

Il plaçait la logique au-dessus de tout. Cela explique l'éreintement qu'il fit du bergsonisme dans une conférence devant les « Hérétiques » : il dénonçait cette « philosophie mystique de l'évolution », qui connaissait alors une vogue extraordinaire. Mais Russell tailladait ses propres doctrines aussi impitoyablement que celle de ses rivaux. Il s'aperçut qu'il avait surestimé les possibilités de la logique en la croyant capable de nous en apprendre beaucoup sur la structure de l'univers. Toutefois, comme l'a montré A. Wood, au milieu de ses changements de position, Russell conserve la même méthode : celle du « rasoir d'Occam », fondée sur le principe que les entités ne doivent pas être multipliées sans nécessité. « En gros, sa technique de philosophie était de retrancher tout ce dont il pouvait se passer, puis de hacher le reste en fragments aussi minces que possible pour voir ce dont il disposait encore. » Il a lui-même reconnu que l'habileté technique nécessaire pour découvrir le plus grand nombre de choses à partir du plus petit nombre d'hypothèses lui procurait un vif plaisir, le plaisir de faire « des pâtés de sable philosophiques ».

Russell fit un séjour aux États-Unis peu avant la Première Guerre mondiale. Il eut le mérite de reconnaître, dès la déclaration de guerre en 1914, que beaucoup de ses idées étaient fausses, et que les hommes n'étaient pas aussi « logiques » qu'il l'avait cru. Mais le premier effet de la guerre fut de le plonger dans un abîme de désespoir et d'horreur. Rappelons tout de suite que le reproche que l'on adresse le plus souvent à Russell quand on veut le taxer d'inconséquence, est de s'être opposé à la Première Guerre mondiale et d'avoir soutenu la Seconde. Or, il l'a dit lui-même, il préférait une conquête de l'Angleterre par le Kaiser à une guerre, mais il préférait une guerre à la conquête de l'Angleterre par Hitler : le nazisme était le mal absolu. Ses croisades politiques et sociales impliquaient l'effort passionné de son être tout entier. Il fut donc exclu, pour motif de pacifisme, de Trinity College. Bien plus, il fut emprisonné à cause d'un article jugé subversif, paru le 3 janvier 1918 dans *The Tribunal*. Il put rédiger en prison son *Introduction à la philosophie mathématique,* proclamant ainsi la liberté de l'esprit et sa faculté de se mouvoir librement, même quand le corps est enchaîné. Pourtant, il souffrait de la privation de tabac qui lui était alors imposée ! La guerre de 1914-1918 contribua à le faire passer des rangs des libéraux à ceux des socialistes. La différence entre Russell et les autres intellectuels de gauche fut qu'il ne continua pas à admirer la Russie soviétique après l'avoir visitée avec une délégation de travaillistes.

Son intérêt pour la pédagogie se manifesta dans la fondation qu'il fit, avec sa seconde femme, à Beacon Hill, d'une école peu orthodoxe, où les intéressés jouissaient de la plus grande liberté. Il semblait préconiser ce qu'il faut bien appeler la Morale sans larmes. Mais il déclarait aussi : « On épargnerait aux enfants beaucoup de douleurs et de difficultés inutiles si on ne les obligeait pas à vivre dans la compagnie de contemporains imbéciles. » Ses idées sur la morale sexuelle ne sont pas davantage orthodoxes. Russell s'est marié quatre fois et il eut un certain nombre d'amitiés qui n'étaient point platoniques. Il se montre partisan de l'union libre et de l'égalité des sexes dans *Le Mariage et la Morale* (1927). Aussi est-il très isolé au sein de sa classe sociale.

Pendant les années 30, il dut continuer à vivre de sa plume, en dépit de ses soucis et de ses ennuis de santé. En 1938, il était encore assez pacifiste pour approuver Munich.

Mais après la déclaration de guerre, qui le surprit en Amérique, et comme l'Angleterre était menacée d'invasion, il renonça au pacifisme. Les années de guerre, passées aux États-Unis, où la diffamation et les antipathies s'acharnaient contre lui, furent parmi les plus malheureuses de la vie de Russell. Il put enfin retourner en Grande-Bretagne au début de 1944.

Alors, « le rebelle devient respecté » (A. Wood). A Cambridge il est accueilli en héros. Il travaille plus que jamais. L'exposé le plus complet de ses recherches se trouve dans *La Connaissance humaine, son but et ses limites* (1948). L'ouvrage peut, en un sens, être considéré comme la confession d'un échec ; mais d'un échec fructueux. « Que les inférences scientifiques requièrent, pour leur validité, des principes que l'expérience ne peut pas rendre même probables, est, je crois, une conclusion inéluctable de la logique probabiliste. Pour l'empirisme, c'est une conclusion embarrassante (...) L'empirisme s'est montré inadéquat. Cependant cette inadéquation a été découverte par une stricte fidélité à la doctrine par laquelle la philosophie empiriste avait été inspirée : que toute connaissance humaine est incertaine, inexacte et partiale. Sur cette description nous n'avons pas trouvé à faire la moindre réserve. »

Russell rompt avec la « philosophie analytique », dont nous traiterons plus loin. « Discuter interminablement sur la signification que des imbéciles donnent à des imbécillités, c'est peut-être amusant, mais ce n'est certainement pas très important. » Sans doute pense-t-il, avec Marcuse, que ce n'est pas politiquement efficace. Il préfère continuer ses luttes pacifistes. Il s'élève notamment contre l'utilisation militaire de l'arme nucléaire (Tribunal Russell-Sartre, 1961). Tel fut Bertrand Russell, à propos duquel il est tentant de réciter les litanies de Ph. Devaux : « Le plus provocant des pacifistes, le plus controversé des philosophes, le plus immoraliste des moralistes, le plus impitoyable des juges, le plus révolté des puritains, le plus dévastateur des humanistes, le plus désintéressé des politiques dans un monde de politiciens, etc. » Prix Nobel de littérature, il est resté jusqu'à quatre-vingt-dix-huit ans une vedette de l'actualité mondiale.

« Depuis 1914, déclara-t-il un jour, trois doctrines ont dominé la philosophie britannique : d'abord celle du *Tractatus* de Wittgenstein ; ensuite celle des logiciens positivistes ; enfin celle des *Investigations philosophiques* de Wittgenstein... » — qu'il avouait trouver « complètement inintelligible ».

La Vienne des Habsbourg

Ludwig Wittgenstein est un génie intégralement viennois. Vienne est, pendant sa jeunesse, un étrange « bouillon de culture », dans lequel tous les secteurs de l'activité culturelle sont en interdépendance. On l'appelait par dérision « la Cacanie », terme inventé par Robert Musil, issu de *kaiserlich* et de *königlich* (« impérial » et « royal »), autrement dit « K.K. ».

François-Joseph Ier règne de 1848 à 1916. A la fin du XIXe siècle, l'Autriche-Hongrie est encore une superpuissance. En 1918, cet édifice s'effondre comme un château de cartes. Sa capitale est la « ville des paradoxes ». Derrière le mythe de la « cité dorée » se révèle une réalité fort sombre. La société est malade : scandales, affaires de corruption, désordre des mœurs se multiplient. On a même pensé que l'amour des Viennois pour la danse était pathologique ! Pourtant, au début du siècle, les bourgeois, surtout les jeunes, semblent avoir été inconscients de la gravité de cette crise comme des événements mondiaux : ils seront stupéfaits par le cataclysme de 1914. La stabilité trompeuse de cette société férue de pompe et de décorum ne provenait que d'un formalisme sclérosé : sa devise était *Ruhe und Ornung,* « tranquillité et ordre ». Sur le plan politique, l'action de la monarchie devint, à la fin du règne, d'un formalisme rigide derrière lequel il n'y avait plus que vide et chaos.

Vienne était alors avant tout une société bourgeoise. Dans son mode de vie, tout était spacieux et artificiel. L'art devenait un signe de richesse et de réussite. L'*esthétisme,* culte exclusif et raffiné de la beauté formelle, devint alors pour les jeunes le seul moyen d'échapper à une existence d'industriel ou d'hommes d'affaires. Les esprits sont obsédés par les questions sexuelles : « Le moment est venu de parler de ces choses-là », et c'est à Vienne que prend naissance le freudisme. Mais certains mouvements affirment la supériorité culturelle de la population germanique ; il est vrai que la littérature et la musique tchèques et hongroises n'avaient pas plus d'un siècle d'existence. Et voici que se fonde l' « Union pangermaniste » : antisémite et nationaliste, elle prétend que la violence et le baptême du sang donneraient accès à une mystérieuse entité appelée le *Volk*. C'est déjà le message messianique du nationalisme allemand. En même temps naît le « Sionisme », dont le fondateur est Herzl. Ainsi, par un étrange paradoxe, la théorie qui allait conduire à la fondation de l'État juif et la théorie nazie de la « solution finale » naquirent toutes deux à Vienne et eurent des origines curieusement analogues.

Dans la société viennoise, le faux-semblant était devenu la règle ; seule importait l'apparence ; partout régnait « l'incommunication ». Aussi le médecin Schnitzler étudie-t-il le problème de la *communication*. Ce problème a une forme inter-individuelle (dans la sexualité) et une forme sociale (l'antisémitisme est le symptôme d'un malaise spirituel général). De nombreux suicides témoignent que la société connaît des problèmes de communication et d'identité dans tous les domaines. Les conflits linguistiques sont incessants. Et la génération des esthètes, représentée par le groupe « Jeune Vienne », essaie d'échapper au carcan du monde bourgeois en créant un langage authentique. Mais c'était une « solution fausse et narcissique », aux yeux de Musil, car le langage ordinaire, avec lequel nous vivons, ne peut s'exprimer sans équivoque. Kraus, Schönberg et Wittgenstein allaient tenter de sortir de cette impasse grâce à une critique fondamentale de tous les moyens d'expression.

Porte-parole éloquent des penseurs et artistes, Karl Kraus tient la critique du langage pour une arme décisive. Son souci de l'intégrité personnelle le pousse à se défendre contre les tromperies des politiciens hypocrites et corrompus et contre une morale bourgeoise faite seulement de respect des convenances. Bien plus, toute une série d'œuvres intellectuelles et artistiques, allant de la musique de Schönberg à l'architecture de Loos, et incluant le *Tractatus* de Wittgenstein, sont liées à la critique krausienne du langage et de la société. Ainsi Loos montrait que les idéaux des architectes du groupe de « La Sécession » étaient irréalisables parce que ceux qui les défendaient restaient trop liés à la société établie : en Autriche, dit-il, « l'ornementation n'a plus de lien organique avec notre civilisation » ; les objets doivent être purement fonctionnels. La critique que faisait Loos de la société était générale, allant de la mode vestimentaire à l'artisanat, et à l'architecture dans laquelle il mit ses idées en pratique. Le peintre Kokoschka révélait dans leurs visages le vide spirituel des Viennois. Le *Traité d'harmonie* (1911) de Schönberg a pu être rapproché des *Principia mathematica* des Anglais Whitehead et Russell : c'est la même recherche d'une « logique » nouvelle. La poésie de Hugo von Hofmannsthal est une interrogation sur le sens de la vie et du monde, d'où naissent une ironie et un pathétique qui en font la grandeur ; son théâtre est métaphysique (*L'Aventurier et la Cantatrice,* 1899). Mais c'est bien le problème du langage qui se pose à lui : il a cru à la rédemption du monde grâce à la parole poétique.

Les savants tiennent leur partie dans ce chœur. Peu d'hommes ont eu sur la culture de leur époque une influence aussi étendue que le physicien Ernst Mach, mort en 1916, dont les successeurs philosophiques formeront le Cercle de Vienne. De même le *Tractatus* de Wittgenstein découle essentiellement des théories de Heinrich Hertz (1857-1894). En un sens, ce physicien est kantien. Une des ambitions de Kant avait été de délimiter les frontières de la raison à partir de la raison même, de manière à se passer de toute conjecture métaphysique. Cette théorie des limites de la raison a été le point de départ de toute la controverse sur le langage et les valeurs morales qui s'est déroulée à Vienne entre 1890 et 1914. Enfin, la lecture de Tolstoï, auteur d'un nouvel évangile, et qui veut vivre sa croyance, a fortement contribué à discréditer l'esthétisme viennois (A. Janik et S. Toulmin, *Wittgenstein, Vienne et la modernité,* 1978).

Une énigme autrichienne : Wittgenstein

Ludwig Wittgenstein est né à Vienne le 26 avril 1889. C'est le fils d'un magnat de l'acier ; mais il mènera toujours une vie d'une simplicité digne de Tolstoï. Il s'inscrit en 1906 à l'École technique supérieure de Berlin-Charlottenbourg pour y étudier la construction mécanique. De 1906 à 1911, il poursuit ses études techniques à l'université de Manchester : ses recherches le conduisent à la construction d'un turbo-réacteur. Mais son intérêt se dirige vers les mathématiques pures. Frege, rencontré à Iéna, lui conseille de se rendre à Cambridge pour y suivre l'enseignement de Russell qu'il rencontre pour la première fois en octobre 1911. L'année suivante, il est admis à Trinity College. Il y passe cinq semaines, d'abord comme débutant, puis comme « étudiant avancé ». Il suit les cours de Moore, et rencontre Whitehead.

Son père meurt en 1913 : Wittgenstein hérite d'une immense fortune, dont il se débarrasse au profit de ses frères et sœurs. Cependant une partie importante de ses biens sera répartie entre des écrivains (Rilke) et des artistes (Kokoschka, Loos). Il est d'ailleurs en contact direct avec les crises d'ordre artistique et moral qui alimentent « la grande controverse culturelle et éthique de Vienne ». Il séjourne en Suède (fin 1913-1914) et rédige les *Notes sur la logique.* En 1915, sur sa demande il est envoyé au front en Europe centrale. Lors d'une permission à Vienne en 1918, il achève le manuscrit du *Tractatus logico-philosophicus.* De retour au front à la fin du mois d'août, il est fait prisonnier par les troupes italiennes et il est retenu huit mois en captivité au Monte-Cassino. Il ne rejoindra sa famille qu'en août 1919. Mais il ne trouve pas d'éditeur pour le *Tractatus,* qui ne paraîtra qu'en 1932 dans sa traduction anglaise.

Comme l'a montré Allan S. Janik, les préoccupations qui ont inspiré ce curieux livre sont nées de l'éducation et de l'entourage culturel de Wittgenstein à Vienne. Il y fut en relations avec le groupe d'avant-garde de Theodor Haecker. Celui-ci s'est attaché à faire connaître Kierkegaard, chez lequel il décèle une authentique critique du langage. Il s'agit de transformer le langage d'instrument pratique en instrument spirituel qui puisse changer la vie. Mais Wittgenstein, qui est un scientifique, pense que, si l'on établissait une mathématique du langage, on pourrait en faire une critique interne. En parlant, « nous nous faisons des tableaux *(Bilder)* des faits » *(Tr.* 2. 1) : Wittgenstein cherche à montrer comment les propositions représentent les « états réels des choses », et à faire apparaître en creux ce qui ne peut pas être dit : l'éthique en particulier. Il veut en effet « libérer » l'éthique des discours philosophiques rationnels qui prétendent « énoncer » les « fondements » de la morale. Ainsi, « il ne peut pas y avoir de propositions éthiques ». Le positivisme considère que ce dont nous pouvons parler (correctement) est tout ce qui est important dans la vie. Wittgenstein, lui, est passionnément convaincu que tout ce qui est vraiment important est précisément ce sur quoi nous devons garder le silence. Aussi, pour lui, l'éthique se situe-t-elle dans la sphère de l'art. Dans le domaine des valeurs, il n'y a que paradoxes et poésie pure. Quand il s'agit des problèmes de la vie, les faits importent peu : l'essentiel est de réagir aux souffrances des autres.

Ces idées vont horrifier les néo-positivistes. En août 1922, lors d'une rencontre à Innsbrück, Wittgenstein se brouille avec Russell. D'ailleurs, il ne sera pas compris en Angleterre : trop de barrières historiques et culturelles séparent Vienne et Cambridge. Après 1920, Wittgenstein a choisi le métier d'instituteur dans les villages montagnards d'Autriche. Il bâtit une maison pour sa sœur Margarete. Certes, il jouit d'un grand prestige dans le Cercle de Vienne ; mais il se désolidarise des idées que les membres du Cercle persistent à tenir pour filles des siennes. Comme l'a établi Dominique Lecourt, « si les néo-positivistes avaient seulement pu *lire* le texte qu'ils avaient sous les yeux (le *Tractatus)* », ils n'auraient pas commis ce que Jacques Bouveresse appelle joliment une « erreur sur la personne » et ils « auraient épargné à l'œuvre de Wittgenstein d'être victime de l'une des plus formidables méprises de l'histoire de la philosophie. S'ils l'avaient *lu*, ils y auraient trouvé l'amorce de la critique la plus dévastatrice » de la philosophie qu'ils mettaient en œuvre. Assurément, pour soutenir une lecture empiriste du *Tractatus,* il faut en sauter bien des passages. Pourtant, en 1929, Wittgenstein retourne à Cambridge, où le *Tractatus* est accepté comme thèse de doctorat. Il devient professeur assistant, puis titulaire, de la chaire de philosophie. Les ouvrages ultérieurs, *Remarques philosophiques,* les *Cahiers bleu* et *brun,* témoignent d'une évolution, évidente dans les *Investigations philosophiques,* et qui laissa les gens de Vienne sans voix. D. Lecourt a exposé cet immense travail de révision générale de sa doctrine entamée par Wittgenstein dans les années 30 et poursuivie jusqu'à sa mort. Le contraste est frappant : d'un côté, « un petit livre soigneusement ordonné, aux formules savamment calculées, énigmatiques et oraculaires » (le *Tractatus*) ; de l'autre, « plusieurs centaines de paragraphes » dans le désordre, « fourmillant d'anecdotes », écrits « sur le ton de l'interpellation permanente » (les *Investigations*). C'est de plus en plus le langage ordinaire, et non celui de la logique, que Wittgenstein va privilégier. De 1941 à 1944, il s'est engagé dans les services de santé britanniques. En 1950, il apprend qu'il est atteint d'un cancer, dont il meurt le 29 avril 1951.

Wittgenstein tourne le dos à la démarche de Descartes. Pour lui, il n'y a pas d'*ego cogito, il y* a seulement une déclaration *dans un langage* plus ou moins imparfait. Il s'en est pris de façon répétée à l'idée d'un « œil de l'esprit » : ce dernier serait complètement aveugle si le sujet ne disposait pas d'un langage pour décrire ce qu'il « voit » ; et ce ne peut être qu'un « langage public ». Wittgenstein affirme sans cesse l'impossibilité d'un langage privé. Il y a donc un mythe de l'intériorité, c'est-à-dire une conception mythique du mode de fonctionnement du langage psychologique. Ce mythe, comme tous les mythes philosophiques, est un *mythe linguistique :* il découle d'un usage « métaphysique » des mots du langage familier (J. Bouveresse). Comme le dit Jakobson, « la propriété privée dans le domaine du langage, ça n'existe pas : tout est socialisé ». Par là se trouvent récusés les thèmes de l'insularité des consciences et de l'incommunicabilité des expériences vécues. Mais l'on voit que l'auteur est terriblement iconoclaste. Non seulement il proclame que le sujet ou le *moi* est une « pure superstition » ; mais, à l'en croire, Descartes et la philosophie réflexive française, Kant et Fichte seraient frappés de nullité. On s'oriente vers la « vie unanime » de la foule, celle de la rue chez Jules Romains. Wittgenstein préfère s'intéresser aux *jeux de langage.* Pensons aux *nursery rhymes,* et aux jeux avec lesquels on apprend aux enfants leur langue maternelle. Tous, nous apprenons la logique du langage en apprenant à utiliser des mots et des expressions. Notre langage est une « famille de jeux de langage », parfois très différents, allant du plus simple au plus élaboré. « Le mot *jeu de langage*, écrit-il, doit faire ressortir ici que le langage fait partie d'une activité ou d'une forme de vie. » Ainsi la logique était un « Grand Miroir », une « image réfléchie du monde ». Mais ce à quoi s'emploie Wittgenstein dans son nouvel ouvrage, c'est à briser ce « Grand Miroir », à montrer comment il n'était lui-même que mirage philosophique (D. Lecourt). Et l'analyse du discours philosophique « traditionnel » le fait apparaître comme un « jeu de langage » spécifique, qui aurait ceci de particulier que lui-même ne « jouerait » pas, langage mort, condamné au ressassement de « concepts » arrachés aux pratiques langagières vivantes et concrètes. En revanche, la nouvelle philosophie — celle de Wittgenstein — sera ouverte sur le dehors, sur l'ensemble de nos « jeux de langage », donc aussi de nos habitudes, de nos formes de vie et de nos institutions.

Le cercle de Vienne

L'effervescence intellectuelle s'intensifie encore, dans les pays allemands, après la défaite de 1918. Jusqu'au désastreux triomphe du nazisme, c'est partout une volonté d'expérimentation et de renouvellement qui éclate dans la politique, la musique, l'architecture, la peinture, le cinéma, les mathématiques, la physique, la psychologie, la pédagogie (P. Jacob). Entre autres modes, on s'entiche de la *philosophie analytique :* « Elle offre, écrit l'Américain E. Nagel, aux praticiens de l'analyse intellectuelle de verts pâturages paisibles, où ils peuvent se réfugier pour échapper à un monde perturbé et cultiver leurs jeux intellectuels, avec l'indifférence de joueurs d'échecs ; et c'est aussi une lame brillante et tranchante destinée à démanteler les croyances irrationnelles... C'est à la fois le passe-temps d'un reclus et une aventure terriblement sérieuse. »

A Vienne se fonde, autour de Moritz Schlick, « le groupe Ernst Mach », qui va devenir le *Wiener Kreis* (le Cercle de Vienne). Schlick, qui enseignait « la philosophie des sciences inductives », bénéficiait d'une grande popularité auprès de ses étudiants. Mais Hans Reichenbach, qui exposait les mêmes idées à Berlin, n'avait aucun succès : le climat intellectuel était différent. Il ne faut pourtant pas croire que Vienne jouissait d'un calme académique. Boltzmann, qui succède à Mach, se suicide en 1906. Schlick sera assassiné par l'un de ses étudiants dément. Dans un contexte apocalyptique, les membres du Cercle de Vienne réincarnent la philosophie des Lumières. Rudolf Carnap a le sentiment de l'imminence de la crise. Sensible à la culture de son temps, il se sent solidaire des mêmes exigences formelles que celles de l'architecture de l'époque, le *Bauhaus*. Comme les architectes, les mathématiciens (Gödel) et les philosophes (Carnap, Kraft, Schlick, Waismann) travaillent collectivement et élaborent le *néo-positivisme.*

Le Cercle de Vienne s'est donc formé autour de Moritz Schlick, et a trouvé sa première expression littéraire dans l'ouvrage de Rudolf Carnap (1891-1971), *La Construction logique du monde* (1928), et dans le *Tractatus* de Wittgenstein. Mais les discussions sur la méthodologie scientifique agacent ce dernier, qui ne se rend qu'une fois aux réunions du groupe, pour y déclamer des poèmes de Tagore. De Carnap, qui lui demande de s'expliquer plus clairement, il dira : « S'il ne sent rien, je n'y peux rien : c'est qu'il n'a pas d'odorat. » L'organe du Cercle fut la revue *Connaissance,* fondée en commun avec Reichenbach pour faciliter l'échange international des idées, en accueillant notamment les travaux de logiciens polonais comme Alfred Tarski. Cette conception de la connaissance rejette toute métaphysique qui s'interrogerait sur « l'essence » de l'être ou de n'importe quelle chose : cette interrogation ne signifie rien ; et il n'y a pas de concepts grâce auxquels nous pourrions y répondre. Des concepts isolés n'ont pas de sens ; seules des propositions peuvent en avoir un ; mais le sens d'une proposition, c'est la méthode de sa vérification. Si pour une proposition aucun moyen n'est concevable pour décider de sa vérité ou de sa fausseté, alors elle est dépourvue de sens, c'est une insignifiante juxtaposition de signes. Comme il rejette toute métaphysique, le néo-positivisme refuse aussi la séparation entre sciences de la nature et sciences de l'esprit, donc la distinction d'une méthode pour les premières et d'une méthode pour les secondes : il n'y a, méthodologiquement, qu'une « science unitaire » qui est réalisée de façon exemplaire en physique (aussi brandit-on le drapeau du « physicalisme »). Seules des propositions « intersubjectives », vérifiables en principe par chacun, sont vraies ou fausses ; c'est pourquoi il ne peut pas exister, pour cette théorie, de psychologie reposant sur l'observation de soi : le néo-positivisme logique s'allie au mouvement américain du *behaviorisme ou* « psychologie du comportement » (ou, pour ses adversaires, « psychologie de la secousse musculaire »), qui voit la tâche de la psychologie purement et simplement dans la description d'un processus corporel : les réactions d'un organisme dans certaines situations (J. B. Watson, *Psychologie du point de vue behavioriste,* 1919).

Plus récemment se sont distinguées, à l'intérieur du néo-positivisme, une conception mitigée (Schlick) et une conception plus radicale (Carnap, l'économiste O. Neurath). La dernière incarne avant tout l'idée de la science unitaire ; elle ne s'en prend pas seulement à toute métaphysique, mais à toute théorie de la connaissance qui admet « un donné » comme point de départ indubitablement connu et clairement établi par l'expérience. Toute connaissance commence par des phrases ou propositions, non par des faits indubitablement connus. Prouver une proposition par l'expérience, cela veut dire la ramener à des « protocoles (procès-verbaux) d'expériences », dans lesquels nous insérons *linguistiquement* les faits, mais qui sont des *propositions* transformables selon les règles mêmes de la logistique, et compréhensibles intersubjectivement ; en outre, elles ne sont pas immédiatement certaines, mais leur « vérité » dépend de leur cohérence entre elles et avec le système total des propositions dans lequel elles doivent se laisser ranger. *Dans le langage nous sommes et n'en pouvons sortir.* Les problèmes de la « philosophie », c'est-à-dire de l'analyse logique de la science, n'ont pas trait au « monde », mais au langage, à la syntaxe logique du langage unitaire (Carnap, *Syntaxe logique du langage,* 1934).

Le lien est évident entre la théorie de la connaissance de ce néopositivisme avec les récents développements de la physique dans la théorie de la relativité et la théorie des quanta. Une *image* « physicaliste » du monde, comme celle que recherchait la philosophie de la nature des temps jadis, est devenue impossible : ni l'espace-temps quadridimensionnel, ni les processus infra-atomiques ou microphysiques décrits dans la théorie des quanta, ne sont représentables intuitivement. Le monde visible à notre échelle est sous-tendu par un monde qui n'est pas perceptible et n'est concevable que dans une description de structure mathématique. Des perspectives et des problèmes importants se sont ouverts à la philosophie grâce sa renonciation à un strict déterminisme physique. Brunetière criait un peu vite à la « faillite de la science ». Il faut admettre l'idée d'un déterminisme statistique. Les lois causales rigoureuses, valables dans le macrocosme, sont des cas limites, de même que l'espace euclidien du monde visible et palpable est un cas limite de la loi einsteinienne de gravitation. L'ancien idéal scientifique des Spinoza, Laplace et Kant, celui d'un univers physique strictement calculable, est abandonné, comme l'explique en 1932 le physicien Ph. Franck *(La Loi causale et ses limites)*.

Très proche du néopositivisme fut Hans Reichenbach (1891-1953) qui adhéra au Cercle de Vienne. Très ébranlé par la théorie de la relativité, il tire les conséquences d'une *logique de la probabilité,* qui incorpore la vérité comme cas limite de la probabilité, et les lois logiques comme cas spéciaux des lois plus générales de la logique-des-jugements-de-probabilité (*Doctrine de la probabilité,* 1934). L'accession de Hitler au pouvoir l'oblige à quitter définitivement l'Allemagne. Il enseigne quelque temps à Istanbul, puis à l'université de Californie, où il retrouve Carnap qui l'y avait précédé.

Le problème de l'empirisme, tel que les néopositivistes l'ont repris à leur compte, est bel et bien celui de savoir si l'« observation » est la « source ultime de nos connaissances ». C'est cela que va récuser Karl Popper.

Encore une erreur sur la personne : Karl Popper

Karl Raimund Popper est né en 1902 à Vienne, dans une famille bourgeoise cultivée. Lui-même aura des intérêts très étendus ; il participe notamment à la Société viennoise d'exécutions musicales privées fondée par Schönberg. Il sera marqué, non par la Vienne des Habsbourg, mais par « Vienne la rouge », celle d'après 1918, secouée par les conflits sociaux. Dans les années 1920, il milite au parti socialiste, qui le décevra. Il gagne sa vie comme professeur de mathématiques et de physique dans le secondaire. Juif, et épris de liberté, il doit émigrer dès 1937 en Nouvelle-Zélande, pour huit ans. Il accepte en 1946 d'enseigner à la London School of Economics la logique et la méthodologie scientifique. Cette reprise de contact avec la philosophie établie ne va pas sans difficultés : il entre en désaccord avec les pensées régnantes, de type empiriste ou linguistique, qui cherchent à l'enrôler. Victime donc de malentendus, il les dénonce dans *Conjectures et Réfutations* (1963) et *La Connaissance objective* (1972), et il parvient à susciter une école originale.

En 1934 déjà, dans *La Logique de la découverte scientifique,* il avait annoncé la couleur. Si l'empiriste Hume s'est judicieusement interrogé sur le dépassement du donné sensible, il a compromis, en alléguant le rôle de l'habitude, la rationalité scientifique. C'est que notre connaissance ne procède pas par induction; elle n'est pas à la traîne du sensible, elle commence avec *un problème,* une surprise, une attente déçue. Elle lance des hypothèses hardies : et voilà le mythe de la certitude absolue définitivement dissipé ! Popper se caractérise par le refus absolu du dogme et la lutte contre toutes les formes de dogmatisme obscurantiste (Renée Bouveresse). On a pu dire que, *le problème de Popper,* c'est celui de la « démarcation » entre science et « pseudo-science ». Une véritable théorie scientifique est celle qui peut, au moyen des tests empiriques, être « falsifiée », c'est-à-dire rendue fausse. En ce sens, même une réfutation est un succès. Laisser critiquer mes idées suppose un choix moral : le refus de la violence. Ici apparaît la différence de statut entre la théorie einsteinienne, d'emblée prête à subir un démenti expérimental, et d'autre part le marxisme et la psychanalyse qui ne sont pas « falsifiables », car n'importe quel fait leur donne raison. Ces vastes systèmes interprétatifs « annulent à l'avance toute opposition et monopolisent la parole ». La science, elle, se définit par sa capacité de risquer la fausseté.

La « falsifiabilité » va permettre à Popper de contester les présupposés philosophiques majeurs du néo-positivisme logique (D. Lecourt). L'obsession d'un grand nombre de philosophes contemporains est d'opérer avec un langage purifié. Mais le sens des mots n'a rien à voir avec le sens des théories scientifiques. Le savant s'intéresse assez peu aux questions de précision du langage. « Les théories, déclare Popper, nous sommes incapables, quand nous les formulons, de comprendre exactement ce que nous disons ! » Et voici qui le sépare davantage encore du Cercle de Vienne : pour Popper, « les idées métaphysiques sont de la plus haute importance » dans la science actuelle. Il ne cesse de récuser le programme positiviste d'élimination de la métaphysique. La stratégie des membres du *Wiener Kreis,* déplore-t-il, a eu très rapidement pour résultat de leur faire perdre de vue « les grands problèmes » ; ils se sont concentrés sur des vétilles (des « puzzles ») et en particulier sur la signification des mots, stérilisation dont on peut mesurer les ravages chez leurs successeurs en Angleterre et aux États-Unis. La polémique ininterrompue de Popper contre le Cercle de Vienne s'ouvre par une attaque en règle contre l'empirisme. Celui-ci brandit toujours le drapeau de l'*observation ;* mais ce n'est là qu'un mythe illusoire forgé pour répondre à la question illusoire de la « source ultime » de la connaissance ; il n'existe rien de tel qu'une « pure » observation. Puis, aux exigences de probabilité de Carnap et de Reichenbach, Popper répond que nous avons besoin de théories hautement improbables.

Mais il doit lutter sur un second front, contre Thomas S. Kuhn, qui pourrait se dire à tort un disciple. Pour ce dernier, la science normale est caractérisée par des « routines », dans un sens non péjoratif (*La Structure des révolutions scientifiques,* 1962) : les méthodes sont définies en fonction d'un « paradigme », c'est-à-dire d'une théorie au succès frappant. Les révolutions, en science, ne se font pas pour des raisons rationnelles. Le passage à un nouveau paradigme correspond à une conversion soudaine, sinon à un changement de la mode. Et sans doute Kuhn veut-il donner une image antiromantique du travail du savant : ce n'est pas l'individu génial qui invente. Mais il paraît présenter le danger de nous mener au sociologisme d'un Engels ou d'un Mannheim. Renée Bouveresse remarque à juste titre qu'en l'occurrence Popper lutte contre ce qui est pour lui « la maladie essentielle du XXe siècle : le relativisme » (tout serait relatif aux situations historico-sociales). Il est si hostile au psychologisme qu'il conçoit, à l'instar de Frege, une épistémologie sans sujet connaissant : la science n'est pas un phénomène individuel ; le rôle des sujets est d'inventer librement, au pluriel. (Bachelard parle de même du « non-je de la connaissance scientifique ».) Au monde des objets matériels, à celui de la conscience subjective, s'ajoute un « monde n° 3 », celui des contenus de pensée et des significations objectives, monde des idées autonome et pourtant produit par l'homme.

Dans cette perspective, Popper va se heurter à toute interprétation de la physique moderne qui, considérant que la connaissance est une interaction entre le sujet et le monde, est amenée par là à un certain idéalisme. Pour lui, le sujet n'a pas, en fait, le rôle qu'on lui attribue. Aussi s'oppose-t-il à « l'interprétation orthodoxe de l'école de Copenhague », due à Bohr et à Heisenberg, qui affirme que la physique quantique est radicalement différente de la physique classique. D'une manière générale, le programme poppérien vise à permettre de surmonter la crise de la physique théorique. En revanche, Popper montre, de façon purement logique, qu'une prédiction totale de l'avenir est impensable, dès lors que l'on présume que le prédicteur fait partie de l'univers qu'il cherche à prédire.

Transposé en politique, ce propos signifie qu'on ne peut ni connaître la totalité, ni agir sur elle : telle est la critique du « totalisme », qui évoque celle des régimes totalitaires. Popper critique du même coup le projet « utopiste », qui suppose la dictature. Il oppose à la méthode utopiste la méthode « opportuniste », — en un sens qui fait penser à Jules Ferry. On ne peut viser plus haut que l'idéal d'une élimination, ou au moins d'une diminution, de la souffrance. Mais, dans sa vision sans illusion de la condition humaine, Popper reconnaît que c'est là une tâche infinie. Le problème est celui-ci : « Comment organiser les institutions politiques pour que les mauvais gouvernements soient empêchés de faire trop de mal ? » Popper fait partie de cette génération qui a été traumatisée par le double totalitarisme, nazi et stalinien. Dans *La Société ouverte et ses ennemis,* il emprunte à Bergson ces termes du « clos » et de l' « ouvert », mais pour faire de ce qui était une distinction éthico-religieuse une distinction politique : « Contraste assez sommaire », écrit R. Bouveresse, qui la compare à celle de Lévi-Strauss entre les « sociétés froides » et les « sociétés chaudes ». Dans cet ouvrage, il s'en prend à Platon et à Hegel, comme politologues totalistes. Déjà, dans *Misère de l'historicisme* (trad., 1956), il dénonçait, comme Kierkegaard, dans l'historicisme hégélien une insuffisance de l'exigence morale. Si le marxisme, nous l'avons vu, n'est pas scientifique puisque « infalsifiable », il en approuve l'humanisme mais il lui reproche son fatalisme politique. En réalité, la politique rationnelle est celle qui se donne la possibilité de détecter les erreurs qu'elle commet, pour pouvoir les éliminer et ainsi s'améliorer. Il est malheureusement impossible de concevoir une action politique qui n'ait des effets involontaires et déplorés par ses acteurs.

La philosophie analytique anglo-saxonne

L'expression « philosophie analytique » a été revendiquée par des philosophes nombreux qui ont en commun l'idée que la philosophie est *analyse,* analyse de la signification des énoncés. La philosophie se réduit alors à une enquête sur le langage.

La pensée fondamentale de l'analyse « classique », c'est que les propositions de notre langage quotidien sont correctes dans la mesure où elles ne sont pas fausses en leur principe. La tâche de l'analyste ne sera donc pas de rejeter ces propositions, mais de les reformuler d'une manière telle que leur vrai contenu soit nettement et explicitement formulé. Analyser, c'est reformuler, ou encore traduire en termes meilleurs. On aura recours à la théorie de la description de Russell.

Le positivisme logique du Cercle viennois n'a pas modifié cette conception de l'analyse philosophique. Néanmoins, pour les positivistes de cette école, le but de l'analyse philosophique est de clarifier le langage de la science, car l'analyse « classique » leur paraissait stérile.

Certains cherchèrent alors une issue nouvelle à l'analyse en construisant des langues artificielles. Ils ont fabriqué des langues formalisées et des calculs, non seulement à titre d'exercice de logique formelle, mais en tant que méthode philosophique propre. Telle est la position de Nolson Goodman et de Quine.

Une autre école, avec Waismann, s'inspire de la pensée du Wittgenstein dernière manière. Elle insiste sur le caractère hétéroclite de nos concepts et des formes linguistiques usuelles. Comme le dit Wittgenstein, les mots d'une langue sont aussi différents les uns des autres que les outils dans une sacoche. Comprendre un outil, comprendre un mot, c'est savoir s'en servir. C'est encore la thèse de Ryle, dans *Concept de l'esprit :* pour lui, les pseudo-problèmes philosophiques que pose la nature de l'esprit résultent de la fausse conception d'un fantôme enfermé dans une machine (le corps). Pour les besoins de l'expression philosophique, nous devons modifier la langue commune, et combler ses lacunes comme le physicien l'a fait lui-même dans son domaine.

Enfin, l'école d'Oxford, telle qu'elle s'est définie depuis la dernière guerre mondiale, loin de stigmatiser les langues naturelles, estime qu'elles contiennent en réalité une richesse de concepts et de distinctions subtiles, et qu'elles remplissent une variété de fonctions auxquelles les philosophes demeurent d'ordinaire aveugles. L'école d'Oxford s'est vouée à des études très fouillées, très minutieuses du langage ordinaire, études par lesquelles elle espère découvrir des richesses enfouies et rendre explicites des distinctions dont nous n'avons qu'une connaissance confuse. Le maître incontesté de l'école est John Langshaw Austin, l'auteur de *Quand dire, c'est faire* (1962). Il nous rappelle qu'il y a des énonciations qui ne constituent pas des affirmations vraies ou fausses, qui ne *constatent* rien, mais qui *font* quelque chose, qui sont en elles-mêmes des actes : ainsi les paroles du baptême, de la promesse, du remerciement, etc. La création d'Austin est d'avoir isolé ces énonciations et de les avoir baptisées *performatives*. Contrairement aux conclusions désabusées de Wittgenstein, l'analyse, selon les Oxoniens, a par elle-même une valeur positive. Et pourtant, elle n'est qu'une étude valable entre plusieurs autres : on ne prétend pas qu'elle suffise à résoudre tous les problèmes philosophiques.

Une permutation s'est récemment opérée entre les analystes du langage ordinaire et ceux du langage scientifique :

chez Richard Montague (tué en 1970 au cours d'une bagarre), l'étude du langage ordinaire a pris une forme de plus en plus mathématique. Les deux courants se rejoignent chez J. Hintikka : dans *Logic, Language, Games, and Information,* il conjugue l'analyse anglo-saxonne et les « jeux de langage » de Wittgenstein.

Le mérite des analystes britanniques est de parler de leurs travaux avec humour et sans vouloir nous faire accroire qu'ils sont importants (*cf.* J.O. Urmson). Mais la philosophie analytique a été moquée par Marcuse, qui lui reproche de n'être pas suffisamment dialectique ni subversive (L'École de Francfort est en effet issue du marxisme). La pensée française n'y trempe que le bout des lèvres ; mais d'aucuns estiment qu'il est suicidaire de se laisser ainsi déshydrater. A l'eau insipide ne peut-on préférer le bouquet d'un cru ? aux formules logico-grammaticales l'*imagination dialectique* ?

L'École de Francfort

La Première Guerre mondiale et ses conséquences sociales provoquèrent un « terrible ébranlement des postulats marxistes ». Dans l'Allemagne de Weimar, la scission qui divisa le mouvement ouvrier entre un Parti communiste bolchevisé (KPD) et un Parti socialiste non révolutionnaire (SPD), était un spectacle navrant pour ceux qui continuaient à défendre la théorie marxiste dans son intégrité unitaire (Martin Jay). Mais certains marxistes étaient portés à accorder une plus grande importance à leur engagement envers la théorie qu'à leur engagement envers le parti. Lors de la *Première semaine de travail marxiste* en 1922, ils cherchèrent à s'entendre sur la définition d'un marxisme « vrai » ou « pur ». Ils décidèrent alors de créer un cadre institutionnel, l'*Institut de recherche sociale,* en vue d'un travail théorique commun : c'est ce qu'on appelle l'École de Francfort. Bien que son influence pendant la période de Weimar fût assez limitée, et qu'elle fût presque nulle durant l'exil, l'École allait jouer après la Seconde Guerre mondiale un rôle déterminant dans la renaissance du marxisme européen. En outre, grâce à la popularité de Marcuse aux États-Unis vers 1968, la « théorie critique » de l'École de

Francfort aura aussi une influence non négligeable sur la Nouvelle Gauche américaine.

Avec l'aide financière du richissime économiste Félix J. Weil, l'Institut fut fondé en 1923 par Friedrich Pollock, économiste, et Max Horkheimer, philosophe. Les rapports entre Horkheimer et Pollock furent l'une des pierres angulaires de l'École : leur amitié dura plus de cinquante ans, jusqu'à la mort de Pollock en 1970. « Enfant, Horkheimer avait grandi à l'abri des agressions du monde extérieur ; durant ses années de maturité, Pollock s'interposa fréquemment entre lui et un monde brutal. » La création de l'Institut était nécessaire à cause du cloisonnement rigide du système universitaire allemand : des sujets comme l'histoire du mouvement ouvrier ou les origines de l'antisémitisme ne pouvaient s'y insérer. Surtout, le travail de recherche révolutionnaire que les amis de Weil voulaient entreprendre ne rencontrait aucune sympathie dans la hiérarchie académique. Malgré l'intention officiellement proclamée de ses fondateurs de maintenir leur indépendance vis-à-vis de tout parti, certains collaborateurs de l'Institut s'engagèrent ouvertement dans les activités politiques de gauche. Des liens étroits étaient maintenus avec l'Institut Marx-Engels de Moscou.

Dans les années 30, Theodor Adorno devint, avec Horkheimer, l'homme le plus pleinement identifié aux destinées de l'Institut de recherche sociale. Passionné de musique, il avait passé trois années à Vienne en contact avec Berg et Schönberg. En 1932, dans la *Revue de recherche sociale,* il rendra compte du premier livre d'Herbert Marcuse, qui vient d'entrer dans l'Institut, *L'Ontologie de Hegel et la Théorie de l'historicité,* ouvrage encore marqué par Heidegger.

Après l'arrivée des nazis au pouvoir le 30 janvier 1933, il n'y avait plus de place pour une organisation ouvertement marxiste, dont les membres étaient pour la plupart d'origine juive. Horkheimer abandonna son logement pour vivre avec sa femme dans un hôtel. En mars ils traversèrent la frontière suisse, juste au moment où l'Institut était fermé pour « tendances hostiles à l'État ». Leurs amis avaient déjà quitté Francfort. En février 1933, Genève devint le centre administratif de l'Institut, qui prit le nom de Société internationale de recherches sociales, avec une antenne à Paris et une autre à Londres. M. Jay souligne la véhémence avec laquelle presque tous les membres de l'École de Francfort refusaient de donner un sens à leur origine juive. En tout cas, le lieu commun selon lequel l'Amérique attire les cerveaux se vérifia une fois de plus. Malgré le bon accueil de Bouglé, disciple de Durkheim, qui leur avait offert des locaux à l'École normale, le milieu universitaire français demeurait très fermé aux réfugiés. C'est bien avant 1940 que l'Ecole se transporta aux États-Unis pour devenir la *New School for Social Research.* Mais ses membres « ne semblèrent nullement disposés à faire une croix sur leur passé et à devenir des Américains à part entière ». Conscients d'être le dernier avant-poste d'une culture humaniste en déclin, ils publièrent leur revue en allemand jusqu'à la Seconde Guerre mondiale.

Qu'est-ce donc que la Théorie critique ? « Ce n'est pas dans les sciences de la nature, fondées sur la mathématique présentée comme un Logos éternel, que l'homme peut apprendre à se connaître lui-même ; c'est dans une *théorie critique* de la société telle qu'elle est, inspirée et dominée par le souci d'établir un ordre conforme à la raison » (M. Horkheimer, *Théorie traditionnelle et Théorie critique,* 1937). Autrement dit, l'École de Francfort procède à des recherches empiriques sur la société telle qu'elle est : enquêtes sur la famille, l'autorité, le racisme, la « culture industrielle ». Mais on ne cherchera pas de lois éternelles : le mérite de Hegel fut de considérer que la connaissance du temporel en tant que temporel était le contenu même de la philosophie. D'autre part, on n'observe qu'à la lumière d'une théorie. Or, la théorie traditionnelle — celle encore du Cercle de Vienne — était mathématique, donc en dehors de l'histoire. Horkheimer exige une théorie dialectique de la société, inséparable de cette société même, théorie inspirée par la raison, toujours capable de mettre en ordre la réalité et de poser des normes. Il ne s'agit point de la « raison subjective », formalisée, calculatrice, instrumentale, simple outil pour l'arbitraire individuel (M. Horkheimer, *Raison et Conservation de soi*), mais de la raison objective, selon la tradition de Leibniz, appuyée sur le principe de raison suffisante. Seule mérite d'être appelée objective une définition des buts réels de la société, qui inclut celui de la sauvegarde de la personne. L'École de Francfort ne nie pas qu'il y ait une maladie ou un dérèglement de la raison (M. Horkheimer, *Eclipse de la raison,* 1947), mise au service de la barbarie nazie. Mais elle croit à une tâche positive de la raison, laquelle n'apporte pas seulement l'universalité selon Kant, mais est capable de définir des biens positifs, la solidarité, la justice et, plus généralement, de « bonnes choses ». Hegel nous a appris à ne pas avoir de la raison une conception étriquée : celle-ci a dû affronter « le sérieux, la patience, la douleur et le travail du négatif ». Marcuse, spécialement, garda toujours une foi implicite en la possibilité de la réalisation de la raison dans le monde social : il écrivit *Raison et Révolution* pour combattre toute prétendue connivence entre Hegel et le nazisme.

Les premiers efforts pour concilier Freud et Marx se firent au sein de l'École à travers l'œuvre d'Eric Fromm (*La Peur de la liberté,* 1941). Très tôt ces philosophes firent des études sur l'autorité et la famille, préludes à leur étude systématique du nazisme. « La famille en crise crée les attitudes qui préparent les hommes à la soumission aveugle », écrit Horkheimer. La tendance antisystématique de la Théorie critique s'étendait à toute la critique culturelle et esthétique qu'elle entreprit : « Se méfier de la société, disait Adorno, suppose qu'on se méfie aussi de son langage. » Löwenthal étudia l'accueil fait à Dostoïevski en Allemagne (1934) : il considérait les changements dans la façon de percevoir les œuvres d'art comme un champ d'investigation extrêmement important. Pour Adorno, l'art est « promesse de bonheur ». Après la révolte étudiante des années 60, qu'il a soutenue, Marcuse, dénonciateur de *L'Homme unidimensionnel* (1965), juge indispensable de réintroduire très vite *la Dimension esthétique* (1979) en un monde tombé dans le prosaïque, le vulgaire, d'autant que les jeunes sentent bien que la société de consommation n'apporte que des solutions misérables.

La Théorie critique se refusait à toute vision utopique. Certes, elle définissait la philosophie comme « l'enseignement de la vie bonne », mais c'était pour dire que, dans les conditions actuelles, elle resterait une « science mélancolique ». Elle critiquait ouvertement la sagesse conventionnelle de la pensée sociale américaine.

Horkheimer estime que la conscience critique ne saurait désormais se concevoir comme connaissance des lois de l'histoire, mais *comme expérience de la souffrance.* Son école est convaincue que le « progrès » se paie de choses négatives et effroyables. Il faut penser le Mal, et sa suppression. L'attente, ou la contemplation, fut la solution de Heidegger, tandis que la révolution, d'abord choisie par Adorno, se maintint chez celui-ci sous la forme de l'*insoumission.* S'agit-il d'une pensée messianique ? Pourtant Adorno était « irrémédiablement athée ». Il n'en considère pas moins le péché originel comme la plus grande intuition de tous les temps. Wittgenstein proposait le silence pour le langage de la mystique : Walter Benjamin se heurte au problème de ce qui ne peut être dit, au « non-dit » de toute l'histoire de la souffrance ; pour lui, l'*allégorie* est ce mode d'expression spécifique qui conviendrait à l'état de déchéance où se trouve le monde d'aujourd'hui. Selon un critique français, la contribution essentielle de l'École de Francfort est d'avoir fécondé de ses « intuitions » cet « esprit des sombres temps », comme disait Hannah Arendt, que le rationalisme des Lumières n'était guère en mesure de justifier. Toutefois, la Théorie critique n'a nullement valeur de *refuge,* mais plutôt de *cure.* Elle demande à la connaissance scientifique, dépouillée de l'illusion de sa « neutralité », de s'interroger sur la responsabilité politique des choix qu'elle effectue inévitablement : la conquête de l'espace ou de l'atome implique de sa part une autre orientation que celle qu'immédiatement requiert la lutte contre la faim dans le monde ou la préservation des milieux naturels.

Le dernier représentant de l'École de Francfort, Jürgen Habermas, n'a pas vraiment connu le nazisme. Les débuts de sa vie intellectuelle coïncident avec ceux de la République fédérale et de la société de consommation. Né en 1929 à Düsseldorf, il eut, tant à Munich qu'à Heidelberg, une fulgurante carrière. Après sa « dissertation » de philosophie consacrée à Schelling, il soutint sa thèse de doctorat en sociologie sur « l'espace public » bourgeois. Ce qu'il appelle « publicité », c'est le fait que les décisions politiques ne se prennent plus dans le secret des cabinets princiers, mais sont au contraire devenues publiques.

Habermas est parti du fait fondamental de la *communication,* ou de l'inter-subjectivité humaine. Mais sa recherche couvre « le vaste champ imparti à ce qu'on appelle traditionnellement la politique ». Elle intègre les approches respectives de la sociologie, de l'économie, du droit public, de la politologie, de l'histoire sociale et de l'histoire des idées. Cette ampleur a quelque chose d'effarant. Mais, comme le dit Jean-Marc Ferry, le problème n'était pas tant celui de la performance d'un cerveau humain qu'une question d'allure *kantienne :* sous quelles conditions logiques la réflexion politique serait-elle capable d'admettre tout à la fois le contenu *empirique* des sciences sociales et le contenu *utopique* des traditions philosophiques ? (Habermas a appris d'Ernst Bloch la valeur de l'*utopie* ; il retient d'Adorno l'idée de la philosophie en tant que *critique.)* Le concept de la *critique* peut signifier aussi bien l'analyse d'une conscience fausse que la justification d'une connaissance vraie. Après tout, « les structures détériorées de la communication... ont leur fondement dans la logique d'une communication linguistique fonctionnant normalement ».

La *Théorie de l'activité communicationnelle* (1981) est une réflexion fondamentale sur les conditions de possibilité du *social lui-même.* Mais Habermas exige l'entière réhabilitation de la « raison pratique ». Son *postulat* est que les questions d'ordre pratique sont « susceptibles de vérité ». Cela ne veut pas dire que tout soit pour le mieux. En effet, il y a dans la politique une « violence structurelle », c'est-à-dire une disgrâce qui provient de notre « compulsion interne » à déformer la communication. Le langage est facteur de domination et de trahison.

Et pourtant, la *discussion* est le principe même de la raison pratique.

Pour Habermas, cela signifie que la discussion est la méthode qui rend possibles la conciliation d'intérêts au départ conflictuels et l'universalisation des intérêts. Bien entendu, elle implique l'emploi d'arguments dignes de ce nom. La « loi de l'argument le meilleur » est la règle du jeu dans l'« éthique communicationnelle ». La logique de l'argumentation convertit les opinions en connaissances, parce qu'elle les oblige à se confronter elles-mêmes à une norme universelle : telle est l'autorité des « normes de l'argumentation rationnelle ».

Contrairement à la tendance de notre modernité, Habermas refuse de sacrifier l'intelligence pratique des relations et des personnes à l'intelligence technique des choses. Il en appelle explicitement à « l'expérience de la réflexion ». Quitte à entrer en contradiction avec Marx, il est formel : la dialectique matérialiste n'est pas une physique de l'histoire, et Marx n'est point un Newton hégélien du monde économique, d'autant plus qu'il s'est « illusionné sur la réflexion en la réduisant au travail ». C'est Ernst Bloch qui a découvert les possibilités de la critique dans le « principe de l'espérance ». Habermas indique ainsi la possibilité de réactiver l'utopie dans une perspective émancipatrice qui se soucie de la réalité. Il ne s'agit pas de promettre n'importe quoi : la raison critique se soumet à une discipline de responsabilité.

Reconstruire l'idéal d'une communication linguistique fonctionnant parfaitement, tel est l'office de la « pragmatique universelle » de Habermas. Elle tente de fonder la prétention à la vérité, qui se trouve impliquée dans le discours de tous les jours. Il suffit de comprendre que le moindre des jugements que nous portons quotidiennement est impossible sans la référence au moins implicite aux normes universelles du vrai. Ici, la question n'est pas de fait, mais de droit. Il y a plus : la structure intersubjective du *dialogue* se présente comme un *idéal politique :* c'est la « structure de la vie commune dans le cadre d'une communication sans contrainte ».

Habermas a cherché à construire les concepts de base d'une théorie de l'activité qui soient en même temps les concepts fondamentaux d'une théorie de la société. Il existe deux catégories d'activités rationnelles : l'activité instrumentale, comme l'activité stratégique, appartient à la classe des *activités orientées vers le succès,* tandis que l'activité communicationnelle constitue la catégorie des *activités orientées vers l'intercompréhension.* Or notre époque privilégie cyniquement les premières. Aussi le « fait » de la modernité est-il une « destruction de la pratique », ou une « raréfaction des ressources de sens » qui servent à la formation de la personne humaine. Mais, pour Habermas, aucune compréhension valable du social ne saurait se constituer en dehors du modèle de la relation intersubjective. Ceci a un enjeu politique qui est celui du devenir de la démocratie dans nos sociétés. Nous ne savons pas ce qui nous attend ! Mais cette ignorance théorique ne doit pas décourager la bonne volonté. Habermas ne dissimule pas le risque de « l'aliénation suprême » : liquidation de la citoyenneté et destruction de l'identité personnelle. Droits de l'homme et droits du citoyen vont donc de pair. C'est seulement dans le contexte des démocraties occidentales que Habermas juge utile et nécessaire de poser le problème de la démocratie en péril. Enfin — et il le sait — il ne peut fonder son idée de *la démocratie comme intersubjectivité* qu'à la condition de réhabiliter et réactiver les notions « vieille Europe » de sujet, de légitimité, de raison (J.-M. Ferry). Cependant, en raison des *crises* qui affectent nos sociétés, il préconise le passage du « droit formel bourgeois » à la « morale universelle politique ». A l'en croire, si quelque part dans le monde une société autre bafoue ce que nous nommons « droits de l'homme », on peut du moins *argumenter* avec et contre elle — et cela sans scrupule à l'égard de sa « Différence ». Mais comment l'idée d'une morale universelle politique peut-elle être réalisée pratiquement à l'âge de la science ? Habermas n'envisage pas seulement la question du « droit », mais aussi celle des chances historiques d'une telle morale. Pour lui, le « projet de modernité » ne peut, en ce sens, s'achever que dans la forme politique de l'« État mondial ». Celui-ci ne semble guère correspondre à l'« air du temps »... Pourtant, la pensée de Habermas n'est pas sans affinités avec l'émergence actuelle de « nouveaux mouvements sociaux » tels que les mouvements écologiques ou alternatifs, ceux liés au pacifisme ou au féminisme, et qui mettent l'accent sur les aspects « qualitatifs » de l'existence, l'authenticité des relations et la « redécouverte de l'autre ». C'est bien injustement que François Laruelle prétend que Habermas essaie, « de la manière la plus opportuniste », d'adapter à la situation « les schémas les plus archaïques ». Il est vrai que ce challenger lève l'étendard de la « non-philosophie » : et c'est une tout autre histoire !

La non-philosophie

François Laruelle nous rappelle en effet qu'il n'est pas de philosophie sans coup de force ni décision arbitraire. Il dénonce la violence et les pétitions de principe qui sont celles de la maîtrise philosophique : l'illusion et le fétichisme textuels, « la folie s'ignorant elle-même » de la philosophie « activité répétitive, conservatrice et dépourvue d'imagination, gardienne sourcilleuse d'une tradition dont elle voudrait nous faire croire qu'en elle il a été *décidé* une fois pour toutes de l'essence de la pensée et de l'homme ». Il faut, continue F. Laruelle, rompre avec le ressassement gréco-philosophique, mais aussi avec l'attitude juive d'un Levinas. Mais la *non-philosophie* (comme on dit : géométrie non-euclidienne), celle des « penseurs transcendantaux », est encore quelque chose de bien mystérieux, d'autant plus qu'elle récuse aussi les *déconstructions* de Wittgenstein, Heidegger, Derrida et des structuralistes. Il est difficile de faire à la philosophie sa part...

« Nouveaux philosophes »

Non seulement la philosophie perdure, mais il y a de *nouveaux philosophes* en la personne de Bernard-Henri Lévy, André Glucksmann et autres jeunes contemporains. Ils sont rarement professeurs (l'un d'eux a même mis au pilori le jury de l'agrégation), mais souvent directeurs de collection. On leur adjoint parfois leur aîné, Maurice Clavel (mort en 1981) qui se donnait cependant pour un « antiphilosophe », entendant « porter le coup de grâce à toute philosophie possible ». Nul n'était insensible à sa fougue, à sa chaleureuse humanité, à son courage de « fonceur » non dépourvu d'humour. Assurément, il ne prétendait pas offrir un système, mais le témoignage de celui qui a eu *une expérience* et s'est *converti :* « Je suis un homme à qui quelque chose est arrivé... » Il ne s'enferme pas pour autant dans ses problèmes personnels ; il s'interroge sur la maladie de notre civilisation : « Pourquoi ces temps d'horreur, de guerres, de scientifiques massacres, de camps de concentration, de processus et de procédés d'extermination, sans oublier les aliénations invisibles et leur insupportable angoisse ? » Parce que l'homme, dans son orgueil prométhéen, a prétendu se passer de Dieu. La *Critique de la raison pure*, qu'adolescent il lisait, la nuit dans les W.-C. de l'internat, a joué dans l'itinéraire de Clavel un rôle crucial. Il se propose de « reprendre humblement, à de nouveaux frais », l'effort de Kant, tel qu'il l'a résumé dans sa Critique : « J'ai limité le savoir pour faire place à la foi. » C'est là une « phrase immortelle » et, pour lui, décisive. Mais il va déceler une trahison du kantisme — par Kant lui-même. « Disons adieu à Kant, mais un assez triste adieu. Car, après cette extraordinaire lumière, il recula, il se renia. » Il érigea sa morale rationnelle de l'autonomie, où Dieu n'est plus qu'un figurant, prêta la main à l'émancipation humaine et édifia une philosophie éthique et politique. Peu importe la piété personnelle de Kant. Mais Clavel s'en prend surtout aux jésuites heideggeriens, dominicains phénoménologues et autres ecclésiastiques d'avant-garde, « parasites ou domestiques de nos principaux penseurs athées ». Il ne cesse de vitupérer chrétiens progressistes et marxisants, théologiens de pointe, clercs et prêtres de peu de foi, prêts à toutes les compromissions : il leur reproche un « irrépressible esprit d'abandon », eux qui sont passés du côté de l'adversaire, c'est-à-dire de la raison. L'essentiel de notre thèse, déclara-t-il, c'est « notre contestation intellectuelle de la raison ». Face à « l'accusation inquisitoriale *de fidéisme* », Clavel relève le gant : « Dieu, dès avant Kant », est fidéiste. Il n'est pas de philosophie chrétienne possible ; « nul ne prouvera jamais Dieu ». Mais n'est-il pas dangereux de médire ainsi de la raison et de la philosophie ? Jacques Maritain disait : « Il y a le vrai Dieu des philosophes, et il y a le faux Dieu des philosophes ; le vrai Dieu des philosophes n'est autre que le vrai Dieu lui-même... »

Bernard-Henri Lévy est conscient lui aussi de « tout ce grand naufrage » contemporain. Dans *Le Testament de Dieu* (1979), il demande, en marge de Dostoïevski : « Que peut un sujet si, délié de l'Absolu, il est livré à l'aléa de l'insensé ? » Si Dieu n'est plus le Maître, c'est toujours la mort qui gagne. Préconisant lui aussi un certain retour à Kant, B.-H. Lévy est le type même de ces « nouveaux philosophes » à qui l'on peut reprocher de trop parader à la télévision. Ils ont du moins le mérite d'avouer publiquement qu'ils s'étaient trompés... Comme l'écrit L. Millet, ils ont renoncé à placer leur espoir à l'Est, en URSS ou en Chine, ce qui leur vaut l'hostilité de certains « intellectuels ». Ils avaient cherché dans les courants de pensée de 1968 ce qui pouvait annoncer une « révolution culturelle ». Déçus, ils s'efforcent de tirer des conclusions de leur expérience. « Leurs ouvrages ne sont pas des ouvrages philosophiques au sens traditionnel du terme. Ils expriment une crise d'identité personnelle qui est le reflet de la crise de notre civilisation. » La vie est une cause perdue, dit B.-H. Lévy, et l'homme une espèce ratée. Or, « le socialisme n'est pas seulement une version parmi d'autres de l'optimisme, mais sa plus grave, sa plus grossière caricature, la somme de ses impostures et l'encyclopédie de ses mensonges ». Mais l'auteur de *La Barbarie à visage humain* (1975) ne dénonce pas seulement les fruits du marxisme ; il franchit le dernier pas et consomme le parricide : c'est au « progressisme » en général qu'il s'en prend, cette longue et lumineuse tradition dont il dénonce le caractère *réactionnaire.* Malgré son pessimisme, « l'intellectuel antibarbare » ne baisse pas les bras et propose une politique provisoire et une morale qui sauront peut-être préserver le monde de la tentation barbare.

André Glucksmann a écrit *Le Discours de la guerre.* Si l'ouvrage n'a pas les solides assises sociologiques de *Guerre et Paix entre les nations* (1962) de Raymond Aron, il ne manque pas de punch. Il mène lui aussi une réflexion en marge de Clausewitz (le théoricien prussien de la guerre), de Hegel et des stratèges américains. Encore des commentaires, dira le « non-philosophe » de service ; et il rira de voir la crise cubaine de 1962 éclairée par la *Phénoménologie de l'Esprit.* Mais le discours de la « Dissuasion » est avant tout « rhétorique ». La stratégie américaine veut se faire passer pour science : c'est tellement rentable aujourd'hui ! Alors Glucksmann va utiliser la théorie des jeux, ou pourchasser les barbarismes et solécismes d'une théorie impérialiste de la Dissuasion, qui ignore ses limites. Ce qui est grave, c'est que les notions de « guerre thermonucléaire », « dissuasion », « escalade », soient diffusées, et acceptées, massivement et universellement. Le secret de l'expansion planétaire du marxisme, c'est qu'il « organise l'apocalypse » (A. Malraux). Il vient armé, il est science du combat ; la seule chose qu'il sache organiser, c'est la guerre. Dès lors, « l'Humanité, l'Histoire n'existent pas, mais l'Enfer en soi ». Cependant, *La Force du vertige* (1983) dénonce « les trous du raisonnement pacifiste ». En une longue complicité intellectuelle, « le pacifiste radical, jouant l'antimilitariste dans son propre camp, encourage à l'aveuglette l'homme aux fusées d'en face ». Ni l'un ni l'autre ne poussent le sentiment du neuf et de l'inouï jusqu'à réformer leur entendement et refondre « les catégories qui permettent de trancher dans la paix et dans les guerres ». *La Cuisinière et le Mangeur d'hommes* (1975) est un « Essai sur l'État, le marxisme, les camps de concentration ». La cuisinière, c'est celle que Lénine conviait, dans une apostrophe célèbre, à la direction des affaires soviétiques. Le mangeur d'hommes, c'est n'importe quel chef de camp, garde-chiourme, *apparatchik,* fonctionnaire d'autorité profiteur du nouveau système, ou idéologue qui le couvre. « Combien de fosses communes n'avons-nous pas creusées au nom de fausses Communes ? » Les *Maîtres Penseurs* (1977), ce sont les têtes pensantes et savantes qu'invoque l'argument d'autorité, en brandissant l'étendard de la « scientificité » pour condamner les bonnes gens à l'obéissance silencieuse. On se demande parfois si ces critiques du marxisme-stalinisme auraient vu le jour sans le témoignage de Soljenitsyne.

Philippe Nemo étudie avec faveur l'économiste F.-A. Hayek qui dénonça *L'Erreur intellectuelle du socialisme*. Il lui sait gré de s'inscrire dans la tradition de la liberté et du droit, et de considérer la liberté comme la condition même de la vie. Précisément, le drame actuel, c'est que l'idée de liberté n'est plus perçue comme un absolu.

Enfin, Régis Debray ne lutte plus aux côtés de guerilleros ; il traite de haute stratégie européenne dans *Tous azimuths*.

« Vieux philosophes », comme on disait « vieux catholiques »

Les « nouveaux philosophes » n'ont tout de même pas le monopole de l'inquiétude concernant la cité. Leurs aînés ne se sont point confinés dans des travaux historiques à l'usage de l'Université. Ainsi Michel Serres, appuyé sur une impressionnante culture scientifique, s'interroge précisément sur les applications de la science : « Le gouvernement mondial est en place. La thanatocratie. Le gouvernement de la mort. Les bombes orbitales entourent la planète, comme le boulevard des maréchaux encerclait Paris... D'où vient que la théorie avoisine la terreur ?... A l'ombre du pouvoir, le savoir est à l'ombre de la mort... La raison est génocidaire » (*La Traduction,* p. 80). Et, dans un ouvrage plus récent : « Si la mort nous menace tous individuellement aujourd'hui tout autant qu'hier ou demain, elle plane maintenant sur nos groupes respectifs, mais surtout sur l'humanité entière. La mort passe brusquement de l'élément à l'ensemble. La modernité se définit par ce face-à-face, qui semble nouveau, avec ce risque majeur, maximal, levé avec le soleil le matin d'Hiroshima. » (*Statues.*) Les accidents de la route, en France, rayent de la carte une ville tous les douze mois ; nous le tolérons. Qu'est-ce que cette « tolérance sociale » à cette amputation ou à ce sacrifice ?

M. Serres, qui enseigne l'histoire des sciences, est aussi un littéraire, aux métaphores marines, un poète. Sa série de volumes intitulée *Hermès* – le dieu messager – montre sa prédilection pour les problèmes interdisciplinaires de la communication.

Se désintéresse-t-il de la cité, ce Raymond Ruyer qui, après la psychobiologie, fait avec un clin d'œil l'*Éloge de la société de consommation* (1969) et étudie *les Nuisances idéologiques* (1972), tout en constatant qu'il y a aussi des anti-nuisances, ou « serviances », à tous les niveaux ? Se désintéresse-t-il de la cité Raymond Polin, dont les recherches gravitent autour du thème *Éthique et Politique* (1968) ? Ou Éric Weil, auteur de cette *Philosophie morale* (1961) et de cette *Philosophie politique* (1956), admirables de clarté, de fermeté et de maîtrise ? Se sont-ils désintéressés de la cité, les G. Canguilhem, F. Dagognet, N. Grimaldi, H. Birault ? Faisant fond sur une solide anthropologie, Jean Brun est l'auteur des *Rivages du monde* (1979), sorte de traité théologico-politique. Dans *Voyage au centre du monde* (1975), Jacques Rolland de Renéville énonce le problème de l'inégalité, à savoir de « l'inégal usage du patrimoine universel » par les diverses collectivités historiques. Bien plus, comme en témoignent les travaux de Michel Villey, Simone Goyard-Fabre, René Sève, « la réévaluation dont le droit est aujourd'hui l'objet s'observe à une très grande diversité de niveaux. La philosophie s'y intéresse, de nouveau, à travers le thème des droits de l'homme. La pensée juridique américaine, avec les *Communautariens* (M. Santel) suit ses propres voies, fort originales. La découverte du *Goulag,* la critique de « la pensée 68 » et enfin la conversion aux « droits de l'homme » marquent les étapes de ce cheminement de l'*intelligentsia* française. La revalorisation du droit participe également de ce retour du sujet et de l'éthique qui se manifeste dans la *Philosophie politique* de Luc Ferry.

« Vieux philosophes », dirions-nous : ce n'est point une question d'âge, ni de génération. Les « Vieux Catholiques » sont ces théologiens qui, avec Döllinger, refusèrent en 1870 de se soumettre au dogme de l'infaillibilité pontificale. Pareillement, pour nos philosophes, dont certains sont jeunes, il n'est d'infaillibilité ni de Marx, ni de Heidegger. Aucune pensée n'est à vénérer, aucune conclusion donnée d'avance. D'où une diversité, une jeunesse d'esprit, une intrépidité dans la démarche, tout à fait stimulantes. La philosophie poursuit sa tâche de « dévoilement », dénonçant les trompe-l'œil idéologiques et ne craignant pas d'aborder les questions qui nous tiennent aux tripes. Elle ne se cantonne pas dans la grammaire, comme la « philosophie analytique » : et lorsque Chaïm Perelman étudie *Le Champ de l'argumentation,* l'entreprise est d'une autre portée, en empruntant des exemples à Pascal. Surtout, c'est en pleine liberté d'esprit qu'un Alain Gouhier recherche une *Métaphysique du pardon,* un Michel Adam étudie *Le Sentiment du péché,* un Maurice Souriau *L'Ombre de Dieu,* un Jankélévitch *La Mort,* ou *La Mauvaise Conscience,* un Marcel Conche *La Mort et la Pensée,* un Jean Guitton *L'Amour humain,* un Jean Lacroix la *Philosophie de la culpabilité.* Sans présenter un palmarès, citons encore André Vergez, *Faute et liberté ;* Louis Vax, *La Séduction de l'étrange.* André Henry se livre à des *Divagations métaphysiques ;* Georges Gusdorf rapproche *Mythe et métaphysique ;* Kostas Axelos évoque le *Jeu* et l'*Enjeu.* Chez Clément Rosset, la *Logique du pire* (1971) ne signifie rien d'autre que : « de la philosophie tragique considérée comme possible » ; mais n'est-ce pas une impasse théorique que de constater sans cesse « l'idiotie » du réel — au sens grec de singularité, inaptitude à la duplication, à la répétition ? Mais de telles pensées sont et resteront jeunes : comme le dit Lucien Jerphagnon, « la philosophie ne se périme ni ne se stocke ».

Encore des institutions

Dès avant la guerre de 1939, le Collège de sociologie faisait parler de lui. Durkheim ayant claironné la distinction du sacré et du profane, Georges Bataille — un bibliothécaire comme le sera aussi J.-L. Borges — tâchait d'assimiler la sphère profane de l'existence au *monde de la raison,* et la sphère sacrée au *monde de la violence.* Dès lors, la violence devient, tout comme le sacré, une condition de la vie humaine. Bataille avait flirté, dès 1924, grâce à Michel Leiris, avec les surréalistes. Il reprend à sa façon les grands thèmes de l'école sociologique française : l'interdit, la dépense, le *potlatch.* Mais son livre le plus célèbre est *L'Expérience intérieure* (1943). Comme le dit si bien Anne Matalon, « l'œuvre de Bataille refuse les genres, et à le lire la notion de genre se brouille ». Bien qu'auteur d'un *Sur Nietzsche,* « il n'a jamais écrit *sur* Nietzsche ; il le répète : il est Nietzsche ». Il propose aussi bien la théologie négative (les soleils noirs) qu'une politique de l'impossible.

Selon V. Descombes, la contribution de Roger Caillois au *manifeste* du Collège de sociologie présente « les symptômes du dandysme cette fois politique, soit d'une recherche de la grandeur, par une action de type politique, en l'absence de convictions collectives ». Il est frappant que Caillois, dans « Le Vent d'hiver », parle du « destin de l'individualisme ». Il s'avoue fasciné par les « grands individualistes » qui ont fait sécession et renié les valeurs mensongères du groupe. Mais bientôt le projet d'une « sursocialisation » s'efforce de répondre aux circonstances, à l'indécision française, catastrophique face à l'hitlérisme (V. Descombes, *Philosophie par gros temps*).

Dans les années 35, au Collège de philosophie, où l'on rencontre Jean Wahl, G. Canguilhem, A. Koyré, un travail sérieux s'accomplit sans tapage, souvent orienté vers la philosophie des sciences, et jusqu'après la guerre.

Le Collège international de philosophie est une des prestigieuses créations du premier septennat de François Mitterrand. L'institution est largement pluridisciplinaire, avec une grande place pour l'esthétique et une politique nettement orientée à gauche. Ouvrons au hasard *Le Cahier* du Séminaire 1984-85. Il n'est point possible de rendre compte des 31 textes. Les uns relèvent du simple prospectus-programme ; les autres sont, sinon des articles, du moins des comptes rendus. Le propos commun est de montrer le fonctionnement du Collège, avec les ambitions, les retards, parfois les échecs des différents séminaires. On devine l'existence et la participation d'un public tout acquis. Fréquentes sont les occurrences du corps, du féminin, du langage, des arts, de la technique et de l'histoire des idées. On y retrouve aussi Hegel, la philosophie chinoise, les médias, la photocopie, la « philosophie populaire », la souffrance et la mort. On s'irritera parfois d'un certain mimétisme stylistique, d'une terminologie à la mode : les « délégitimations de notre époque », le « découpage des savoirs », la « théorie de l'inscription », sans parler des « déconstructions », tout cela est bel et bien *daté*. Mais comment dénier aux participants le souci du texte et celui du concret, le sérieux dans la recherche, voire l'enthousiasme du pionnier ? L'intelligence, « art d'apercevoir des rapports », règne non seulement dans le rapprochement des séminaires, mais à l'intérieur de plus d'un d'entre eux, comme celui de Patrice Vermeren, qui clôt le volume, sur « la philosophie de l'égalité ou l'énigme du Sphinx ». Cependant tout cela donne une impression d'émiettement, et l'on ne sait plus très bien ce qui est philosophie.

Faut-il faire le même grief à cette autre « institution » qu'est l'*Encyclopédie philosophique universelle*, dont trois volumes ont déjà paru ? Réalisé par des équipes nombreuses, internationales, il est bardé d'avertissements, préfaces et présentations générales. Dès l'entrée, le directeur éditorial pointe du doigt les risques courus aujourd'hui : « Le culte mondain des immanences et des contingences, le sacrifice rituel aux modes d'autoflagellation intellectuelle ou spirituelle, la recherche pathologique et contradictoire du consensus et de l'ésotérisme, la soumission perverse de la science à la technique, le recours propitiatoire à l'éthique pour mieux vassaliser la morale, tels sont aussi les dangers de notre modernité. » C'est parler d'or. Il est sans doute trop tôt pour déclarer, avec Paul Ricœur, gagné le pari fondateur de l'entreprise : mettre à profit la diversification du champ philosophique. Mais le projet est légitime, puisque la philosophie actuelle s'enrichit plus que jamais des apports de la sociologie (Alain Touraine, Edgar Morin, Claude Lefort, Georges Balandier, etc.) comme de l'esthétique (Étienne Souriau, Mikel Dufrenne). Sur ce dernier terrain, qui refuserait de reconnaître l'impulsion donnée par les *Voix du silence* d'André Malraux, pour qui l'art, davantage sans doute que la religion, est le site de la transcendance ?

Le cas Malraux pose avec acuité le problème de l'*institution*. Malraux fut ministre de la Culture. Il résuma son projet en quelques formules naturellement frappantes : « Désormais, la collectivité a reconnu sa mission culturelle... Il faut faire pour la culture ce que Jules Ferry faisait pour l'instruction. » Il a érigé les *maisons de la culture*. Comme l'écrit J. Lacouture, « de Caen à Thonon, de Rennes à Firminy, ces "cathédrales de subversion" s'élevèrent où le peuple était appelé à faire par lui-même quelque chose de neuf » (*Malraux, une vie dans le siècle*, p. 386). La question n'est pas de savoir si sous son règne, le théâtre a pris un aspect Second Empire et a connu « une nouvelle ère Meilhac et Halévy ». Elle est celle de l'institutionnalisation de la culture, de son encadrement directif à coup de subventions.

Des institutions privées concernant la philosophie, il en est des dizaines. Ainsi l'Institut universitaire Saint-Pie-X, dont la base de l'enseignement est la philosophie de Thomas d'Aquin, afin de remplir le programme de ce pape : *instaurare omnia in Christo*. Il existe aussi un Institut de philosophie comparée, dirigé par André Clément, dont le frère Marcel, thomiste encore, dirige *L'Homme nouveau*. A l'opposé, nous trouvons le Centre de recherches marxistes à Paris, le Centre de recherches et de documentation sur Hegel et sur Marx à Poitiers, fondé par l'hégélien Jacques d'Hondt.

Confins

La diversification, sinon l'éclatement, de l'univers philosophique, est incontestable.

Comment ne pas tenir compte de l'œuvre de Roland Barthes (1915-1980) ? La sémiologie travaille ici sur la littérature, le théâtre, la mode, le catch, les images publicitaires, le Tour de France, bref sur tout ce qu'il appelle *Mythologies*. Mais dès 1953, *Le Degré zéro de l'écriture* annonçait la couleur : tous les signes ont un statut politique.

René Girard symbolise l'apport des « littéraires ». Cet intellectuel français a fait toute sa carrière dans le silencieux confort des universités américaines. L'auteur de *Mensonge romantique et Vérité romanesque* (1961) n'est vraiment connu en France que dix ans plus tard, quand paraît *La Violence et le Sacré*. Déjà étonnés, les milieux intellectuels sont sidérés lorsque Girard poursuit avec *Des Choses cachées depuis la fondation du monde* (1978). Ce « Hegel du christianisme », comme l'appelle J.-M. Domenach, animé d'une foi intense, développe néanmoins sa pensée en dehors du contexte ecclésial. Qu'est-ce que Girard nous révèle ? demande Guy Sorman. « Essentiellement trois secrets : la violence est le fondement de toute société ; le rite religieux est le fondement de toute culture ; la Révélation chrétienne a radicalement bousculé ces fondements en substituant l'amour à la violence. » Tout cela, Girard l'établit en lisant des textes, de la tragédie grecque à l'Évangile. De tout temps, des poètes ont philosophé, tel Victor Hugo dans *La Fin de Satan, Dieu,* ou telle page de *La Légende des siècles*.

Cette question des rapports entre littérature et philosophie s'est posée avec le surréalisme, ou encore avec un Maurice Blanchot. C'est à l'expérience littéraire en général que s'attache sa réflexion. *Comment la littérature est-elle possible ?* se demande-t-il en 1942. Le lecteur est attiré dans ce mouvement de dérobement où se dévoile, selon Blanchot, l'essence, introuvable, de l'œuvre. L'« absence », ici, est telle, qu'on a pu parler de « désœuvrement ». Absence de l'auteur aussi : c'est dans le roman *Thomas l'obscur* (1941) que se trouve le fameux « je pense, donc je ne suis pas ». *Le Livre à venir* (1959) est celui dont l'espoir répond à cette question : comment un génie d'écrivain peut-il introduire dans le monde la magie d'une vie neuve ? Le modèle de « livre à venir », qui est vraiment le cas limite, est ce que Mallarmé avait appelé le Livre, avec une majuscule qui en signifie la valeur capitale. La littérature est la naissance à une autre vie. Blanchot nous dit qu'il s'est retenu d'évoquer, de page en page au cours de son livre, le nom de René Char. « Sur l'émerveillement que suscite l'avènement du poème dans la vie des hommes, Char a lancé maintes paroles qui nous enchantent » (A. Rousseaux, *Littérature du xxe siècle,* VII, p.95).

Réconciliant prose et poème, langage et pensée, Michel Deguy nous offre le cas de l'écrivain-écrivant surpris du geste même qu'il est en train de poser. Comme le souligne Pierre Somville (in *L'Univers philosophique,* p. 620), Deguy, s'inscrivant dans la pure lignée des penseurs présocratiques, « aimerait faire rentrer l'apparence dans la gorge de l'être » (*Biefs,* 1964, p. 134). Voilà qui nous ramène dans les eaux heideggeriennes. Précisément, avec Heidegger, Merleau-Ponty et Deguy, la poésie est considérée comme méthode de pensée, donc comme chose sérieuse, par la philosophie.

Il faut l'avouer, la philosophie se différencie malaisément des sciences humaines comme en témoigne l'œuvre — difficile à classer — de Jean Baudrillard : *Le Système des objets* (1968), *La Société de consommation* (1970), *Pour une critique de l'économie politique du signe* (1972), *La Transparence du mal* (1990), etc. Il en va de même de *La Force du préjugé* de Pierre-André Taguieff (1990) ou de *La Méthode* d'Edgar Morin.

Si la philosophie se nourrit de littérature, en fait elle est omnivore. Elle a puisé dans le patrimoine théologique. Réciproquement, la théologie se sert de la philosophie. On le voit bien chez Karl Rahner (*Traité fondamental de la foi,* 1976). Il s'agit, pour le croyant qui s'applique à l'élaboration du « concept de christianisme », de « répondre devant sa conscience intellectuelle » de la totalité de son existence chrétienne. Le « concept » est envisagé ici comme un « labeur », l'auteur nous parle du « travail du concept » — comme naguère Hegel.

Hegel précisément est celui à qui se réfèrent tous ceux qui s'adonnent à la philosophie de l'histoire. A moins que ce ne soit Marx. Le milieu de notre siècle, nous l'avons vu, a connu des orgies de philosophie de l'histoire. Albert Camus a dénoncé cette idolâtrie de l'« Histoire ». De même Ferdinand Alquié demande que l'on s'efforce, en face de l'Histoire, de « manifester l'éternel » (*La Nostalgie de l'Être,* 1950). Ce n'est pas une exigence irréalisable. En philosophie, « tout est dans tout ». A un parent d'élève qui se plaignait que le professeur de philosophie n'ait pas traité « le problème de Dieu », alors au programme, l'enseignant répondit : « Dieu ? nous avons parlé de lui sans cesse, à propos de toute question. » C'est peut-être ce qui nous est arrivé tout au long de cette *Histoire de la pensée.* Sans prétendre aboutir à une solution péremptoire. Comme l'a si bien dit L. Jerphagnon, en philosophie « il n'y a pas de pensée définitive ».

[illegible]

[illegible] Marx [illegible] [illegible]
comme des orgues de [illegible] [illegible]
[illegible] de l'Histoire. [illegible]
[illegible] que depuis que l'[illegible]
[illegible]
[illegible]. Ce n'est pas [illegible]
[illegible] tout [illegible]. A [illegible]
[illegible] que le professeur [illegible]
[illegible]
[illegible] avons [illegible]
[illegible]
[illegible]
[illegible]
[illegible]
[illegible]

Tableau chronologique

1800 Bentham (1748-1832) — Saint-Simon (1760-1824) — Royer-Collard (1763-1845) — Maine de Biran (1766-1824) — Hegel (1770-1831) — Lamennais (1782-1854).

1820 Cousin (1792-1867) — Carlyle (1795-1881) — Comte (1798-1857) — Fechner (1801-1887) — Feuerbach (1804-1872) — Tocqueville (1805-1859) — Stirner (1806-1856).

1840 Stuart Mill (1806-1873) — D.F. Strauss (1808-1874) — Proudhon (1809-1865) — Darwin (1809-1882) — Vacherot (1809-1897) — Ravaisson (1813-1900) — Bakounine (1814-1876) — Renouvier (1815-1903) — Marx (1818-1883) — Engels (1820-1895) — Spencer (1820-1903).

1860 Janet (1823-1899) — Renan (1823-1892) — W. Liebknecht (1826-1900) — Taine (1828-1893) — Lachelier (1832-1918).

1880 Dilthey (1833-1911) — Peirce (1839-1914) — Ribot (1839-1916) — Bebel (1840-1913) — Hartmann (E. von) (1842-1906) — Nietzsche (1844-1900) — Bradley (1846-1924) — Lagneau (1851-1894).

1900 Cohen (1842-1918) — James (1842-1910) — Sorel (1847-1922) — Frege (1848-1925) — Bernstein (1850-1932) — Soloviev (1853-1900) — Kautsky (1854-1938) — Natorp (1854-1924) — Plekhanov (1856-1918) — Hamelin (1856-1907) — Freud (1856-1939) — Lévy-Bruhl (1857-1939) — Durkheim (1858-1917) — Simmel (1858-1918) — Jaurès (1859-1914) — Husserl (1859-1938) — Bergson (1859-1941) — Dewey (1859-1952) — Whitehead (1861-1947) — Blondel (1861-1949) — Weber (1864-1920) — Unamuno (1864-1936).

1920 Troeltsch (1865-1923) — Croce (1866-1952) — Alain (1868-1951) — Brunschvicg (1869-1944) — Adler (1870-1937) — Le Roy (1870-1954) — Lénine (1870-1924) — Russell (1872-1970) — Moore (1873-1968) — Scheler (1874-1928) — Pradines (1874-1958) — Berdiaeff (1874-1948) — Cassirer (1874-1949) — Gentile (1875-1944) — Jung (1875-1961) — Buber (1878-1923) Einstein (1879-1955) — Teilhard de Chardin (1881-1955) — Hartmann (N.) (1882-1950) — Le Senne (1882-1954).

1940 Lavelle (1883-1951) — Jaspers (1883-1969) — Ortega y Gasset (1883-1955) — Bachelard (1884-1962) — Bultmann (1884-1976) — Barth (1886-1968) — Marcel (1889-1973) — Wittgenstein (1889-1951) — Heidegger (1889-1976) — Gramsci (1891-1937) — Reichenbach (1891-1963) — Carnap (1891-1970) — Gurvitch (1894-1965) — Xirau (1895-1946) — Horkheimer (1895-1973) — Bataille (1897-1962).

1950 Gadamer (1900) — Ryle (1900) — Lefebvre (1901) — Lacan (1901-1981) — Jankélévitch (1903-1983) — Adorno (1903-1969) — Sartre (1905-1980) — Aron (1905-1983) — Merleau-Ponty (1908-1961) — Beauvoir (1908-1987) — Ayer (1911) — Austin (1911-1960) — Camus (1913-1960) — Ricœur (1913) — Althusser (1918) — Brun (1919).

1960 Lévi-Strauss (1908) — Barthes (1915-1980) — Birault (1918) — Strawson (1919) — Castoriadis (1922) — Dagognet (1924) — Lefort (1924) — Lyotard (1924) — Deleuze (1925) — Foucault (1926-1984).

1970 Baudrillard (1929) — Hintikka (1929) — Derrida (1930) — Bruaire (1932-1987) — Jacques (1934) — Kripke (1941).

Bibliographie[1]

1. La philosophie française au XIXe siècle

Sur Saint-Simon

Charléty (S.), *Histoire du saint-simonisme*, P. Hartmann, 1931.

Leroy (Maxime), *Histoire des idées sociales en France,* t. II, *De Babeuf à Tocqueville,* Gallimard, 1950.

Gouhier (Henri), *La Jeunesse d'Auguste Comte,* t. III, *Auguste Comte et Saint-Simon,* Vrin, 1941. Ouvrage aussi passionnant qu'érudit.

Maine de Biran

Œuvres choisies, éd. H. Gouhier, Aubier-Montaigne.

Sur Maine de Biran

Lacroze (René), *Maine de Biran,* P.U.F., 1970.

Gouhier (Henri), *Les Conversions de Maine de Biran,* Vrin, 1948. Remarquable.

Henry (Michel), *Philosophie et Phénoménologie du corps.* Essai sur l'ontologie biranienne, P.U.F., 1965. Difficile.

La Restauration comme problème philosophique. Premiers libéraux

Constant (Benjamin), *Principes de politique,* Eymery, 1815.

Gouhier (Henri), *Benjamin Constant,* Desclée de Brouwer, 1967. Étudie surtout l'expérience religieuse.

Bastid (Paul), *Benjamin Constant et sa doctrine,* 2 vol., Colin, 1966. Ouvrage capital.

1. Pour chaque rubrique, les auteurs sont classés en fonction de la difficulté croissante présumée de leurs ouvrages.

Berthoud (Désirée), *Constance et Grandeur de B. Constant,* Lausanne, Payot, 1944.

Girard (Louis), *Les Libéraux français (1814-1875),* Aubier, 1985. Étudie une plus longue période.

Idéologies et utopies

Exposition de la doctrine saint-simonienne, éd. Bouglé et Halévy, coll. « Économistes et réformateurs sociaux de France », 1924.

Fourier (Charles), *Œuvres complètes,* 6 vol., Paris, 1841-48.

–, *Théorie des quatre mouvements et quelques inédits,* J.-J. Pauvert, 1967.

Lehouck (E.), *Fourier aujourd'hui,* Denoël, 1966.

Dommanget (M.), *Victor Considérant : sa vie, son œuvre,* Éd. sociales internationales, 1929.

Gurvitch (Georges), *L'Idée du droit social,* Sirey, 1932. Marque bien la nouveauté de la notion.

Barthes (Roland), *Sade, Fourier, Loyola,* Le Seuil, 1971. Très favorable à Fourier.

Bénichou (Paul), *Le Temps des prophètes,* Gallimard, 1977. Très riche.

Poisson (Jean), *Le Romantisme et la Souveraineté : enquête bibliographique sur la philosophie du pouvoir pendant la Restauration et la Monarchie de Juillet (1815-1848),* Vrin, 1931.

Les libéraux (suite)

Tocqueville (Alexis de), *De la Démocratie en Amérique,* nouv. éd., 2 vol., Gallimard, 1954.

–, *L'Ancien Régime et la Révolution,* 2e éd., Calmann-Lévy, 1887.

La Fournière (Xavier de), *Alexis de Tocqueville : un monarchiste indépendant,* Perrin, 1981.

Chevallier (Jean-Jacques), *Les Grandes œuvres politiques de Machiavel à nos jours,* Colin, 1970. Ouvrage conseillé.

Rivière (Pierre), *Essai politique sur A. de Tocqueville,* Alcan, 1910.

Zetterbaum (A.), *Tocqueville and the Problem of Democracy,* Stanford (California) University Press, 1967.

Ohaus (W.), *Volk und Völker im Urteil von A. de Tocqueville,* Berlin, 1938.

Gibert (Pierre), *Tocqueville : égalité sociale et liberté politique.* Textes choisis et annotés, Aubier-Montaigne, 1977, coll. « Bibliothèque sociale ». Préface de R. Rémond.

Rosanvallon (Pierre), *Le Moment Guizot,* Gallimard, 1985. Renouvelle les études sur Guizot.

Haac (O.A.), *Les Principes inspirateurs de Michelet,* P.U.F., 1951. Rapide.

Monod (Gustave), *La Vie et la Pensée de Jules Michelet (1798-1852),* 2 vol., Paris, 1923. Très riche.

Strauss (Leo), *Le Libéralisme antique et moderne*, trad. fr. P.U.F. 1990.

Sur Lamennais

Derré (Jean-René), *Le Renouvellement de la pensée religieuse en France, de 1824 à 1834*, Klincksieck, 1962.

Maréchal (Christian), *La Jeunesse de Lamennais : contribution à l'étude des origines du romantisme religieux en France au XIXe siècle,* Perrin, 1913.

Boutard (Charles), *Lamennais, sa vie et ses doctrines,* t. I, *La Renaissance de l'ultramontanisme,* Perrin, 1905.

Hourdin (Georges), *Lamennais, prophète et combattant de la liberté,* Perrin, 1984.

La jeunesse des Écoles

Barbéris (Pierre), *Balzac ou le Mal du siècle,* Gallimard, 1969, t. II.

Simon (Jules), *Victor Cousin,* 2e éd., Hachette, 1887.

Canivez (André), *Jules Lagneau, professeur de philosophie. Essai sur la condition du professeur de philosophie en France jusqu'à la fin du XIXe siècle,* t. I, *Les Professeurs de philosophie d'autrefois,* Belles-Lettres, 1965.

Auguste Comte

Sociologie. Textes choisis, P.U.F., 1957.

Cours de philosophie positive, 1er et 2e leçons, Hachette, 1943 (édition annotée).

Cours de philosophie positive, 6 vol., Schleicher frères, 1907-1908.

Système de politique positive, 4 vol., Société positiviste, 1929 (édition nouvelle).

Discours sur l'esprit positif, U.G.E., 1963.

Sur Comte

Gouhier (Henri), *La Jeunesse d'Auguste Comte,* 3 vol., Vrin, 1941. Livre passionnant.

Lévy-Bruhl, *La Philosophie d'Auguste Comte,* Alcan, 1909.

Delvolvé (Jean), *Réflexions sur la pensée comtienne,* Alcan, 1932.

Kremer-Marietti (Angèle), *L'Anthropologie positiviste d'Auguste Comte,* Champion, 1980. Modernise l'œuvre de Comte.

Faure (Edgar) et alii, *Auguste Comte, qui êtes-vous ?* La Manufacture, 1988. L'actualité de Comte.

Dumas (Georges), *Psychologie de deux messies positivistes,* Alcan, 1905. Caractérologie comparée de Saint-Simon et de Comte.

Macherey (Pierre), *Comte, la Philosophie et les Sciences,* P.U.F., 1989. Comte et l'idéologie pédagogique de la République.

La bataille du Monopole

Gerbod (Paul), *La Condition universitaire en France au XIXe siècle,* P.U.F., 1969.

Canivez (André), *Jules Lagneau...,* t. I, *o.c.*

Proudhon

De la création de l'ordre dans l'humanité, ou Principe d'organisation politique, Besançon, Bintôt, 1843.

Contradictions économiques ou Philosophie de la misère, Guillaumin, 1846.

Sur Proudhon

Haubtmann (Pierre), *Proudhon. Sa vie et sa pensée (1809-1849),* Beauchesne, 1962. Très détaillé.

–, *Les Rapports personnels de Proudhon et de Marx,* Éditions ouvrières, 1947.

Dolléans (Édouard), *Proudhon,* 3e éd., Grasset, 1948. Très favorable à Proudhon.

Université française et Université allemande

Renan (Ernest), *La Réforme intellectuelle et morale de la France,* Paris, 1871.

Monod (Wilfred), *Quelques philosophes de France : Maine*

de Biran, Félix Ravaisson, Jules Lachelier, Émile Boutroux, Bergson, Renouvier, Brunschvicg, Libourne, P. Gélix, s.d.

Renouvier (Charles), *La Science de la morale,* 2 vol., nouv. éd., 1908. N'a pas vieilli.

—, *Philosophie analytique de l'histoire : les idées, les religions, les systèmes.* 4 vol., E. Leroux, 1896-1897. Au total, 2 732 pages. Nous recommandons le tome I.

Wyler (Charles), *Les Principes de la philosophie morale et de la morale rationnelle de Renouvier,* Genève, Soc. gén. d'imprimerie, 1912. Étude historique et critique.

Foucher (Louis), *La Jeunesse de Renouvier et sa première philosophie* (1815-1864), Vrin, 1927. Comporte une bibliographie chronologique.

Mouy (Paul), *L'Idée de progrès dans la philosophie de Renouvier,* Vrin, 1936. Bonne mise au point.

Méry (Marcel), *La Critique du christianisme chez Renouvier,* 2 vol., Vrin, 1952. Exhaustif.

Boutroux (Émile), *De la contingence des lois de la nature,* 3e éd., Alcan, 1898. Livre célèbre.

Bonnard (André), *Le Mouvement antipositiviste contemporain en France,* Jel, 1936. Sur Boutroux, p. 84-134.

Lachelier (Jules), *Du fondement de l'induction;* suivi de *Psychologie et Métaphysique,* 8e éd., Alcan, 1912.

Millet (Louis), *Le Symbolisme dans la philosophie de Lachelier,* P.U.F., 1959. Perspective renouvelée.

Lagneau (Jules), *Célèbres Leçons et Fragments,* P.U.F., 1950.

—, *De l'existence de Dieu*, Alcan, 1952.

Alain, *Souvenirs concernant Jules Lagneau,* Gallimard, 1925.

Janicaud (Dominique), *Une généalogie du spiritualisme français. Aux sources du bergsonisme : Ravaisson et la métaphysique,* La Haye, Nijhoff, 1969. Recommandé.

Émile Durkheim

De la division du travail social, Alcan, 1893. Ouvrage fondamental.

Les Règles de la méthode sociologique, Alcan, 1895.

Le Suicide, étude de sociologie, Alcan, 1897.

Sur Durkheim

Aron (Raymond), *Les Étapes de la pensée sociologique : Montesquieu, Comte, Marx, Tocqueville, Pareto, Durkheim, Weber,* Gallimard, 1979. Ouvrage de base.

Duvignaud (Jean), *Durkheim, sa vie, son œuvre, avec un exposé de sa philosophie,* P.U.F., 1965. Initiation.

Davy (Georges), *L'Homme, le fait social et le fait politique.* Textes réunis par Eddy Treves, La Haye, Mouton, 1973. L'auteur adhérait à l'École française de sociologie.

Lucien Lévy-Bruhl

L'Idée de responsabilité, Hachette, 1884.

La Morale et la Science des mœurs, Alcan, 1903. Très accessible.

Les Fonctions mentales dans les sociétés inférieures, Alcan, 1910. Ouvrage qui a eu sa célébrité.

La Mentalité primitive, Alcan, 1922.

L'Ame primitive, Alcan, 1927.

Sur Lévy-Bruhl

Gurvitch (Georges), *Morale théorique et Science des mœurs,* Alcan, 1903. Reste actuel.

Les philosophes de la République

Fabiani (Jean-Louis), *Les Philosophes de la République,* Minuit, 1988, coll. « Le sens commun ». Bon travail de sociologie historique.

2. Penseurs de culture allemande

Sören Kierkegaard

Traité du désespoir (1849), trad. du danois par Kund Ferlov et J.-J. Gateau, Gallimard, 1949, coll. « Idées ».

L'École du christianisme (1850), trad. P.H. Tisseau, chez le traducteur, Bazoges-en-Pareds, 1936.

Crainte et Tremblement (1842), trad. P.H. Tisseau, introduction de Jean Wahl, Aubier, 1935.

Les écrits de Kierkegaard ne sont accessibles dans leur totalité qu'aux lecteurs danois. Cependant une édition des *Œuvres complètes* en 20 vol. (trad. P.H. Tisseau et E.M. Jacquet-Tisseau) est en cours de parution aux éditions de l'Orante.

Sur Kierkegaard

Raymond (Didier) et alii, *Kierkegaard ou le Don Juan chrétien,* Le Rocher, 1989.

Vergote (Henri-Bernard), *Sens et Répétition. Essai sur*

l'ironie kierkegaardienne, 2 vol. Cerf/Orante, 1982. Difficile.

Viallaneix (Nelly), *Écoute Kierkegaard : Essai sur la communication de la parole,* préface de J. Ellul, 2 vol., Cerf, 1979, coll. « Cogitatio Fidei ». Point de vue inédit.

Wahl (Jean), *Études kierkegaardiennes,* 2e éd., P.U.F., 1949. Excellent.

Clair (André), *Pseudonymie et Paradoxe. La pensée dialectique de Kierkegaard,* Vrin, 1976. Perspective originale.

Hégélianisme et matérialisme

Löwith (Karl), *De Hegel à Nietzsche,* trad. de l'allemand par R. Laureillard, Gallimard, 1969.

Arvon (Henri), *Feuerbach, sa vie, son œuvre avec un exposé de sa philosophie,* P.U.F., 1964, coll. « Philosophes ».

Mercier-Josa (Solange), « Feuerbach », in *Dictionnaire des philosophes,* sous la direction de Denis Huisman, P.U.F., pp. 915-924.

Feuerbach (Ludwig), *Manifestes philosophiques, textes choisis (1839-1845)*, trad. L. Althusser, P.U.F., 1960.

Feuerbach (Ludwig), *L'Essence du christianisme,* trad. J.-P. Osier, Maspéro, 1968.

Arvon (Henri), *Feuerbach ou la Transformation du sacré,* P.U.F., 1957, coll. « Épiméthée ».

Braun (Hans-Jüng), *Die Religions philosophie Ludwig Feuerbachs,* Stuttgart, Fromann-Holsboog, 1972.

Marx (Karl) et Engels (Friedrich), *Études philosophiques : Ludwig Feuerbach. Le Matérialisme historique,* Éditions sociales, 1961.

Marx (Karl), *L'Idéologie allemande,* t. I, trad. R. Cartelle et G. Badia, Éditions sociales, 1965.

–, *La Sainte Famille,* éd. E. Cogniot, N. Meunier et G. Badia, Editions sociales, 1969.

Philonenko (Alexis), *Feuerbach,* 2 vol., Vrin, 1990.

Strauss (David-Friedrich), *Gesammelte Schriften,* éd. par Eduard Zeller, 12 vol., Bonn, 1876-1878.

Stirner (Max), *L'Unique et sa propriété, et autres écrits,* Lausanne, L'Âge d'homme, 1972.

Arvon (Henri), *Aux sources de l'existentialisme : Max Stirner,* P.U.F., 1954, coll. « Épiméthée ».

Marx et marxisme

Marx-Engels Werke, Berlin, Dietz Verlag, 1957.
La plupart des œuvres sont traduites séparément, dans une édition « scientifique », aux Éditions sociales.

Œuvres, trad. et annotations de Maximilien Rubel, 3 vol. Gallimard, Bibliothèque de la Pléiade, 1965-1982, t. I et II : *Économie ;* t. III, *Philosophie.* Travail authentique et solide.

Le Capital, livre I, trad. J. Roy ; chronologie et avertissement par L. Arthusser, Garnier-Flammarion, 1969.

Cette liste est volontairement sommaire :

Hyppolite (Jean), *Études sur Marx et Hegel,* M. Rivière, 1948.

Lefebvre (Henri), *Pour connaître la pensée de Karl Marx,* Bordas, 1966.
–, *Le Matérialisme dialectique,* P.U.F., 1946.
–, *Problèmes actuels du marxisme,* P.U.F., 1958, coll. « Sup ».
–, *Hegel, Marx, Nietzsche ou le Royaume des ombres,* Casterman, 1975.

Bigo (Pierre), *Marxisme et Humanisme, introduction à l'œuvre économique de Karl Marx,* nouv. éd., P.U.F., 1962. Interprétation philosophique des thèses du *Capital,* surtout de la conception marxiste de la valeur.

Bartoli (Henri), *La Doctrine économique et sociale de Karl Marx,* Le Seuil, 1950. Analyse complète et détaillée de l'aliénation.

Calvez (Jean-Yves), *La Pensée de Karl Marx*, 6e éd., Le Seuil, 1956. Ouvrage fondamental.

Althusser (Louis), *Pour Marx,* Maspéro, 1965.
—, et Balibar (Étienne), *Lire le Capital,* 2 vol., Maspéro, 1968. Interprétation structuralo-marxiste.

D'Hondt (Jacques), *De Hegel à Marx,* P.U.F., 1972.

Garaudy (Roger), *Karl Marx,* Seghers, 1965.
–, *Théorie matérialiste de la connaissance,* P.U.F., 1953.
–, *La Liberté chez Marx, Lénine et Mao-Tse-Toung,* Éditions sociales, 1955.
–, *Marxisme et Existentialisme,* Plon, 1962.
–, *Marxisme du XXe siècle,* Plon, 1966.

Schaff (Adam), *Le Marxisme et l'Individu,* Colin, 1968.

Sève (Lucien), *Marxisme et Théorie de la personnalité,*

Éditions sociales, 1969. Cherche à renouveler la psychologie. Fait le point sur la querelle entre les tenants de l'« anti-humanisme » de Marx (Althusser) et ceux qui affirment un « humanisme » de Marx (Garaudy, Schaff).
Gouliane (C.I.), *Le Marxisme devant l'homme,* trad. du roumain, Payot, 1970.
Wackenheim (Charles), *La Faillite de la religion d'après Karl Marx,* P.U.F., 1963.
Gabaude (Jean-Marc), *Le Jeune Marx et le Matérialisme antique,* Privat, 1970.

Sur la dialectique

Foulquié (Paul), *La Dialectique,* P.U.F., 1949, coll. « Que sais-je ? ».
Guindey (Guillaume), *Le Drame de la pensée dialectique : Hegel, Marx, Sartre,* Vrin, 1974. Simplificateur.
Dubarle (Dominique) et Doz (André), *Logique et dialectique,* Larousse, 1971. Point de vue de la logique moderne.
Lefebvre (Henri), *Logique formelle et Logique dialectique,* Éditions sociales, 1947. Point de vue marxiste strict.
Sandor (Paul), *Histoire de la dialectique,* Nagel, 1947.
Merleau-Ponty (Maurice), *Les Avenues de la dialectique*, Gallimard, 1954.

De la psychologie à la métaphysique

Lotze (Hermann), *Principes généraux de psychologie physiologique*, trad. A Penjon, 2e éd., G. Baillière, 1881.
Wundt (Wilhelm Max), *Nouveaux Éléments de physiologie humaine*, trad. Dr Bouchard, Savy, 1872.
—, *Éléments de psychologie physiologique*, trad. dr R. Rouvier, préface de l'auteur, intro. D. Nolen, 2 vol., Alcan, 1896.
Fechner (Gustav Theodor), *Elemente der Psychophysik*, Leipzig, 1860.

Sur la psychophysique en général

Foucault (Marcel), *La Psychophysique*, Alcan, 1901.
Pradines (Maurice), *Traité de psychologie*, t. I, P.U.F., 1943, coll. « Logos ». L'ensemble du *Traité* est une « somme philosophique ».

Frédéric Nietzsche

Nouvelle Édition des œuvres complètes de Nietzsche, 14 volumes, éd. scientifique et critique d'après les manuscrits de l'auteur et comprenant une part de textes inédits, Gallimard, à partir de 1970.

Sur Nietzsche

1. Citons d'abord « les maîtres » :

Fink (Eugen), *La Philosophie de Nietzsche*, trad., Minuit, 1965.

Heidegger (Martin), *Nietzsche*, 2 vol. trad. fr. Gallimard, 1971. Interprétation originale, mais contestée.

Jaspers (Karl), *Nietzsche : introduction à sa philosophie*, trad. H. Niel, lettre-préface de J. Wahl, Gallimard, 1950.

2. Nous recommandons pour une initiation :

Goyard-Fabre (Simone), *Nietzsche et la Conversion métaphysique*, préface d'A. Philonenko, La Pensée universelle, 1972.

—, *Nietzsche et la Question politique*, Sirey, 1977.

3. Ouvrages d'ensemble :

Morel (Georges), *Nietzsche*, 3 vol., Aubier-Montaigne, 1971.

Guérin (Michel), *Nietzsche, Socrate héroïque*, Grasset, 1975. Très vivant.

4. Sur des aspects particuliers :

Kofman (Sarah), *Nietzsche et la Métaphore*, Payot, 1972.

Deleuze (Gilles), *Nietzsche et la Philosophie*, P.U.F., 1962.

Granier (Jean), *Le Problème de la vérité dans le système de Nietzsche*, Seuil, 1966. Important.

Klossowski (Pierre), *Nietzsche et le Cercle vicieux*, Mercure de France, 1969.

Pautrat (Bernard), *Versions du soleil, Figures et système de Nietzsche*, Le Seuil, 1971.

Nietzsche aujourd'hui?, 2 vol., Colloque de Cérisy, 1972. Certaines communications tournent le dos à la « probité philologique » que prônait Nietzsche.

Sautet (Marc), *Nietzsche et la Commune*, Le Sycomore, 1981. Original.

Le néo-kantisme

Philonenko (Alexis), *L'École de Marbourg : Cohen, Natorp, Cassirer*, Vrin, 1989. Bonne initiation.

Ollig (Hans-Ludwig), *Der Neukantismus*, Stuttgart, Metzler, 1979.

Zac (Sylvain), *La Philosophie religieuse de Hermann Cohen*, Vrin, 1984. Très bien documenté.

Dussort (Henri), *L'École de Marbourg*, P.U.F., 1963. N'a pas vieilli.

Les conceptions du monde

Dilthey (Wilhelm), *Introduction aux sciences humaines*, trad. L. Sauzin, P.U.F., 1942. Ouvrage décisif.

—, *Le Monde de l'esprit*, trad. Remy, 2 tomes, Aubier-Montaigne, 1947.

Kremer-Marietti (Angèle), *W. Dilthey et l'Anthropologie historique*, Seghers, 1971. Conseillé.

Gusdorf (Georges), *Les Origines de l'herméneutique*, Payot, 1988. Vaste documentation.

Et si on parlait d'argent?

Simmel (Georg), *La Philosophie de l'argent*, trad. fr., P.U.F., 1988, coll. « Sociologies », 664 pages.

—, *Philosophie et société*, trad. fr., présentation par J.L. Vieillard-Baron. Ces 95 pages constituent une bonne introduction.

—, *Philosophie de la modernité : la femme, la ville, l'individualisme*, introd. et trad. J.L. Vieillard-Baron, Payot, 1989.

Vieillard-Baron (Jean-Louis), « Simmel et la guerre de 1914-1918. Théorie et analyse du conflit », in *La Guerre*, Université de Caen, 1986.

Léger (François), *La Pensée de Georg Simmel*, Kimé, 1991.

Enrôlé malgré lui

Tönnies (Ferdinand), *Gemeinschaft und Gesellschaft*, 3e éd., 1887.

Sur Tönnies

Leif (Joseph), *Les Catégories fondamentales de la sociologie de Tönnies*, P.U.F., 1946. Très clair.

Le sorcier, le prêtre, le prophète

Weber (Max), *L'Éthique protestante et les Origines du capitalisme*, trad. M. Chavy, Plon, 1964. Travail célèbre.

—, *Le Savant et le Politique*, trad. J. Freund, Plon, 1959.

—, *Essais sur la théorie de la science*, trad. J. Freund, 1959.

Freund (Julien), *La Sociologie de Max Weber*, P.U.F., 1968.

Besnard (Philippe), *Protestantisme et Capitalisme. La controverse post-wébérienne*, Colin, 1970, coll. « U2 ». Captivant.

Raynaud (Philippe), *Max Weber et les Dilemmes de la raison moderne*, P.U.F., 1987, coll. « Recherches politiques ».

Aron (Raymond), *La Sociologie allemande contemporaine*, P.U.F., 1950.

Le nazisme

Lemaître (Henri), *Les Fascismes dans l'histoire*, Cerf, 1959, coll. « Tout le monde en parle. »

Arendt (Hannah), *The Origins of Totalitarism*, 3 vol., New York, Harcourt, 1951.

Aron (Raymond), *Démocratie et Totalitarisme*, Gallimard, 1965.

Schilling (Kurt), *Einführung in die Staats und Rechtsphilosophie*, Berlin, Junker und Dunnhaupt, 1939.

Spann (Othmar), *Die Haupttheorien der Volkswirtschaftslehre*, Leipzig, Quelle und Meyer, 1933.

3. La philosophie anglaise au XIXe siècle

Trevelyan (G.M.), *English Social History*, London, Longmas, Green and Co, 1947, chap. XVII-XVIII.

Jeremy Bentham

Déontologie ou Science de la morale, 2 vol., trad., Charpentier, 1834.

Le Panoptique, précédé de *L'Œil du pouvoir*, entretien avec Michel Foucault. Préface de Michelle Perrot, Belfond, 1977. Tout un programme !

Sur Bentham

El Shakankiri (Mohamed Abd-El-Hadi), *La Philosophie juridique de Jeremy Bentham*, préface de Michel Villey, Pichon et Durand-Auzias, 1970.

Sur Stuart Mill

Ryan (Allan), *The Philosophy of John Stuart Mill*, 2e éd., Houndmills (England), 1987. Bonne bibliographie.

Sur Ruskin

Gally (Henriette), *Ruskin et l'Esthétique intuitive*, Vrin, 1933.

Sur Carlyle

Symons (Julian), *Thomas Carlyle : the Life and Ideas of a Prophet*, London, V. Golleney, 1952.

Sur Darwin

Bouanchaud (D.H.), *Charles Darwin et le Transformisme*, Payot, 1976.

Canguilhem (Georges), *Études d'histoire et de philosophie des sciences*, Vrin, 1968.

Sur Spencer

Burrow (J.W.), *Evolution and Society : A Study in Victorian Social Theory*, Cambridge University Press, 1981. Bibliographie importante.

Sur le pragmatisme

Ayer (A.J.), *The Origins of Pragmatism*, Macmillan, Londres, 1968.

James (William), *Pragmatism : A new Name for some old Ways of Thinking*, New York, 1943.

Leroux (Emmanuel), *Le Pragmatisme américain et anglais*, Alcan, 1923. Étude historique et critique suivie d'une bibliographie méthodique.

Maire (Gilbert), *W. James et le Pragmatisme religieux*, Denoël et Steele, 1933, coll. « Les Maîtres de la pensée religieuse ». Par l'auteur de *Mon Maître Bergson*.

L'idéalisme anglais

Bradley (F.H.), *Appearance and Reality : a Metaphysical Essay*, Oxford, Clarendon Press, 1893.

—, *Ethical Studies*, Oxford, Clarendon Press, 1876.

Pucelle (Jean), *L'Idéalisme en Angleterre*, Neuchâtel, La Baconnière, 1955. Bonne vue d'ensemble.

—, *La Nature et l'Esprit dans la philosophie de*

T.H. Green, 2 vol., Louvain, Nauwelaerts, 1960. Détaillé.
Houang (F.), *Le Néo-hégélianisme en Angleterre*, Vrin, 1954. Un peu vieilli.

4. La pensée française de la « Belle Époque » à la « Reconstruction »

Rémond (René), *Introduction à l'Histoire de notre temps*. T. II. *Le* XIX*e siècle, 1815-1914*, Seuil, 1975. — Zeldin (Théodore), *Histoire des passions françaises (1848-1945)*, trad. fr., 5 vol. Recherches, 1979. Très documenté avec parfois beaucoup d'humour (britannique !). Voir notamment le tome V, *Anxiété et Hypocrisie*. — Goubert (Pierre), *Initiation à l'Histoire de la France*, Tallandier, 1984. — Miquel (André), *La IIIe République*, Fayard, 1989.

Henri Bergson

Œuvres, Édition du Centenaire, P.U.F., 1959. Séparément, chaque œuvre est disponible aux P.U.F.
Mélanges, P.U.F., 1972.

Sur Bergson

Deleuze (Gilles), *Le Bergsonisme*, P.U.F., 1966. Conseillé.
Delhomme (Jeanne), *Vie et Conscience de la vie, essai sur Bergson*, P.U.F., 1954. Suggestif et enrichissant.
Mossé-Bastide (Rose-Marie), *Bergson et Plotin*, P.U.F., 1959.
Husson (Léon), *L'Intellectualisme de Bergson*, P.U.F., 1947.
Barthélémy-Madaule (Madeleine), *Bergson et Teilhard de Chardin*, Seuil, 1963.
Gouhier (Henri), *Bergson et le Christianisme des Évangiles*, Fayard, 1961. Excellente mise au point.
Soulez (Philippe), *Bergson politique*, P.U.F., 1989, coll. « Philosophes d'aujourd'hui ». Utilise des documents inédits. Traite du nazisme, de la persécution des juifs, etc.
Hude (Henri), *Bergson*, Éd. Universitaires, t. I, 1989 ; t. II, 1990. Interprétation originale, fondée sur les cours inédits de Bergson.

Édouard Leroy

Les Origines humaines et l'Évolution de l'intelligence, Boivin, 1928. Caractéristique des préoccupations de l'époque.

La Pensée intuitive, t. I, *Au delà du discours* ; t. II, *Invention et Vérification*, Boivin, 1929-1930. De lecture aisée.

Le Problème de Dieu, L'Artisan du Livre, 1929. Proche du « modernisme ».

Georges Sorel

Réflexions sur la violence, Marcel Rivière, 1908.

Sur Sorel

Gorien (G.), *Le Pluralisme dramatique de Georges Sorel*, Paris, 1962.

Jean Jaurès

Œuvres choisies, 9 vol., éd. Bonnafous, 1931-1939.

Sur Jaurès

Robinet (André), *Jaurès et l'Unité de l'être*, Seghers, 1964. S'attache à la Philosophie générale de Jaurès. Plusieurs textes bien choisis.

Charles Péguy

Œuvres complètes, Bibliothèque de La Pléiade, Gallimard, I. *Œuvres poétiques complètes*, 1951 ; II. *Œuvres en prose*, 2 vol., 1961 et 1968.

Sur Péguy

Challaye (Félicien), *Péguy socialiste*, Amiot-Dumont, 1954.

Octave Hamelin

Essai sur les éléments principaux de la représentation, Alcan, 1907 ; réédité par A. Darbon, Alcan, 1925.

Le Système de Descartes, éd. L. Robin, Alcan, 1911.

Les Philosophes présocratiques, éd. F. Turlot, Publ. Univ. Strasbourg, 1978.

Sur Hamelin

Beck (Leslie-J.), *La Méthode synthétique d'Hamelin*, Aubier, 1935. Bonne initiation.

Turlot (Fernand), *Idéalisme, Dialectique et personnalisme*.

Essai sur la philosophie d'Hamelin, Vrin, 1978. Exhaustif.

Émile Meyerson

Identité et Réalité, 1908, 5e éd., Vrin, 1951.

Sur Meyerson

Metz (André), *Meyerson. Une nouvelle philosophie de la connaissance*, Alcan, 1934.

Maurice Blondel

L'Action (de 1893), rééd. par les P.U.F., 1950.

Sur Blondel

Duméry (Henry), *La Philosophie de l'action : essai sur l'intellectualisme blondélien*, Aubier, 1948.

Léon Brunschvicg

La Modalité du jugement, 1897, réédité par Y. Belaval, P.U.F., 1964.

Introduction à la vie de l'esprit, Alcan, 1900.

Les Étapes de la philosophie mathématique, Alcan, 1912; P.U.F., 1947.

L'Expérience humaine et la Causalité physique, Alcan, 1922; P.U.F., 1943.

Le Progrès de la conscience dans la philosophie occidentale, Alcan, 1927.

Héritage de mots, héritage d'idées, P.U.F., 1945.

Sur Brunschvicg

Deschoux (Marcel), *La Philosophie de Léon Brunschvicg*, P.U.F., 1949. Bonne vue d'ensemble. Bibliographie.

Deschoux (Marcel), *Brunschvicg ou l'Idéalisme à hauteur d'homme*, P.U.F., 1969. Avec des textes.

Gaston Bachelard

1 — Épistémologie :

Essai sur la connaissance approchée, Vrin, 1928.

Le Pluralisme cohérent de la chimie moderne, Vrin, 1932.

L'Intuition de l'instant, Stock, 1932.

Le Nouvel Esprit scientifique, P.U.F., 1934. On peut commencer par ce petit livre.

La Dialectique de la durée, P.U.F., 1936.

La Formation de l'esprit scientifique : contribution à une psychanalyse de la connaissance objective, Vrin, 1938.
La Philosophie du non, P.U.F., 1940.
L'Activité rationaliste de la physique contemporaine, P.U.F., 1951. Très accessible.
Le Matérialisme rationnel, P.U.F., 1953.
L'Engagement rationaliste, P.U.F., 1972.
2 — Littérature :
La Psychanalyse du feu, Gallimard, 1938.
Lautréamont, Corti, 1940.
L'Eau et les Rêves : essai sur l'imagination de la matière, Corti, 1942.
La Terre et les Rêveries de la volonté : essai sur l'imagination des forces, Corti, 1948.
La Terre et les Rêveries du repos : essai sur les images de l'intimité, Corti, 1948.
La Poétique de la rêverie, P.U.F., 1961.
La Flamme d'une chandelle, P.U.F., 1961.
Cette bibliographie ne se veut pas exhaustive.

Sur Bachelard
Quillet (Pierre), *Bachelard*, Seghers, 1964. Initiation.
Dagognet (François), *Gaston Bachelard*, P.U.F., 1965. Une épistémologie exigeante.
Lecourt (Dominique), *L'Épistémologie historique de Gaston Bachelard*, Vrin, 1978.

La raison dans tous ses états
Feyerabend (Paul), *Contre la méthode : esquisse d'une théorie anarchiste de la connaissance*, trad. de l'anglais, Seuil, 1979. Le titre définit bien le contenu.
Kuhn (Thomas S.) *La Structure des révolutions scientifiques*, trad. de l'américain, Flammarion, 1970.
Régnier (André), *Les Infortunes de la raison*, Seuil, 1966. Part des langages formels et définit la notion de modèle.
Granger (Gilles-Gaston), *Essai d'une philosophie du style*, Colin, 1968. Ouvrage interdisciplinaire et fondamental.
Schlanger (Judith), *Penser la bouche pleine*, Mouton, 1975. A la fois docte et amusant.
Monod (Jacques), *Le Hasard et la Nécessité : essai sur la philosophie naturelle de la biologie moderne*, Seuil, 1970.

D'un positivisme provocant, ce livre a suscité bien des polémiques.
Moscovici (Serge), *Essai sur l'histoire humaine de la nature*, Flammarion, 2e éd., 1977, coll. « Champs ». Une nouvelle sociologie de la science.
Dagognet (François), *Philosophie biologique*, P.U.F., 1954.
—, *La Raison et les Remèdes*, P.U.F., 1964.

5. Néo-hégéliens italiens

Romano (Sergio), *Histoire de l'Italie, du Risorgimento à nos jours*, Seuil, 1977. — Namer (Émile), *La Philosophie italienne*, P.U.F., 1970.

Sur Vico

« Giambattista Vico : une philosophie non-cartésienne », *Études philosophiques*, n° spécial, 1968 ; 3 et 4.

Sur Pareto

Valade (Bernard), *Sociologie de Pareto*, P.U.F., 1991.

Benedetto Croce

Ce qui est vivant et ce qui est mort dans la philosophie de Hegel, trad. H. Buriot, Giard et Brière, 1910.
Bréviaire d'esthétique, trad. G. Bourgin, Payot, 1923.
La Storia come pensiero e come aziome, 2e éd., Bari, Laterza e Figli, 1938.

Sur Croce

Pour une prise de contact : Olivier (Paul), art. « Croce », in *Dictionnaire des philosophes*, P.U.F., 1984, tome I.
Boulay (C.), *Benedetto Croce jusqu'en 1911. Trente ans de vie intellectuelle*, Genève, Droz, 1981. Le meilleur ouvrage.

Giovanni Gentile

La Riforme della dialettica hegeliana e altri scritti, 2e éd., Messina, G. Principato, 1923.
L'Esprit, acte pur, trad. A. Lion, 3e éd., Alcan, 1926.
La Filosofia di Marx, studie critici, Pisa, E. Sperri, 1899.

Ugo Spirito
Il Nuovo Idealismo, Roma, C. de Alberti, 1923.
Il Pragmatismo, Firenze, Valecchi, 1921.

Antonio Gramsci
Il Materialismo storico e la Filosofia di B. Croce, Turin, 1947.

Sur Gramsci
Lombardi (Franco), *La Pédagogie marxiste d'Antonio Gramsci*, Toulouse, Privat, 1971.

Arturo Labriola
La Loi de la concentration capitaliste; contribution à l'étude des théories marxistes, V. Giard et E. Brière, 1899.

6. Figures de l'Espagne

Amalric (Jean-Pierre), *Espagne*, nouv. éd. Seuil, 1988.
De la Souchère (Éléna), *Explication de l'Espagne*, Grasset, 1962. Suggestif.
Guy (Alain), *Histoire de la philosophie espagnole*, Publications de l'Université de Toulouse, 1983. Ouvrage indispensable.
Guy (Reine), *Axiologie et Métaphysique selon Joaquin Xirau*, Publication de l'Université de Toulouse, 1976. Bonne étude d'une pensée variée.
Guy (Alain) et alii, *Philosophes ibériques et ibéro-américains en exil,* Publications de l'Université de Toulouse, 1977.

Miguel de Unamuno
Obras completas, Madrid, Éd. Afrodisio Aguado, 16 vol. avec intro. et notes par Manuel Garcia Blanco, 1950-1964.
La Conception tragique de la vie, trad. Faure-Beaulieu, Gallimard, 1917, repris dans la coll. « Idées ».

Ortega y Gasset
Obras completas, Madrid, 1946-1982, 12 tomes.
Leibniz, le philosophe des principes, trad. fr., Gallimard, 1970.

Manuel Garcia Morente

La Estética de Kant (thèse), Madrid, 1912.

Ejercicios espirituales, Madrid, 1961.

7. Les sciences de l'interprétation

Sigmund Freud

Les *Œuvres complètes* n'existent qu'en allemand et en anglais. En France, leur publication, aux P.U.F., ne comporte encore que le tome XIII (1989). On trouve les œuvres séparément, les unes chez Payot, les autres aux P.U.F., ou chez Gallimard.

Sur Freud

D'Aster (Ernest), *La Psychanalyse et son rapport à la science de l'homme*, trad. fr., Payot, 1951. Un peu austère.

Robert (Marthe), *La Révolution psychanalytique. La vie et l'œuvre de Freud.* 2 vol., Payot, 1964. Très vivant.

Fougeyrollas (Pierre), *La Révolution freudienne. Freud et la philosophie*, Denoël, 1970. Défense et illustration du freudisme.

Dadoun (Roger), *Freud*, Belfond, 1982, « Les dossiers Belfond ».

Assoun (Paul-Laurent), *Freud et Wittgenstein*, P.U.F., 1988. Excellent.

Anzieu (Didier), *L'Auto-analyse de Freud*, 3e éd., P.U.F., 1988. Très important.

—, *Le Corps de l'œuvre*, Gallimard, 1981, coll. « Idées ».

Osborn (Reuben), *Marxisme et Psychanalyse*, trad. de l'anglais par Annette Stronck, Payot, 1969.

Laplanche (Jean), *Vie et Mort en psychanalyse*, Flammarion, 1970, coll. « Champs ». Très suggestif.

Malarewicz (Jean-Antoine), *Itinéraire d'une absence. De Groddeck à Balint : l'émergence de la psychosomatique*, Privat, 1979, coll. « Bibliothèque de psychologie clinique ».

Fennetaux (Michel), *La Psychanalyse, chemin des Lumières?* Éd. Point Hors Ligne, 1989. Pose la question de la psychanalyse comme science.

Brès (Yvon). Critique systématique des prétentions philo-

sophiques de la psychanalyse française dans divers articles.
—, *Freud et la psychanalyse américaine : Karen Horney*, Vrin, 1970.

Sur Jung
Baudouin (Ch.), *L'Œuvre de Jung et la Psychologie complexe*, Payot, 1963.

Sur Reich
Boadella (David), *Wilhelm Reich*, Frankfurt-am-Main, Fischer Bücherei, 1983.
Brohm (Jean-Marie), *Corps et Politique*, Éditions Universitaires, 1975.

8. Batailles religieuses

Sur le modernisme
Rivière (J.), *Le Modernisme*, Paris, 1925.
Collectif, *Le Modernisme*, Beauchesne, 1980. Présentation de D. Dubarle. Très à jour.

Karl Barth
Dogmatique : plusieurs volumes traduits en français depuis 1951, Genève, Labor et fides.

Sur Barth
Bouillard (H.), *Karl Barth*, 3 vol., Seuil, 1957.

Rudolph Bultmann
Jésus, trad. fr., Seuil, 1968.
Foi et Compréhension, trad. fr., 2 vol., Seuil, 1970.

Sur Bultmann
Marlé (R.), *Bultmann et l'Interprétation du Nouveau Testament*, Aubier, 1966.

Sur Bonhoeffer
Dumas (André), *Une théologie de la réalité : Dietrich Bonhoeffer*, Genève, Labor et Fides, 1980.

Sur l'exégèse
Beaude (Pierre-Marie), *Nouvelles Tendances de l'exégèse*, Centurion, 1979. Concise synthèse de synthèses.

Théologie de la libération

Collectif, *Théologies de la libération, documents et débats*, Cerf/Centurion, 1985.

André-Vincent (Philippe), *Pour une vraie théologie de la libération*, Tallandier, 1987, coll. « In-texte ».

9. La phénoménologie

Edmund Husserl

Husserliana. Œuvres complètes, dir. H.L. Van Breda, La Haye, 1950-1975 : 23 volumes.

Philosophie de l'arithmétique, trad. J. English, Paris, 1972.

Recherches logiques, trad. H. Elie et alii, 3 vol., P.U.F., 1959-1974, coll. « Épiméthée ».

Logique formelle et Logique transcendantale, trad. Suzanne Bachelard, P.U.F., 1965, coll. « Épiméthée ».

Leçons pour une phénoménologie intime de la conscience du temps, trad. H. Dussort, P.U.F., 1964, id.

La Philosophie comme science rigoureuse, trad. Q. Lauer, P.U.F., 1955.

Idées directrices pour une phénoménologie et une philosophie phénoménologique pure, t. I : *Introduction générale à la phénoménologie pure*, trad. P. Ricœur, Gallimard, 1950. Les notes sont remarquables.

Méditations cartésiennes : introduction à la phénoménologie, trad. G. Pfeifer et E. Levinas, Vrin, 1969.

La Crise de l'humanité européenne et la Philosophie, conférence prononcée à Vienne le 7-5-1935, trad. P. Ricœur, P.U.F., 1968.

La Crise des sciences européennes et la Phénoménologie transcendantale, trad. G. Granel, Gallimard, 1976.

Expérience et Jugement. Recherches en vue d'une généalogie de la logique, trad. D. Souche, P.U.F., 1970.

L'Origine de la géométrie, trad. J. Derrida, P.U.F., 1974, coll. « Épiméthée ».

Sur Husserl

Levinas (Emmanuel), *La Théorie de l'intuition dans la phénoménologie de Husserl*, Alcan, 1930.

Berger (Gaston), *Le Cogito dans la philosophie de Husserl*, P.U.F., 1941. Très clair.

Bachelard (Suzanne), *La Logique de Husserl*, P.U.F., 1957.

Scherer (René), *La Phénoménologie des « Recherches logiques » de Husserl*, P.U.F., 1967.
Granel (Gérard), *Le Sens du temps et de la perception chez E. Husserl*, Gallimard, 1968, « Bibliothèque de philosophie ».
Souche-Dagues (D.), *Le Développement de l'intentionnalité dans la phénoménologie husserlienne*, La Haye, Nijhoff, 1972.

Sur Edith Stein
Gaboriau (Florent), *Edith Stein philosophe*, FAC-Éditions, 1989.

Martin Heidegger
L'Être et le Temps, trad. Boehm et de Waelhens, Gallimard, 1964.
Kant et le Problème de la métaphysique, trad. de Waelhens et Bimmel, Gallimard, 1953. Clair et suggestif.
Nietzsche, 2 vol., trad. Klossowski, Gallimard, 1961.
Chemins qui ne mènent nulle part, trad. Brokmeier, Gallimard, 1962. Six études importantes.
Introduction à la métaphysique, trad. Kahn, Gallimard, 1967.
Qu'appelle-t-on penser? trad. Becker et Granel, P.U.F., 1959, 1967, coll. « Épiméthée ». Il s'agit de cours.
Essais et Conférences, trad. Préau, préface de J. Beaufret, Gallimard, 1958, « Les Essais ».
Acheminement vers la parole, trad. Beaufret, Brokmeier et Fédier, Gallimard, 1976.

Sur Heidegger
Boutot (Alain), *Heidegger*, P.U.F., 1989, coll. « Que sais-je? » Situe Heidegger dans la tradition philosophique.
Palmier (Jean-Michel), *Les Écrits politiques de Heidegger*, L'Herne, 1968, coll. « Essais et philosophie ». Très intéressant.
Pöggeler (O.), *La Pensée de Heidegger*, Aubier, 1967. Sûr, mais massif.
Ferry (Luc) et Renaut (Alain), *Heidegger et les Modernes*, Grasset, 1988. Pensée très juste.
Cotten (Jean-Pierre), *Heidegger*, Seuil, 1974. Conseillé.

Beaufret (Jean), *Dialogue avec Heidegger*, 3 vol., Minuit, 1973-1974. Traite de Zénon, Descartes, Pascal, etc. C'est un « à la manière de... ».

Chapelle (A.) *L'Ontologie phénoménologique de Heidegger*, Paris, 1962.

Habermas (Jürgen), *Martin Heidegger, l'œuvre et l'engagement*, trad. R. Rochlitz, Cerf, 1988. En 76 pages, un verdict accablant.

Karl Jaspers

Introduction à la philosophie, trad., fr., Plon, 1951. Conseillé aux débutants.

Autobiographie philosophique, trad. fr., Aubier, 1963. Très attachante.

Psychopathologie générale, trad. fr., Paris, 1933.

Strindberg et Van Gogh, trad. fr., Minuit, 1953.

Die geistige Situation der Zeit, Berlin, 1933.

Philosophie, 3 vol., Berlin, Springer, Heidelberg, New York, 4e éd., 1973.

Raison et Existence, trad. fr., Presses Universitaires de Grenoble, 1978. Cinq conférences.

La Culpabilité allemande, trad. fr., Minuit, 1948.

La Bombe atomique et l'avenir de l'homme, trad. fr., Buchet-Chastel, 1963.

Chiffren der Transzendenz, 3e éd., Müchen, 1977.

Les Grands Philosophes, 3 vol., trad. fr., Paris. Réactions originales du philosophe.

Sur Jaspers

Hersch (Jeanne), *L'Illusion philosophique*, Paris, 1936 : l'auteur est bon connaisseur de Jaspers.

Dufrenne (Michel) et Ricœur (Paul), *Karl Jaspers et la Philosophie de l'existence*, Gallimard, nouv. éd., 1974. Chaleureusement recommandé.

Kremer-Marietti (Angèle), *Jaspers et la Scission de l'être*, 2e éd., Seghers, 1974.

Merlio (Gilbert) (textes recueillis par), *Jaspers, témoin de son temps : la situation spirituelle à la fin de la République de Weimar*, Presses universitaires de Bordeaux, 1986. Traite notamment de la *Kulturkritik* jaspersienne.

Nicolaï Hartmann

Ethik, Berlin, de Gruyter, 1935.

Zur Grundlegung der Ontologie, Berlin, de Gruyter, 1935.

Sur Hartmann

Spreng (Bernard), *L'Irrationnel dans la philosophie de Nicolaï Hartmann*, Berne, Graben, 1974.

Max Scheler

Nature et Formes de la sympathie, trad. fr., Payot, 1928, nouv. éd., « Petite Bibliothèque Payot », 1971.

L'Homme du ressentiment, trad. fr., Gallimard, 1970, coll. « Idées ».

Le sens de la souffrance, trad. fr., Aubier, 1936. Contient d'autres études.

Le Saint, le génie, le héros, trad. fr., Fribourg, Egloff, 1944.

Le Formalisme en éthique et l'Éthique matériale des valeurs : Essai d'un personnalisme nouveau, Gallimard, 1955, « Bibliothèque de philosophie », 642 pages. On appréciera les qualités de la traduction, due à Maurice de Gandillac. Ouvrage capital.

La Situation de l'homme dans le monde, trad. fr., Aubier, 1951. Spécimen du « dernier Scheler ».

Sur Scheler

Dupuy (Maurice), *La Philosophie de la religion chez Max Scheler*, P.U.F., 1959.

—, *La Philosophie de Max Scheler. Son évolution et son unité*, 2 vol., P.U.F., 1959, coll. « Epiméthée ». Étude aussi complète que claire.

La Phénoménologie en France

Varet (Gilbert), *L'Ontologie de Sartre*, P.U.F., 1948. Bonne initiation.

Jeanson (Francis), *La Phénoménologie*, Téqui, 1952. Introduction à J.-P. Sartre.

Madison (Gregory Brent), *La Phénoménologie de Merleau-Ponty*, Klincksieck, 1973, Étude solide.

Paul Ricœur

Histoire et Vérité, 3e éd., Seuil, 1955.

Philosophie de la volonté, 3 vol., Aubier, 1950-1960. Donne authentiquement à penser.

De l'interprétation. Essai sur Freud, Seuil, 1965. Ouvrage remarquable.

Le Conflit des interprétations. Essai d'herméneutique, Seuil, 1969. Très riche.

La Métaphore vive, Seuil, 1975.

Temps et Récit, 3 vol., Seuil, 1983-84. Pour beaucoup, une révélation.

Autour du politique, Lectures I, Seuil, 1991.

Sur Ricœur

Philibert (Michel), *Paul Ricœur*, Seghers, 1971.

Vansina (Dirk J.), Bibliographie de Paul Ricœur, *Revue philosophique de Louvain*, 1962, 1968.

Emmanuel Levinas

Totalité et Infini, La Haye, Nijhoff, 1961 ; 4e éd., 1971. C'est le chef-d'œuvre de l'auteur.

Autrement qu'être ou Au-delà de l'essence, La Haye, Nijhoff, 1974.

Difficile liberté, essais sur le judaïsme. A. Michel, 1963, 1976.

Du Dieu qui vient à l'idée, Vrin, 1982.

Sur Levinas

Chalier (Catherine), *Figures du féminin : Lecture d'Emmanuel Levinas*, éd. La Nuit surveillée, 1982.

—, *Judaïsme et Altérité*, Verdier, 1983.

Michel Henry

L'Essence de la manifestation, 2 vol., P.U.F., 1963, coll. « Epiméthée ». Difficile.

Philosophie et Phénoménologie du corps, P.U.F., 1965, coll. « Epiméthée ».

Marx, 2 vol., Gallimard, 1976, « Bibliothèque des idées ». Original.

Sur Michel Henry

Dufour-Kowalska (Gabrielle), *Michel Henry : une philosophie de la vie et de la praxis*, Vrin, 1980.

Mikel Dufrenne

La Personnalité de base, P.U.F., 1953. Sur l'anthropologie culturelle américaine. Utile.

Phénoménologie de l'expérience esthétique, 2 vol., P.U.F., 1953. Ouvrage remarquable.

La Notion d'a priori, P.U.F., 1959, coll. « Epiméthée. » Situe la phénoménologie par rapport à Kant.
Esthétique et Philosophie, Klincksieck, 1974. Recueil d'articles.

Alphonse de Waelhens
Phénoménologie et Vérité. Essai sur l'évolution de l'idée de vérité chez Husserl et Heidegger, P.U.F., 1953, coll. « Epiméthée ». Très clair.
La Philosophie et les Expériences naturelles (Phenomenologica, 9), La Haye, Nijhoff, 1961.
La Psychose. Essai d'interprétation analytique et existentiale, Louvain, Nauwelaerts, 1972.

10. De toutes les Russies...

Rambaud (A.) *Histoire de la Russie*, Hachette, 1879. — Rollin (Henri), *La Révolution russe, ses origines, ses résultats*, Delagrave, 1931.

Les slavophiles
Riasanovsky, *Russia and the West in the Teaching of the Slavophiles*, A study of Romantic Ideology, Harvard University Press, Cambridge (Massachusetts), 1952.
Soloviev (Vladimir), *Introduction et choix de textes*, traduits pour la première fois par J.-B. Severac, Vald. Rasmussen, s. d. Bon panorama de la pensée du philosophe. —, les *Œuvres complètes* ont été publiées en 10 volumes à Saint-Pétersbourg en 1903.

Sur Soloviev
Stremookhoff (D.), *Soloviev et son œuvre messianique*, Les Belles-Lettres, 1935.

Nicolas Berdiaeff
La totalité des œuvres est traduite en français, et d'une lecture aisée.
Les Sources et le Sens du communisme russe, trad. L.-J. Cain, Gallimard, 1963.
De l'esclavage et de la liberté de l'homme, 1939; trad. S. Jankélévitch, Aubier, 1946.
Essai d'autobiographie spirituelle, 1949; trad. E. Belenson, Buchet-Chastel, 1958. Conseillé.

Sur Berdiaeff

Ségundo (Jean-Louis), *Berdiaeff. Une réflexion chrétienne sur la personne*, Aubier, 1963. Tire Berdiaeff vers le personnalisme.

Sur Lénine

Arvon (Henri), *Lénine*, présentation et choix de textes, Seghers, 1970. Utile.

Fischer (Louis), *Lénine*, traduit de l'anglais, Ch. Bourgois, 1966. En grande partie biographique.

Garaudy (Roger), *Lénine*, P.U.F., 1968, coll. « Philosophes ».

Grisoni (Dominique) et alii, *Histoire du marxisme contemporain*, t. IV, U.G.E., 1978.

Schub (David), *Lénine*, trad. de l'anglais, Gallimard, 1972, coll. « Idées ». Étudie surtout la doctrine.

Guilbeaux (H.), *Lénine n'était pas communiste*, E. Malfère, 1937. L'humour ne fait jamais de mal.

Lukacs (Georg), *Lénine/ Georg Lukacs*, Études et documentations internationales, 1965. Du point de vue du marxisme élargi du philosophe hongrois.

Meyer (Alfred G.), *Lénine et le Léninisme*, trad. de l'américain, Payot, 1966, coll. « Bibliothèque historique ».

Pannekoek (Anton), *Lénine philosophe. Examen critique des fondements philosophiques du léninisme*, trad. de l'allemand, Lefeuvre, 1970. Du point de vue marxiste.

Lecourt (Dominique), *Une crise et son enjeu. Essai sur la position de Lénine en philosophie*, Maspéro, 1973. Ingénieux.

Althusser (Louis,), *Lénine et la Philosophie*. Suivi de *Marx et Lénine devant Hegel*, Maspéro, 1972. Un manifeste aux formules concises et bien frappées.

Noguez (Dominique), *Lénine dada*, Laffont, 1988. Un Lénine inconnu...

Après Lénine

Pisier-Kouchner (Évelyne), *Les Interprétations du stalinisme*, P.U.F., 1983, coll. « Recherches politiques ». Lecture attrayante et sûre.

Planty-Bonjour (Guy), *Les Catégories du matérialisme dialectique : l'ontologie soviétique contemporaine*, P.U.F.,

1965. Une critique mesurée et informée, par le successeur de Jacques d'Hondt à la tête du Centre d'études et de recherches marxistes (Poitiers).

11. Turbulences françaises

Rémond (René), *Introduction à l'histoire de notre temps*, t. III, *Le XXe siècle*, Seuil, 1974. — Mathiex (Jean) et Vincent (Gérard), *Aujourd'hui (depuis 1945)*, 2 vol., Masson, 1978. — Pacaut (Marcel) et Bouju (Paul), *Le Monde contemporain, 1945-1970*, Colin, 1971.

Bréhier (Émile), *Transformations de la philosophie française*, Flammarion, 1950.

Picon (Gaëtan), *Panorama des idées contemporaines*, Gallimard, 1950.

Les gérontes et la jeunesse

Halls (Wilfred), *Les Jeunes et la Politique de Vichy*, trad. Jean Sénémaud, Syros, 1988. Un peu touffu ; de légères erreurs.

Dans le château de Bayard

Bitoun (Pierre), *Les Hommes d'Uriage*, La Découverte, 1988.

Mounier (Emmanuel), *Œuvres complètes*, 3 vol., Seuil, 1961-1962.

Lacroix (Jean), *Histoire et Mystère*, Castermann, 1962.
—, *Le Personnalisme comme anti-idéologie*, P.U.F., 1969.
—, *Marxisme, Existentialisme, personnalisme*, P.U.F., 6e éd., 1966.
—, *Le Sens de l'athéisme moderne*, P.U.F.

Alain (Émile Chartier)

Œuvres complètes, Bibl. de La Pléiade, Gallimard.

Sur Alain

Bénézé (Georges), *Généreux Alain*, P.U.F., 1962. Ouvrage de gratitude.

Pascal (Georges), *L'Idée de philosophie chez Alain*, Bordas, 1970. Très accessible. Insiste sur la pédagogie d'Alain.

Sernin (André), *Alain : un sage dans la cité (1868-1951)*, Laffont, 1985. La biographie longtemps attendue.

Le drame des disciples d'Alain

Sirinelli (Jean-François), *Génération intellectuelle : Khâgneux et normaliens dans l'entre-deux-guerres*, Fayard, 1988. Bonne étude historique de 720 pages.

Alain (Émile Chartier, dit), *Les Idées et les Ages*, Gallimard, 1927. Contient de nombreuses indications autobiographiques.

Burrin (Philippe), *Les Dérives fascistes*, Seuil, 1986 : une problématique bien centrée.

La Vierge rouge

Weil (Simone), *La Pesanteur et la Grâce*, intro. de Gustave Thibon, Plon, 1948.

Pètrement (Simone), *La Vie de Simone Weil*, 2 vol., Fayard, 1973.

Vetö (Miklos), *La Métaphysique religieuse de Simone Weil*, Vrin, 1971. Très bonne étude.

La morale

Nabert (Jean), *L'Expérience intérieure de la liberté*, Alcan, 1923.

—, *Éléments pour une éthique*, P.U.F., 1943; 2e éd., Aubier, 1962.

De quelques institutions philosophiques

Lalande (André), *Vocabulaire technique et critique de la philosophie*, 4e éd., 3 vol., Alcan, 1938. Nombreuses rééditions, en 1 volume, aux P.U.F.

Cinquante ans de philosophie de langue française, ouvrage collectif, Vrin, 1988.

Labica (Georges) et alii, *Dictionnaire critique du marxisme*, P.U.F., 1982.

Gabriel Marcel

Journal métaphysique, Gallimard, 1927.

Être et avoir, nouv. éd., 2 vol., Flammarion-Aubier (poche), 1970, coll. « Foi vivante ».

Position et Approches du mystère ontologique, nouv. éd., J.-M. Place, 1977.

La Dignité humaine et ses assises existentielles, Aubier, 1964.

Sur Gabriel Marcel

Parain-Vial (Jeanne), *Gabriel Marcel et les Niveaux de l'expérience*, Seghers, 1966. Bonne introduction.

Chenu (Joseph), *Le Théâtre de Gabriel Marcel et sa signification métaphysique*, Aubier, 1948. Important.

Troisfontaines (Roger), *De l'existence de l'être. La philosophie de Gabriel Marcel*, 2e éd., Louvain, Nauwelaerts, 1968.

Wahl (Jean), *Vers le concret*, Vrin, 1932. Ouvrage de base.

Jean-Paul Sartre

La Transcendance de l'ego; rééd. Vrin, 1965.

Esquisse d'une théorie de l'émotion, Hermann, 1939.

L'Imaginaire, Gallimard, 1940.

L'Être et le Néant, Gallimard, 1943, 724 pages.

Critique de la raison dialectique. Précédé de « Questions de méthode ». I. *Théorie des ensembles pratiques*, Gallimard, 1960 (756 pages).

L'Idiot de la famille : Gustave Flaubert de 1821 à 1857, 3 vol., Gallimard, 1971-1973. (2 806 pages).

Cahiers pour une morale, Gallimard, 1983.

Situations I à X, Gallimard, 1947-1976. Articles.

Sur Sartre

Aron (Raymond), *Les Marxismes imaginaires*, Gallimard, 1969.

Cohen-Solal (Annie), *Sartre/Cohen-Solal*, Gallimard, 1985.

Gerassi (John), *Sartre, Hated Conscience of his Time*, t. I, *Protestant or Protester*? P.U. de Chicago, 1989.

Boschetti (Anna), *Sartre et « Les Temps modernes » : une entreprise intellectuelle*, Minuit, 1985. Très vivant.

Hartmann (K.), *Grundzüge der Ontologie Sartres in ihrem Verhältnis zur Hegels Logik*, Berlin, De Gruyter, 1963.

Hartmann (K), *Sartres Sozialphilosophie : Eine Untersuchung zu Critique de la raison dialectique*, Berlin, De Gruyter, 1966.

Jeanson (Francis), *Le Problème moral et la Pensée de Sartre*. Préface de J.-P. Sartre, Le Seuil, 1966. Perspective intéressante, mais incomplète.

Contat (M.) et Rybalka (M.), *Les Écrits de Sartre : Chronologie, bibliographie commentée*, Paris, Gallimard, 1970. Ce travail est prolongé en sa trad. anglaise, Evanston, Northern University Press, 1974.

Lapointe (F. et C.), *Jean-Paul Sartre and his Critics : An International Bibliography (1938-1980)*, 2e éd., Bowling Green (Ohio), Bowling Green State University, 1981.

Simone de Beauvoir

Pyrrhus et Cinéas, Gallimard, 1944.

Pour une morale de l'ambiguïté, Gallimard, 1947.

Le Deuxième Sexe, 2 vol., Gallimard, 1949. Reste actuel.

L'Existentialisme et la Sagesse des nations, Nagel, 1948.

La Vieillesse, Gallimard, 1970.

Autobiographie : *Mémoires d'une jeune fille rangée; La Force de l'âge; La Force des choses; Tout compte fait; La Cérémonie des adieux*, Gallimard, 1958-1981.

Maurice Merleau-Ponty

La Structure du comportement, P.U.F., 1942.

Phénoménologie de la perception, Gallimard, 1945.

Humanisme et Terreur, essai sur le problème communiste, Gallimard, 1947. Très caractéristique de l'intelligentsia de l'époque.

Sens et Non-sens, Nagel, 1948.

Les Aventures de la dialectique, Gallimard, 1955.

Résumés de cours, Collège de France (1952-1960), Gallimard, 1968.

La Prose du monde, Gallimard, 1969 (publié par Cl. Lefort).

Signes, Gallimard, 1960.

L'Œil et l'Esprit (1960), repris dans *Les Temps modernes*, nº spécial, 184-185.

Le Visible et l'Invisible, éléments de l'ouvrage auquel travaillait Merleau-Ponty à sa mort, Gallimard, 1964.

Sur Merleau-Ponty

Robinet (André), *Merleau-Ponty*, sa vie, son œuvre, avec un exposé de sa philosophie, Gallimard, 1963. Conseillé.

Centineo (E.), *Una fenomenologia della storia : l'esistentialismo di M. Merleau-Ponty*, Palermo, Pimbo, 1959.

Goyard-Fabre (Simone), *Philosophie politique, XVIe-XXe siècle*, P.U.F., 1987, pp. 468-494. Utile mise au point.

Tilliette (Xavier), *Merleau-Ponty*, P.U.F., 1970. Conseillé.

Fontaine de Vischer (Luce), *Phénomène ou Structure? Essai sur le langage chez Merleau-Ponty*, Facultés universitaires Saint-Louis, Bruxelles, 1974.

Albert Camus

Le Mythe de Sisyphe, Gallimard, 1942.

Lettres à un ami allemand, Gallimard, 1945.

L'Homme révolté, Gallimard, 1951.

Sur Camus

Ginestier (Paul), *Pour connaître la pensée de Camus*, 4e éd., Bordas, 1981.

Lottman (Herbert), trad. fr., *Albert Camus*, Seuil, 1978, coll. « Points ». Une biographie remarquable de 694 pages.

Barilier (E.), *Albert Camus, littérature et philosophie*, L'Age d'homme, 1977.

Rühling, *Negativität bei Albert Camus, Eine wirkungsgeschichtliche Analyse des Theodizeeproblems*, Bouvier Verlag Herbert Grundmann, Bonn, 1974.

La tyrannie structuraliste

Wahl (François) et alii, *Qu'est-ce que le structuralisme?* Seuil, 1968. Approfondi (par des spécialistes).

Présentations générales :

Piaget (Jean), *Le Structuralisme*, P.U.F., 1968, coll. « Que sais-je? ». Expose le structuralisme très particulier de Piaget.

Millet (Louis) et Varin d'Ainvelle (Madeleine), *Le Structuralisme*, Éd. Universitaires, 1970, coll. « Psychothèque. » Hostile au structuralisme.

Parain-Vial (Jeanne), *Tendances actuelles de la philosophie*, Le Centurion, 1979. Hostile.

Descombes (Vincent), *Le Même et l'Autre : 45 ans de philosophie française (1933-1978)*, Minuit, 1979. Va à l'essentiel.

Claude Lévi-Strauss

Les Structures élémentaires de la parenté, Plon, 1949.

Tristes Tropiques, Plon, 1955.

Anthropologie structurale, Plon, 1958.

La Pensée sauvage, Plon, 1962.
Mythologiques, I. *Le Cru et le Cuit*, 1964; II. *Du miel aux cendres*, 1967; III. *L'Origine des manières de table*, 1968; IV. *L'Homme nu*, Plon, 1971.
Anthropologie structurale, II, Plon, 1973.
La Voie des masques, 2 vol., Plon, 1975.

Sur Lévi-Strauss

Clément (Catherine), *Lévi-Strauss ou la Structure et le Malheur*, nouv. éd., Seghers, 1985.
Benoist (Jean-Marie), *La Révolution structurale*, nouv. éd., Denoël, 1980.
Bradbury (Malcom), *Mensonge*, trad. fr., Presses de la Renaissance, 1988. Il s'agit d'un pamphlet.
Lefebvre (Henri), *L'Idéologie structuraliste*, Seuil, 1975. Critique menée du point de vue d'un certain marxisme.
Bourdieu (Pierre), *Le Sens pratique*, Minuit, 1980. Critique inspirée d'une sociologie marxiste de la connaissance.
Borne (Étienne), *Les Nouveaux Inquisiteurs*, P.U.F., 1983.
Cremant (Roger), *Les Matinées structuralistes*, Laffont, 1969, coll. « Libertés 79 ». Pamphlet.

« La pensée 68 »

Castoriadis (Cornelius), *L'Institution imaginaire de la société*, Seuil, 1975, coll. « Esprit ». Suggestif, mais unilatéral.
Debray (Régis), *Modeste contribution aux cérémonies officielles du dixième anniversaire*, Maspero, 1978.
Lipovetsky (G.), *L'Ère du vide*. Essai sur l'individualisme contemporain, Gallimard, 1983.
Touraine (Alain), *Le Mouvement de Mai ou le Communisme utopique*, Seuil, 1968. Excellente interprétation.
Ferry (Luc) et Renaut (Alain), *La Pensée 68 : Essai sur l'anti-humanisme contemporain*, Gallimard, 1985, coll. « Le monde actuel ». Discussion bien menée.
Ferry (Luc) et Renaut (Alain), *68-86 : Itinéraires de l'individu*, Gallimard, 1987, coll. « Le monde actuel ».

Michel Foucault

Maladie mentale et Psychologie, P.U.F., 1954.
Folie et Déraison, Histoire de la folie à l'âge classique, Plon, 1961, coll. « Civilisations d'hier et d'aujourd'hui »; rééd. Gallimard, 1972, « Bibliothèque des histoires ».

Naissance de la clinique, P.U.F., 1963, coll. « Galien ».
Les Mots et les Choses, Gallimard, 1966, « Bibliothèque des sciences humaines ». Brillant.
L'Archéologie du savoir, Gallimard, 1969, « Bibliothèque des sciences humaines ».
L'Ordre du discours, Leçon inaugurale au Collège de France, Gallimard, 1971.
Ceci n'est pas une pipe, Montpellier, Fata Morgana, 1973.
Surveiller et punir, Gallimard, 1975, « Bibl. des histoires ».
Histoire de la sexualité, 3 vol., Gallimard, 1976-1980, « Bibliothèque des histoires ».

Sur Foucault

Kremer-Marietti (Angèle), *Michel Foucault et l'Archéologie du savoir*, Seghers, 1974. Paru trop tôt pour couvrir l'ensemble de l'œuvre. Textes bien choisis.
Deleuze (Gilles), *Michel Foucault*, Minuit, 1984.
Eribon (Didier), *Michel Foucault (1926-1984)*, Flammarion, 1989. Montre les mille visages de Foucault.

Jacques Derrida

L'Écriture et la Différence, Seuil, 1967.
La Voix et le Phénomène, P.U.F., 1967, coll. « Épiméthée ».
De la grammatologie, Minuit, 1967. Lire les pages sur Jean-Jacques Rousseau.
Marges de la philosophie, Minuit, 1972. Dix études.
« Qui a peur de la philosophie? », in *GREPH*, Flammarion, 1977. Polémique.
D'un ton apocalyptique adopté naguère en philosophie, Galilée, 1983.
Limited Inc., présenté et traduit de l'anglais par Elisabeth Weber, Galilée, 1990.

Gilles Deleuze

Empirisme et Subjectivité, P.U.F., 1953, coll. « Épiméthée ». Sur Hume. Suggestif.
Nietzsche et la Philosophie, P.U.F., 1962. Très clair.
Marcel Proust et les Signes, P.U.F., 1964; éd. augm., P.U.F., 1970.
Le Bergsonisme, P.U.F., 1966.

Présentation de Sacher-Masoch, le froid et le cruel, Minuit, 1967.
Différence et Répétition, P.U.F., 1969. Difficile.
Spinoza ou le Problème de l'expression, Minuit, 1969. Travail solide.
Logique du sens, Minuit, 1969.
Capitalisme et Schizophrénie, en collaboration avec Félix Guattari, t. I, *L'Anti-Œdipe*, Minuit, 1972; t. II, *Mille plateaux*, Minuit, 1980.
Spinoza, philosophe pratique, Minuit, 1981.
Le Pli, Minuit, 1988. Sur Leibniz.
Qu'est-ce que la philosophie?, en collaboration avec Félix Guattari, Minuit, 1991. A lire.

Sur Deleuze

Lyotard (Jean-François), *Des dispositifs pulsionnels*, U.G.E., 1973 : lire « Le capitalisme énergumène ».
Descombes (Vincent), *Le Même et l'Autre*, Minuit, 1979.
Parain-Vial (Jeanne), *Tendances actuelles de la philosophie*, Le Centurion, 1979. Très hostile.
L'Arc, nº 49, 1972 : numéro spécial sur G. Deleuze.

Jean-François Lyotard

La condition post-moderne, Minuit, 1988.
Discours/figure, Klincksieck, 1971.
Dérive à partir de Marx et Freud, U.G.E., 1975.
Économie libidinale, Minuit, 1978.

Vladimir Jankélévitch

L'Odyssée de la conscience dans la dernière philosophie de Schelling, Alcan, 1933.
La Mauvaise conscience, 4e éd., Aubier-Montaigne, 1966.
L'Ironie, 4e éd., Flammarion, 1972.
L'Alternative, Alcan, 1938.
Ravel, 4e éd., Seuil, 1975.
Le Nocturne, 2e éd., A. Michel, 1957.
Traité des vertus, 2e éd., 3 vol., Bordas, 1968-1972. 1484 pages.
Debussy et le Mystère de l'instant, 2e éd., Plon, 1976.
Philosophie première, P.U.F., 1964.
L'Austérité et la Vie morale, Flammarion, 1956. On peut commencer la lecture de Jankélévitch par ce livre.

Le je-ne-sais-quoi et le presque-rien, 2e éd., 3 vol., Seuil, 1980.
La Musique et l'Ineffable, Colin, 1961.
L'Aventure, l'Ennui, le Sérieux, 2e éd., Aubier, 1976.
La Mort, 3e éd., Flammarion, 1977.
Le Pardon, Aubier, 1967.
Pardonner?, éd. Roger Maria, 1971.
L'irréversible et la Nostalgie, Flammarion, 1974.

Sur Jankélévitch
Jerphagnon (Lucien), *Vladimir Jankélévitch ou De l'effectivité*, Seghers, 1969. Commence avec raison par la philosophie générale.
L'Arc, nº 75, 1979 : numéro spécial sur Jankélévitch.

L'affirmation de Dieu
Bruaire (Claude), *L'Affirmation de Dieu*, Seuil, 1964.
—, *Logique et Religion chrétienne dans la philosophie de Hegel*, Seuil, 1964. Interprétation originale.
—, *Philosophie du corps*, Seuil, 1968. Entraînant.
—, *La Raison politique*, Fayard, 1974.
—, *Le Droit de Dieu*, Aubier, 1974.
—, *Une éthique pour la médecine*, Fayard, 1978. De lecture facile.
—, *Pour la métaphysique*, Fayard, 1980.

Le structuralisme neutralisé sur son terrain
Jacques (Francis), *Dialogiques*. I : *Recherches logiques sur le dialogue*, P.U.F., 1979; II : *L'Espace logique de l'interlocution*, P.U.F., 1983; III : *Pour une pragmatique de la communication*, P.U.F.
Jacques (Francis), *Différence et Subjectivité*, Aubier, 1982, coll. « Analyse et raisons ». Très convaincant.
Tort (Patrick), *La Raison classificatoire*, Aubier, 1989, coll. « Résonances ».
Gardies (Jean-Louis), *L'Erreur de Hume*, P.U.F., 1987, coll. « Philosophie d'aujourd'hui ».

12. Philosophes, anti-philosophes, nouveaux philosophes, non-philosophes

Sur Whitehead
Cesselin (Félix), *La Philosophie organique de Whitehead*, P.U.F., 1950.
Parmentier (Alix), *La Philosophie de Whitehead et le Pro-*

blème de Dieu, Beauchesne, 1968. Se lit aisément, en dépit des 646 pages.

Dumoncel (Jean-Claude), *Whitehead et la Philosophie analytique* (thèse), Nantes, 1987.

Bertrand Russell

Principia mathematica (en collaboration avec A.N. Whitehead), Cambridge University Press, vol. I, 1910; vol. II et III, 1913.

Human Knowledge. Its Scope and Limits, London, G. Allen and Unwin, 1948; 5e éd. 1966.

Autobiography, London, G. Allen and Unwin, 1967; 3e éd. 1969.

Problèmes de philosophie, trad. Ph. Guillemin, Payot, 1965 : clair, montre nettement les limites de la pensée de Russell. Même remarque à propos de :

La Méthode scientifique en philosophie, trad. Ph. Devaux, Vrin, 1929.

Sur Russell

Devaux (Philippe), *Bertrand Russell ou la Paix dans la Vérité*, Seghers, 1967. Bonne initiation.

Wood (A.), *Russell, le Sceptique passionné*, trad. de l'anglais, Payot, 1965. Biographie captivante.

Jacques (Francis), *Russell, lecteur de Meinong. De la phénoménologie à l'analyse*, Thèse de l'Université de Paris, 1975. Beau travail, mais difficile. Meinong (1853-1920) est un psychologue et logicien autrichien. Il indexe ses analyses sur l'enquête grammaticale.

La Vienne des Habsbourg

Janik (Allen) et Toulmin (Stephen), *Wittgenstein, Vienne et la modernité*, trad. de l'américain par J. Bernard, P.U.F., 1978, coll. « Perspectives critiques ». Exposé entraînant.

Fejtö (François), *Requiem pour un empire défunt. Histoire de la destruction de l'Autriche-Hongrie*, Lieu commun, 1988. Captivant.

Le Rider (Jacques), *Modernité viennoise et crises de l'identité*, P.U.F., 1990, coll. « Perspectives critiques ».

Ludwig Wittgenstein

Tractatus logico-philosophicus, trad. fr., Gallimard, 1961.

Grammaire philosophique, trad. fr., Gallimard, 1980.

Le Cahier bleu et le Cahier brun, trad. fr., Gallimard, 1965.

Philosophische Untersuchungen, Blackwell, 1953.

Sur Wittgenstein

McGuiness (Brian), *Wittgenstein. Les années de jeunesse (1889-1921)*, trad. fr., Seuil, 1991.

Bouveresse (Jacques), *Le Mythe de l'intériorité : expérience, signification et langage privé chez Wittgenstein*, Minuit, 1976. Étude aussi approfondie que passionnante.

Lecourt (Dominique), *L'Ordre et les Jeux*, Grasset, 1981. La perspective est ici plus générale.

Sud, numéro spécial, 1986, sur Wittgenstein.

Dumoncel (Jean-Claude), *Le Jeu de Wittgenstein*, P.U.F. 1991.

Le Cercle de Vienne.

Jacob (Pierre), *L'Empirisme logique*, Minuit, 1980. Ouvrage stimulant.

Carnap (Rudolf), *Logische Syntax der Sprache*, Wien, Springer, 1934.

Reichenbach (Hans), *La Philosophie scientifique* (trad. par Vuillemin de *Ziele und Wege der heutigen Naturphilosophie)*, Hermann, 1932.

Trotignon (Pierre), *La Philosophie allemande depuis Nietzsche*, Colin, 1968, coll. « U2 ». Chapitres IV et V. Très condensé.

Karl Popper

Misère de l'historicisme, trad. fr., Plon, 1955.

Logique de la découverte scientifique, trad. fr., Payot, 1972.

La Société ouverte et ses ennemis, 2 vol., trad. fr., Seuil, 1979. Un peu simplificateur.

Sur Popper

Bouveresse (Renée), *Karl Popper*, Vrin, 1978. Ouvrage indispensable.

Malherbe (J.-F), *La Philosophie de K. Popper et le Positivisme logique*, P.U.F., 1980.

La Philosophie analytique anglo-saxonne

Austin (John-Langshaw), *Quand dire, c'est faire*, trad. fr., Seuil, 1970. (Titre anglais : *How to do Things with Words*, Oxford, 1962).

Jacob (Pierre), *De Vienne à Cambridge. L'héritage du positivisme logique de 1950 à nos jours*, Gallimard, 1980.

Ayer (Alfred-Jules), *Langage, vérité et logique*, trad. fr., Flammarion, 1956.

Strawson (P.F.), *Les Individus : essai de métaphysique descriptive*, trad. fr., Le Seuil, 1973.

Hintikka (J.), *Historical Studies,* Dordrecht, Boston, Reidel, 1985.

Cahiers de Royaumont, IV : *La Philosophie analytique*, Minuit, 1962. Neuf communications lors d'un colloque consacré à ce thème. Les « intervenants » sont des représentants de ce courant. (G. Ryle, P.F. Strawson, W.V. Quine, L. Apostel, J. L. Austin, R. Hare, etc.)

Critique, n°s 399-400, « Les Philosophes anglo-saxons par eux-mêmes », 1986.

Dumoncel (Jean-Claude), « De la logique à l'ontologie », in *Archives de philosophie*, n° 42, 1979-3. L'auteur est l'un des meilleurs connaisseurs, en France, de la philosophie analytique.

La collection « Propositions » dirigée par François Recanaté, éd. Minuit, comporte aujourd'hui une trentaine d'ouvrages qui ont « l'ambition de servir » le développement en France de la philosophie analytique.

L'École de Francfort

Horkheimer (Max), *Théorie critique, Essais*, trad. fr., présentation par L. Ferry et A. Renaut, Payot, 1978. Capital.

—, *Éclipse de la raison*, suivi de *Raison et Conservation de soi*, trad. fr., Payot, 1974.

Horkheimer (Max) et Adorno (Theodor), *La Dialectique de la raison. Fragments philosophiques*, trad. fr., Gallimard, 1974.

Adorno (Theodor), *Jargon de l'authenticité.* Préface et trad. d'Eliane Escoubas, Payot, 1989, coll. « Critique de la politique ».

Minima moralia. Reflexionen aux dem beschädigten Leben, Frankfurt, Suhrkampf, 1951.

Habermas (Jürgen), *La Technique et la Science comme « idéologie »*, trad. de l'all. par Ladmiral, Gallimard, 1973. Critique vigoureuse des idéologies qui soutiennent le monde capitaliste. Recherche d'un dialogue libéré de toute aliénation.

—, *Raison et Légitimité*, trad. J. Lacoste, Payot, 1979.

—, *Théorie de l'agir communicationnel*, trad. J.-M. Ferry, Payot, 1987.

—, *Morale et Communication*, trad. et intro. Chr. Bouchindhomme, Le Cerf, 1986.

—, *L'Espace public, archéologie de la publicité comme dimension constitutive de la société bourgeoise*, trad. M. de Launay, Payot, 1986.

Assoun (Paul-Laurent), *L'École de Francfort*, P.U.F., 1987, « Que sais-je? »

Jay (Martin), *L'Imagination dialectique. Histoire de l'École de Francfort (1923-1950)*. Avant-propos de M. Horkheimer, trad. de l'américain, Payot, 1977, coll. « Critique de la politique ».

Ferry (Jean-Marc), *Habermas : l'éthique de la communication*, P.U.F., 1987, coll. « Recherches philosophiques ». Étude très complète, ouverte sur l'actualité la plus générale.

Poussin (Philippe), *Économie et Politique dans la pensée de Jürgen Habermas*, ANRT Université de Grenoble II, 1987.

Les nouveaux philosophes

Glucksmann (André), *La Cuisinière et le Mangeur d'hommes. Essai sur les rapports entre l'État, le marxisme et les camps de concentration*, Seuil, 1975.

—, *Le Discours de la guerre*, L'Herne, 1967 ; nouv. éd. Grasset, 1981.

—, *Les Maîtres penseurs*, Grasset, 1977.

—, *1968 : Stratégie et Révolution en France*, Ch. Bourgois, 1968.

—, *La Force du vertige*, Grasset, 1983.

—, *Le Onzième Commandement*, Flammarion, 1991.

Lévy (Bernard-Henri), *La Barbarie à visage humain*, Grasset, 1977.

—, *Le Testament de Dieu*, Grasset, 1979. Retour à la Parole biblique.

Benoist (Jean-Marie), *Tyrannie du Logos*, Minuit, 1975.

—, *Marx est mort*, Gallimard, 1970, coll. « Idées ».

—, *La Révolution structurale*, Grasset, 1975, coll. « Figures »

Nemo (Philippe), *La Société de droit selon F.A. Hayek*, P.U.F., 1988, coll. « Libre-échange ».

Vieux philosophes », comme on dit « Vieux catholiques »

Serres (Michel), *Hermès*, Minuit : I. *La Communication* 1969 ; II. *L'Interférence*, 1972 ; III. *La Traduction*, 1974 ; IV. *La Distribution*, 1977 ; V. *Le passage du Nord-Ouest*, 1980.

—, *Genèse*, Grasset, 1982. Vise ce qui, dans la nature ou la culture, est chaotique et multiple.

—, *Statues*, F. Bourin, 1987. « Pas de philosophie ni d'œuvre sans descente aux enfers, sans face à face avec la mort. »

Crahay (Anne), *Michel Serres. La Mutation du Cogito : genèse du transcendantal objectif*, Éd. Universitaires, 1980.

Brun (Jean), *Rivages du monde*, Desclée, 1979. Vigoureux.

Rolland de Renéville, *Voyage au bout du monde, essai de philosophie politique*, Anthropos, 1975. Suggestif.

Ferry (Luc), *Philosophie politique*, 3 vol., P.U.F., 1984-85, coll. « Recherches politiques ». Le vol. III, en collaboration avec Alain Renaut, s'intitule « Des droits de l'homme à l'idée républicaine ».

—, *Homo aestheticus : l'invention du goût à l'âge démocratique*, Grasset, 1990.

Ruyer (Raymond), *Les Nuisances idéologiques*, Calmann-Lévy, 1972.

Polin (Raymond), *Éthique et Politique*, Sirey, 1968.

—, *Du bonheur considéré comme l'un des Beaux-Arts*, P.U.F., 1965.

Brunel (Pierre), *L'État et le Souverain*, P.U.F., 1978, coll. « Littératures modernes ». Ouvrage de littérature comparée.

Weil (Eric), *Philosophie politique*, Vrin, 1956.

—, *Philosophie morale*, Vrin, 1961. Deux ouvrages remarquables. Weil a été à l'école de Hegel, sans oublier Kant.

Gouhier (Alain), *Pour une métaphysique du pardon*, Éd. de l'Épi, 1969.

Lacroix (Jean), *L'Échec*, P.U.F., 1964, coll. « Initiation philosophique ». Recommandé.
Conche (Marcel), *La Mort et la Pensée*, Villers-sur-Mer, Éd. de Mégare, 1973. Très engagé.
Souriau (Étienne), *L'Ombre de Dieu*, P.U.F., 1955. Pensée très honnête, quelque peu austère.
Grimaldi (Nicolas), *Le Désir et le Temps*, P.U.F., 1971. Riches analyses.
Vieillard-Baron (Jean-Louis), *L'Illusion historique et l'Éspérance céleste*, Berg international, 1981. Perspectives inattendues.
Rosset (Clément), *La Logique du pire : éléments pour une philosophie tragique*, P.U.F., 1971.
—, *Le Réel et son double, essai sur l'illusion*, Gallimard, 1984.
—, *Le Réel, traité de l'idiotie*, Minuit, 1977.
—, *Le Principe de cruauté*, Minuit, 1988. Les récents livres de C. Rosset sont brefs.
—, *Les Philosophes et les Sortilèges*, Minuit, 1985.
Philonenko (Alexis), *L'Archipel de la conscience européenne*, Grasset, 1990.

Esthétique

Basch (Victor), *Essais d'esthétique, de philosophie et de littérature*, Alcan, 1934. Un classique.
Focillon, *La Vie des formes*, 3e éd., suivie de l'*Éloge de la main*, P.U.F., 1947. Important.
Feldman (Valentin), *L'Esthétique française contemporaine*, Alcan, 1936.
Fuzellier (Étienne), *Cinéma et Littérature*, Cours et Publ. de l'IDHEC, 1957.
Bayer (Raymond), *Léonard de Vinci. La Grâce*, Alcan, 1933.
—, *Traité d'esthétique*, Colin, 1956. Utile.
D'Hermies (Michel), *La Philosophie de l'art*, Masson, 1973. Initiation.

Droit et politique

Hauriou (Maurice), *Aux sources du droit. Le Pouvoir, l'Ordre, la Liberté*, rééd. Caen, Centre de philosophie politique et juridique, 1988.

Villey (Michel), *Philosophie du droit. Définitions et fins du droit*, Dalloz, 1975.

Goyard-Fabre (Simone), *Essai de critique phénoménologique du droit*, Klincksieck, 1972. Le fait que M. Villey entreprenne une critique des droits de l'homme, ou que Mme Goyard-Fabre s'inquiète des ambiguïtés de « l'État de droit », n'infirme pas le propos de ce paragraphe.

Ellul (Jacques), *De la Révolution aux révoltes*, Calmann-Lévy, 1972, coll. « Liberté de l'esprit ».

—, *Le Fondement théologique du droit*, Neuchâtel, Delachaux et Niestlé, 1946.

Renaut (Alain) et Sosoe (Lukas), *Philosophie du droit*, P.U.F., 1991. Confronte les traditions européennes et nord-américaines.

Sève (René), *Les Problèmes généraux de la philosophie du droit*. Textes choisis, Caen, Université, 1983.

Edmond (Michel-Pierre), *Philosophie politique*, Masson, 1972. Des idées claires.

Sociologie

Balandier (Georges), *Sens et Puissance : les dynamiques sociales*, P.U.F., 1971, « Bibliothèque de sociologie contemporaine ». Un livre à étudier.

Baudrillard (Jean), *La Société de consommation, ses mythes, ses structures*, 2e éd., Gallimard, 1976.

—, *Le Système des objets*, 2e éd., Gallimard, 1983.

Taguieff (Pierre-André), *La Force du préjugé : essai sur le racisme et ses doubles*, Gallimard, 1990, coll. « Tel ».

Touraine (Alain), *Sociologie de l'action*, Ligugé, Impr. Aubin, 1965.

Morin (Edgar), *Introduction à une politique de l'homme*, Seuil, 1965.

—, *La Méthode*, 4 vol., Seuil, 1977-1991.

Lefort (Claude), *L'Invention démocratique. Les Limites de la domination totalitaire*, Fayard, 1981.

Littérature

Barthes (Roland), *Le Degré zéro de l'écriture*, Le Seuil, 1953.

—, *Mythologies*, Le Seuil, 1957.

Girard (René), *La Violence et le Sacré*, Grasset, 1977.
—, *Des choses cachées depuis la fondation du monde*, Grasset, 1978. Recherches avec J.M. Oughourlian et G. Lefort.
—, *Le Bouc émissaire*, Grasset, 1974.
Gaillard (Pol), *Malraux*, Bordas, 1970, coll. « Présence littéraire ». Permet une prise de contact.
Dorenlot (Françoise), *Malraux ou l'Unité de pensée*, Gallimard, coll. « Les Essais ». Étudie l'œuvre du point de vue philosophique.

Georges Bataille
L'Expérience intérieure, Gallimard, 1943.

Sur Bataille
Sakai (T.), *Georges Bataille : forces et traces*, Lille, 1988.
Besnier (Jean-Michel), *Politique de l'impossible : système et communication chez Georges Bataille* (thèse), Lille, 1988 (sur microfiches). Point de vue original de la sociologie et des sciences de l'homme.

Maurice Blanchot
De Kafka à Kafka, Gallimard, 1981.
L'Espace littéraire, Gallimard, 1988.

Sur Blanchot
Rousseaux (Pierre), *Littérature du XXe siècle*, Albin Michel, 1961, t. VII, pp. 87-95 : « Le livre à venir selon Maurice Blanchot ».
Deguy (Michel), *Choses de la poésie et Affaires culturelles*, Hachette, 1986.

Théologie et philosophie
Küng (Hans), *Dieu existe-t-il? Réponse à la question de Dieu dans les temps modernes* (1978), trad, fr., Seuil, 1981. Une « somme » de 650 pages.
Rahner (Karl), *Traité fondamental de la foi* (1976), trad, fr., Le Centurion, 1983.
Rahner (Karl), *L'Esprit dans le monde*, trad. fr., Tours, Mame, 1968.
Baruzi (Jean), *L'Intelligence mystique*. Textes présentés par J.-L. Vieillard-Baron, Berg international, 1986.

Marion (Jean-Luc), *L'Idole et la Distance*, Grasset, 1977. Cinq études. Opposition de l'idole et de l'icône.
Urs von Balthasar (Hans), *La Gloire et la Croix*, 4 vol., Einsiedeln, s.d.
Guardini (Romano), *Le Monde et la Personne*, trad. de l'allemand par R. Givord, Seuil, 1966.

Index onomastique

C

H

I

J

T

Index général des thèmes et des concepts (pour les 3 volumes de l'*Histoire de la pensée*)

Table des matières

Chapitre XI — TURBULENCES FRANÇAISES

Chapitre XII — PHILOSOPHES, ANTI-PHILOSOPHES, NOUVEAUX PHILOSOPHES, NON-PHILOSOPHES

DU MÊME AUTEUR

Vivre et philosopher au Grand Siècle, Privat, 1984.

IMPRIMÉ EN FRANCE PAR BRODARD ET TAUPIN
Usine de La Flèche (Sarthe).
LIBRAIRIE GÉNÉRALE FRANÇAISE - 6, rue Pierre-Sarrazin - 75006 Paris.
ISBN : 2 - 253 - 06312 - 6 ⊕ 42/0407/9